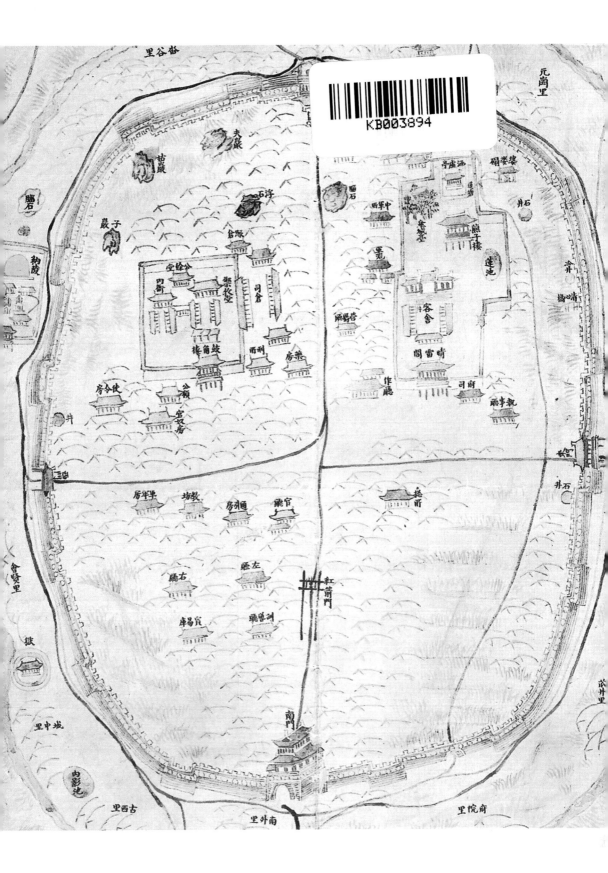

김해 고지도(1820년경)

분산에서 내려다 본 김해시내

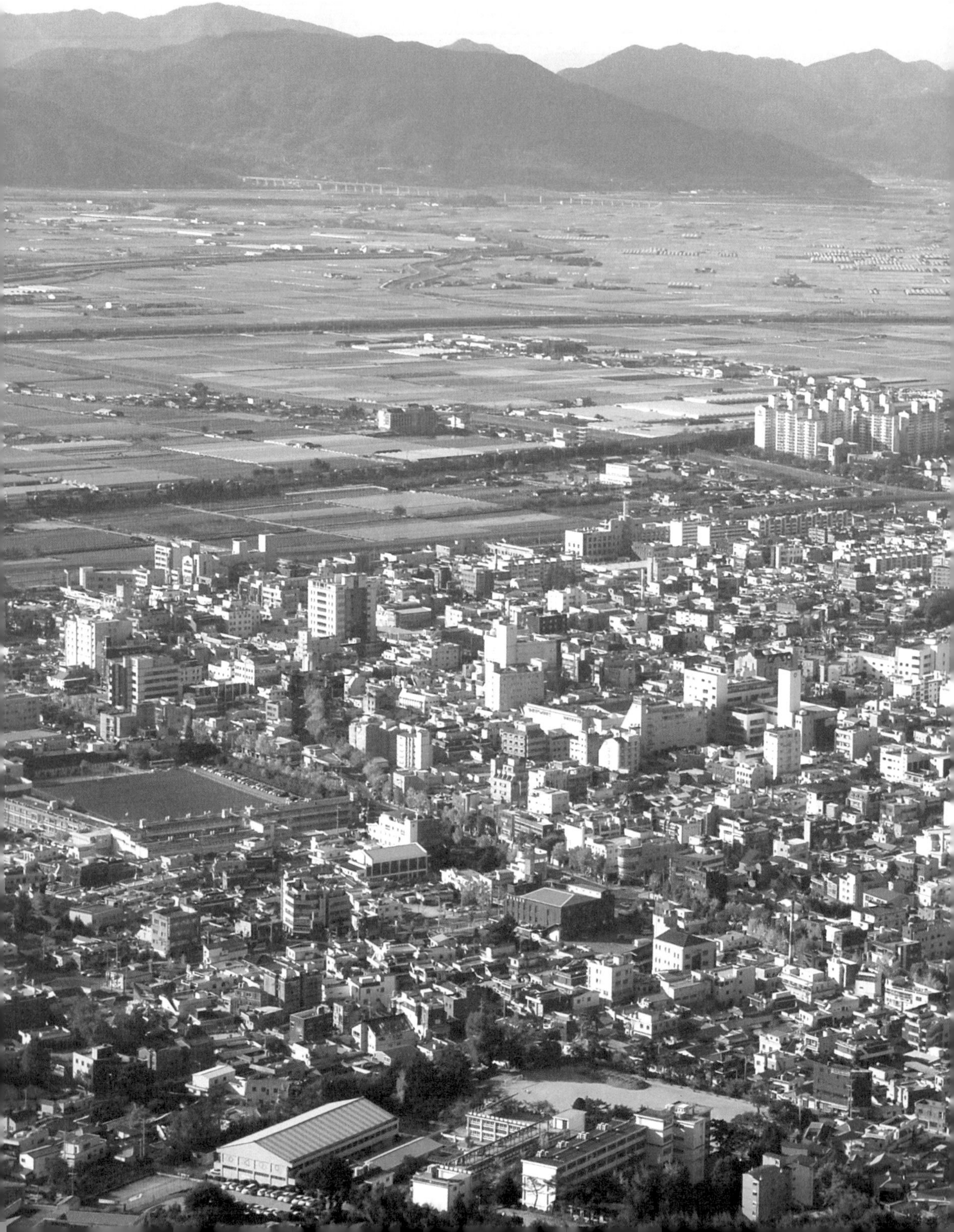

분산성

구남문에서 바라본 허왕후릉, 바로 난 신도 오른쪽에는 파사석탑

국립김해박물관

가야의 거리

김해향교 홍살문

김해향교 풍화루

남릉정문을 통해 본 수로왕릉

연화사

김해읍성 북문(내부)

김해읍성 옹성과 북문(외부)

납릉정문 위에 그려져 있는 신어상

대성동고분군 정비 후 전경(노출전시관, 박물관)

대성동고분군

해반천

봉황대에서 바라본 흥부암. 경전철과 함께 흐르는 해반천

여의낭자의 정절을 기리기 위해 세운 여의각

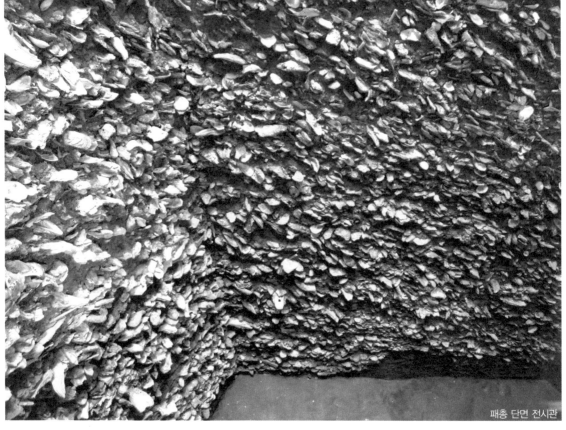

패총 단면 전시관

회현동 패총

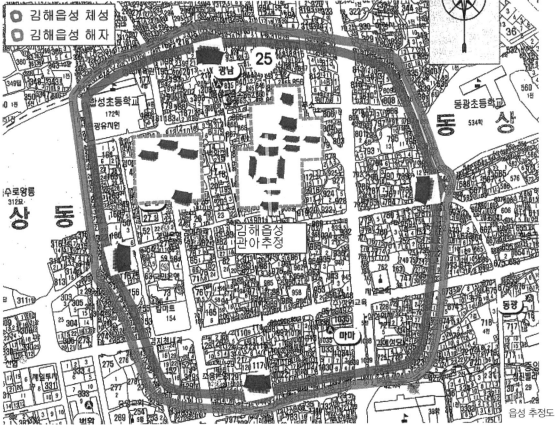

읍성 추정도

김해팔각정

신어천을 향해 앉아 있는 초선대 마애불

신어산에서 내려다 본 김해평야와 김해공항

은하사

영구암 삼층석탑

은하사 입구 영화촬영지 표시

채마밭이 정갈하게 정돈된 동림사

유적정비 후의 봉황동유적

한 마을에 초등학교부터 대학교까지 각급학교가 모여 있는 영운마을

은하공원 400년 묵은 은행나무와 임진왜란 때
김해성을 지키다 순절한 유식 선생 가문의
문화유씨세적비

새로 쓰는 김해지리지

김해학, 길 위에 서다

지은이　이영식(李永植)

1955년 서울 생. 고려대학교 문과대학 사학과(문학사), 고려대학교 대학원 사학과 한 국고대사 졸업(문학석사), 일본 와세다대학(早稻田大學) 대학원 일본고대사 수료, 일본 와세다대학 박사학위 취득(문학박사)

현재　인제대학교 역사고고학과 교수, 박물관 관장, 가야문화연구소 소장

경상남도 문화재위원회 위원

국립김해박물관 운영위원회 위원장

김해시 학술위원회 위원

김해발전전략연구원 운영위원

백제학회 지역이사

(재) 동아세아문화연구원 이사　(재) 경상문화재연구원 이사

저서　『加耶諸國と任那日本府』(東京; 吉川弘文館, 1993).

『봉황대 유적과 대성동고분군 복원 및 정비방안 연구』(김해시·인제대김해발전연구 원, 2000.2)

『이야기로 떠나는 가야 역사여행』(서울; 지식산업사, 2009.3)

『새 천년의 가락국사』(부산; 작가마을, 2009.12)

외 다수

논문　「'김해학(金海學)'의 제창을 위하여─김해학 연구의 필요성과 발전방향─」(김해발전연 구원, 『김해학의 제창을 위하여』, 2012.11.30)

「고령 지산동고분군의 문화사적 의미」(계명대학교한국학연구소, 『경상북도지역 가야 고분군의 세계문화유산적 가치규명을 위한 학술대회』, 2012.12.20)

「대가야와 신라, 혼인동맹의 전개와 성격」(『역사와 세계』 44, 2013.12)

외 다수

새로 쓰는 김해지리지

김해학, 길 위에 서다

—

인쇄 2014년 2월 25일 1판 1쇄　**발행** 2014년 2월 28일 1판 1쇄

지은이 이영식　**펴낸이** 강찬석　**펴낸곳** 도서출판 미세움　**주소** (150-838) 서울시 영등포구 도신로51길 4 **전화** 02-703-7507　**팩스** 02-703-7508　**등록** 제313-2007-000133호

정가 23,000원

—

ISBN 978-89-85493-81-9　93900

새로 쓰는 김해지리지

김해학,

길 위에 서다

이영식 지음

美세움

머리말

 이 책은 「김해뉴스 창간 대 기획 – 새로 쓰는 김해지리지 –」에 연재했던 글들을 모아 한 권의 분량으로 묶은 것이다. 2010년 12월 1일에 김해의 정론으로 창간되는 『김해뉴스』 의 첫 번째 기획으로 '김해란 무엇이고, 김해인이란 누구인가'를 밝히고 전하는데 어떤 것 이 좋겠는가를 의논해 왔을 때, 나는 서슴없이 김해의 땅과 인물에 얽힌 사연을 찾아내 전할 수 있는 것으로 「새로 쓰는 김해지리지」의 집필을 제안하였다.

 수로왕이 가야의 나라 가락국(駕洛國)을 세운지 1978년이 되었고, 전통시대에 간행된 김 해의 마지막 인문지리서인 『김해읍지』도 380년이 되었으며, 『김해읍지』가 마지막으로 증 보 간행된 지도 92년이 지났다. 더구나 고 이병태 선생님이 김해문화원에서 『김해지리지』 를 편찬한 지도 이미 30년이 지났다. 전통시대의 인문지리서는 말할 것도 없고, 현대의 『김해지리지』가 편찬된 후 30년 동안 김해의 변화는 상전벽해 그 자체였다. 이제 이러한 변화를 정리하고 기록할 기회가 필요하게 되었다.

 그렇다고 『김해뉴스』라는 신문독자를 대상으로 연감이나 시사와 같은 자료의 정리와 나열 같은 무미건조한 형식을 취할 수는 없었다. 그래서 김해시내에서 시작해 시계방향으 로 장유 → 주촌 → 진례 → 진영 → 한림 → 생림 → 상동 → 대동의 마을들을 걸어 다니 며 땅에 얽힌 역사와 사연들을 발굴하고 이야기하는 기행의 형식을 취하기로 했다. 2010 년 12월 1일부터 김해의 중심인 분산(盆山)에서 시작해, 2012년 12월 5일에 해 저무는 서낙동 강 가의 선암다리 앞에서 발걸음을 마칠 때까지 꼬박 2년의 세월을 걸었다.

 처음에는 주1회의 연재로 시작했으나, 답사와 원고의 부담으로 격주 게재로 바꿀 수밖 에 없었다. 수요일 아침 일찍부터 하루 종일 답사하고, 목요일에 원고를 작성해, 금요일 오 전에 송고하는 사이클을 정했지만, 2주에 한 번인 연재가 왜 그렇게 빨리 돌아오는지, 강 의와 연구, 그리고 다른 사회활동을 포기해야 되는지, 항복하고 싶은 적도 한두 번이 아니 었다. 처음 집필의뢰가 있었을 때, 기행의 발길을 다할 때까지 기획의 중단은 없다는 다짐 을 요구하기도 했던 나였지만, 정말로 후회막급이었다.

다만 매회 빠뜨리지 않고 읽고 즐거워 해주시며, 「새로 쓰는 김해지리지」 때문에 『김해뉴스』를 본다는 칭찬도 아끼지 않으셨던 분들 때문에, 해가 떨어져도 답사를 계속했고 손을 깨물며 원고 쓰느라 밤을 새워도 연재를 멈출 수가 없었다. 막상 걸어보니 이전의 기록들과 달라진 변화는 말할 것도 없었고, 이전의 기록이 전하는 구체적인 장소와 전승의 내용을 확인하기조차 쉽지 않았다. 무심한 돌 뿌리와 풀 한 포기에도 지나칠 수 없는 사연이 깃들어 있음도 알게 되었지만, 어디선가 갑자기 크게 짖으며 튀어나오는 동네 개들에 혼비백산했던 적이 한두 번이 아니었고, 무심한 동네분들 대답에 실망했던 적도 많았다.

조금 과장하자면 눈비 속의 답사에서는 『대동여지도』의 김정호가 생각났고, 원고작성에서는 창작의 고통으로 은퇴한다던 서태지가 생각났다. 이러한 의미와 고통 때문에 나는 이 기행을 '김해순례'라고 표현했고, "꼬박 2년을 걸었던 김해순례의 발걸음을 석양 속의 서낙동강에서 접기로 한다. 결국 마지막에 마지막까지 헐떡이는 김해순례가 되었다. 이제는 좀 그만 쫓기고, 사람다운(?) 일상으로 돌아갈 수 있다는 희망에 콧노래를 부르며 집으로 향한다"고 맺었다.

무리에 무리를 거듭했던 연재를 책으로 간행하겠다는 고마운 뜻이 있었다. 각 순례의 행로를 표기한 지도 작성과 중간에 포기하게 되었던 「팁」기사의 보충 등이 필요했지만, 근년 김해지역의 변화에 대한 자료와 스케치를 제때 제시한다는 의미를 중시해 간행을 서두르게 되었다. 『김해뉴스』의 연재 때보다 풍부한 사진 게재를 꿈꾸었으나, 판형을 크게 해도 352쪽이나 되는 책에 꼭 필요하다고 생각되는 사진들마저도 다 실을 수는 없었고, 모든 사진을 컬러로 하겠다는 야망(?)도 출판사정으로 포기해야 했다.

다만 책의 제목에 「김해학, 길 위에 서다」를 추가하였다. 「새로 쓰는 김해지리지」가 이 시대를 전하는 증인으로서의 의미가 있다면, '김해가 어떠한 마을이고, 김해인은 어떠한 역사를 걸어 왔던가'의 정보는 「김해학」이란 학문적 주제 설정의 기본이 된다. 김해시가 인구 50만의 급팽창을 이루는 과정에는 적지 않은 유입인구의 증가가 있었다. 「김해학」을 통해 김해를 이해시키고 김해의 특성과 가치의 발견으로 새롭게 창조되는 김해란 브랜드가 김해인의 삶 전반에 적용될 수 있기를 꿈꾸고 있다. 이러한 읽을거리를 통해 김해의 특성과 가치 발견에 한 발 더 가까이 다가 갈 수 있기를 희망한다.

신문연재의 기회를 베풀어 주시고 출판까지 허락해 주신 김해뉴스 이광우 사장님과 사정이 어려운 가운데에도 출판을 자청해 주신 미세움의 강찬석 대표에게 깊은 감사의 말씀을 올리며, 밖으로 떠도느라 잘 챙기지 못했는데 매회 글의 교정까지 보아주며 격려해 주었던 처 이정남에게도 감사의 말을 전한다.

2014년 2월 가야산인

이 영 식

차 례

분산(盆山)

김해의 땅 덩어리와 거기에 얽힌 역사적 사연, 그리고 지금 우리들이 살아가는 무대를 돌아보는 첫 걸음으로 향할 곳에 김해의 진산인 분산(盆山) 만한 곳이 없다. 누를 진(鎭)에 뫼 산(山)이라, 김해의 한 가운데 듬직한 무게로 눌러 앉아 우리 마을의 중심을 잡아 주는 산이다. 분성산(盆城山)으로 불리기도 하여 서쪽으로 해가 낮아지는 오후에 시내 쪽에서 올려다 보면 새로 고쳐 쌓은 성벽이 밝게 빛나기에 '분성이 있는 산' 쯤으로 생각하기 쉽지만, 이것은 분산성이고, 원래 분성(盆城)은 다른 데 있었다. 분성은 수로왕의 왕궁이 있었던 봉황대를 밖으로 두른 평지의 토성이었다. 이 분성이 김해를 대신하는 이름이 되었던 까닭에 '분성에 있는 산'이라 해서 분성산으로도 불렸던 모양이다. 분성, 곧 김해의 산이라면 분산(盆山)을 가리켜 왔다는 유래만 보아도, 김해의 땅과 역사 이야기의 첫머리에 분산이 자리하는 것은 너무나 당연하다.

김해를 상징한다는 의미도 크지만, 시민들의 친근한 등산지로서 사방팔방으로 나 있는 등산로는 언제나 시민의 발길들로 그득하다. 서쪽의 동상동 쪽에서 서재골 남재골 등으로 오르는 산책로 같은 길도 있고, 남쪽의 활천고개 정상에서 시작해 능선을 따라 올라 만장대의 턱 밑에 이르는 제법 등산로다운 길도 있다. 동쪽에서는 어방초등학교 뒤로 오르는 길이 가깝지만 경사가 급하고, 가야랜드 쪽으로는 가야역사테마파크 근처까지 차로 오를 수 있는 편한 길도 있다.

김해 시내 어디에서나 바라다보이는 분산은 김해의 역사를 이야기할 때, 맨 첫머리에 놓여야 마땅한 산이다. 분산에서 원도심을 내려다 보면 멀리 김해평야가 보이는데, 김해평야는 기실 저 옛날 가야 적에는 바다였던 곳이다. 오른쪽 맨 앞에 놓여 있는 산은 임호산.

어느 쪽이든지 1997년에 복원된 봉수대 위에 서면 눈 아래로 파노라마처럼 펼쳐지는 남해 바다와 낙동강, 드넓은 김해평야와 소꿉장난처럼 보이는 시가지는 이제껏 흘렸던 땀의 대가를 충분히 보상받게 한다. 지금은 전혀 새로운 돌을 다듬어, 전혀 새롭게 만들어 올린 봉수대가 자리하고 있지만, 원래는 아주 큰 평상처럼 넓적하고 평평한 바위가 펼쳐 있어, 앉아서 바람이라도 쐬면 마치 신선이라도 된 듯한 기분이 되었다.

역사기록이 전하는 분산봉수(盆山烽燧)는 남해 가덕도 쪽에서 오는 신호를 받아 북쪽 밀양으로 전하는 역할의 일부를 담당했던 봉화였다. 그러나 흔적조차 제대로 남아있지 않았던 탓에 해은사 뒤쪽 아니면 이 바위 위에 있었을 것이라는 주장이 각각 있었고, 현재 시내의 동서 양쪽 모두에서 잘 보인다는 이유도 한몫하여 지금 자리의 복원이 결정되었다. 여기서 새삼스럽게 위치결정에 대해 시비할 생각은 없으나, 아무렇게나 털썩 주저앉아 시원한 바람과 함께 김해의 전경을 내려 다 보던 호연지기를 다 잃게 된 아쉬움은 필자 혼자만의 감상은 아닌듯하다.

며칠 전까지만 해도 황금물결을 이루던 김해평야가 가을걷이를 마쳐 약간은 황량한 들판으로 변해가고 있다. 한국인들에게 김해를 연상하는 브랜드를 꼽으라는 조사에서 김해평야는 언제나 세 손가락 안에 드는 중요 아이템이다. 김해에서 자라지 않았던 필자 역시, 지리교과서에서 김해평야와 김해의 특산물로서 쌀을 열심히 외웠던 기억이 아직도 생생하다. 그렇기 때문에 대학의 역사학과를 다닐 때만해도 '김해평야의 높은 농업생산력을 바탕으로 일찍이 가야왕국이 발

전하였다'라 쓰면 백점을 받기도 하였다. 그러나 지금 우리 학생들이 그런 답안을 쓴다면 빵점을 받을 수밖에 없다. 가야시대는 물론 조선후기까지도 김해평야는 없었기 때문이다.

지금 발아래 저만치로 내려 다 보이는 죽도(竹島)와 덕도(德島) 등이 그 증인들이다. 지금은 김해평야 한 가운데에 녹색으로 솟아 있는 작은 언덕들이건만, 그 이름에는 아직도 섬이었던 과거가 남아있다. 죽도는 난중일기에도 등장한다. 임진왜란 때 이순신 장군은 녹산 쪽의 욕망산에서 죽도에 정박하고 있던 왜의 나베시마(鍋島) 수군을 정찰하고 있다. 시대를 거슬러 고려 말에는 김해읍성 바로 앞 갈대숲에서 갑자기 왜구가 튀어나와 미처 방비할 틈이 없었다고도 하고, 허왕후의 도래를 기념하는 배젓기 경주대회가 고려시대까지 계속되었음을 전하고 있다. 이중환이 지은 『택리지』에서도 남해의 해운에서 생기는 이익 모두를 김해가 차지한다고 전하는 것을 보면, 조선후기까지도 김해는 남해안의 최대 항구였음을 알 수 있다. 김해의 바다 해(海)에는 '옛 김해만'이라는 지리적 환경과 국제적 항구도시로서의 전통이 남아있는 셈이다.

실상 김해시민들에게 분산 꼭대기는 만장대라는 이름으로 더욱 친숙하다. 만 길이나 되는 높은 곳이라 하지만, 해발 350M 정도의 만장대가 그렇게 높은 곳은 아니다. 흥선대원군이 왜적의 침입을 막는 전진기지로서 김해의 공적을 치하하느라 내려준 이름에서 비롯된 것이었다. 봉수대 뒤쪽으로 돌아가면 커다란 병풍바위에 만장대(萬丈臺)라 쓴 대원군의 친필글씨가 그의 도장과 함께 선명하게 새겨져 있다. 이렇게 조금은 과장된 휘호를 내려 준 데에는 사적인 동기도 작용했던 것 같다. 압록강이남 제일의 바둑실력이라 녹일(綠一)이라 불렸던 김해출신의 인물이 있었는데, 대원군은 그를 자주 불러 수담을 나누었다 한다. 수담, 곧 바둑을 좋아하던 대원군이 김해에 플러스알파의 칭찬을 내렸을 것은 충분히 짐작 가는 일이다.

필자의 게으름 탓에 아직껏 대마도를 본적은 없으나, 맑은 날에는 곧잘 바다

위를 떠가는 콘테이너들도 선명하게 보이니까 그럴 수 있겠다는 생각도 한다. 왼쪽 끝으로 구포 앞을 흐르는 낙동강은 오히려 가느다란 선에 불과하고, 거의 정면에서 덕도와 죽도 사이를 흘러 내려가는 서낙동강은 넓은 띠처럼 반짝이며 남해 바다로 몸 풀러 간다. 1972년에 낙동강에서 서낙동강으로 후퇴하게 된 부산과의 경계선 왼쪽 활주로에서는 연신 비행기가 떠오르고 있다. 부산의 팽창에 밀려 을숙도 땅을 내 준 것도 억울한 데, 김해공항이란 이름까지 보너스로 얹어 주게 되었나 보다. 다산 정약용 선생은 가락(駕洛)의 동쪽을 흐르는 강이라 낙동강(洛東江)이라고도 하였는데, 김해의 경계가 서낙동강까지 밀리게 되면서 낙동강은 이미 '가락의 강'이 아니게 되었다.

김해평야와 시내를 남북으로 나누며 동과 서로 달리는 남해고속도로에는 게딱지 만하게 보이는 온갖 자동차들이 쉴 새 없이 달려가고 있다. 남쪽 끝자락에 시청의 청기와 지붕이 쪼끔 보이고, 남산 왼쪽에는 동김해IC에서 어방동 쪽으로 들어오는 곧고 넓은 길이 남북으로 뻗어 있다. 서김해IC와 함께 김해시내 어디에서라도 10분 정도면 고속도로에 올릴 수 있는 교통의 요지란 장점은 짧은 기간 급격한 인구팽창을 가능케 하였다. 1995년의 시군통합 당시 15만 정도였던 인구가 불과 15년 지난 2010년 올해에는 50만을 넘게 되었다. 바다는 메워져 항구도 잃었고, 땅도 빼앗겨 공항도 잃었지만, 도로교통의 발달은 행복도시 김해의 부활을 알리는 전주곡이 되고 있다.

봉수대 오른쪽에 있는 나무 한 그루는 시내 쪽의 시선을 가리는 천덕꾸러기 신세가 되었지만, 봉수대의 복원 이전에는 김해시내 어디에서 올려 보아도 혼자서 도드라져 양송이처럼 예쁘게 보이던 만장대의 표식수였다. 김해를 방문하는 타지 사람들에게는 분산에 오르지 않아도 쉽게 만장대를 가리켜 줄 수도 있었던 나무였다. 지금도 나무 아래 암벽에는 '하늘은 만장대를 낳았고, 나는 천년수(千年樹)를 심는다' 라는 석각이 새겨져 있어 예사스러운 나무가 아니었음을 짐작케 한다. 나무 아래로 펼쳐지는 소꿉장난 같은 시가지가 2천 년 전 수로왕이 가락국을 세웠던 왕도(王都)다. 높게 솟은 임호산 앞으로 봉황대와 수로왕릉이 보인다. 내년 4월 개통을 앞둔 경전철의 시운전 모습도 보이고, 수로왕 나시라고 빌기 위해 아홉 촌장이 목욕재계하던 해반천도 보이고, 엄청나게 부푼 내외동의 아파트 숲과 눈에 띠게 붉은 양판점 네온 앞으로 가야문화의 거리와 국립김해박물관의 둥근 지붕도 보인다.

이렇게 시원하고 아름다운 전망만 있는 것은 아니다. 분산은 김해의 오랜 역사와 수많은 우리들의 이야기를 아울러 품고 있는 어머니 같은 존재이다. 만장대를 뒤로 하고 북쪽으로 내려오다 보면, 대원군의 은혜를 만세토록 잊지 않겠

다는 비, 고려 말에 분산성을 쌓았던 박위(朴葳)의 공적을 기리는 비, 조선시대에
분산성을 보수했던 김해부사 정현석(鄭顯奭)의 은혜에 감사하는 비가 나란히 서
있는 충의각이 있다. 바다에서 온 허왕후의 은혜를 기리기 위해 세워진 해은사
(海恩寺)에는 가장 오래된 허왕후의 영정이 있다. 비록 17~18세기의 무녀 모습으로
그린 것이라 생각되지만, 허왕후가 가져와 쌀을 부치면 아들을 낳을 수 있다는
영험한 돌에 스쳐갔었을 우리 어머니들의 손길은 김해의 인재를 길러내 왔던 저
력의 하나이기도 했었을 것이다. 해은사를 지나면 분산성의 북문 터를 나서게
되는데, 북문을 나서 밑에서 올려다보는 성벽은 정말 매력적이다. 넝쿨로 덮이고
이끼가 피어 고색창연한 성벽은 허물어진 대로 좋고, 극성스러웠던 왜구의 침략
에 대비해 성돌 하나하나를 짐 지어 날랐을 이들의 피땀이 세월의 무상함과 함
께 알싸한 아픔으로 다가온다.

　비록 시청률에서 성공을 거두지는 못했지만, 오랫동안 소외되어 왔던 가야의
역사가 드라마로 제작되어 처음 공중파를 탔던 '김수로'의 촬영지는 이제 가야
역사테마파크로 다시 태어나기 위해 막바지 공사가 한창이다. 신라의 밀레니엄
파크나 백제의 백제역사문화재현단지에 비해 다소 옹색한 것처럼 보이기도 하
나, 즐겁고 충실한 프로그램의 운영을 통해 우리 고장의 명함인 가야의 역사와

■ 분산성

문화를 잘 전파할 수 있는 기회가 되기를 희망한다. 테마파크를 지나 다시 언덕을 오르면 천문대가 되지만, 여기서 길은 좌우로 갈리는 데, 오른쪽 아스팔트 포장의 자동차 길은 가야랜드 쪽으로 내려가고, 왼쪽 콘크리트 포장의 임도는 동상동 쪽 시내를 향해 내려가는 길이 된다.

시내 쪽 길을 내려가다 보면 새로 쌓아 올린 분산성이 한 마리 용처럼 꿈틀거리며 분산을 기어오르고 있는 광경이 아주 선명하게 보이는 구간이 있다. 성벽을 의식하면서 시내와 김해평야를 내려다보는 맛도 유별나고, 힘들면 조금 쉬면서 시내 쪽 야경을 구경하기 좋은 정자도 있다. 남재골 약수터에 이르면 물 뜨는 사람에, 운동기구에 매달려 땀을 흘리는 사람들로 붐비는 게 보통이다. 분산에는 많은 약수터와 운동시설이 있을 터이지만, 김해의 분산이 아니더라도 전국 어디에나 도심근처의 산이라면 거의 예외 없이 만나게 되는 단골 풍경의 하나이다. 요즈음 필자가 다니기 시작한 서재골 약수터에는 누군가 첫 새벽에 했을 빗자루질 자국이 언제나 선명하다. 분산자락에는 인제대학교를 비롯하여 많은 중고등학교와 초등학교가 있다. 약수 물 한 잔하고 내려가는 길 근처 학교에서 아이들 글 읽는 소리라도 들을 수 있다면 그날 하루는 마냥 행복할 것 같다.

수로왕의 여뀌?

분산의 서재골 쪽 세류를 따라 난 좁은 길을 들어 선지 얼마 안 되어 발밑에 깔릴 정도로 키도 작고, 가지와 꽃 모두가 엉성해서 눈에 잘 띄지도 않으며, 연분홍색 꽃이 피기는 해도 작은 알갱이 같은 꽃이 몇 개 세로로 달리는 정도라서 꽃인지 풀인지 조차 분간하기 힘든 식물이 있다. 여뀌라는 이름의 좁고 기다란 잎을 가진 한 해 살이 풀이다. 원래는 수변식물로 평지보다 낮은 강이나 습지 또는 시냇가에 자란다. 6~9월 동안 번갈아 가며 꽃이 달리는데, 9월이 되면 녹색 가지도 붉은 색으로 변한다. 덩치 큰 분산을 둘러보는 길에 눈에 잘 띄지도 않는 풀 하나의 이야기가 전혀 어울릴 것 같지도 않지만, 그럴만한 이유가 있다.

수로왕이 김해를 가락국의 서울로 정할 때, 김해 땅의 특징과 지리적 이점을 형용하는 비유로 사용되었기 때문이다. 수로왕은 김해를 가락국의 서울로 정하면서 "여뀌 잎처럼 좁은 땅이지만, 하나에서 셋이 나고, 셋을 넣으면 일곱이 되는 아주 길한 땅이다" 라 하였다. 좁고 기다란 여뀌 잎의 모양에 김해의 땅을 비유하였고, 다닥다닥 달라붙어 번갈아 가며 꽃을 피우는 것으로 발전할 수 있는 입지조건을 비유한 모양이다. 저 넓은 김해평야가 있었거나 해상무역의 이익을 예견하지 못했다면 이러한 비유는 없었을 것이다. 더구나 여뀌는 물고기를 잡는 데 쓰일 정도로 쓴 맛이지만, 지혈이나 어혈 제거에 유용한 식물이다. 건국의 어려움을 견뎌 내고, 가락국의 번영을 예견했던 비유였을 것으로도 생각되는 대목이다. 지금보다 훨씬 아래쪽 물가에 자라고 있었을 여뀌에 김해의 지리를 형용했을 지도 모르겠다. 과연 2천 년 전에 수로왕은 오늘의 우리들처럼 분산에 올라 바다에 맞닿아 있는 김해 시가지를 내려다보면서 가락국의 서울을 정했던 걸까?

2

구지봉(龜旨峰)

김해의 첫 하늘은 구지봉에서 열렸다. 새 나라 세우려는 수로왕의 목소리가 처음 들렸던 곳이 구지봉의 하늘이었고, 붉은 줄에 달린 금색 상자 속 여섯 황금 알 중 가장 큰 모습으로 첫발을 내디뎠던 곳도 구지봉이었다. 수로왕의 탄강을 빌고 수로왕을 맞이하던 구간(九干), 그러니까 아홉 촌장과 그들의 인민이 이미 있었기에 수로왕이 김해에 살았던 첫 사람은 아니었다. 그러나 처음 나라를 세웠고 이때부터 김해가 비로소 하나의 덩어리로 될 수 있었기 때문에, 구지봉에서 김해의 하늘이 열렸다 함이 과장이 될 수는 없다.

구지봉 수로왕릉 탄강비
(1914년)

오늘은 이 구지봉 일대를 걸어보리라 마음먹었지만, 그렇다고 해서 대뜸 구지봉으로 향하는 것은 조금 성급하다. 『삼국유사』 가락국기는 구지봉(龜旨峰)에 대해 '거북이가 머리를 앞으로 내민 형상이다' 라 했는데, 이 머리에 해당하는 곳이 바로 구지봉이다. 그러나 머리가 있으면 몸통도 있기 마련이고, 혼자 돌출한 봉우리도 아니기 때문에, 여기까지 흘러 내려오는 능선 위쪽부터 발걸음을 시작하는 게 순서일 듯싶고, 높은 곳에서 낮은 데로 향하는 발걸음이 쉬울 거라는 유혹도 뿌리칠 수 없어, 거북이 몸통쯤에 해당할 것 같은 구산동백운대고분에서부터 발길을 시작하면 어떨까 하고 생각했다.

동상동 롯데캐슬가야 건너편이라 하면 찾기 쉽고, 활천고개에서 구산동 쪽으로 가야로를 달리다 구산터널을 마주하면서 왼쪽으로 보면 봉긋하게 솟은 둥

구지봉 전경. 가운데는
거북이목, 오른쪽은
허후릉

근 마운드가 보이는 데, 이곳이 구산동백운대고분이다. 여기에 오르면 김해 시가지 전체가 손에 잡힐 듯 들어오는 전망이 일품이다. 분산의 만장대까지 오를 시간이 없는 답사 객에게 김해의 전경을 보여주며 설명하기에 알맞은 곳이다. 지금은 잔디로 단장되고 하늘이 열린 시원한 쌈지공원으로 정비되었지만, 여기까지의 사연은 중복된 이름만큼이나 복잡하다. 원래 1963년에 국가 사적 제75호로 지정된 구산동고분군 중 하나였으나, 1987년부터 시작된 동상대성지구 토지구획정리사업의 회오리에 휘말려 존폐 또는 이전 여부를 둘러싸고 갖은 시련을 겪다 간신히 살아남은 유적이다. 토지구획정리사업도 난항을 거듭해 23년 만인 올 8월에 드디어 준공될 것이라는 뉴스를 접한 기억이 새롭지만, 국가 사적에서 해제된 유적을 1999년 경상남도 문화재위원회가 다시 도기념물로 지정해 보호할 때 주변의 여러 압력들과 싸웠던 기억은 아직도 생생하다. 사업주 몇몇 분은 보다 많은 이익을 포기해야 했지만, 덕분에 김해시민 전체는 참 좋은 전망의 쌈지공원을 가지게 되었다.

구산동에 백운대의 이름이 더해진 까닭은 이 고분이 위치한 백운대라는 지명도 버릴 수 없기 때문이었다. 백운대란 지명은 서울 북한산에서 유명하듯 금강산과 오대산에도 있고, 문경이나 경주에도 있어, 그 일대에서 전망이 탁월하거나 마을 전체가 잘 내려다 보이는 곳에 곧 잘 부쳐지던 이름이었다. 이러한 지

역의 고적과 이름 모두 버릴 수는 없었다. 또 이전을 반대하고 현 위치의 보존을 끝까지 주장했던 보다 중요한 이유는 이 고분이 김해가 가야에서 신라로 바뀌었음을 보여주는 시간표로서의 의미를 가지기 때문이었다. 1997년 부경대박물관의 발굴조사로 6세기 후반의 신라고분임이 밝혀져, 가야의 왕이 신라의 지방장관으로 전락하는 역사적 전환을 보여주는 물적증거로 확인되었기 때문이다. 모든 유적을 다 남길 수는 없지만 고대의 김해가 가야에서 신라로 바뀐 것을 보여주는 구산동백운대고분을 기록만으로 남기거나 이전할 수는 없는 일이었다. 이곳에서 김해 찾는 분들을 안내하고, 전망과 산책을 즐길 때면 남기길 참 잘했다란 생각에 변함이 없다.

동쪽 돌계단으로 가야로(활천산복도로)에 내려서서 구산터널 쪽으로 몇 걸음을 옮기면 머리위에 구산동고분군이란 표지판이 눈에 들어온다. 바로 그 아래에서 왼쪽으로 꺾어 들어가면 한 사람이 겨우 지날 정도의 내리막길이 있다. 키 작은 조릿대로 시작된 길은 이내 탱자나무 섞인 찻잎 길로 바뀌고 큰 소나무를 왼쪽으로 끼고 돌면 아래쪽에 갑자기 꽤 큰 마운드를 가진 고분이 나타난다. 겨우 3기만 남게 된 구산동고분군 중 두 번째 고분이다. 훨씬 작은 규모의 세 번째 고분이 북쪽으로 보이고, 서쪽 나무 몇 그루 사이로 허왕후릉이 숨바꼭질하고 있다. 셋째 고분의 오른쪽을 지나면 길은 허왕후릉의 동쪽 담벼락에 막히게 되는데, 여기까지 오는 사이에는 집도 있고 개 우리도 있지만, 인적 드문 숲속에 자리한 두 고분의 오버랩은 잠깐이나마 인디아나 존스의 기분조차 들게 한다.

담벼락에 막혀 곧장 허왕후릉으로 갈 수는 없다. 담장을 따라 난 아스팔트길을 남쪽으로 내려가니 비좁은 길 한 켠에서 택시기사 한 분이 한가로이 차를 닦

새로 쓰는 김해지리지 ― 김해학 길 위에 서다

■□□
구산동고분군으로 내려가는 길

■■□
구산동고분에서 내려오는 길에 만나는 정겨운 담배가게

구남문에서 바라본
허왕후릉. 바로 난 신도
오른쪽에는 파사석탑

고 있다. 요 어디에 사시는 모양이다. 다닥다닥 붙어 있는 재래식 주택들 사이를 이리 저리 비집고 나가면 오른쪽에 허왕후릉 홍살문이 보이는 터진 공간이 된 다. 사시는 분들이야 불편하겠지만, 기와지붕 시멘트벽 모서리에 옛날 담배가게 진열장이 박혀 있는 모양도 정겹고, 구불구불한 길과 낮은 집에서 느껴지는 사 람 냄새는 추운 겨울날 양지바른 벽에 등을 대고 횡렬로 늘어서 '기름짜기, 영 차' 하던 어린 날의 향수를 불러일으키기에 충분하다.

　구남문(龜南門)을 통해 허왕후릉에 오른다. 바로 난 신도(神道) 오른쪽에는 파사석 탑이 지난 사연을 얘기하고, 왼쪽 식수대에는 물고기 두 마리가 입 맞추는 쌍어 (雙魚)가 앙증맞다. 계단을 오르면 6단 정도로 쌓아 올린 사각형 담장 한 가운데 왕후릉이 있고, 그 앞에 '가락국(駕洛國)수로왕비(首露王妃)보주태후(普州太后)허씨릉(許氏 陵)'이라 쓴 비석이 서있다. 허왕후를 인도공주처럼 기록했던『삼국유사』 금관성 파사석탑조도 있지만, 가락국의 1/2 이상을 차지하고 있었을 허왕후 집단의 물 건들이 2천여기 이상이나 조사된 김해의 가야고분에서도 나와야 할 텐데, 아직 까지 '메이드 인 인디아'가 확인된 적은 없다. 반면에 다수 출토되고 있는 중국 계통의 문물들은 그녀의 출발지를 짐작하는데 중요한 단서를 제공하고 있다. 다 만 여기에서 그 시비를 가릴 만한 여유는 없다. 필자가 쓴『이야기로 떠나는 가 야 역사여행』의 일독을 권하고 싶지만, 우선은 서북한 지역에서 한(漢)계통의 선 진문화를 가지고 김해에 들어왔던 세력으로 이해하는 것이 정당하다. 그렇기 때

문에 『삼국유사』 가락국기는 허왕후가 가지고 들어 온 물건을 '한(漢)의 사치스러운 여러 물건'을 뜻하는 '한사잡물(漢肆雜物)'이라 쓰고 있는 것이다.

수로왕릉으로 옮겨진
구지봉 6란석조기념물

　능 앞 계단을 내려와 오른쪽 구지봉으로 향하면 도로 위를 지나는 구름다리를 건너게 된다. 구지터널이란 이름의 이 다리는 일제가 부산~마산을 통하는 국도를 개설하면서 잘랐던 지맥을 회복하기 위한 것이었다. 지역의 어르신들은 거북이 목에 해당하는 이곳이 잘렸기 때문에 이후 김해서 인물이 나지 못하게 되었다 한다. 그래서 구름다리를 만들고 흙을 덮어 지맥을 이었더니 인물이 나게 되었단다. 좀 전까지만 해도 주촌면 출신의 박찬종씨를 얘기하더니, 김해김씨의 김대중 전 대통령을 거쳐, 노무현 전 대통령이 바로 그 분이라는 현대의 전설이 이어지고 있다. 김대중 정권 출범 당시 대통령 김대중, 국무총리 김종필, 비서실장 김중권 3씨 모두가 김해김씨인 것을 두고 1,500년 만에 가락왕권이 부활했다고 했던 것과 별반 다르지 않은 인식일지도 모르겠다.

드디어 구지봉에 오른다. 원래 경상남도기념물이었던 것이 2001년 3월에 국가 사적 제429호로 승격되면서 오히려 구지봉의 풍경은 삭막해 졌다. 1908년에 세워진 수로왕 탄강의 기념비도, 1976년 7월 김해 출신으로 8년간 대한체육회장을 지내고 서울올림픽 유치에 공헌하는 등 대한민국 체육발전에 초석을 다졌던 김택수 형제분의 정성으로 만들어진 용과 9마리의 거북으로 둘려진 6란(卵)의 석조물도 같이 세워졌던 탄강비와 함께 치워졌다. 국가사적이 되어 원 지형을 회복한다고 취했던 조치였을 것이나, 그런다고 가야시대의 지형이 회복될 리 없고, 횅하니 빈 공터로 남아 수로왕 탄강 이후 대대로 김해 사람들이 믿고 이야기해 오던 사연이나 흔적들을 전혀 전할 수 없게 되었음만이 안타깝다. 이후 김해시는 뭉툭하게 생긴 바위를 세우고, 한 그루의 신단수(神檀樹)와 함께 필자에게 부탁해서 사시 풍 안내문의 검은 판석도 앉혔으나, 어떤 종교인의 소행인지 수차례 신단수가 잘려나간 끝에 기둥바위 만 혼자 덩그러니 남게 되었다. 그나저나 실제로 수로왕의 탄강을 지켜 본 증인은 따로 있다. 남쪽 끝에 자리한 구지봉석고인돌이 그것이다. 그 사연은 따로 얘기하기로 하지만 우선은 새로 만든 전망데크로 나가 해반천과 대성동고분군, 봉황대와 임호산, 그리고 시가지를 내려다보며 수로왕 기분에 젖어보는 것도 괜찮을 것 같다.

수로왕 나라 세우기 지켜본 산 증인

뚜껑돌에 한석봉 글씨라 전하는 '구지봉석(龜旨峰石)'이 깊게 새겨 있어 구지봉석고인돌이라 불린다. 이런 고인돌은 늦어도 기원전 1세기 이후에는 만들어지지 않는 청동기시대인들의 무덤인데, 수로왕은 기원후 42년에 구지봉에 등장하는 것으로 되어 있다. 그러니까 이 고인돌은 적어도 수로왕 등장 150년 전부터 지금 같은 모습으로 앉아 있었다. 그렇기 때문에 수로왕의 탄강을 지켜본 산 증인이라 말할 수 있을 것이다. 수로왕 등장 이전의 무덤이기 때문에 수로왕의 등장을 기원했던 구간시대의 지도자가 묻혔을 것이고, 시내에서 올려다 보이는 곳에 자리했기 때문에 청동기시대 사람들이 굿판 벌이며 풍요를 빌던 곳이기도 하였다. 굿을 벌이는 '굿봉'에서 '구지봉'이 되었을 것이고, 그렇기에 일본에 건국신이 내렸다는 '쿠시봉'과도 무관하지 않은 것이다.

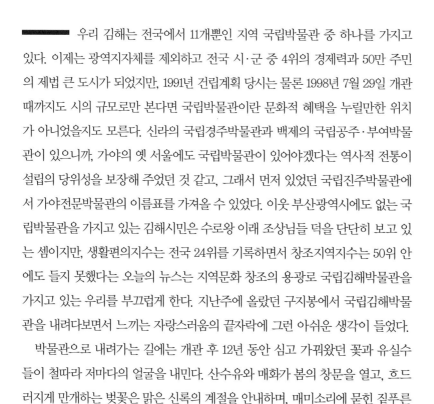

국립김해박물관

3

우리 김해는 전국에서 11개뿐인 지역 국립박물관 중 하나를 가지고 있다. 이제는 광역지자체를 제외하고 전국 시·군 중 4위의 경제력과 50만 주민의 제법 큰 도시가 되었지만, 1991년 건립계획 당시는 물론 1998년 7월 29일 개관 때까지도 시의 규모로만 본다면 국립박물관이란 문화적 혜택을 누릴만한 위치가 아니었을지도 모른다. 신라의 국립경주박물관과 백제의 국립공주·부여박물관이 있으니까, 가야의 옛 서울에도 국립박물관이 있어야겠다는 역사적 전통이 설립의 당위성을 보장해 주었던 것 같고, 그래서 먼저 있었던 국립진주박물관에서 가야전문박물관의 이름표를 가져올 수 있었다. 이웃 부산광역시에도 없는 국립박물관을 가지고 있는 김해시민은 수로왕 이래 조상님들 덕을 단단히 보고 있는 셈이지만, 생활편의지수는 전국 24위를 기록하면서 창조지역지수는 50위 안에도 들지 못했다는 오늘의 뉴스는 지역문화 창조의 용광로 국립김해박물관을 가지고 있는 우리를 부끄럽게 한다. 지난주에 올랐던 구지봉에서 국립김해박물관을 내려다보면서 느끼는 자랑스러움의 끝자락에 그런 아쉬운 생각이 들었다.

박물관으로 내려가는 길에는 개관 후 12년 동안 심고 가꿔왔던 꽃과 유실수들이 철따라 저마다의 얼굴을 내민다. 산수유와 매화가 봄의 창문을 열고, 흐드러지게 만개하는 벚꽃은 맑은 신록의 계절을 안내하며, 매미소리에 묻힌 짙푸른 녹음 뒤에 단풍나무와 모과는 가을을 단장한다. 오늘 내려가는 길에는 아래쪽

국립김해박물관

에 심어진 국화 몇 그루터기가 겨울의 입구를 지키고 있는데, 구지봉에서 흘러내렸을 법한 여러 종류의 토기 파편들이 발길에 채이며 가던 길을 멈추게 한다. 군데군데 녹이 슨 것 같은 철판 색조의 네모난 본관 건물이 진회색 벽돌의 둥근 담장에 둘려 있다. 박물관홈페이지는 철광석과 숯을 이미지 한 검은색 벽돌로 철의 왕국 가야를 표현했다고 소개하고 있지만, 철판의 색조는 철의 왕국을, 진회색 벽돌은 가야토기를 각각 상징한다는 게 제멋대로 해오던 필자의 안내멘트였다. 이제부터라도 박물관 측의 공식설명에 조금은 충실해야겠다. 더군다나 현대 건축의 대명사 김수근의 공간(空間)사옥에 유리 상자 같은 신사옥을 만들어 부쳤던 부산 출신 건축가 장세양(1947~1996)의 유작이라 하니 차분하고 꼼꼼하게 소개해야겠다는 생각이 든다.

개관 당시의 출구가 10주년 기념 리모델링을 통해 입구로 바뀌었다. 원래의 출구가 입구로, 입구가 출구로 바뀌었으니, 동선 역시 정반대로 되었다. 처음에는 높은 상징탑 쪽 슬로프를 따라 올라가 2층 전시실을 보고 1층으로 내려왔으나, 이젠 거꾸로 가게 되었다. 불편해졌다는 이들도 있지만, 예전에는 주차장 쪽 광장에서 출구가 곧바로 보이던 탓에 이리로 들어가려는 입장객들이 적지 않았고, 그때마다 보이지 않는 입구로 안내해야 했던 번거로움도 해결해야 했고, 예전 입구 쪽에 사회교육관 가야누리가 증축되어 본관을 보고 나온 사람이 자연스럽게 가야누리로 갈 수 있게 하기 위한 방편이기도 했던 모양이다.

■□□
청동기시대 홍도

□■□
새 달린 주술철기

□□■
비화가야 토기

박물관으로 들어가는 데 입장료가 없단다. 지난해 한국박물관 설립 100주년 기념으로 받지 않던 것이었는데, 반응이 좋아 올해에도 계속하는 것이란다. 기대에 없던 공짜라 기분이 좋아질 법도 하지만, 입장료는 있어야 한다고 생각한다. 박물관 운영의 문제도 있지만, 그것보다 입장료를 내고 그렇지 않고 에 따라 전시유물과 설명을 주목하는 정도는 많은 차이가 있다. 아직 정확한 통계는 없을 테지만, 입장료를 낸 사람과 그렇지 않은 사람이 박물관에 머무는 시간의 차이는 분명히 있을 것이다. 입장료 면제로 입장자가 늘었는지는 모르겠지만, 관심과 애착을 가지고 유물이 전하는 가야인의 이야기에 귀 기울이려는 자세야 말로 창조도시 김해의 미래와 문화대국 대한민국의 미래를 여는 원동력이 될 것으로 생각한다.

안내데스크에서 박물관 소개 리플렛을 받아 전시실에 들어서면 먼저 7천 년 전의 멧돼지와 통나무배가 우리를 맞는다. 근년에 김해박물관이 발굴했던 창녕 비봉리패총에서 출토된 유물들로 박물관의 새내기들이란다. 경남의 신석기사람이 사냥했던 멧돼지는 토기에 그림으로 새겨졌고, 뻘에서 건져 올린 통나무배는 동아시아에서 가장 오래되었다. 같이 전시되어 있는 신석기유물에는 장유면 수가리와 강서구 범방 패총의 출토품처럼 '최초의 김해인'을 보여주는 것들도 있다. 수로왕의 등장을 기원했던 아홉 촌장의 고인돌과 청동기의 마을을 지나면, 해상교역으로 열리는 가야의 여명이 '국제무역항' 사천의 늑도유적으로 시작된다.

창원 다호리유적에서 철기를 바탕으로 나라 만들기를 시작했던 가야 여러 나라의 발전이 그려지고, 김해의 금관가야(가락국), 함안의 아라가야(아라국), 고령의 대가야(가라국), 창녕의 비화가야(비사벌국), 고성의 소가야(고자국) 등의 서로 다른 특색들이 일목요연하게 정리되어 있다. 여기서 나라들마다 조금씩 다른 토기패션의 차이를 발견할 수 있다면, 김해박물관은 물론 이미 가야사를 즐기기 시작한 수준이라 보아 좋을 것이다. 박물관 주최 어린이 문화재그리기 입상작들을 보면서 계단을 돌아 오르는데, 가야의 갑옷전사와 안장 얹은 말 앞에서 아이나 친구와

차륜형 토기 · 사진 찍는 것도 잊으면 안 된다.

    2층 전시실에 오르면 가야의 창고와 토기생산, 농사와 요리, 문자와 기호 등을 소재로 가야인의 생활을 들여다보게 하는데, 그 끝에 마련된 일명 '주얼리숍(보석가게?)'에서는 금은 보다 옥구슬을 좋아했다는 가야인의 멋부림을 짐작하기에 충분하다. 철로 만든 무기, 갑옷과 투구들은 철의 왕국 가야의 위용과 함께, 고구려 백제 신라를 상대로 치열한 전쟁을 치렀던 가야기마전사의 모습을 그려준다. 나란히 진열된 3개의 철제갑옷 중에 왼쪽 것은 반드시 뒤로 돌아가 찬찬히 살펴보기를 권하고 싶다. 갑옷의 뒷목에서 등을 마주대고 있는 두 마리의 예쁜 오리를 발견할 수 있을 것이다. 지금 박물관이 로고로 사용하는 황금빛 오리는 여기서 디자인 된 것이다. 아무리 살벌한 전쟁도구라도 장식을 즐기던 가야인의 여유로 생각할 수도 있고, 천신의 메신저인 '영혼의 새'에게 의지해 전장의 위험을 피해보려던 믿음의 흔적으로 생각될 수도 있는 장면이다.

가야의 대외교류를 전시하는 공간에는 '메이드 인 차이나'와 '메이드 인 제팬'
이 즐비하고, 북방유목민 계통의 유물도 있다. 금관가야의 왕릉인 대성동고분
군과 양동리고분군에서 나온 중국제 청동거울과 청동솥, 일본제 폭넓은 청동창
(廣形銅鉾)과 석제장신구 등이 있고, 귀 모양 손잡이 2개가 달린 청동솥은 유목민
들의 심볼로, 가야문화 속에 흐르는 기마민족의 갈래를 짐작케 하는 유물이다.
북쪽의 대가야문화권에서는 오키나와 조개로 만든 국자, 일본제로 생각되는 챙
달린 투구와 삼각판 갑옷, 서역의 로만글래스 등이 전시되어, 479년에 대가야왕
이 무려 2800㎞의 여정을 거쳐 중국 양자강 하구의 남제(南齊)까지 사신보내던 저
력을 증명해 주고 있다.

　숫돌, 물고기 모양 장식, 향통 같은 여러 물건이 주렁주렁 매달린 은제 허리
띠가 보이면 "아, 국립김해박물관의 가야사여행도 종착역에 도달했구나" 고 생
각하면 된다. 6세기 이후의 가야지역에서 출토된 신라물품을 모아 놓은 코너는
신라에 통합되 가던 가야 여러 나라의 슬픈 운명을 전하고 있다. 해상왕국 가야
의 면모를 되새겨 주면서, 당시에는 죽은 자를 저 세상으로 운반해 주던 배 모
양 토기의 진행방향을 따라 발길을 옮기면, 국립김해박물관의 탐험도 우선 일
단락되지만, 박물관이란 한번 보고 마는 곳도 아니고, 한 번에 모든 것을 다 볼
수 있는 곳도 아니다. 전시되는 모든 유물들은 과거에서 온 '타임캡슐'이다. 저
마다 헤아릴 수없는 사연을 간직하고 있을 터이지만, 보통은 아무 말도 하지 않
는다. 그래서 문자기록이 없는 고고학 자료를 '침묵하는 증거' 라 하는 모양이
다. 말을 걸고 얘기시키는 것은 우리들의 책임이다. 연인과의 데이트로, 결혼해
서는 아이들과, 다른 고장과 나라 친구들 안내로도 좋다. 축제라 들르고, 동호
회로 기웃거리며, 더운 여름 시원한 냉방이 아쉬워 들려도 좋다. 혼자도 좋겠지
만, 적당한 이야기꾼과 함께 박물관을 돌아보는 것은 더욱 좋다. 그래서 박물관
에서는 시간제 투어도 준비하고, 자원봉사자의 안내활동도 지원하고 있다. 이웃
집 아저씨나 아줌마, 삼촌이나 조카가 안내하는 박물관 여행이 지겨울 리 없다.

■□□
비봉리유적 출토
멧돼지 문양 토기편

□■□
곡옥

□□■
가야누리 내부 발굴체험

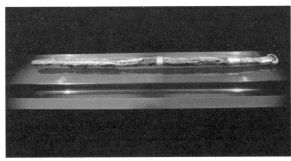
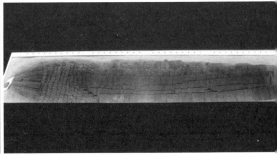

■□
환두대도

□■
말갑옷
(함안 마갑총 출토)

전시실 문을 나서면 여행의 또 다른 즐거움 기념품코너에 이른다. 예전에 비해 많이 다양해지긴 했지만, 김해에서만 살 수 있는 기념품이 많아지기를 희망한다. 여행은 구입한 기념품으로 되새김되고, 관광홍보는 친구의 기념품을 통해서도 전파되기 때문이다. 박물관 문을 나서는데 문화의 거리에 쏟아지는 겨울 햇빛이 아직도 눈부시다.

 어린이박물관, 가야누리

2006년 12월 15일 사회교육관으로 개관, '가야누리'란 이름을 얻었다. 본관과는 대조적으로 가야전사의 갑옷과 가야의 수정구슬을 상징하듯 은백색 광채에 휩싸인 건물이다. 1층은 가야를 체험하는 어린이박물관이다. 정글짐 같은 가야인 집을 오르내리며, 갑옷을 입어보고, 가야토기를 만져보며, 모래를 뒤져 유물을 찾아내고, 탁본도 하고 본도 뜬다. 개관 이래 유치원과 초등학교의 단골 견학코스로 인기가 보통이 아니란다. 가야무늬 책 만들기, 박물관 보물찾기, 가야문화탐험출발, 엄마와 함께하는 박물관 등과 같은 체험학습프로그램이 연중 실시되고 있어, 가야학아카데미 같은 각종 성인강좌를 포함하면 박물관의 중심이 유물전시에서 사회교육으로 옮겨가는 것 같은 느낌조차 있다. 3층 기획전시실에서 열리는 여러 특별전은 챙겨보는 이에게만 복이 있을 지어다.

4

가야의 거리

국립김해박물관에서 '가야의 거리'로 나선다. 박물관에서 봉황대까지 해반천을 따라 난 2.1㎞의 쾌적하고 예쁘장한 길이다. 김해시가 1996년 12월부터 2005년 7월까지 3단계에 걸쳐 8년 반 동안 만들어 온 길로, 2007년에는 건설교통부가 선정한 '한국의 아름다운 길 100선'에도 들었다. 봉황대유적~대성동고분군~구지봉 등을 연결하는 길이라 '가야유적연결로'라고도 했고, 박물관 북쪽 끝 연지교에서 '춤추는 시계탑'이 있는 경원교까지의 1단계 완성 후에는 한동안 '문화의 거리'란 이름으로 불렸었다. 오늘 우리가 걸어가는 '가야의 거리'는 경원교까지만으로, 조성사업의 첫 단계였던 이 구간 완공 후에 김해시는 필자에게 '문화의 거리'를 소개하는 서사시풍의 글을 부탁한 적이 있다. 가야사를 전공하는 김해시민이란 죄(?)로 엉겁결에 수락한 것이었으나, 워낙 없는 글재주에 지금은 끊은 담배 몇 갑만 피워댔던 기억이 있다. 연지교 바로 앞의 안내판에 몇 년 간인가는 잘 붙어있더니 '가야의 거리'가 완공되면서 자취를 감추었다. 글값 한 푼 받지 않고 손을 물어뜯으며 썼던 것이 아깝기도 하고, 지금 걷는데도 이렇게 쓸 것 같아 따로 여기에 옮기면 어떨까 생각했다. 웃는 얼굴 문양의 청동말방울 모양으로 장식된 '가야의 거리' 안내판에는 원래 이런 글이 새겨져 있었다.

문화의 거리에 서서 / 문화의 거리에 서서 낙동강 아랫길 쇠(金)바다(海)에 펼쳐진 가야의 영화를 되뇌어 본다. 이천년의 세월이 흘렀다. 구지봉의 고인돌은 새

가야의 거리

나라 열던 수로왕을 지켜보았고 허왕후릉의 파사석탑은 수줍던 공주의 혼례길을 따라 왔다. 수로왕을 맞이하던 가락의 아홉 촌장은 구지가로 노래되었고 불꽃으로 가야토기를 매만지며 쇠부리질과 담금질하던 가야사람들의 망치소리는 해양왕국의 꿈으로 남았다. / 우리는 이 땅에 속삭여지던 가야의 이야기를 '문화의 거리'로 만들어 간다. 구지봉 끝자락의 해반천과 맑은 송림에다 물소리와 나부끼는 바람으로 가야 사람들과 우리들의 이야기를 담아보자. / '신화의 벽'과 '아홉 촌장바위'로 단장한 '문화광장'은 가야의 품안에서 우리가 벌일 잔치의 무대이다. 가락구촌의 할아버지들은 묵직한 아홉의 돌들로 눌러 앉았고, 수로왕의 나라세우기와 허왕후의 혼례는 돌 그림으로 새겨졌다. 가로수의 그늘이 떼 지어 장난질하는 '역사의 벽'에는 가야인의 멋과 재주를 아로새겨 담았다. / '역사의 벽'을 지나 상설전시장에서는 가야의 손길을 만져보고 가야의 숨결에 취해보자. 삶의 때로 반질거리던 가야인의 현세와 하늘에 고개 숙이던 가야인의 내세를 토기와 무덤의 유물로 되살렸다. / 아이들의 해맑은 웃음소리 가득한 시민의 숲으로 가자. 가족소풍도 좋고 한여름의 더위를 피하는 그늘과 바람도 좋다. 우리 할머니 손 때 묻은 돌절구도 있고 맷돌도 있다. 할아버지 품 같은 소나무 숲에서 쉬며 뛰노는 아이들은 우리의 미래이며 희망이다. / 가야의 추억을 감춰두고 나오는 오솔길 끝에 만남의 광장이 있다. 뿔잔의 가야토기로 모양낸 조형분

수는 곡선의 아름다움을 즐겼던 가야 사람의 멋을 시원스런 물줄기로 뿜어내고 있다. 광장의 복판에서는 지난날과 오늘 그리고 내일이 '춤추는 가야금의 시계탑'으로 만난다. 황세장군과 여의낭자는 황금알을 깨고 나와 춤추며 우리의 지금을 알리고 있다. 가야금 열두 곡의 선율은 가야의 옛 서울 김해를 밝은 미래로 안내해 줄 것이다. / 문화의 거리에 서서 가야의 영광과 김해의 희망을 노래하자. 문화의 거리에 서서 우리는 누구이고, 어디로 갈 것인가를 생각하자. 문화의 거리에 서서 우리가 해야 할 일과 우리가 전해줄 미래를 바라보자.

'춤추는 시계탑'이란 이름처럼 원래는 시간마다 황금 알이 열리고 황세장군과 여의낭자가 춤추며 가야와 김해의 시간을 이어주기로 설계되었지만, 요즈음 알은 열려진 채이고 장군과 낭자는 그냥 서있기만 하는 것 같다. 이름을 바꾸든지, 춤을 추게 하든지, 어느 쪽이든 해야 할 것 같다.

시계탑 길 건너에는 '시민의 종'이 한 해를 마무리하는 제야의 종 타종식을 기다리고 있다. 지난 해 11월 25일 첫 타종식을 가졌던 '시민의 종'은 말 그대로 시민의 성금(35,292명 244,572,500원)으로 만들어진 김해시민의 종이다. 종탑 아래 방에는 사면에 동네 별로 모아 적은 기부자 명단이 빼곡하다. 이분들 덕택에 매년 김해에 앉아 서울시장이 치는 보신각 타종식을 보며 새해를 맞이하던 우스꽝스러움을 이제는 접을 수 있게 됐다. 올해도 '희망 김해 2011' 제야의 종 타종식과 음악회 등이 예정되어 있다는데, 무게21t 높이3.78m 직경2.27m의 거대한 종에는 구름 탄 가야 기마전사상의 부조가 비천상을 대신하고, 그 아래 단에는 수로왕

가야 뿔잔모양 분수

탄강과 허왕후 시집오는 이야기가 새겨져 있다. 보통 에밀레종이라 불리는 신라 성덕대왕신종의 소리를 재현했다는 데, 넓게 퍼져가는 은은한 울림이 그럴싸하지만, 가야의 뜰에 정복국⁽⁷⁾ 신라의 소리가 퍼져가는 것 같아 다른 생각이 없는 것도 아니다. 종탑은 언뜻 보기에도 가야토기의 굽다리접시를 모델로 한 것 같다. 파란 겨울하늘을 배경으로 보는 대낮의 모습도 시원하지만, 여름밤에 조명과 함께 보는 그림도 환상적이다.

'시민의 종'을 돌다 보니 바로 옆에 부직포로 가려진 공사장 펜스 같은 게 눈에 거슬린다. 고개를 빼들어 들여다보는데, 시커먼 얼굴 하나가 소리지르며 튀어나온다. 뭐 잘못했나 싶어 놀란 가슴을 다스리는데, 갑자기 나타난 선생을 반가워하는 졸업생의 인사였다. 구 실로암유치원을 관광안내소로 리모델링하고 '시민의 종' 사이를 주차장으로 만들기 위해 시작한 발굴조사란다. 제자의 안내로 현장에 발걸음을 옮겨보니, 마침 김해역사의 중요장면을 연출했던 유적 하나가 얼굴을 내밀고 있다. '고읍성⁽古邑城⁾'이라 불리는 유적이다. 1820년의 김해를 그렸던 지도에 조선시대의 김해읍성 바깥쪽을 더 넓게 두르고 있었던 토성⁽土城⁾이 이제 막 출토되는 참이었다. 내외 양쪽 하단에 세단의 석축을 들어 올려쌓고, 그 사이를 흙으로 다져 올린 토성인데, 내측 석축기단 안쪽으로 판축토성의 일부가 노출되고 있다. 고려기와가 포함된 판축토성 밑에서는 가야 초기의 목관묘⁽木棺墓⁾도 확인되고 있다. 1993년에 바로 앞을 지나는 구지로 조성공사 때 발굴조사에서 이마에 철제 관⁽冠⁾을 쓰고 나타난 가락국 초기, 그러니까 수로왕 시대의 인골이 발견된 곳에서 몇 걸음 밖에 떨어져 있지 않다. 이렇게 우리가 사는 발밑에는 가야~신라~고려~조선의 모든 시대에 걸친 김해인의 흔적들이 수없이 잠들어 있다. 사는 데 약간의 불편이 될 수도 있지만, 우리 조상들이 전해주는 생생한 역사이야기를 들어 볼 수 있는 천재일우의 기회이다. 언제나 개발과 보존 사이에서 많은 주장들이 충돌하기도 하지만, 역사고고학자들도 모두를 다 남기자고 주장하는 것도 아니고, 다른 지역과의 차별성을 강조할 수 있는 우리만의 명함으로 발전시킬 자산이 될 수도 있는 만큼, 참고 지켜보며 김해 역사의 발굴을 위해 고생하는 대원들도 격려해 주시기를 부탁하고 싶다.

옆에 있는 김해서중의 정문을 차로 들어서면 재미있는 놀이⑺ 하나를 즐길 수 있다. 안쪽으로 향하면서 자동차의 왼쪽 창문을 열면 구봉초등학교 운동장에서 뛰노는 하이톤의 아이들 재잘거리는 소리가 듣기 좋다가, 왼쪽을 닫고 오른쪽 창문을 열면 어느새 굵직하게 총각 다 된 걸쭉한 남중학생들의 목소리가 제법 무게 있게 들려온다. 양쪽 창문을 번갈아가며 열고 닫는 한가한 놀이에 입꼬리가 슬그머니 올라가는 건 이들이 김해의 희망이기 때문일 것이다. 김해서중

■ 김해 고읍성 발굴현장

새로 쓰는 김해지리지 ― 김해학 길 위에 서다

에서 동쪽으로 구지로를 따라 김해교육청, 김해여중, 김해건설공고의 교육시설이 줄지어 있다. 1955년 설립의 김해여중이 1974년에 제일 먼저 여기에 자리 잡았고, 1978년에 김해건설공고, 1980년에 구봉초등학교, 1981년에 김해서중이 연달아 교육의 터전을 마련했다. 그러나 대개 30여 년 동안 각 급의 많은 학생들을 키워냈건만, 이제 모든 학교들이 다른 곳으로 이사해야할 운명에 처했다. '가야의 땅' 이라 이름 붙쳐진 가야사 복원 2단계사업이 이곳에서 펼쳐지기 때문이다. '시민의 종'을 정면으로, 수로왕의 탄강을 상징하는 '빅 에그'라든지, 해상왕국 가야를 상징하기 위해 기존의 건축물들을 배 모양으로 리모델링하겠다든지, 가야의 철을 주제로 하는 테마파크가 계획되기도 하였으나, 시장님도 바뀌었고 앞으로 어떤 계획이 추진될 지는 잘 모르겠다. 다만 이 학교들에서 울려 퍼지는 아이들의 떠드는 소리는 구지로의 활력이었는데, 과연 어떤 테마파크가 이들을 대신할 수 있을 지 자못 궁금하기도 하고 기대되기도 한다.

건설공고의 매화

건설공고의 와룡매를 아시나요? 사진작가들에게는 전국적으로 유명하고, 매화축제도 매년 개최되지만, 잘 모르거나 한참 설명 끝에 "아, 학교 안에 있는 그거? 그기 그리 대단한 기가?" 하는 분들도 적지 않다. 1927년에 개교한 김해농고의 일본인교사가 심었던 것을 농고의 외동 이전 후에도, 1978년 3월에 개교한 건설공고가 관리해 오고 있는 고목의 매화다. 굵고 오래된 줄기가 이리저리 뒤틀려가며 땅위를 기는 모습이 엎드린 용 같다 해서 와룡매(臥龍梅)라 부르는 모양이다. 나이 들어 힘이 드는지 남들보다는 조금 늦게 3월 초경부터 꽃망울을 터뜨리기 시작한다. 20여 그루의 와룡매가 70여 그루의 홍매 청매와 섞여 있다.

현대 수묵화의 선두 홍대 문봉선 교수가 감탄을 거듭하며 쪼그려 앉아 붓을 내달리던 모습도 있었고, 올해처럼 폭설 속에서 고개 내민 설중매로 만날 때도 있다. 몇 해 전에는 이 매화를 키우던 일본인 교사가 90대 노인의 몸을 이끌고

찾아와 회상과 감동의 눈물을 흘렸다는 일화도 있다. 어떤 테마파크로 변하더라도 이 매화는 절대 남아야 하고, 오히려 중요 소재로 적극 활용될 필요가 있다.

구지로~호계로

5

■■■■■ 김해건설공고의 매화로(梅花路)를 나서서 구지로에서 왼쪽으로 꺾어 김해여중 앞을 지난다. 몇 년 전에 헐어 낸 담장 덕분에 시원하게 펼쳐진 운동장과 교사가 개방적이다. 거리의 소음이 조금 더 커지고, 교실서 공부하는 학생들 시선이 다소 산만해졌을 수도 있겠으나, 열린 공간서 자라나는 아이들은 그만큼 밝아지고, 지나는 어른 세대는 다시 한 번 김해의 교육을 생각하는 기회가 된다. '공(公)이란 드러내는 것'이란 명제를 생각할 때, 학교나 공공기관의 담장 허물기는 참 환영할 만한 일이라는 생각이 든다. '들여 다 보기'가 아니라, '함께 지켜 주기'위한 공간의 창출이라면 좋겠다.

김해여중의 운동장과 체육관은 한국여자하키의 산실이기도 하다. 좀 전에 폐막된 광저우 아시안게임에서 은메달을 땄던 우리 여자국가대표팀에는 김다래와 천슬기 같은 김해여중 출신 선수가 적지 않다. 비인기종목의 서러움에 항상 어려우면서도, 기회마다 국민사기를 북돋아 주고 국위를 선양하는 역할에서 우리 하키는 언제나 효자종목이다. 더구나 김해는 한국 하키의 메카다. 김해여중, 김해여고, 김해서중, 김해고 출신 또는 인제대, 김해시청 소속의 남녀국가대표는 이루 헤아릴 수 없고, 올림픽과 세계선수권대회에서 메달을 목에 건 선수 또한 적지 않다. 기념관도 만들고 대회 홍보나 서포터즈의 결성과 지원도 열심히 해서 김해에서만이라도 비인기종목의 서러움을 겪지 않도록 하고픈 바램이 절실하다.

32

새로 쓰는 김해지리지 ― 김해학 길 위에 서다

■□
김해여중

□■
구지로와 가락로가
만나는 교복의 거리

약간 비탈진 경사길을 올라 대성동사거리로 향한다. 동서의 구지로와 남북의 가락로가 만나는 오래된 네거리에서 먼저 눈에 띄는 게 교복가게와 미술학원이다. '교복의 거리'라 불려도 좋을 만큼 청소년 연예인들을 모델로 내세운 교복 선전의 대형포스터들이 먼저 눈에 들어온다. 지금까지 지나 온 아래 쪽 학교들이 다른 곳으로 이전해 가면 여기는 어떻게 되나 하는 걱정을 뒤로 하고, 동쪽 분산을 향해 오르던 길을 잠시 왼쪽으로 꺾어 든다. 전통의 김해여고에 들러야 하기 때문이다. 허왕후릉 쪽으로 조금 걷다 보면 길 건너 오른쪽으로 김해여고로 올라가는 길이 보인다. 아스팔트길이긴 해도 양쪽으로 낮고 오래된 집들이 다닥다닥 붙어 있는 품이 일종의 향수마저 느끼게 하는 길이다.

올해로 개교 55주년이 되는 김해여고는 이미 2만 명에 가까운 졸업생을 배출한 우리 지역의 명문교다. 그 어렵다는 사법고시 합격자도 여럿 내었고, 올해에도 동문의 외무고시와 사법고시의 합격을 축하하는 플랜카드가 정문 옆에 한동안 걸려 있었다. 교기로 정하고 있는 하키부는 전국대회에서 언제나 우승을 다투는 최고의 전력을 자랑하고 있다. 지난 10월에 열렸던 제90회 전국체전에서는 11명이 뛰는 경기에서 11명의 선수만으로 여고부 우승을 차지해 세간에 화제가 되기도 하였다. 요즈음은 김해시도 커졌고, 여러 고등학교도 생겼지만, 김해여고의 교복이 김해 남학생들의 동경이었던 시절도 있었단다. 정문을 들어서면 식당과 체육관의 금벌관 옆으로 교사들이 늘어섰고 그 앞에 여고다운 오붓한 운동장이 있다. 운동장 한 쪽에는 대개의 여학교가 그렇듯이 신사임당상이 자리하고 있는데, 지역의 특색을 살려 허왕후상이면 어땠을까 하는 생각도 든다. 김선동 교장 이하 90여분의 교직원이 가르치고 37학급 1,430여명의 학생들이 배우고 있다.

　김해여고 정문을 내려와 왼쪽으로 꺾어 들면 2004년에 다시 세워 졌다는 어
느 효자와 열녀를 기리는 비각이 있고, 거기에서 왼쪽으로 돌아보면 기와를 얹
은 돌담 끝에 김해향교의 홍살문이 높이 솟아 있다. 홍살문 옆 안내판 등에 따
르면 조선 태종 8년(1408)에 지금 중앙여중 자리에 처음 세워졌다가 화재와 태풍,
그리고 분산의 붕괴 등으로 인해 몇 번의 이전을 거쳐 영조 46년(1770)에 지금의
자리에 위치하게 되었다 한다. 홍살문을 들어서면 유교적 교화로 지역정서를 순
화시키겠다는 풍화루(風化樓)가 드높고, 풍화루를 지나면 공부하는 명륜당과 유교
성현의 위패를 모시는 대성전이 자리하고 있다. 앞쪽은 교육공간, 뒤쪽은 제사
공간으로 구성된 가장 일반적인 향교의 배치를 따르고 있다.

　명륜당 왼쪽 아래서 경계하는 건지, 반갑다는 건지, 묘한 톤으로 짖어대는 백
구 한 마리의 눈치를 살피며 대성전(大成殿)으로 걸음을 옮긴다. 대성전에는 공자

■□
김해향교 홍살문

□■
김해향교 명륜당

를 비롯한 중국과 우리 유교 성현 25분의 위패를 모시고 있는데, 음력 2월과 8월에 큰 제례를 받들어 행하고 있다. 1941년에 일제가 대성쵸^(大成町)로 불렀고, 1947년부터 우리가 대성동으로 불러 오고 있는 이 동네 이름은 모두 이 대성전에서 비롯된 것이다. 다만 거의가 그렇듯이 전에는 향교^(鄕校)가 자리해 교동^(校洞)으로 불려왔고, 길 건너편 가까이에 김해읍성의 북문이 있었기에 북문마을로도 통해 왔다. 조선시대까지 나라에서 토지, 전적, 노비 등을 받아 학생을 가르치던 명륜당은 2007년 3월 22일에 다시 화마^(火魔)에 휩싸였다. 전기누전으로 추정된 불은 20여 분만에 꺼졌지만, 전체를 새로 지어야 할 정도로 타버려 5억 원 가까운 거금을 들여 2008년 9월에 복원되었다. 김해정신의 중요축을 담당하는 곳이기도 하고, 1983년부터 경남유형문화재 217호로 지정되 온 유적이기도 하니, 더 이상의 재난도 없어야 겠고, 우리 지역에 산재하는 다른 문화재관리를 위한 교훈으로도 삼아야 할 것이다.

향교를 나서면 '김해향교^(金海鄕校)' 라 쓴 표지석 옆에 유림회관이 자리하고 있다. 정면 5칸의 전통양식을 딴 3층짜리 현대식 건물이다. 향교에서 진행할 수 없는 행사나 교육을 위한 공간으로 2001년 2월에 낙성하였다. 가야문화축제 때는

새로 쓰는 김해지리지 ― 김해학 길 위에 서다

김해향교 풍화루

한시백일장이 열리고, 성년의 날 행사, 지역의 노인 어르신을 모시는 기로연(耆老宴)과 전통혼례 등이 거행되고, 서예와 한문 강좌가 진행되기도 한다. 향교와 유림회관이라면 노인들만 모이는 경로당 같은 인상이 짙고, 아마도 세대교체 같은 건 전혀 이루어지지 않을 것 같다는 인상이 일반적일 것이다. 주말이 되면 필자가 근무하는 인제대 인문사회대 건물에는 한자능력검정시험을 보러오는 어린 학생과 학부모들로 인산인해를 이룬다. 이 학동들의 동기를 살리고, 흥미도 잃지 않는 한자와 한문 교육, 인성과 예절을 아울러 가르치는 향교와 유림회관이 된다면, 지난 해 허선 전교(典校)가 "글 읽는 소리가 나는 향교로 만들겠다" 고 했던 말씀도 실천될 수 있을 것이다. 유림회관의 준공연도를 알고 싶어 3층 사무실에 들렀더니 10월에 새로 부임하신 김효구(金孝求) 전교가 집무하고 계셨다. 할아버지 품에서 놀면서 배우는 손자, 경로당에서 청년관처럼 변하는 세대교체야말로 유학 현대화의 실현이라 할 수 있을 것이고, 젊은이들의 기(氣)를 받은 어르신들의 활력고양도 기대될 수 있을 거 같은 생각이 든다. 조금 다르긴 하지만 그래서 '가르치는 이와 배우는 자가 함께 자란다'고 교학상장(敎學相長)이라 했던가.

유림회관을 나서 구지로를 좀 더 올라가면 해성사사거리에서 호계로와 맞닥뜨린다. 호계로는 1993년에 호계천을 복개해 만든 도로이다. 조선시대의 김해지도는 물론, 1948년의 지도에도 제법 넓은 하천으로 그려져 있다. 1820년경의 지도를 보면 분산에서 내려 온 호계천이 향교 동쪽을 지나 김해읍성 북문 동쪽에 마련된 수문(水門)으로 읍성 밑을 지나고, 동상동사무소와 연화사 동쪽 담장 옆을 통해, 남쪽으로 곧바로 내려가는 흐름이었음이 분명하다. 다만 이 지도의 호계천을 따라 조금 내려가면 특별히 눈에 띄는 것이 있다. 포교당이란 이름으로 친근한 연화사에서 호계로(호계천)를 건너 얼마 되지 않는 곳에 진한 먹 글씨로 파사탑(婆娑榻)이라 쓴 한 채가 그려져 있다. 그 집 안에는 석탑과 같은 것이 그려져 있는데, 이것이 바로 허왕후가 시집올 때 바다의 파도를 잠재우기 위해 싣고 왔다는 파사석탑이다. 지금 허왕후릉에 있는 파사석탑은 원래 여기 호계천 가의 호계사(虎溪寺)라는 절에 있었던 탑이었다. 『삼국유사』에 파사석탑을 기록한 고려 말의 일연스님도 직접 여기 와서 탑을 보았었다. 호계천은 호계로로 바뀌고, 파사석탑의 호계사는 그 자취조차 찾을 수 없게 되었다. 아마도 동광초등학교쯤이었다고 짐작되지만, 앞으로 재개발이라도 이루어진다면 고고학 자료라는 흔적으로 우리 앞에 다시 나타날지도 모르겠다. 동광초등학교 서쪽 담벼락 아래 좁은 비탈에서 연대가 올라갈 것도 같은 기와와 토기 파편 몇 개를 주워 돌아 왔다.

또한 이 일대는 얼마 전까지만 해도 다전동이라 불렸고, 1820년경의 지도에도 다전리(茶田里)라 기록되었다. '차(茶)밭(田)마을' 이란 뜻으로, 옛날에는 차나무가 많았다고 전한다. 최근에 더욱 유명해지기 시작한 장군차(將軍茶)도 여기에서부터 조금 전에 지나온 향교를 거쳐 롯데캐슬 뒤편 분산 자락에 까지 군락을 이루고 있었던 것을 전하는 기록들이 많다. 말 나온 김에 다리도 쉴 겸 장군차 한 잔 하러 가야겠다.

김해장군차

2010년 10월, 대만에서 열린 세계차연합회 주관 국제명차 품평대회에서 김해장군차가 녹차부문에서 금상, 발효차부문에서 은상을 각각 차지했고, 국내에서는 3년 연속 올해의 명차에 선정돼 그 주가를 한층 높이고 있다. 허왕후가 인도에서 가져왔다는 전승도 있지만 불확실하고, 『신증동국여지승람』에 따르면 고려 충렬왕이 여몽연합군의 일본정벌을 독려하기 위해 지금의 백운대 근처 금강사(金剛社(寺))를 찾았을 때 마당 가득 그늘을 드리우고 있던 산(山) 차나무에게 장군의 칭호를 내렸던 것에서 유래되었다. 이 사적에서는 장군나무(將軍樹)라고만 기록되었으나, 『김해읍지』에서 특산물로 황차(黃茶)를 소개하면서, 금강곡(金剛谷)에 있으며 일명 장군차(將軍茶)라 한 것이 근거가 되었다. 김해읍성 동문 밖인 현 동광초등학교에서 롯데캐슬가야 뒤쪽 서재골에 걸치는 사면에 군락을 이루고 있었을 것이나, 토지구획정리사업 등으로 서재골 입구 왼쪽 사면에 수십 그루가 남

아있을 뿐이다. 김해시는 10여 년 전부터 본격재배를 시작해 장군차의 복원과 명품화 사업을 의욕적으로 추진해오고 있으며, 대중화를 위해 봉하마을을 비롯한 6개소의 기념품 판매소, 13개의 시범찻집을 운영하고 있다.

6

동상동(東上洞)

■■■■ 김해읍성 동문 밖 언덕 위에 있는 마을이라 동상동(東上洞)이라 했던가 보다. 어제 오늘 우리가 걷고 있는 동상동이란 이름도 도로명으로 부여되는 새 주소명 때문에 점차 사라져 갈 운명이다. 우리 동네 이름에 얽히고, 이름으로 남 았던 지난날의 수많은 사연들도 점차 잊혀져 갈 것이다. 좀 더 시시콜콜한 사연 까지도 이야기하고 남겨야겠다는 사명감마저 든다.

지난번에는 분산 아래 서재골(書齋谷) 입구를 바라보고 왼쪽 남사면에 있는 장 군차 군락지까지 찾았었다. 오늘은 장군차 군락지를 내려와 롯데캐슬가야 뒷길 을 지나며 발걸음을 시작하려 한다. 2005년 12월에 입주를 시작해 696세대가 살 고 있는 제법 큰 아파트 단지다. 1단지를 지나 왼쪽으로 분산에 오르는 좁은 도 로가 보이는 데, 입구만 아스팔트로 포장된 임도다. 길을 따라 꼬불꼬불 오르다 보면 한 단 높은 시멘트 포장의 주차장이 보이고, 그 위로 사충단에 오르는 흰 색 화강암의 가파른 계단이 눈에 들어온다.

사충단(四忠壇)은 임진왜란 발발 직후 1592년 4월에 부산 동래에서 진군하는 왜 병을 막고자 의병을 일으켜 김해를 지키다 전사한 김득기(金得器) 송빈(宋賓) 유식(柳 湜) 이대형(李大亨) 네 분 충신을 기리고 제사하기 위해 만든 제단이다. 조선말 1871 년에 고종의 명에 따라 아래 쪽 동상시장 부근에 처음 세웠다가, 몇 번의 이전 을 거쳐 여기에 자리 잡게 되었다. 경상남도 기념물 제99호로 네 분의 충신이 순

절하셨던 매년 4월 20일에 제사를 올리고 있다. 사충단 아래로 펼쳐지는 김해평야와 죽도, 낙동강과 남해바다의 시원한 풍경을 음미하며 비탈길을 내려오다 보면, 막걸리와 도토리묵의 유혹도 있고, 항상 짖어 대는 강아지들의 수선스러움도 있다. 롯데캐슬가야 2단지를 지나 왼쪽 산자락에 세워져 있는 또 다른 장군차 군락지의 팻말에 눈길 한번 주고, 한덕아파트를 채 못 가 오른쪽으로 꺾어 가야로를 건넌다. 1994년 12월에 입주해 현재 298세대의 주민들이 살고 있는 한덕아파트는 거대한 콘크리트 탑처럼 혼자 우뚝 솟아있다.

가야로를 건너면 동광초등학교 후문에 이르는데, 1991년 김해문화원 간행 〈김해지리지〉에서 저자 이병태(李炳泰) 선생은 동광초등학교 동쪽, 그러니까 지금 지나는 이 언덕 언저리에 있었던 동상동가마터를 전하고 있다. 3기의 굴가마(登窯)가 2m 간격으로 나란히 있었는데 당시에 이미 1기만이 남아있었다 한다. 고려~조선을 통해 여기서 생산된 도자기가 일본에서 킨카이야키(金海燒, 김해소성자기)로 불리면서 최고의 대접을 받았다는 것과 그러한 사실을 증명이라도 하듯 '김해(金海)'라 새겨진 인화문분청사기가 출토되었단다. 일본의 다도에서 귀히 여기는 막사발 찻잔의 고향이며, 토요토미 히데요시(豊臣秀吉)의 왜군이 김해의 도공들을 데려가기도 했던 후보지의 하나로 생각되고 있다. 동광초등학교 동쪽과 남쪽의 언덕을 조심스레 둘러보니, 테니스장 바로 옆에 폐허처럼 되어있는 3단 언덕의 잡풀더미 속에서 청자 분청사기 도기류의 파편을 수습할 수 있었다. 오래 살고 계신다는 노인장께 물어도 잘 모르겠다는 대답뿐이지만, 다른 기록에서는 일제시대에 일본인들은 여기서 막사발 찻잔과 파편들을 주워가기도 했다고 한다. 새 주

■□□
동상동 요지3 분청사기

□■□
'김해'명 분청사기
(부산대박물관)

□□■
'김해'명 청자
(대성동 고분박물관)

소 호계로 500번길 15-87에 대한 확인조사를 실시하여 표지판이라도 세워 귀중한 유적을 소개하면서 보호에도 힘써야 할 필요가 있다.

확신하지 못한 아쉬움을 뒤로 하고 동광초등학교 뒷문을 통해 비탈길을 내려가면 학교 뒷마당이 나오는데, 오밀조밀한 오래된 건물과 수목들의 어우러짐이 학교를 스쳐간 세월을 느끼게 하기에 충분하다. 정문에 서 있는 은행나무는 200년도 넘었을 것 같은 데, 학교의 역사를 묵묵히 지켜온 증인인 셈이다. 동광초등학교는 올해로 개교 114주년을 맞이했다. 아마도 김해에서 가장 오래된 최초의 근대식 교육기관일 것이다. 학교홈페이지에 따르면, 1898년 2월 사립육영학교 개교, 1906년 공립보통학교 인가, 1910년 김해공립보통학교로 개칭, 1944년부터 동광국민학교가 되었으며, 지난 2008년 2월에는 제100회 졸업식이 거행되기도 했다. 오랜 역사만큼 나라와 지역에 기여한 훌륭한 인물도 많았을 것으로 생각되지만, 학교나 동창회조차 상세하게 파악하고 있는 것 같지는 않았다. 자료의 부족을 탓하며, 정작 나 자신은 기록을 남기지 않는 우리의 초상을 보는 것 같아 입안이 씁쓸하다.

그런 가운데에서도 1908년 졸업의 한뫼 이윤재(李允宰) 선생은 김해는 물론 우리 역사에 큰 발자국을 남기신 분이다. 1888년 김해 대성동 출생으로 1919년 평북 영변 숭덕학교 교원 재직 시 독립운동에 참가해 3년간 옥고도 치루셨고, 1924년 중국 북경대학 사학과 졸업 후, 1937년에 일제가 181명의 지식인을 검거했던 수양동우회사건으로 다시 옥고를 치렀으며, 대동출판사와 기독교신문사 주필, 연희전문과 감리교신학교 교수 등을 역임하시다, 1942년의 조선어학회사건으로 함흥형무소 수감 중 1943년 12월 8일에 심한 고문으로 돌아가셨다. 선생의 대동출판사에서 사건의 계기가 된 〈큰 사전〉 출판의 일부를 담당한 탓에 핵심인물 11명에 포함되었고, 고난을 받으시다 광복을 보지 못하고 돌아가셨던 것이다. 지금 김해도서관 앞에 동상으로 앉아 계신 선생은 〈문예독본, 문장독본, 표준한글사전〉 등을 저술하셨고, 1962년 3·1절에 건국훈장독립장이 추서되었다. 동광

뒤로 분산성이 보이는
동광초등학교

김해도서관 앞에 있는
이윤재 선생 동상

초등학교 마당에는 국조 단군, 이순신 장군, 반공소년 이승복, 책 읽는 소녀 등의 동상과 석상은 있지만 선생의 동상은 없다.

1979년 3월에 창단한 남자농구부는 2010년의 우승을 포함해 여러 차례 소년체전에서 좋은 성적을 거두었고, 프로농구에서 활약하는 졸업생도 있다고 한다. 졸업생 한 분에게 들어 인터넷에서 검색해 보니 태국 방콕에서 열린 제5회(1966년)와 제6회(1970년) 아시안게임 장대높이뛰기에서 각각 동메달 획득했던 제49회 졸업의 홍상표 씨도 당시 재학생들에게는 자랑거리였던 모양이다. 50회 졸업의 허명철 선생은 부산대 의대를 나와 1985년부터 금강병원을 개원 운영해 오고 있으며, 2007년에 조은금강병원을 설립하는 한편, 가야불교를 비롯한 우리 지역사연구와 꾸준한 문화재보호활동도 전개해 오고 있다. 학문과 교육의 업적을 남기면서도 일제 치하에서 치열한 독립운동도 전개했고, 국제대회에서 국위도 선양했으며, 지역을 위해 의술을 펴면서 문화운동에도 앞장서는 동광초등학교의 전통은 김해 사람에 대해, '강하고 간결한 것을 숭상하고(俗尙强簡), 농사에 힘쓰며 배움을 좋아한다(力農好學)'고 했던 조선시대 인문지리지의 인물평과 무관하지 않은 것 같다. 현재 29학급 760여명의 재학생이 60여 명 교직원의 가르침으로 밝고 씩씩하게 자라나고 있다.

학교정문을 나서 기와지붕을 얹은 돌담길을 내려간다. 돌담길을 다 내려가 길은 좌우로 갈라지는 데, 이 언저리에 김해읍성 동문이 있었을 것으로 추정되고 있다. 오른쪽으로 내려가 동상시장네거리로 나서는데, '축구인의 집' 앞에서 호계로를 건너다보면, 왼쪽으로 지붕 덮은 돌우물 옆 노거수가 눈에 들어온다. 250년이나 되었다는 회화나무인데, 다른 가로수와 다르게 하늘에 걸친 가지가 호계로 중간까지 뻗어있다. 조선후기 이래 호계천 가에 서서 읍성 안을 기웃거리

기도 하고, 호계천과 동상시장이 변해가던 모습을 내내 지켜보았을 거란 생각이 든다. 길 건너 오른쪽으로 올라가면 '김해재래시장' 이라 쓴 타원형 간판이 보이고, 그 아래로 '인정이 넘치는 동상시장' 이란 전광표지가 흘러가고 있다. 평일 아침인데도 손님의 발길이 제법 분주하다. 1997년부터 조성하기 시작한 아케이드는 눈비 없이 팔고 사는 아늑한 상점가로 되었고, 2007년 11월부터 오래된 전선과 조명시설을 교체 정비해 밝아진 등과 빨간색 형광상호판, 전등 빛으로 알록달록하게 빛나는 많은 상품들은 어둡고 침침하리란 재래시장의 이미지를 완전히 벗었다. 지난 해 아내와 함께 추석 장 보러왔을 때 이용했던 새 주차장과 질 좋은 식품들은 더 이상 대형마트에 가고 싶지 않게 했고, 발굴조사를 마치고 발밑에 새로 깐 널찍널찍한 화강암 판석 길은 걷기에 편하고 깨끗하다. 팔고 사는 이의 흥정이 있고, 하나 더 넣어주는 인심이 정답다. 까만 비닐봉지 들고 여기 저기 기웃거리다 몸이 스쳐도 짜증나지 않는 명절분위기까지 공짜로 즐길 수 있는 동상시장의 정취는 어떤 그리움에 설레게 한다. 조선후기부터 2·7일에 서는 읍내장으로 시작해 점차 상설화된 동상시장은 옛 구(舊)의 '구시장(市場)'이나 거북이의 '구장(龜場)'으로도 불렸다 하는 데, 시장 이전에는 김해읍성에서 손님을 모시던 객사(客舍)가 자리했던 곳이다. 1820년경의 지도에 그렇게 그려있고, 2008년 3월부터 2010년 3월까지 상인들의 원성을 사가며 하수관거매설에 앞선 발굴조사가 시장의 남북 중심축에서 실시되었을 때, 좁은 범위였는데도 불구하고, 6채의 건물터와 청자와 분청사기, 동면(東面)·성(城)·관(官) 등의 명문이 새겨진 기와들도 출토되었던 것이다. 시간이 다 되었나 보다. 자세한 얘기는 옆에 있는 연화사에 들어가 계속해야 할 것 같다.

국제도시 부활의 시금석, 동상시장

요즈음 시내에서는 우리와 다른 모습의 사람들을 쉽게 만날 수 있다. 주말이면 수로왕릉 언저리와 동상시장에 외국인들이 넘쳐 난다. '아시아마트' 같은 가게에 진열된 식재료, '베트남쌀국수' 같은 식당이나 '국제전화·환전소'의 간판들은 제법 이국적인 분위기를 연출하고 있다. 광역시를 빼고 경기 안산시 다음으로 가장 많은 15,000여 명의 외국인거주자가 등록되어 있단다. 반면에 동상시장 같은 재래시장을 되살리려는 시와 상인들의 노력은 지극하지만 그 성과는 기대에 미치지 못하는 모양이다. 동상시장 중심의 십자로는 활기를 되찾은 듯하지만, 그 뒤 열의 상점들은 그렇지도 않다. 많은 상점들이 문을 닫았거나 개점휴업 같은 분위기다. 바로 여기에 김해 거주 외국인들에게 기회를 부여하고 투자해볼 수는 없을까? 각국의 특색을 살리는 상점이나 식당도 열고, 살면서 이용할 수 있는 복지와 신앙 시설 등을 아울러 조성한다면, 동상시장에 베트남타운이 생길 수도 있고, 인도타운이나 우즈베키스탄타운이 생길 수도 있을 것이며, 이들이 모두 어울려 터키 이스탄불의 '바자르'

같은 국제시장이 탄생할 수도 있을 것이다. 그들의 정착을 보장하면서 재래시장 되살리기에 활용하고, 김해의 새로운 관광자원으로 만들어 나가는 방법은 어떨까? 동상동시장의 국제화야말로 국제도시였던 가야의 전통을 되살리는 시금석이 될 수 있을 것 같다는 생각이 든다.

7

북문마을

새
로
쓰
는
김
해
지
리
지
ㅣ
김
해
학
길
위
에
서
다

■■■■ 김해향교 부근을 읍성북문의 '문밖마을' 이라 부른 적은 있어도, '북문마을'이란 이름 자체가 있었던 적은 없다. 다만 새로 복원된 김해읍성북문을 중간에 두고 걷는 길이라 이번 발걸음의 제목을 '북문마을'이라 부쳐 보았다.

동상시장 남북 아케이드를 북쪽으로 나오며 오른쪽에 있는 연화사 대웅전의 기와지붕을 올려 보다, 갑자기 발아래서 터진 폭음에 화들짝 놀랐다. 자욱하게 깔린 흰 연기 속에서 무쇠로 만든 '뻥튀기'가 시커먼 얼굴을 내밀고 있다. 참 오래간만이기도 하고, 때가 설밑이라 그런지 어린 시절의 향수에 마음까지 훈훈해진다. 어떤 그리움처럼 설레이는 마음을 다독이며 연화사(蓮華寺)로 들어선다. 일제 강점기에 계룡산인(鷄龍山人) 이동은(李東隱) 선사가 함허정 터에 '김해불교포교교당'을 지은 것에서 비롯되어, 지역의 오래된 분들에게는 '포교당'이란 이름으로 더 친숙하다. 1970년 11월 15일 화재로 소실된 것을 1975년 4월 김택수 전 대한체육회장 형제가 모친의 원당으로 중창했다. 네모난 석축 연못 안에 대웅전이 앉은 별난 모양으로, 돌다리를 건너야 예불을 드릴 수 있는 특이 구조다.

함허정(涵虛亭)은 연못을 파 분산서 내려오는 호계(虎溪)의 물을 휘돌아 나가게 하고, 가운데에 네모난 섬을 만들어 그 위에 지어 올린 정자였다. 왕명을 받아 김해읍성에 오는 손님을 머물게 하던 객사의 일부로서, 연꽃을 심고 물고기와 물새를 넣었으며, 작은 배를 띄워 기생과 풍물을 싣고 뱃놀이를 즐겼다 한다. 정자

의 이름이 적실 함(涵)에 빌 허(虛)인데, 빈 것은 하늘이니, '하늘이 빠진 연못'으로
도 새길 수 있는 시적인 이름이다. 당시 객사 안에 위치하던 모습은 김해부내지
도(1820년경)에 잘 남아 있는데, 2007년 3월 한국문물연구원의 시굴조사에서 현 호
안석축 바로 뒤에 당시의 석축 열이 확인되었고, 같은 시기의 분청사기와 명문기
와 등도 출토되었다. 북문 밖으로 옮겨진 정자는 이미 사라졌지만, 조선시대 객
사 뒷동산의 모습을 잘 남기고 있는 점이 평가되어, 2008년 2월 연화사 경내 전
체가 경상남도기념물 제267호 김해객사후원지(金海客舍後苑址)로 지정되었다.

조선후기 김해의 좋은 경치가 '금릉팔경(金陵八景)'으로 노래되었는데, '함허정의
이슬 맺힌 연잎'과 함께, '연자루서 펼쳐 보이는 낙동강 하구의 먼 경치'도 유명
했던 모양이다. 아래로 흐르는 호계천에 비해 연자루가 너무 높다는 김일손(金馹
孫, 연산군 때 무오사화의 주인공, 김해김씨)의 쓴 소리도 있지만, 높았기에 낙동강과 바다의 넘
실거림이 파노라마처럼 펼쳐졌을 것이다. 함허정 아래 자리해, 진주 촉석루·밀
양 영남루와 함께 손꼽히던 연자루(燕子樓)는 1932년 9월에 완전 철거되어 색 바랜

■□
가락고도궁터비

□■
유공정비

사진 한 장으로 겨우 남았지만, 정몽주와 맹사성 같은 고려·조선의 명사들이 찾아와 시를 읊기도 했던 명승지였다. 대웅전으로 건너가는 함허교 왼쪽에 팔각으로 다듬은 장대석 하나가 서 있는데, 우여곡절 끝에 단 하나 남게 된 연자루 기둥 받치던 주춧돌이다. 연자루를 찾은 정몽주는 "옛 가야 찾아오니 풀빛 푸른 봄이다. 흥망이 몇 번 변해 바다가 흙먼지로 되었나" 라 했지만, 연자(燕子) 곧 제비는 돌아와도 연자루는 돌아오지 않는다.

처음 연화사에 들어설 때 연못과 대웅전에 눈을 뺏겨 바로 왼쪽에 있는 비석 셋을 그냥 지나쳤지만, 가장 안쪽의 비석을 놓쳐서는 곤란하다. 자연석을 다듬은 비석 앞면에 '가락고도궁허(駕洛古都宮墟), 뒷면에는 '분성대(盆城臺)'라 각각 새겼는데, '분성대' 아래에는 가락국 건국 1887년이 되는 해, 그러니까 1928년에 후손 김문배가 세웠다고 되어 있다. 옛날부터 시내에는 3곳의 가락국왕궁후보지가 전해왔는데, 앞에 새겨진 '가락 옛 서울의 궁터'라는 글 때문에 여기도 유력한 후보지의 하나로 거론되 왔다. 그러나 2003년 11월 수로왕릉 건너편의 발굴조사에서 봉황토성이 발견되자, 봉황대 동쪽에 있는 '가락시조왕궁허(駕洛始祖王宮墟)' 란 비석이 신뢰를 얻게 되면서, 이 비의 의미는 다르게 생각되기 시작했다. 자세한 내용은 필자가 쓴 〈이야기로 떠나는 가야 역사여행〉(지식산업사, 2009)에 맡기지만, 허왕후의 중궁(中宮)이 있었고, 허씨 일족이 대대로 살았다는 전승에 따라, 허왕후 집단의 근거지였을 것이란 추정도 가능하고, '시조왕궁터(봉황동)'와 '고도궁터(동상동)'란 글자 차이에서 수로왕 후대의 왕궁이나 별궁을 있었던 것으로 보는 추정도 가능하게 되었다. 가야사연구가 현재진행형인 것은 우리 마을의 전승과 유적이 아직도 살아 있기 때문이다.

연화사를 나서는 데 깜빡했던 곳이 생각 나 다시 시장으로 들어간다. 동서·남북의 아케이드가 교차되는 곳을 지나자마자, '서울식품'에서 오른쪽으로 꺾어 들면 막힌 듯한 골목 끝에 누런 비석 하나가 서 있다. 유공정비다. 유공(柳公)은 임진왜란 때 김해성을 지킨 사충신 중 한 분 유식(柳湜) 선생이고, 우물 정(井)에 비석 비(碑)니, '유선생님 우물에 세워진 비석'이다. 왜적을 맞아 싸우는 데 성안 물이 말랐다. 선생이 객사 계단 섬돌 앞을 지팡이로 파니 물이 솟았다. 이 우물물로 마지막까지 싸웠고, 그 뜻을 기리기 위해 후손들이 우물을 메우고 비를 세웠다. 2m 정도의 화강암 자연석을 다듬어, 앞에는 '유공정(柳公井)이라 쓰고, 뒤에는 선생의 공적을 새겼다. 국가나 도문화재로 지정되 있지 않아 옹색한 환경에 쓰레기도 함께 뒹구는 모양이지만, 우리 역사는 우리가 지켜야 하는 것 아닐까 하는 생각이 들었다.

유적보호의 책임을 따지러 가는 건 아니지만, 동회·동사무소 등으로 불렸던 동상동주민센터에 들른다. 1914년 처음으로 동상리가 되고, 광복 후 1947년에 김해읍 동상동이 되었다가, 1981년 시로 승격되면서, 1982년에 발족된 10개동의 하나가 되었다. 전 김해문화원장 이병태 선생도 〈김해지리지〉의 서술을 동상동에서 시작했듯이, 시 승격 당시까지 만해도 '김해 1번지'로 통하는 시내 제일의 중심가였다. 새로 하얗게 칠한 청사는 1983년 11월에 세워져 오늘에 이르는데, 내외동이나 북부동 같은 신청사에 비해 좁고 낡아 근무에 어려움도 있겠지만, 크지 않고 세월이 묻어나는 단아한 모습이 오히려 정겹다. 김명희 동장 이하 9명의 직원이 3709세대 9445명의 동상동 주민을 돌보고 있다.

주민센터 앞 연자로(합성초-동상파출소-동회-동상사거리-동광초후문)를 따라 서쪽으로 가다 파출소를 끼고 오른쪽으로 돌면 새로 복원된 김해읍성북문이 한눈 가득 들어온다. 2007년 2월 9일부터 2008년 4월 4일까지 34억 9천 만 원을 들여 흔적으로 남아있던 돌무더기를 웅장한 성문으로 되살렸다. 원래 동서남북의 4대 성문이 있었으나, 나머지는 흔적도 없이 사라지고, 지표상에 흔적이라도 남아있던 북문을 우선 복원했다. 앞쪽에는 성문을 보호하는 반원형의 옹성이 둘려졌는데, 오른쪽으로 돌아들면 공진문(拱辰門)이라 쓴 현판이 올려다 보인다. 팔짱 낄 공, 또는 두 손 맞잡을 공에 진은 북쪽 또는 북쪽에 앉은 임금을 뜻하니, 완고하게 팔짱 낀 무사가 북쪽을 막겠다거나, 두 손을 맞잡아 북쪽에 계신 임금께 예를 갖춘다는 의미가 있었을 것이나, 세워졌던 시대나 김해의 입지를 보면 후자의 뜻이 더 크게 작용했을 것 같다. 성벽은 문 양 끝의 극히 일부만 복원되었지만, 동쪽 성벽 연장선에 있는 '새김해주차장'과 '미성아트빌' 아래서는 아직도 남은 성벽을 만날 수 있다. 성벽 위에 아파트와 주차장이 올라 앉은 셈이다. 지금은 성

■
김해읍성 공진문의 현판

문 앞에서 호계로로 가는 길이 말끔한 아스팔트길로 정비되었지만, 계획도로건
설에 앞서 진행된 경상문화재연구원의 발굴조사에서도 성 앞의 해자, 분청사기
와 기와 같은 읍성 관련의 흔적들이 다수 확인되기도 했다.

가던 길을 되돌려 북문을 지나 가락로에 나서면 길 건너로 역사 깊은 김해교
회와 만나게 된다. 1894년 전라도에선 동학꾼들이 죽창을 들고 황토벌을 내달릴
때, 충주관찰사의 후손인 한의사 배성두가 세워 '약방예배당'이란 별명도 있었
단다. 올해로 117주년을 맞는다. 지역 최초는 물론이고, 전국에 100년을 넘는 교
회가 100여개를 헤아린다지만, 외국인선교사가 아닌 한국인이 세운 교회는 손에
꼽을 정도로 귀하다. 긴 역사만큼이나 김해지역의 근대화와 독립운동, 현대사회
의 발전에 이바지 한 공로도 적지 않다. 1907년 근대교육기관으로 합성학교를 세
웠고(1909년 인가), 배성두 장로의 아들 배동석은 지역의 3.1운동을 선도하다 고문
끝에 사망해 1980년 건국훈장 애족장이 추서되었고, 1927년 유치원을 설립해 아
동보육을 시작했으며, 1930년에는 김해극장에서 수재민구제음악회를 개최하기
도 했다. 1994년 100주년을 맞이한 김해교회는 2007년부터 '김해시민과 함께하
는 알파음악회'를 개최해 오고 있으며, 오랫동안 '김해생명의 전화'를 이끌며 김
해의 생명을 구하고 있는 이진규 집사는 여기 출석교인이다. 요즈음 같지 않게
소박한 예배당과 담장 옆 몇 그루의 키 큰 향나무는 오히려 세월의 정감과 지역

사회 기여의 전통을 저절로 느끼게 한다. 1994년 부임한 조의환 목사가 시무 중인데, 지난 시장선거에서 공천 받지 못했던 김종간 후보가 교회에 나오면서 당선되었다는 이야기는 그의 임기가 끝난 지금도 성도들 간에 화제란다.

그래도 웃는 미륵부처님

연화사 대웅전의 뒤쪽, 동상동주민센터 쪽 낮은 담장 아래에는 찾는 이 하나 없어도 언제나 웃고 있는 미륵부처님이 계시다. 이병태 선생의 〈김해지리지〉에 따르면, 원래 불암동 선유대 미륵암 뒤에 있었는데, 1972년의 남해고속도로공사로 파괴되었던 것이 1974년 7월 지금의 자리로 옮겨졌다 한다. 그런 시대이기도 했다. 당시에는 대규모 공사 현장이라면 국가나 지방문화재라도 파괴되기 일쑤였다. 그러니 비지정의 이 부처님이 파괴의 화를 면하기는 어려웠을 것이다. 지금의 지형으로 보아 아마도 불암동 현대자동차정비공장 맞은편 언저리의 바위산이 헐려 내려지면서 함께 파괴되었던 것으로 보인다. 완전히 파괴되어 흩어진 파편의 일부를 배석현 회장의 김해불교신도회가 주워 모아 연화사 경내로 옮겼다 한다. 수습된 7조각 정도의 파편에 적당히 다른 돌들과 함께 끼워 맞춰 얼굴과 상반신의 일부만 갖추어진 상태다. 머리와 몸 뒤에 바위가 붙어 있는 모양이 자연 바위에 선을 그리고 돋을새김 했던 마애불로 보인다. 인자하게 늘어진 귀와 두상, 그리고 남은 왼손의 수결로 보아, 왼손을

받치고 오른손 손바닥을 앞으로 내민 항마촉지인의 미륵불로 여겨진다. 김해시 불암동(佛岩洞)의 '부처바위마을' 이란 이름이 바로 이 부처에서 비롯되었기 때문에라도 이제는 꼭 지켜야 할 문화재다. 깨지고 잡돌로 끼워 맞춰져도 미륵부처님은 오늘도 김해의 중생을 위해 웃고 계신다.

8

수로왕릉

새
로
쓰
는
김
해
지
리
지
ㅣ
김
해
학
길
위
에
서
다

■■■■ 수로왕릉을 중심으로 돌아보는 오늘의 발걸음은 일종의 역사문화유
적답사 같은 일정이 되겠지만, 지난번에 지면이 다해 '억지로' 걸음을
멈추어야 했던 곳이 있다. 지난 호의 종착점이었던 김해교회와 옆구리를 맞대고
있는 김해합성초등학교다. 김해합성초등학교를 김해교회와 함께 둘러봐야 하는
이유는 같이 붙어있어 그렇기도 하지만, 1907년 김해교회의 배성두 장로가 근대
교육기관으로 세우고, 1909년에 사립합성학교로 인가를 받았던 데서 시작한 내
력이 있기 때문이다. 탄생에 관련되는 문제였는데, 필자의 무계획성과 느슨한 시
간개념 때문에 발길이 나뉘었던 것이 못내 아쉬워 '억지로'라 표현했고, 그렇기
때문에라도 오늘의 발걸음은 여기부터 시작하기로 했다.

　김해교회에서 가락로를 따라 시내 쪽으로 내려오다, 첫 번째 작은 교차로에서
오른쪽으로 꺾어, 연자로를 따라 조금 가면 학교정문과 만난다. 철책을 헐어내고
수목과 화초로 꾸미는 새 담장 만들기가 한창이다. 생명 존중할 줄 아는 아이들
로 밝게 키우기에는 철책보다 부드럽고 살아있는 수목담장이 제격일 거라는 생
각이 들었다. 교정에 들어서 요즘 보기 힘든 흙바닥 운동장을 가로 지르는데, 흰
바탕에 연두와 핑크색 선을 넣은 본관건물이 아침 햇살에 눈부시다. 건물꼭대
기에 학교이름과 나란히 쓰여 있는 'SINCE 1909'가 학교의 역사와 전통을 한 눈
에 알게 한다. 2009년 4월, 100주년 기념식을 가졌던 긴 역사에 비해 정면 본관,

■
납릉정문을 통해 본
수로왕릉

오른쪽에 식당과 도예체험실, 왼쪽에 유치원이 전부인 단출한 건물배치는 점차 줄어만 가는 도심지역 아동인구의 심각성을 짐작케 한다.

중앙현관으로 들어서는 왼쪽에 자리는 조금 옹색하지만 잘 생긴 거북이 받침(龜趺)과 예쁜 머리(螭首)를 갖춘 검은 대리석의 〈허발(許發)·박석권(朴錫權)선생공적기념비〉가 있다. 비문에 따르면 1922년 허발 선생은 논 200마지기 값인 2만원을 상하이임시정부에 독립운동자금으로 은밀히 보내고, 다시 논 5백석지기를 내어 박석권 선생이 내신 3백석지기와 합해, 6년제 합성학교와 2년제 고등과가 공부할 수 있는 2층 벽돌건물을 짓게 하셨단다. '10년 뒤를 위해서는 나무를 키우고, 100년 뒤를 위해서는 사람을 키우라'는 비문의 말처럼 일제강점기에 사재를 털어 민족의 인재를 길렀던 두 분이야말로 지금의 김해합성초등학교가 있게 한 은인이다. 1967년, 독립운동가로 광복 후에 문교부장관을 역임하기도 했던 안호상 박사의 글을 받아 두 분의 공을 기리는 비를 세운 것이다.

현관 복도에 올라 가야토기와 민속자료들이 전시된 진열장을 기웃거리는데, 마침 밖으로 나가시던 교감선생님께서 날이 춥다고 교무실로 안내해 주신다. 따뜻한 차 한 잔을 얻어 마시며 학교소개도 듣고 마침 계시던 사회과 선생님과 바깥 화단에서 아직도 "공산당이 싫어요"를 외치고 있는 '반공소년' 이승복 동상에 대한 조금 다른 생각도 나누었다. 35명의 교직원과 18학급 425명의 재학생이 함께 가르치며 배우는데, 김해시가 50만 돌파기념으로 선정한 '김해를 빛낸 인물 10인'의 김환옥 선생님도 계시고, '우리 마을, 우리 학교'를 슬로건으로 학생·학부모·교사의 공동체운동을 추진하고 있는 이재돈 교장선생님은 이들이 함께하는 가야도예체험교실을 2년이나 운영해 오고 있으며, 지난 해 12월에는 수강생들의 도예작품과 자신의 김해문화유적사진을 합한 200여점을 김해도서관에서 전시하기도 했단다.

밖으로 나오며 현관 양쪽에 심어진 100주년 기념의 반송(盤松)에 눈길을 주는데, 올 2월 18일에는 69회 졸업식이 예정되어 있고, 일제강점기를 제외하고 총 17,000여 명의 졸업생이 배출되었음도 일러 주신다. 이 졸업생들 중에는 우리 지역을 위해 힘쓰는 이들도 적지 않은데, 서울서 산부인과를 운영하는 박진배(10회) 선생은 1994년부터 매년 30~40명의 재학생에게 장학금을 지급하고, 34회 동창회를 이끌고 있는 김용철 성형외과 원장, 김해한솔병원 홍태용(35회) 원장 같은 의사도 많고, 교편을 잡으면서도 연극과 문화재보호 활동도 하고, 지금은 김해문화원 원장으로 지역문화 발전에 기여하고 있는 한고희(15회) 선생과 한국폴리텍7대학 동부산캠퍼스 황석근(33회) 학장 같은 교육자들도 있다. 정치 행정 쪽으로 시청의 이종숙(22회) 총무국장, 이유갑(28회) 도의원, 배정환(35회) 시의회 의장 등

수로왕의 신령만
다니는 신도

도 있고, 1986년 멕시코월드컵에서 장쾌한 중거리 슛으로 아르헨티나 골문을 열
어 제치며 한국 월드컵출전사상 첫 골을 기록했던 박창선(24회) 선수도 있다. 1998
년 청소년대표팀(U20)을 이끌고 아시안게임서 우승도 하고, 경희대 감독을 역임했
던 그가 이제는 고향에 돌아와 김해활천초등학교 근처에 〈박창선축구클럽센터
(055-327-0827)〉를 열어 화제가 되기도 했다.

　학교 역사만큼이나 오래 있었나 보다. 본관 서쪽 쪽문을 통해 황망히 학교를
나서는데, 괜한 빙그레 웃음이 절로 난다. 허리 굽히고 고개 수그려 나서는 쪽문
에서 은밀한 옛 추억이라도 생각날 것 같아 그런 모양이다.

　수로왕릉(首露王陵) 동쪽 담장을 따라 남쪽으로 내려가다 돌담 모퉁이를 오른쪽
으로 돌면 정문 앞 광장에 이른다. 몇 년 전만해도 꽤 어수선했었는데, 공간도
넓히고, 박석도 깔고, 예쁜 소나무도 심어 분성로 쪽에서 바라보기에 제법 좋은
그림이 되었다. 수로왕 뵈러 숭화문(崇化門)을 들어선다. 왕께서 우리를 교화해주
신 은혜를 받들겠다는 뜻이리라. 수로왕릉이라면 가야 보다 먼저 생각나는 주
인공의 유적이라 김해 돌아보는 타지 분들도 빠뜨리지 않지만, 어려서부터 사생
대회나 백일장, 소풍 등으로 친숙했던 김해인 들에게는 '마음의 고향' 같은 곳이
다. 숭화문을 지나면 홍살문이 먼저 보이지만, 무지하단 소리가 듣기 싫거나 왕
을 기리는 마음을 제대로 표하려면 발밑에도 주의를 기울이는 것이 좋다. 가운
데가 넓고 높으며, 좌우 양쪽이 낮고 좁게 3등분 되어 있는 길 중에서 가운데는
걷지 않는 것이 옳다. 가운데 넓은 길은 신도(神道)라 하는 데, 수로왕의 신령만 다
니시는 길이기 때문이다. 들어 갈 땐 오른쪽, 나갈 때는 왼쪽으로 사람이 다니는
인도(人道)로 걷는 것이 합당하다.

가락루(駕洛樓) 밑을 지나면 납릉정문 뒤로 왕릉이 보인다. 둥근 봉분은 높이 5m, 지름 6m 정도로, 서기 199년에 수로왕 돌아가셨을 때 그대로는 아니겠고, 한참 후대에 왕의 외손이 되는 신라 문무왕의 개축으로 지금처럼 크게 되었던 것으로 여겨진다. 납릉정문이란 들일 납(納), 왕릉 릉(陵)이니, 왕릉으로 들어감을 허락하는 문이라는 뜻인데, 양쪽 문 위에 모두 신기한 문양이 그려져 있다. 두 마리의 신령스런 물고기가 하얀 탑을 가운데 두고 마주보는 문양이라 신어상(神魚像) 또는 쌍어문(雙魚紋)이라 불린다. 다시 고개를 왼쪽 뒤로 돌려보면 3기의 비석 중에서 가장 안쪽 것 머리에 바람개비처럼 생긴 태양문(太陽紋)이 새겨져 있다. '왕릉의 수수께끼'로도 불리는 이 문양들이 인도의 야요디야에서도 흔하게 보인단다. 마침 『삼국유사』에 수로왕비가 인도의 아유타국에서 왔다고 기록한 것이 있어, 이것을 그 흔적으로 보려는 생각이 퍼지게 되었다. 세상에서 회자되는 '인도공주'의 이야기가 여기서 비롯된 것이다. 역사적 진실의 문제는 필자의 『이야기로 떠나는 가야역사여행』에 맡기기로 하지만, 고대의 낭만적 상상력과 탐구의욕을 부채질하는 자료가 되기도 한다.

오른쪽으로 작은 문을 들어서면, 왼쪽에 수로왕과 왕비의 신위를 모시는 숭선전(崇善殿)이 있고, 그 옆에 2대 거등왕부터 9대 구형왕과 왕비의 신위를 모시는 조금 더 긴 숭안전(崇安殿)이 있다. 매년 음력 3월과 9월의 15일이 되면, 전국의 김해김씨, 김해허씨, 인천이씨 분들이 모여 양쪽에 제사를 지낸다. 1시간 정도 진행되는 제례는 서울의 종묘대제보다 작지만, 경상남도 무형문화재 제11호로 지정될 정도니, 혈연적 후손이 아니라도 김해에 사는 사람이라면 꼭 한번은 참관해 봐야할 우리 지역의 중요 문화유산이다. 김해의 가장 커다란 축제인 가락문화제 또는 가야문화축전이 이 날을 중심으로 정해지고 있는 것도 그런 연유와 중요

 # 살아있는 가야인, 왕릉의 참봉님

"지난 추석 때 필리핀의 라모스 전 대통령이 왔었는데, 왕릉에 참배하면서 얼마나 감격해 하는지 몰라. 외국원수도 우리 전통문화와 가야역사가 소중한 걸 아는데, 우리가 좀 그렇지 못한 것 같아." 지난 2월 16일 김봉대(金鳳大) 숭선전 참봉님을 찾았을 때, 조금 탄식이 섞인 말씀이었다. '살아있는 가락인? 아냐 마지막 가야인?' 등등의 표제어를 미리 생각하며 가는 인터뷰라 그런지 부담이 컸다. 급하게 연락드렸는데도 쾌히 시간을 허락하셨다. 원래 왕릉에는 두 분의 참봉이 계시는데, 능 참봉님과 숭선전 참봉님이시다. 직명만 보면 능의 관리와 숭선전 제례의 주관을 분담하는 것 같이 보이지만, 언제나 김해에 계시면서 모든 것을 주관하는 분이 숭선전 참봉님이시다. 매일 아침마다 능에 가서 분향 참배하고, 매월 초하루와 보름에는 하절기에 아침 5시, 동절기에 아침 6시에 숭선전에 분향하고, 추석 동지 정월에는 잔을 올려 헌작하고, 음력 3월과 9월의 15일에는 전국적 행사 춘·추향대제를 주관하는 매우 힘든 직책이다. 올해로 86세 되신다는 데, 2009년 10월 1일 부임 이래 아무 탈 없이 책무를 수행하시는 건강이 부럽다. 그렇기에 참봉 선정규정은 참 까다롭다. 심신건강은 물론, 사지 모두 온전해야 하고, 이혼·축첩·자녀의 동성혼, 형법상 처벌경

력, 상중인 사람도 안 되며, 상을 당하면 참봉직을 포기해야 한다. 참봉 자신이 가락국왕들께 드리는 깨끗한 폐백이어야 하기 때문일 것이다. 좀 더 활발한 가야사연구를 위해 김해에 「가야역사문화센터」 같은 조직이 필요하다는 제안도 하시면서, 나서는 필자를 배웅하며 인도로 보낼 물품들을 챙기셨다. 인도에서 허왕후비 설립 10주년 기념행사를 위한 것이라 하신다.

성이 있기 때문이다. 다만 "종묘대제가 조선의 왕을 모시는 제례라 유교식 제례로 행해짐은 당연하겠지만, 유교사회가 아니었던 가야국왕들의 제사 역시 같은 형식으로 진행되어야 하는 것은 좀 더 생각해 봐야 하지 않을까"라고 했던 우리 지역 김정권 국회의원의 지적은 다시 새겨 볼만하다. 물론 관련 자료가 전무에 가깝기 때문에 대안 없는 비판으로 비춰질지도 모르겠으나, 제례에 사용되는 기물이나 절차 중 일부라도 가야적인 요소를 도입할 수는 있을 것이고, 그렇게 해야 서울의 종묘대제와 차별성을 가진 우리 지역만의 제례로 발전시킬 수도 있을

2대 거등왕부터 9대
구형왕과 왕비의 신위를
모신 숭안전

것 같다는 생각이다. 조금은 다른 생각도 하면서 수로왕릉을 관리하시고 대제를 비롯한 왕릉의 모든 행사를 주관하시는 숭선전 참봉님을 뵈러 간다.

아! 여러분들은 나가시기 전에 연못 오른쪽 구석 담장 밑에 있는 6개 알 모양의 조각도 보시고, 뒤편의 왕릉공원도 한가롭게 거니시길 바랍니다. 6란 조각은 수로왕 탄강하신 구지봉에서 옮겨 온 것이고, 왕릉공원에는 수로왕 등장하시기를 빌었던 가락마을 아홉 촌장인 구간(九干) 시대 사람들의 무덤이었던 고인돌도 있으니까요.

대성동고분군

9

새로 쓰는 김해지리지 ― 김해학 길 위에 서다

오늘은 얼마나 걸어 볼 수 있을까? 길어졌던 합성초등학교와 수로왕릉에서의 수다 덕분에 지난 호에 계획했던 발걸음의 대부분이 오늘의 몫으로 돌아 왔다. 수로왕릉 앞을 출발해, 시관광안내사도 만나고, 김해한옥체험관을 지나, 김해민속박물관을 둘러 본 뒤, 수릉원 입구의 허왕후 동상과 큰 차나무 장군수(將軍樹)를 음미하고, 대성동고분군에 오를 작정이지만, 그 사이에 우리 시민들이 사는 아파트와 쉼터 몇 군데도 들러 봐야 할 것 같다.

김해 분들에게는 잘 보이지도 않고 잘 들르지도 않지만, 왕릉 앞에서 김해관광의 중책을 담당하는 곳이 있다. 영어와 한자가 병기된 '관광안내'를 달고, 머리에는 정보의 'ⓘ'를 새긴 동그란 간판에 유적과 관광지를 뜻하는 고동색 기둥과 자주색 채양을 내 단 사각형 '깡통건물'이다. 알록달록한 안내팸플릿이 가지런히 꽂힌 '깡통' 안에서 일본어(최영주)와 영어(이희라)로도 안내하는 문화관광해설사가 반갑게 맞이한다(055-323-8692). 운 좋으면 차도 얻어 마시고, 외국인 한국인을 가리지 않고 길 안내나 문화관광지 소개는 물론, 관광일정 코디까지 해주는 정성이 있다. "노대통령생가와 드라마김수로로 관광객은 느는데, 볼 것이 별로 없어요. 촬영지였던 가야역사테마파크가 빨리 오픈되야 하고, 어린이를 위해 천문대 오르내리는 탈 것도 개발되어야" 한다며 일본어 자료의 부족을 호소하는 그녀들이야 말로 관광김해의 첨병이다. 3월 1일부터는 일본의 후지TV가 '철의 왕,

대성동고분군 정비 후
전경
(노출전시관, 박물관)

김수로'를 방영한다 하고, 관광과 답사의 중심 되는 어린이동반가족을 위해서도 꼭 필요한 제안이란 생각이 들었다.

그녀들의 흔드는 손을 뒤로 하고 '김해한옥체험관 가야원(055-322-4735)'으로 향한다. 왕릉돌담길을 따라 서쪽으로 조금 가면 가야원 남쪽 담장 모퉁이와 만난다. 김해시가 54억여 원을 들여 2006년 9월에 개관한 전통한옥의 숙박시설이다. 객실 13개에 한식당 감지방, 전통찻집, 기념품점 등이 들어서 있다. 김해의 숙박시설이란 게 어디나 있는 모텔뿐이고, 그나마 하나 있던 김해관광호텔도 문을 닫아, 국제교류나 학술회의 등으로 손님이라도 초청할라 치면 우선 걱정되는 게 숙박시설이었다. 그러던 중에 가야원의 개관은 그런 문제의 일부를 해결해주었고, 김해를 찾는 이들에게 선 듯 추천할 수 있는 숙박시설이 되었다. 하지만 객실 수가 적고 회의장이나 온천 같은 시설도 없어 경주 신라밀레니엄파크 보다 먼저 만들었으면서도 정작 규모는 왜 그렇지 못했나 하는 아쉬움도 있다. 신라에 졌던 가락국의 과거가 겹쳐 '한 번 패배는 영원한 패배인가' 하는 자조에 빠진다. 다만 '노래하며 춤추며' 같은 전통문화 공연, '간장·된장 담그기' 같은 체험행사, 그리고 경영쇄신을 통해 흑자로 전환했다는 최근 소식이 작은 위안이라고나 할까.

달 감(甘), 맛날 지(旨), 달고 맛있다는 한식당 감지방(甘旨房) 옆에는 단아하게 꾸며진 네모난 연못이 있다. 가야원(加耶苑), 곧 '가야의 동산'이란 이름에 걸 맞는 조경

■ 한옥체험관 연못

이긴 하지만, 사실 이 연못 아래 부지조성공사 중에 발견되었던 가야유적이 보존되고 있음을 아는 이는 별로 없다. 국립김해박물관 2층에 가면 여기서 출토된 유물들을 별도의 진열장에 모아 전시하고 있다. 가야 사람들이 손으로 주물렀던 미니토기들을 네모로 늘어놓고, 그 안에서 옆으로 누운 말을 두 사람이 서서 지켜보고 있다. 남성을 유달리 크게 만들어 붙인 말이나 장난감 같은 작은 토기들은 기도나 정화 같은 신앙 활동에 관련된 유물로, 여러 갈래의 도랑과 제방이 있는 저습지에서 출토된 것이다. 가야 사람들이 개천과 물가에서 지낸 제사흔적으로 추정되고 있는 유적 때문에, 원래 계획의 99칸이 85칸으로 축소되었는지는 모르겠으나, 이곳을 찾는 손님들에게 가야인의 정신세계를 전하는 좋은 이야기 거리가 되었을 텐데, 적절한 안내판 한 장 없는 현실이 안타깝다.

　가야원을 나서 담장을 따라 가다 왼쪽으로 꺾어 들면 붉은 벽돌의 2층 건물과 김해민속박물관(055-336-2646)이라 쓴 고동색 입간판이 보인다. 김해문화원에 소장·전시되고 있던 유물들로 만들어진 박물관이다. 김해시가 김해공설운동장 부속의 체육시설을 개축·리모델링해 2005년 10월 1일에 개관했다. '민속과 현대의 만남'을 기본주제로 하는데, 1층에서는 커다란 사진패널로 김해민속의 변천을 한눈에 보여주고, 2층에서는 전통의 농경문화와 주거문화를 재현해 경남·김해의 민속생활사를 실감나게 보여준다. 481종 1139점의 소장유물 중 322종 778점의 전시유물들 모두는 옛 생활에서 직접 사용했던 물건뿐이어서, 어르신들에게는 지난날의 향수를, 어린이들에게는 새로운 흥미를 주기에 충분하다.

■□
김해민속박물관 2층
농기구

■□
김해민속박물관에
전시되어 있는 수로에서
물을 퍼 올리는 기계인
무자위

근무 중인 김효진 학예사에게 어느 게 최고 인기냐고 물었더니, 1층 오른쪽에 있는 '무자위'를 추천한다. '무자위'란 수로에서 물을 퍼 올리는 기계로 전통시대의 양수기라 보면 되는데, 역사를 공부하고 대학박물관을 운영하고 있는 필자에게도 낯선 말이었다. 김해문화원이 운영하고 있는데, 한 해 평균 4~5만 명이나 되는 관람객이 찾는단다. 입장료도 없으니, 아이들과 함께 시간 만들어 꼭 들러봐야겠고, 가난한 연인들의 데이트장소로도 참 좋을 것 같다. 이 좋은 공간에서 '전통놀이 지도사 양성과정'이나 '어린이 민속체험' 같은 사회교육프로그램까지 운영된다면 금상첨화겠다는 생각이 들었다.

최근에 세워진 허왕후 동상과 부산 강동동 원예시험장에서 우장춘 박사가 기르던 200년 생 장군차 나무를 둘러보고, 수릉원으로 들어서는데 옛 생각이 났다. "일본에는 '가야의 숲'이 있는데, 가야에는 '가야의 숲'이 없습니다." 공설운동장 스탠드에는 동원된 학생과 동·면민들이, 중앙단상엔 '높으신 분들'이 자리하고, 먼지 풀풀 날리던 가락문화제를 우선 무대부터 바꿔보자고 '가야의 숲'으로 만들자며 침 튀기고 돌아다녔던 필자의 외침이었다. 운동장 철거와 발굴조사를 위해 둘려졌던 철제펜스에도 '가야의 숲 조성공사'로 쓰여 있었던 것을 분명히 기억한다. 그런데, 공원조성이 완료되고 별도의 명칭공모와 선정위원회를 거치면서 '수릉원'이란 이름으로 바뀌었다. '수릉원'이란 이름에 대한 호불호는 사람마다 다르겠지만, '가야의 숲'이란 예쁜⁽?⁾ 이름 하나가 사라지게 된 것이 못내 아쉬웠다.

마침 발굴조사에서도 '가야의 숲'에 어울리는 유적이 확인되었다. 옛 운동장 축구골대 양쪽 모두에서 유적이 발견되었지만, 서쪽에서 발견된 수로왕 당시의 목관묘(木棺墓)에서는 우리 고고학사의 한 획을 긋는 중요유물이 출토되었다. 그동안 창원 주남저수지 옆 다호리 목관묘에서 출토된 1장의 칠기부채는 〈삼국지〉가 '국(國)'으로 기록했던 영남지역에서 최초 왕국의 출현을 보여주는 것으로 평가되어 왔는데, 여기서는 그 칠기부채가 2장이나 출토되었다. 소설 〈삼국지〉의 제갈공명이 군사부릴 때 썼던 부채처럼 지휘권이나 지배권력의 상징물이 수로왕릉 바로 옆의 '가야의 숲 조성부지'에서 출토된 것이다. 공원조성공사 일정에 밀려 변칙적 발굴조사란 오점을 남기기도 했으나, 인접 수로왕릉의 진실성을 증명해 준 자료가 되기도 했다. 리모델링한 중앙스탠드는 여전하고, 동서 양쪽에 만들어진 높은 언덕은 조경 목적보다, 그 아래서 확인된 유적과 미처 조사하지 못한 유적보존의 목적이 큼도 아울러 기억해야 할 것이다.

■ 수릉원
(가숲목관묘 복원도)

사실 이러한 목관묘의 존재는 길 건너에 있는 대성동고분군의 시작을 보여주기도 한다. 2,000년 전에 남쪽 수릉원과 북쪽 실로암유치원 터의 낮은 쪽에서 시작한 목관묘가, 1700여 년 전 쯤 언덕 중간의 목곽묘(木槨墓)를 거쳐, 1,500년 전 정상부의 석곽묘(石槨墓)에서 종말을 고하는 게 대성동고분군이다. 지역에서 '애구지'라 불리는 이 언덕은 수로왕이 등장했던 '구지봉'에 대한 '애기구지봉'으로, 출토되는 고급유물들로 보아 가락국 '왕가의 언덕' 또는 '왕릉의 언덕'이라 불릴만하다. 남서쪽 평지에 있는 대성동고분박물관과 북서쪽 비탈에 있는 노출전시관은 이러한 내용과 역사를 실감나고 박력있게 보여준다. 2003년 8월에 개관한 실내전시실은 23호분에서 출토된 청동거울을 확대해 당시처럼 황금빛으로 빛나게 한 박물관의 심볼에서 시작해, 가야전사의 모습, 가야고분 만들기, 철을 수출하는 해상왕국의 모습 등을 보여준다. 전시실을 걷다보면 57호분 출토의 여성인골을 홀로그램으로 만들어, 보는 각도에 따라 곱상한 여인네로 바뀌기도 하는데, 2005년 8월 KBS역사스페셜에서 '가야의 여전사'로 소개되는 바람에 화제가 되기도 했다. 진위문제는 필자의 〈이야기로 떠나는 가야 역사여행〉에 맡기기로 하지만, 가야사 로망의 세계로 인도하는 소재가 될 것은 분명하다.

2009년 9월에 오픈한 기획전시관에서는 복제품뿐인 실내전시실과 다르게 진품 구경하는 재미가 있다. 노출전시관 잠깐 들여다보고, 하얀 화강암 야외무대에서 사방을 돌아보는데, 동쪽에 우뚝 솟은 아파트가 눈에 걸린다. 그래도 사시는 분들에게는 더 없는 보금자리일 테니 어찌 하기도 어렵다. 오던 길 수릉원 옆에서 만났던 백조아파트에는 1988년부터 입주한 434세대, 고분군 바로 옆에는 홍익(134세대), 한국통신(108세대), 가람(108세대) 아파트가 시민들의 삶터로 뿌리내린 지

새로 쓰는 김해지리지 ─ 김해학 길 위에 서다

이미 20년이 지났다. 개발과 보존, 과거와 현재의 조화가 참 쉽지 않다는 생각을 하며 옆집 폴링커피에서 발길을 멈춘다. 진한 커피향과 세련된 인테리어는 많은 커피당을 끌어들이는데, 야심해지면 70~80년대 한국영화를 주름잡았던 배우 김추련 씨도 가끔 나타난단다.

대성동고분군 노출 전시관을 들여다보는 분들이 반드시 고개를 갸웃거리는 대목이 있습니다. 노출된 무덤구덩이는 모두 3개 인데, 매겨진 번호는 29호와 39호 2개뿐이고, 다시 그것들은 서로 뒤엉켜 있습니다. 29호와 주곽과 부곽으로 구성된 39호, 2기의 고분을 발굴 당시처럼 노출·전시한 것인데, 더 큰 문제는 어째서 두 무덤이 서로 엉켜 있느냐 하는 겁니다. 들어 있는 토기의 연대로 볼 때 2칸짜리 39호는 1칸짜리 29호의 손자뻘에 해당하는 시기의 무덤입니다. 보이는 대로라면 손자가 할아버지 무덤을 파괴하고 제 무덤을 만들었다는 얘기가 됩니다. "아니 이런 괘씸한?!" 이라 하실 수도 있겠지만, 현대의 우리 생각과는 조금 달랐던 모양입니다. 그래서 여러 해석들로 가야사연구자 사이에 설전이 벌어지고, 학계의 논쟁을 연출하는 뜨거운 감자가 되었습니다. 만주벌 부여에서 기마민족이 내려와 가락국

을 세우고 이전 권위를 무시하기 위해 고의로 파괴했다든지, 600년 가락국사에서 왕릉은 여기에만 만들어졌으니 자리가 좁아 서로 중복될 수밖에 없었다든지, 이렇게 서로 엉켜있는 덩어리는 모두 같은 집안사람들을 나타내는 것으로 손자가 죽어 할아버지 품에 돌아가는 것 같은 인식이 있었을 것이라는 등의 해석들이 제기되고 있습니다. 일일이 논할 시간이 없어 긴 얘기는 필자의 《가야역사여행》에서 하겠습니다만, 저는 마지막 생각이 가장 합리적인 해석이라 여깁니다. 29호와 39호의 토기는 같은 계통으로 갑자기 내려온 이주민과 토착민의 관계는 도저히 인정될 수 없고, 39호 옆에는 빈 공간도 남았으니 조금 옮기면 될 것인데 그렇게 하지 않았습니다. 한 번 찾아보시고 갑론을박에 참가해보시는 건 어떠하실른지요.

해반천(海畔川)

새로 쓰는 김해지리지 ― 김해학 길 위에 서다

　　김해를 걷다 보니 자랑스러운 것은 물론 사소한 것까지도 새롭게 보이고, 새롭게 보이니까 소중하게 느껴지면서 존중하는 마음까지 절로 생겨난다. '김해사랑'에 특별한 계기나 방법이 있는 것은 아니리라. 우리 주변에 대한 관심이면 저절로 시작될 수 있다. 살피며 궁금해 하고, 자료를 뒤적여 답을 찾는 과정에서 '김해사랑'의 마음은 이미 싹트며 자란다.

　　오늘은 지난번에 발길을 멈췄던 폴링커피를 나와, 경원교 앞에서 해반천으로 내려서서, 개울가 산책로를 따라 남쪽으로 걷다가, 고분박물관 언저리에서 가야의 거리에 올라, 김해시문화체육관과 광남백조아파트, 김해도서관을 거치고, 분성로를 건너 봉황동유적 일대를 탐방하며 걸어보려 한다. 구지로를 따라 내외동 쪽으로 향한다. 경원교 못 미쳐 시민의 종이 있는 문화사거리에서 가야의 거리에 접어들어 조금 가면 길 건너 오른쪽에 해반천으로 내려가는 길이 있다. 바다 해⁽海⁾, 물 가 반⁽畔⁾, 내 천⁽川⁾이니, '바닷물가의 내' 또는 반⁽畔⁾은 경계를 뜻하기도 하니, '바다와 맨땅의 경계를 이루는 내'이다. 바닷가라니? 어디가 바다라는 것인가? 동쪽의 구시가지가 맨땅이고, 서쪽 내외동의 거의가 바다였다. 수많은 아파트가 거대 숲을 이룬 지금, 좀처럼 상상하기 어렵겠지만, 1990년부터 조성된 58만평의 택지에 아파트가 들어서기 전에는 미나리꽝이 전부인 늪지대였고, 김해평야가 바다였던 고려~조선 전기까지만 해도 바닷물이 들고 나는 갯벌 같은 곳이었다.

해반천의 징검다리

그래서 '바다와 맨땅의 경계를 이루는 내'라는 이름이 부쳐졌던 것 같다.

　해반천이란 이름이 처음 보이는 것은 조선 숙종 36년, 1710년에 그려진 김해 부지도에서다. 1751년, 그러니까 41년 뒤에 편찬되는 이중환의 택리지에서도 김해 평야는 여전히 갯벌의 바다였다. 따라서 김해부지도에 해반천이 처음 기록될 때 도 김해평야와 내외동은 당연히 바다였다. 그래서 '바다와 경계를 이루는 내'로 명명되었을 것이다. 다만 해반천의 이름이 1710년에 처음 보인다 해서 이때부터 냇물이 흘렀다는 얘기는 아니다. 1481년에 편찬된 동국여지승람은 김해의 산천 으로 순지(蓴池)와 방포(防浦)를 기록하고 있는데, 순지는 지금의 연지(蓮池)이고, 방포 는 봉황대 근처의 포구였다. 더구나 방포로 빠지는 물길의 발원지를 노현(露峴)으 로 전하는데, 노현은 조선후기에 해반천의 시작으로 기록된 곳이다. 결국 순지(연 지)와 방포(봉황대)를 연결하는 내가 해반천이고, 노현에서 흘러내렸다는 물길이 해 반천이며, 그 물길이 바다로 빠지던 곳이 방포였던 것이다. 1820년경에 그려진 김 해부내도에는 하반천(河畔川)으로도 기록되었으니, 내외동 지역의 육지화가 상당 히 진행된 후의 이름이었을 것이다. 해반천은 다시 구천(龜川)으로도 불려졌다. 거 북 구(龜), 내 천(川)의 '거북 내'로, '거북 봉우리'인 구지봉(龜旨峰) 아래를 흐르기에 그렇게 불렸다 한다. 가락의 아홉 촌장인 구간(九干)들이 "거북아, 거북아"의 구지 가(龜旨歌)를 부르며 수로왕의 탄강을 기원하기 위해 미리 목욕재계하던 곳이라 이

보게 되면 존중하게 되고,
보지 못하면 무시하게 되는 것이다.

■□
해반천의 원앙

목포에서 열린 용주대회

런 이름이 남았을 것 같기도 하다.

'제4의 제국' 가야를 썼던 소설가 최인호 씨가 "쫄쫄 흐르는 강도 아닌" 것에 실망했다고 했던 해반천에 대해 왜 이렇게 수다를 떠는가 하면, 여러 문명이 탄생하고 도시발전의 필수요소인 강이 김해시내에는 해반천 밖에 없기 때문이다. 그래서 예전에는 운하를 파서 조만강이나 서낙동강의 물을 끌어들이려는 생각도 있었던 모양이지만 실천에 옮기지는 못하였다. 그렇게 못할 바에야 해반천이라도 잘 가꾸자는 생각이 있는 것이다. 김해시는 2004년 2월부터 북부신도시에서 내외동을 거쳐 화목동에 이르는 11.5㎞의 구간을 10억여 원이나 들여 정비했다. 강동마을과 조만강에 이르는 5.5㎞의 자전거 일주도로, 박물관 앞의 인공폭포와 물놀이장, 꽃밭과 어린이생태학습장, 여러 가지 운동시설과 생태관찰로 등을 만들어 갖추었다. 자전거도로와 산책로의 구분이 없다든지, 야간 조명이 어둡다든지 등의 불만이 없는 것도 아니지만, 몇 마리의 원앙인지 청둥오리인지가 헤엄쳐 다니고, 어느새 뚝방에서는 보라색 제비꽃이 새 얼굴을 내밀고 있다. 여름에는 물놀이, 올처럼 추운 겨울에는 썰매도 지치는 놀이터와 운동시설과 쉼터를 얻게 된 것은 다행이었다. 인터넷에 검색어로 해반천을 입력해 봤더니, 2008년 12월에 오픈한 해반천문화회의 카페가 떠올랐다. 회장 하선영 시의원을 중심으로 70여명의 회원이 도심하천을 살리고 지역 문화발전을 위해, 꽃도 심고, 시민을 위한 연주회도 열고, 월 1회의 정화활동을 전개하는 모습이 아름다웠다.

필자는 해반천에 물을 채워 용주대회(龍舟大會, 드래곤보트랠리)도 하고, 폐막식 여름밤에는 물위에서 불꽃놀이도 하는 가야문화축제를 제안하고 있다. 축제준비 기간 중에는 보를 막아 물을 채워가며 분위기를 고조시키고, 축제가 끝나면 물을

새로 쓰는 김해지리지 ― 김해학 길 위에 서다

■
봉황대에서
바라본 흥부암
경전철과 함께
흐르는 해반천

빼서 수변공원으로 되돌려지는 꿈⑺을 꾸고 있다. 처음에는 용머리 배에 북을 얹고 12명이 북 장단에 맞춰 노를 저어 경주하는 드래곤보트랠리가 무언지조차 몰랐으나, 서울 한강에서 해양수산부장관배 대회가 열리고, 울산 태화강과 부산 수영강에서도 대회가 개최되면서 설명하기는 쉬워졌다. 그러나 우리 김해시가 다른 도시에 이렇게 다이내믹하고 흥미진진한 축제를 뺏기고 있다는 것은 참 억울한 일이다. 서울 울산 부산의 대회에는 역사적 근거가 없다. 용주대회를 세계적 축제로 발전시켜 엄청난 외화를 벌고 있는 홍콩조차 김해만큼 확실한 역사적 뿌리는 없다. 홍콩은 초나라 시인 굴원(屈原)이 강에 빠져 죽자, 물고기를 쫓기 위해 북치고 노로 물을 첨벙거렸던 고사에서 역사적 배경을 구하고 있다. 그러나 김해에는 수로왕께 시집오던 허왕후의 도착을 빨리 전하기 위해, 두 신하가 배로 경주했다는 직접적인 역사가 있다. 더구나 이를 전하는 삼국유사는 경쟁할 경(競), 배 주(舟)의 경주(競舟)라 기록하면서, 가야는 물론 고려시대까지 거행되던 전통놀이로 소개하고 있다. 해상왕국 가야의 전통을 살리고, 허왕후의 도래와 결혼이야기를 정열적인 축제로 되살려 전국적인 명물축제로 키워갈 수 있기를 갈망한다. 이해와 의지가 있다면 방법은 따라오기 마련이다. 오는 4월 15일 개최예정인 제17회 가야사학술회의 주제 역시 '가야의 포구와 해상활동'이다. 김해시장이 주최하고, 필자의 인제대 가야문화연구소가 주관하는 심포지엄이 국립김해박물관 대강당에서 열린다. 오셔서 들으시고 해상왕국 가야의 꿈과 명물 축제 가락국용주대회의 가능성을 점쳐 보시길 바란다.

머리 위에서 시험운행으로 분주히 오가는 경전철을 뒤로 하고, 가야의 거리에 올라 김해시문화체육관으로 향한다. 1988년 10월 31일에 개관한 김해 최초의 실내체육관이다. 이미 20년이 지났지만 최근의 도색으로 제법 말끔한 외관을 유지하고 있다. 배구 탁구 배드민턴 등의 경기가 열리고, 동호인들의 이용이 활발하다. 박람회 같은 여러 이벤트가 개최되기도 하는데, 선거철이 가까워지면 정치인들의 출판기념회로 성황을 이루기도 한다. 좌우에 840명이 앉을 수 있는 관람석이 있고, 3층에는 가야문화축제를 준비하고 있는 위원회도 있다. 체육관에서 마주 보이는 광남백조아파트는 1988년 8월에 준공, 현재 120세대가 살고 있는데, 이후에 지어졌던 백조아파트들이 체육관을 에워싸는 모양이 되었다.

백조아파트와 등을 마주대고 있는 김해도서관은 1985년 3월 지하 1층 지상 3층 건물로 개관한 이래, 한동안 유일한 공립도서관으로서 김해 지식의 요람이기도 했다. 시설의 노후와 공간부족의 해소를 위해 시와 도교육청은 82억 7천 만 원을 들여 2008년 6월에 1차 확장 완공하고, 다시 2010년 12월 1일에 2차 증축과 가야의 거리에 어울리는 주변정화까지 마감해 쾌적하고 아름다운 복합문화공간으로 다시 태어났다. 증축공사 중에는 김해 고읍성의 성벽 일부가 발견되기도 했는데, 너무 중요한 유적이라 지하에 보존하면서 도서관 건물을 조금 비켜 지었다. 묘하게 빈 공간이 있을 텐데, 그 밑에 고읍성의 성벽이 있을 것이다. 열람석 1,198개에 도서·비도서를 합해 25만권 정도의 자료가 있다는데, 절대 부족한 도서자료는 이제부터 열심히 채워가야겠지만, 도서 대출과 공부방 기능 이외에도 모든 연령층을 대상으로 하는 각종의 교육프로그램이 활발하게 운영되고 있다. '책읽는 도시, 김해', '문화시민의 김해'의 중심에 자리하는 김해도서관이 되기를 희망한다. 1991년 3월 6일에 세워졌던 한글학자이자 독립운동가인 이윤재 선생님의 흉상과 말씀을 새긴 비석이 아름다운 환경에 잘 어울리게 된 것 같아 마음까지 훈훈하다.

도서관을 나와 봉황대 쪽으로 분성로를 건너다보면 오른쪽 봉황교 앞에 청동색 칼과 창을 줄 세워 놓은 분수의 상징물이 보인다. 가야의 거리에 만들어진 여러 상징물 중에 필자가 의견을 보태지 못한 소수 중 하나인데, 정중앙에 가장 높게 세워진 '둥근고리자루큰칼'이 문제다. 학술용어로는 '삼루환두대도'라 부르는데, 이것은 가야가 아닌 신라의 칼이다. 그러니까 어떻게 보면 신라의 칼

■
봉황교 앞 상징물

이 가야의 땅에 꼽혀 있는 셈이다. 그것도 정중앙에 가장 크게. 신라의 가야병
합을 기념하려는 것이 아니라면, 가야의 후손으로서는 용납하기 어려운 상징물
이다. 이제 겨우 봉황대에 도착했는데 또 시간이 다되었나보다. 봉황대 탐방은
다음으로 미뤄야겠다.

"김해, 부자되세요"를 빌었던 흥부암

오늘 올라가지는 않지만 해반천이 흘러나가는 오른쪽에 높
이 솟은 임호산이 보이고, 그 중턱에 자리한 흥부암(興府庵)
은 해상왕국의 전통을 얘기하는데 좋은 자료가 되기에 미
리 말해두려 합니다. 임호산이 흥부암이니까, 맞은편 봉황
대에는 놀부암이 있느냐고요? 그런 것은 아니고요. 가락국
의 장유화상이 세웠다는 전승도 있지만 고려나 조선시대에
지어진 것 같습니다. 절 이름에 부(府)가 붙는 것은 김해에
도호부가 설치된 뒤라야 가능합니다. 가야 때는 가락국이
었고, 신라 때는 금관군이었습니다. 김해도호부가 되는 것
은 고려 이후의 일입니다. 일으킬 흥(興), 관청 부(府)니까,
부(김해)를 일으키려고 세운 암자입니다. 산에 절 하나 세운
다고 어떻게 지역이 일어나겠습니까만, 비보풍수(裨補風水)
입니다. 센 것은 누르고 약한 것은 보완한다는 풍수지리설
입니다. 김해평야와 내외동 지역이 바다였던 조선후기까지
해반천 하구는 부(富)가 들어오는 입구였고, 봉황대와 임호
산은 그 대문의 기둥이었습니다. 택리지가 "남해안 해운의
이익은 김해가 다 취한다"고 했던 것처럼 조선후기까지 김
해는 남해안 최대의 항구로서 해운의 이익은 이 대문으로
들어왔습니다. 그런데 임호산은 높고 봉황대는 낮으니 문
이 '기울고', 문이 '기울면' 돈 들어오기가 어려워집니다. 그
래서 임호산에 암자를 세워 그 기운을 눌러줌으로써 양쪽

높이를 맞추려 했고, 그래서 흥부암이라 했던 겁니다. 그 효
과가 어땠는지 잘 알 수는 없지만, 해상왕국의 전통을 유지
하며 지역발전을 꾀하려 했던 '김해사랑'의 또 다른 방식이
었던 것은 분명합니다.

봉황대

새
로
쓰
는
김
해
지
리
지
―
김
해
학
길
위
에
서
다

■■■■ 김해도서관을 나와 내외동 쪽으로 조금 가다 봉황교 앞 횡단보도에서 분성로를 건너면 봉황대유적공원이다. 유적공원으로 들어가는 길은 세군데 정도가 있지만, 이 부근이 가야의 거리와 유적공원으로 정비된 이래 이쪽의 이용이 부쩍 늘었다. 김해도서관 맞은편에 있는 대형주차장과 한국의 아름다운 화장실로 선정된 해우소가 있기 때문이기도 할 터이다. 예전에는 수로왕릉 건너편의 중앙시장이나 회현동주민센터 쪽에서 봉황대로 향하는 동쪽 길이나, 중부경찰서 쪽에서 봉황대유적 패총전시관이 들어선 회현고개를 통해 봉황대로 오르는 남쪽 길이 보통이었다. 깨끗하게 단장된 봉황교 쪽의 입구도 좋지만, 동쪽과 남쪽의 좀 오래되고 복닥복닥한 길도 걸어보길 권하고 싶다. 때 묻은 세월의 편안함과 사람 사는 세상의 끈끈한 향수는 다른 데서 만나기 어려운 추억의 한 장면을 연상시켜 주기에 충분하다.

봉황교 쪽 입구에 서면, 유적안내판과 기마전사상 사이로 넓은 잔디광장과 제법 높은 목조건물이 들여다보인다. 오른쪽에 서 있는 기마전사상은 공원으로 들어가는 사람들을 검문이라도 하듯 제법 긴장한 모습이다. 1~2년 사이에 새로 세워진 것 같은 데, 어느 새 뻘겋게 흘러내린 녹물자국이 흉물스럽다. 둥근 챙이 달린 몽고발 모양의 투구를 이마까지 덮어 쓰고, 왼손에 방패와 오른 손에는 창을 들고, 몸에 철갑옷 두른 말을 타고 있다. 가야중장기병의 당당한 모

■ 기마인물상 토기
(경주박물관)

■
유적정비 후의
봉황동유적

습이다. '가야기마인물상'으로 이름 부쳐진 이 상징물은 원래 김해시 대동면 덕산에서 출토되었던 것으로 전해지는 5세기경의 기마인물형토기를 모델로 한 것이다. 등 뒤 양쪽에 뿔 모양의 잔이 있어, 가야의 왕이나 장수들이 희생양의 피나 술을 나눠 마시며 군사적 동맹을 거행하던 의례에 쓰인 특별한 형식의 기물로 생각되고 있다.

시기적으로 저 압록강 가에 서있는 광개토왕릉비의 기록처럼, 기마군단의 고구려를 상대했던 가야기마전사의 위풍당당한 모습으로 보아 좋다. 상징물로 세워진 기마전사상의 오른 손에는 긴 창이 들려 있지만, 기마인물형토기의 전사는 장창을 잃어버린 채로 국립경주박물관에 서있다. 문화재수집가 이양선 박사가 국립경주박물관에 기증했기 때문에 고향을 떠나있게 되었지만, 출토지에 있는 가야사전문박물관의 국립김해박물관에서 만날 수 있었으면 하는 바람이 있다. 한동안 귀환을 위한 시민운동이 추진되기도 했는데, 요즈음은 소식이 좀 뜨악하다. 기마전사상은 시청 본관 앞을 비롯해, 김해로 들어오는 길목이나, 큰 교차로와 해반천에 걸쳐진 다리 장식 등으로 시내 곳곳에서 만나게 되는데, 조금 자세히 들여다보면 그 모습 또한 조금씩 다르고, 전체적으로 국보 275호의 기마인물형토기를 확대하는 과정에서 조금 다르거나 우둥퉁하게 표현되었던 듯 해진품의 날렵한 맛과 다른 차이가 느껴진다.

넓은 잔디광장을 가로지르면 인공으로 만든 자그마한 호수 가에 몇 채의 높은 마루가 달린 창고형 목조건물과 높은 망루가 한눈에 들어온다. 2002년과 2003년에 경남발전연구원 역사문화센터가 발굴조사 했던 내용을 바탕으로 복원한 봉황대유적이다. 물가에 깔려 있는 자갈마당은 가야시대에 배를 끌어 올려 수선하던 시설이었고, 호수와 창고건물 사이의 경계선 밑에는 당시의 호안시설이 보존되어 있다. 해반천 쪽의 바닷물이 넘어 오지 못하도록 목재와 석재를 점토에 섞어 다지고, 군데군데를 나무못으로 고정시켜 쌓아올렸던 기다란 둑의 호안시설이었다. 그 안쪽에 늘어선 창고형 건물들은 조사된 건물자리 위에 일정 두께의 흙을 덮고 복원해 올렸다. 건물자리의 조사에서는 돌이 아닌 통나무로 기둥이 받혀지고 있던 사실도 확인되었는데, 초석의 무게를 줄여 습지에 건물이 가라앉지 않도록 궁리했던 가야인의 빛나는 건축학적 지혜였다.

가야는 물론 우리나라에서도 처음 발견되었던 고대 해상왕국의 항구는 시가 처음 계획했던 가야민속촌조성사업 대신에 물을 채우고 작은 배까지 띄운 지금의 모습으로 복원 정비되었다. 장기간의 발굴조사로 엄청난 비용과 시간이 들었고, 처음 시도해 보는 고대 항구의 복원이었지만, 근거도 없고 어디에나 있을 법한 급조의 민속촌에 비해, 확실한 역사·고고학적 사실에 기초한 복원과 정비로 전국 어디에도 없는 전혀 새로운 내용을 세상에 자랑하게 되었다. 그래서 필자는 "해상왕국의 항구 발견되다"라고 흥분했던 글도 썼고, 그런 만큼 이 유적 공원은 당당하고 생명도 길 것으로 생각한다.

되살아 난 가야항구의 창고건물들을 돌아보고 망루를 거쳐 봉황대에 오른다. 망루를 조금 지나 제대로 된 길을 버리고, 왼쪽 비탈의 좁은 배수로를 따라, 길도 아닌 길을 씩씩거리며 오른다. 두 단의 짧은 언덕을 오르면, 왼쪽으로 황세바위가 보이고 오른쪽으로 봉황대에 오르는 계단이 보인다. 돌계단을 올라 성긴

■□
복원공사를 마친
창고형 목조건물

□■
선착장이 보이는
봉황대 자갈마당

■□□
창고건물의 초판과 기둥

□■□
봉황대 석각

□□■
개라바위라 불렸던
황세바위

조릿대 숲과 큰 나무 사이를 누비다 보면 바위들이 널려 있는 봉황대 꼭대기에 이른다. 바위 중에 조금은 치졸하게 가라대(伽羅臺)라 새긴 것도 있다. 아래 쪽 황세바위가 개라(介羅)바위라 불렸던 것을 상기하면, '가라'의 김해 사투리가 '개라'였으니까, 가라 곧 가야와 관련된 지명의 흔적을 전하는 것으로도 보인다.

정상이라고 시원스런 전망이 있는 것은 아니지만, 김해의 오랜 전통을 지명으로 웅변해 주는 봉황대의 이름이 남게 했던 곳이다. 우리나라의 오래된 도시들은 반드시 봉황대란 이름을 가지고 있기 때문이다. 조선시대에는 1623년에 세워진 망해정(望海亭)이 있어 바다 내려다보기 좋았다지만, 지금은 나무들 나이로 너른 김해평야와 흥부암이 건너다보이는 정도이다. 봉황이 날개를 펼친 모양이라 봉황대라 불렸다는데, 여기가 봉황의 머리라면 황세바위가 있는 북쪽 언덕이 오른쪽 날개고, 동쪽 회현동패총 쪽으로 뻗은 언덕이 왼쪽 날개가 될 터이다. 김해를 등에 업은 봉황이 남해 바다를 향해 비상하는 형상을 생각했기에 그런 이름이 부쳐졌을 것이란 생각이 들었다.

봉황대란 이름은 여기서 남쪽으로 몇 발자국 내려가면 확인할 수 있다. 고종 초에 김해부사 정현석이 봉황대를 세우면서 자신의 호인 박원(璞園)과 함께 봉황대란 이름을 바위에 새겨 놓았다. 바로 전에 불이 났었는지, 아래쪽의 풀과 나무가 모두 타버렸고, 글이 새겨진 바위까지 까맣게 그을렸다. 바위 아래쪽에 있는 두 채의 건물은 허훤(許楦)이 세웠던 재실을 경주이씨가 매수해 재사로 쓰고 있는데, 경주이씨 김해 화수정(花樹亭)이라 쓴 문은 언제나 굳게 닫혀 있어 막다른 길이 되고 있다. 막힌 길을 되돌아 나오면 왼쪽에 여의각으로 올라가는 가파른 돌계단이 있다. 가락국 제9대 겸지왕(鉗知王) 때 여의낭자의 정절을 기리기 위한 여의각은 1975년 6월에 세워진 사당이다. 누군가 뚫어 놓은 창호지 틈으로 들여다보이는 여의낭자의 모습은 황세장군과의 슬픈 로맨스처럼 애처롭게 보였다.

가락국 출정승의 딸 여의가 황정승의 아들 황세와 약혼했으나, 황세가 신라군과의 전쟁에서 공을 세워 장군이 되고, 왕이 유민공주와 혼인시키자, 여의는 출

새
로
쓰
는
김
해
지
리
지

ㅣ

김
해
학
길
위
에
서
다

가하지 않고 정절을 지키다 세상을 떠났고, 여의를 잊지 못하던 황세도 병을 앓
다 같은 해에 죽었다는 어디에나 있을 법하고 어디에도 없는 슬픈 사랑의 이야기
무대가 봉황대의 또 다른 얼굴이기도 하다. 여의가 죽어 하늘로 올랐다는 하늘
문, 두 사람이 약혼했다는 황세바위, 어렸을 때 오줌멀리 누기 경주를 했다는 조
릿대 숲 속의 소변터 등의 전승이 좁은 공간 곳곳에 아로새겨져 남아 있다.

여의낭자의 정절을 기리기
위해 세운 여의각으로
오르는 돌계단

여의각에서 북쪽으로 처음 올랐던 돌계단을 내려와 황세바위를 지나면 너른
터 끝에 가락국천제단(駕洛國天祭壇)이라 새긴 비석이 보인다. 언제 누가 세웠는지는
새겨져 있지 않지만, 금강조은병원재단이사장 허명철 박사가 주동한 것이란 소
문을 들었던 기억이 있다. 어쨌거나 김해의 지방수령이 토지신(社)과 곡식신(稷)에
제사지내던 사직단(社稷壇)이 있었던 터이니 방식은 다르지만 전통의 계승은 이런
식으로도 이루어진다는 생각이 들었다. 다만 기록에 따르면 원래의 사직단은 정
방형 하단 위에 원형의 원단이 있었던 구조였던 것 같으나, 족구장처럼 반듯하게
밀어버린 곳에 그런 흔적이 남았을 리 없다. 가야시대의 언덕이 아울러 삭평되었

음은 둘레 경사면에 무수히 널려 있는 조가비들과 가야토기파편들로 미루어 짐작하기에 충분하다. 새로운 전통도, 시민들의 체육시설도 중요하지만, 우선 제대로 된 조사를 거쳐 그에 상응하는 내용으로 복원 정비나 개발로 이어져야 하는 것은 너무도 당연하다. 우리는 조금 전에 가야의 항구 같은 복원과 정비의 성공사례를 보지 않았던가. 같은 말을 자꾸 반복해야 함이 아쉽기만 하다.

천제단을 내려와 아래 길을 오른쪽으로 따라 돌아 얼마쯤 가면 가야시대의 집들과 창고 등을 만들어 세우고 벤치도 두어 앉아 휴식할 수 있는 곳이 있다. 1990년대 초에 시민체육공원 만든다고 2천년의 유적공간을 무지막지하게 밀어버렸지만, 각종 체육시설을 치우고 지금과 같은 모습으로 꾸며지게 되었다. 다만 역사적인 근거가 있었던 것은 아니고, 산청에서 확인된 선사시대 마을의 공회당 건물이나 용원에서 조사된 벽체건물 등을 본 따 만들었던 것에 불과 하였다. 체육공원 면한 것을 위안으로 삼아야 할지도 모르겠다는 생각을 하면서 목책 울타리 사이로 난 비탈길을 내려간다. 아래로 조개 모양 뚜껑을 씌운 패총단면전시관과 예전에 우리 국사교과서의 처음을 장식했던 회현동패총의 언덕이 눈에 들어온다.

패총 단면 전시관

망설이지 마시고, 문 오른쪽에 있는 네모난 버튼을 누르세요. 그리곤 감상하세요. 높이 9m의 엄청난 조가비 층이 3면으로 펼쳐지는 가야시대 쓰레기장의 박력(?)을. 1920년 일본인들이 잘못 조사했던 단면을 다시 발굴하고 정리해, 2006년 10월 10일 패총 단면 전시관으로 오픈하게 되었습니다. 가야인들이 먹었던 조개와 함께 버려진 쓰레기들은 가야인의 생활과 역사를 생생하게 보여줍니다. 40여 종의 조가비들은 굴 25%, 대합 8%, 꼬막 2% 등등의 비중으로, 담수조개는 2~3종에 불과합니다. 이러한 구성비는 바로 앞이 갯벌이 발달한 너른 바다였음을 보여줍니다. 패총 단면을 자세히 살펴보면 실 뽑던 가락바퀴나 사슴뿔을 갈아 만든 단도손잡이, 많은 가야토기파편들이 숨은그림찾기의 즐거움을 선사합니다. 특히 1920년에 출토됐던 화천(貨泉)이란 동전 한 닢은 해상왕국 가야를 보여주기에 충분했습니다. 중국서 만들어진 돈이 황해도~해남~큐슈~오사카까지에서 발견됩니다. 불과 10년 밖에 쓰이지 못한 돈이었지만, 황해도(대방군)~김해(가락국)~큐슈북부(마츠라국)를 왕래하는 2년 반의 바닷길에서 점점이 출토되었습니다.

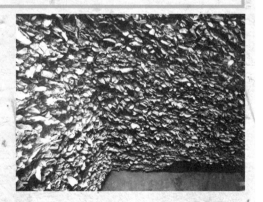

이 바다 길을 통한 무역이 얼마나 빈번했던가, 또는 고대의 중국과 일본을 잇는 중개무역항의 김해가 얼마나 번성하고 있었던가를 웅변해주는 것입니다. 다만 당시 최고의 귀중품이었을 것이라 버린 것은 아니었을테니, 수로왕네 애 정도가 여기서 놀다 잃어버린 것일지도 모릅니다. 혼이 났겠지요. 하지만 녀석의 부어오른 엉덩이 덕분에 우리는 해상왕국 가야의 역사를 되살릴 수 있었던 겁니다.

12

회현동(會峴洞)

█████ 봉황대를 내려오다 뒤를 돌아보니 눈부신 벚꽃이 푸른 하늘에 가득하다. 하얗게 흩날리는 꽃잎이 봄날의 전성을 뽐내며 꽃 대궐을 이루고 있다. 그렇다. 여기는 가야의 첫 임금으로 가야왕국의 전성을 구가하던 수로왕의 대궐이 있었던 곳이다. 수로왕이 김해에 도읍을 정하고, 가야 여러 나라 중에서도 제일 큰 나라, 그러니까 '큰 가라'를 뜻하는 '대가락(大駕洛)'으로 불렸던 가야왕국의 중심이 여기 있었다.

지난주에 들여다 본 패총단면전시관을 나와 북쪽에 있는 가락왕궁의 표식을 찾아간다. 전시관이 자리한 고개가 이 동네 이름이 되었던 회현(會峴)이다. 만날 회(會), 고개 현(峴)이니, 북쪽의 회현동과 남쪽의 봉황동이 여기서 만난다. 하지만 예전에는 '여시고개', 그러니까 '여우고개'로도 불렀단다. 아니 '여우고개'가 더 오래되었을 것 같다. 원래 가야의 '여의낭자'를 기념하던 '여의고개'가 '여우고개'로 되어, 여우 호(狐)에, 고개 현(峴)이 부쳐졌고, 다시 '호'에 소유격 'ㅣ'가 붙어, '회'가 되었으며, 이후 좌우 양쪽의 길이 여기서 만나는 지형에도 어울리는 만날 회(會)가 쓰이게 되었다. 꼭 그렇게 단언할 증거가 있는 것은 아니지만, 이병태 선생의 『김해지리지도』도 그렇게 전하고, 그중 합리적이란 생각이 들어 나는 그렇게 믿는다.

회현에서 북쪽으로 내려가면서 오른쪽으로 길게 뻗은 회현리패총의 언덕을

■
회현동 패총

바라보면, 동쪽 끝에 키가 20m 이상이나 보는 200살의 거목이 세월을 얘기하고, 그 앞에는 뚜껑돌이 비스듬히 흘러내리고 있는 2,500년 전의 고인돌이 건재하다. 관심이 있다면 문화재과에 허락을 얻어 철선 안에 있는 뚜껑돌 만져보기를 권하고 싶다. 뚜껑돌 위에 돌로 쪼고 갈아내, 동그랗게 패인 부드러운 자국 여럿을 손으로 느낄 수 있다. 고고인류학자들이 컵(cup)마크, 또는 성혈(性穴)이라 부르는 청동기시대인의 손길이다. 수로왕 등장 이전에 있었던 아홉 촌장의 구간 사회인들이 많은 생선과 조개 잡히기와 아이들과 가축의 다산을 빌었던 주술과 축제의 흔적으로 생각되고 있다. 그러니까 성혈은 생산하는 여성 자체를 상징했던 것이었다.

　가을이면 빨간 석류가 담장을 넘는 파란 담장 집을 지나, 포장도로를 건너 맞은편에 보이는 좁은 길로 들어선다. 다닥다닥 붙은 집 몇 채를 지나면, 길이 넓어지면서 작은 교차로가 나온다. 오른쪽으로 가면 회현동주민센터가 되지만, 우선은 왼쪽 앞에 보이는 큰 은행나무로 간다. 횅 하게 비워진 공터 한 가운데 오래된 은행나무가 서 있고, 바로 앞에 '가락국시조왕궁허(駕洛國始祖王宮墟)'란 글자를 깊고 두툼하게 새긴 비석이 있다. '가락국 시조의 왕궁 터'란 뜻으로, 뒷면의 명문에서 331년 전인 조선 숙종 6년, 1680년에 축대를 만들어 비를 세우고 은행나무 심었음을 알 수 있다. 이 비석도 이미 330여 년이나 되었지만, 수로왕 때부터

1,500년 이상의 세월이 흐른 뒤의 주장인 셈이다. 『삼국유사』 가락국기에 '수로 왕이 돌아가시고, 왕궁 동북쪽에 능을 만들었다'니까, 조선시대 사람들이 수로 왕릉 남서쪽에 해당하는 이곳을 왕궁 터로 여긴 것 일 테지만, 확증이 있는 것 은 아니었다.

가락국 왕궁터 비석과 은행나무

봉황토성 노출 전경

　　그러던 지난 2003년 11월, 몇 발자국 떨어지지 않은 곳에서 확증이 발견되었 다. 왕궁을 둘러싸고 있던 성벽의 일부가 발견되었던 것이다. 봉황동에 흙을 다 져 만든 토성이라 '봉황토성'으로 명명되었다. 비석을 등지고 왼쪽으로 비스듬 히 가면, 도로 가 화단에 그 발견을 알리는 간판이 있다. 발굴된 봉황토성 사진 을 스텐레스 판에 컬러로 인쇄하고 설명문을 붙였다. 소방도로확장공사에 앞서 실시된 발굴조사에서 가야의 성(城)이 처음 발견되었고, 성벽에 포함된 가야토기 로 5세기경의 토성으로 추정되었다. 양쪽 아래에서 위로 너비를 줄여가며 다듬 은 돌을 계단식으로 쌓아 올려 기초를 만들고, 그 가운데에 흙을 부어가며 켜 켜로 다져 쌓아 올린 판축(板築)의 구조였다. 성벽의 너비는 아랫부분이 14m, 윗 부분이 7m 정도였고, 가운데에 높이 2.4m 정도의 토성이 남아있었다. 성벽 안 쪽에는 셀 수없이 많은 움집형 집자리와 창고형 건물지가 서로 중복되어 발 디 딜 틈도 없었고, 성벽과 비슷한 시기의 가야토기들이 출토되었다. 짧은 기간에 짓고 부수고, 다시 세우기를 거듭했던 가야왕궁 안의 분주하고 심한 변화의 단 면을 보여주었다.

　　원래 고고학자들은 발굴조사의 결과를 특정의 역사기록에 직결시켜 단정하 기를 꺼려하는 경향이 강하지만, 봉황토성을 가락왕궁의 성벽으로 추정하는 데 는 별로 망설임이 없었던 것 같다. 『삼국유사』 가락국기는 수로왕이 도읍을 정하면서 길이 1,500보의 나성(羅城)을 돌리고, 궁궐·관청·무기고·창고 등이 있는 신궁(新宮)을 지었다 하였다. 물론 봉황토성 자체가 수로왕 이후 350년이나 지난 유적이긴 하지만, 가야왕궁의 위치를 확정하기에는 충분한 자료가 되었다. 2009년, 김해시는 장기계획의 왕궁복원사업을 시작했으나, 1차년도 49억 원 정도의 사업이 진행되었을 뿐 예산문제로 중단되었다. 은행나무 주변이 휑한 공터로 남게 된 것도 들어차 있었던 주택들을 매입 철거했기 때문이었다. 어서 빨리 가야 왕궁의 실체가 가시화되는 복원사업이 진행되기를 기대해 본다.

발길을 옮겨 가야문화가 지역의 자랑도 되고 발전의 장애도 된다는 회현동 주민센터를 찾는다. 문화재로 인한 개발제한과 도심의 공동화로 인구가 줄어간 다는 회현동은 과거와 현재의 조화라는 우리 시의 과제를 온몸으로 실험하고 있는 첨병이다. 1958년 10월에 김해교육청으로 세워졌던 2층 청사는 이미 50년이 넘었다. 일하는 분들과 찾는 민원인들이야 좁은 공간의 낡은 건물이 불편하겠지만, 밝은 회색으로 단장하고, 큰 나무 그늘이 앞마당에 내리는 청사의 오밀조밀함이 오히려 정겹다. 노순덕 동장 이하 9명의 직원이 4,083세대 9514명의 주민을 돌보고 있다.

주민센터를 지나면 와자지껄한 시장 한 복판이다. 여기저기 벌어진 좌판이며, 내 물건 사라 외치는 소리에, 물건을 산더미처럼 실은 포터도 가고, 배달 오토바이가 분주한 그 사이를 꼬부랑 할매가 지난다. 2와 7이 든 5일마다 열리는 장날이면 이 소란은 극에 달해 차라리 정겨움으로 바뀐다. 파고 사는 이들이야 필사적이겠지만, 우리 같은 구경꾼들의 입가에는 어느새 미소가 번진다. 대한제국 때부터 번창한 김해장은 인근에서는 부산의 구포장과 함께 가장 컸고, 필자가 처음 봤던 17~18년 전만해도 조선시대로 타임슬립한 느낌이었다.

전국의 5일장으로 배추, 무, 수산물이 소개되고 있지만, 어르신들 말씀으로는 가축시장으로도 유명해, 장날이면 동물원을 방불케 할 정도였다 한다. 지금의 범한상가 자리가 가축시장이었고, 그래서 선지해장국, 삼계탕, 양곱창 집들이 유명하고, 제일동물, 제일가축, 중앙가축 등 유난히 많이 보이는 동물병원은 축협이 이웃해 있어 그렇기도 하지만, 가축시장이 서던 전통과 무관하지 않다. 동상동 쪽의 상설시장도 좋지만, 장 설 때 마다 조금씩 다른 풍경을 연출하는 5일장도 재미있다. 인제대의 동료교수 중에는 장날이라고, 파장 전에 가야한다고 한창인 자리를 박차고 일어나는 이도 있다. 어릴 적 고향의 향수를 지금 사는 김해에서 음미하고픈 모양이다.

이 시장거리는 근현대 김해역사의 현장이기도 했다. 1919년 김해의 삼일만세 운동이 바로 여기서 일어났다. 세브란스의전 학생이었던 배동석(裵東奭)은 3월 1일

서울 파고다공원에서 학생대표로 만세를 부른 뒤, 독립선언문을 가지고 내려와 임학찬(任學讚), 배덕수(裴德秀) 등과 함께, 3월 30일 밤 10시 읍내 중앙거리에서 태극기를 흔들면서 대한독립만세를 외쳤다. 이어 가락면 대사리의 허병(許炳)은 최덕관(崔德瓘, 대사), 최계우(崔桂禹, 활천), 조병중(曹秉重, 삼방), 김석암(金石岩, 부원), 송세탁(宋世卓, 진례), 송세희(宋世禧, 진례) 등과 함께, 4월 2일 김해장날에 장꾼들이 가장 많이 모이는 오후 4시경에 시장의 십자로에서 태극기를 나눠주며 대한독립만세를 외쳤다. 김해의 만세시위가 최고조에 달했던 시간과 장소가 이곳의 장날이었다. 지금 앞에서 까만 비닐봉지를 한손에 들고 좌판아줌마와 흥정하고 있는 저 외국인이나 바람개비 들고 그 옆을 뛰는 아이가 이런 사연을 알 리가 없다.

복잡한 시장 한가운데에 튀는 모습으로 우뚝 서있는 김해중앙교회는 한국동란이 한창이던 1951년에 첫 예배를 시작해, 올해로 환갑의 60주년을 맞이한단다. 낮은 곳에 임하시는 구세주의 가르침에 참 걸 맞는 환경이라는 생각이 들었다. 강동명 담임목사의 시무로 전 인제대 디자인대학장 손광호 교수, 전 김해시 가야문화사업소 박정수 소장 등의 장로들이 2,400여 명의 교인들과 함께 예배보고 전도하고 있다.

교회를 나와 오른쪽으로 시장 네거리를 건너 중앙기원 앞에서 왼쪽으로 꺾어들어, 남동쪽으로 비스듬히 옥천식당, 봉황이용원, 청송축산물전시판매장을 차례로 지나면 공구상가가 있는 오거리에 이르는데, 여기서 경남신문을 끼고 오른쪽으로 돌아 구 봉황초등학교 쪽으로 향한다. 시장네거리에서 축협 앞을 지나가면 훨씬 더 가까울 텐데, 굳이 이렇게 더 갔다가 되돌아오는 데에는 특별한 이유가 있다. 중앙기원~오거리~봉황초등학교까지의 1차선 길이야말로 봉황대의 가락왕궁을 둘러싸고 있던 봉황토성의 성벽라인이기 때문이다. 그러니까 이 길을 가는 우리 발밑에는 앞에서 봤던 것과 같은 봉황토성의 뿌리들이 고스란히 잠들고 있을 것이기 분명하기 때문이다. 가야왕궁을 두르는 성벽으로 다시 태어날 날을 꿈꿔본다.

고구려 광개토왕의 군대가 봉황토성까지?

2003년 11월, 봉황토성의 발견으로 가락왕궁의 자리에 대한 시비는 이제 마무리 되는 단계에 이르렀습니다만, 한 가지 더 새롭게 논의되어야 할 문제가 생겼습니다. 발굴조사단에 따르면, 봉황토성은 5세기 초에 경영되고 있었던 성이라 합니다. 5세기 초라면 가야가 고구려와의 전쟁을 치르고 있었을 때입니다. 압록강 변에 서 있는 광개토왕릉비는 서기 400년에 진행된 가야와 고구려의 전쟁을 전하고 있습니다. 비문에 따르면, '임나가라'와 '아라'의 가야국들이 왜와 연합해 신라를 공격하였는데, 이를 이겨낼 수 없게 된 신라왕은 고구려 광개토왕에게 구원을 요청했고, 광개토대왕은 5만의 보병과 기병을 파견하였습니다. 압록강과 한강을 건너고, 죽령을 넘어, 경주에 들어온 고구려군은 가야와 왜를 축출하고, 뒤를 쫓아 임나가라(任那加羅)의 종발성(從拔城)에 이르니 즉시 항복했다 합니다. 이 '임나가라'가 어디고 '종발성'은 어떻게 해석해야할까 가 중요한 논쟁의 하나였습니다. 필자처럼 경북 고령으로 보는 의견도 있고, 우리 김해로 보는 이들도 있습니다. 그런데 요즈음 시청 문화재과에 근무하는 송원영 계장이 부산대에 제출한 석사학위 논문에서 '종발성'을 화분 분(盆) 또는 사발 분(盆)의 분성(盆城)으로 해석하면서, 봉황토성의 발굴성과와 "수로왕이 흙을 쪄

서 성을 쌓아 盆城이라 이름했다"는 기록과 연결시켜 다시 김해설을 주장하였습니다. 고고학 자료와 어울린 지명풀이가 신통하게 보여 수용여부를 두고 고민 중에 있습니다. 그래서 후생가외(後生可畏)라 하는 모양입니다.

13

봉황동

수로왕릉 건너편 김해축협에서 남쪽으로 내려가 처음 만나는 오거리
가 있다. 분성로 308번 길(북←남), 분성로 302번 길(북←남), 가락로 49번 길(동←서), 김
해대로 2325번 길(남←북), 김해대로 2273번 안길(서←동)이 만나는 다섯 갈래의 교차
로지만, 신호도 없고 그리 크지도 않다. 공구상가 등으로 둘러싸인 이 오거리에
서 남서쪽으로 옛 봉황초등학교를 향해 오늘의 발걸음을 시작한다. 지난 호 끄
트머리에서도 얘기했던 이 길 아스팔트 포장 밑에는 가야시대의 왕궁, 봉황토성
의 남쪽 성벽이 고스란히 잠들어 있다.

"문화재가 자랑도 되지만 지역발전에 장애도 된다" 는 노순덕 회현동장의 말
처럼, 왕궁복원사업의 중단과 적극적 개발의 어려움 때문에 하루가 다르게 쇠
락해 가는 모습이 안타깝다. 그래서 그런지 학교 자리까지 몇 걸음 되지 않는 짧
은 길에 점집, 무당집, 역술원 등과 불교용구 가게 등이 난립해, 조금은 요상한
동네 분위기를 연출하고 있다. 지난 번 취재 때 한고희 김해문화원장님께 물었
더니, 이런 모양으로 바뀌게 된 게 그리 오래된 일은 아니란다. 나가는 집만 있고
들어오는 사람이 없으니 집값이 싸지고, 그러다 보니 이런 종류의 업종(?)들만 늘
어나게 된 것이 아니겠는가 하는 말씀이었다.

서부탕을 지나면서 길은 둘로 나뉘는데, 오른쪽 길을 택해 봉황초등학교 자
리를 향해 간다. 학교에 다 왔다고 생각했는데, 바로 전에 작고 아담한 숲이 눈

■■□
□□
복원사업의 중단과
더딘 개발로
어수선해진 봉황동

□□□
□■
봉황공원

□□
□■
김해제일고등학교
임시교사가 된
옛 봉황초등학교

에 들어 왔다. 그 신록의 황홀함에 걸음을 멈추고 낮은 담장 안을 기웃거렸다.
조그만 빨래들이 널려있는 알록달록한 어린이 놀이기구 몇이 정원처럼 잘 가꿔
진 마당에 있고, 두 채의 붉은 지붕 벽돌집과 한 채의 나트막한 파란 지붕집이
정원을 둘러싸고 있다. 편안하고 포근한 모양이 범상치 않아 담장에 붙어 있는
간판을 보니, '사회복지법인 방주원'이라 쓰여 있다. 활짝 열려 있는 흰색 대문
덕분에 스스럼없이 안으로 들어섰다. 간단한 소개만 하리라 생각하고, 사무실
에 들렀던 것인데, 그렇게 지나칠 곳이 아니었다. 기아나 교통사고 등으로 부모
를 잃거나, 양육능력이 없는 가정의 어린이들을 맡아 기르고 가르치는 영·육아
원이다. 일찍이 1956년부터 시작했고, 지금 자리에서만도 40년 이상, "하늘의 뜻
을 이 땅에 이룩하자"는 귀한 뜻으로, 갈 곳 없는 어린이 60여명을 돌보고 있는
우리 동네 김해의 작은 방주였다.

　한국동란 때 제주도로 피난 갔던 설립자 윤상준 장로가 전쟁이 끝나자 부산
으로 건너왔고, 부산에서 마산으로 가는 도중에 들렀던 김해 버스정류장에서
거지 아이들을 만났다. 마침 이 아이들을 돌보기 시작한 것이 이 귀한 뜻의 시

■ 1956년부터 갈곳 없는 어린이들을 돌보아 온 방주원

작이었단다. 대를 이은 윤영범 원장님의 말씀에도 여전히 북한식 말투가 섞여 있다. 신의주가 고향이고, 김해와는 아무런 연고도 없는 분들이란다. 원장님 말씀으로는 3대로도 이어질 것 같은 데, 김해 출신이랍시고 있지도 않은 기득권 행사에 급급한 사람들과는 너무 큰 차이가 있다.

1967년 3월 허허벌판 감자밭에 심었던 은행나무가 이제는 넓고 짙은 그늘을 드리우는 거목이 되어가고 있다. 그 밑으로 안내하는 원장님을 따라 아이들이 사는 집을 둘러보았다. 우선 시설이란 생각이 전혀 들지 않는다. 건물 모양과 공간배치도 그렇고, 계단 머리와 벽에 손수 깎아 붙인 나무 장식들에서도 많은 배려와 사랑이 묻어난다. 그러나 무엇보다도 사방 창밖으로 보이는 녹색 커튼이야말로, 여기서 자라는 아이들이 잘못된 길로 갈 리 없다는 확신을 가지게 하고, 부모 밑은 아니더라도 고운 감성을 다치지 않을 것 같다는 안도가 있다. 원장님과 20여명이나 되는 직원 분들이 아이들을 돌보고 있는데, 이 팍팍한 세상에 참 아름다운 사람들도 있다는 생각을 했다. 원장님과 얘기를 나누는 중에 집배원 한 분이 우편물을 전하고 가는 데, 방주원을 열심히 그리고 정성껏 후원하는 분이라 귀뜸해 주신다. 건네주시는 소식지를 보니 같은 뜻으로 후원하는 많은 분들이 있었다. 그래도 살아 볼만한 세상이라는 생각이 들었다. 장황한 소개나 입바른 칭찬을 극구 사양하시기에 여기서 글을 멈추지만, 참 감사한 일이다.

방주원과 어깨를 나란히 하고 있는 옛 봉황초등학교의 정문이 오늘따라 어색하게 보인다. 아무리 임시라지만 날림으로 붙인 김해제일고등학교의 간판 때문인 모양이다. 1971년 3월 개교 이래 무려 35년 동안이나 학생들을 가르치던 김해봉황초등학교가 2006년에 흥동으로 이전함에 따라 얼마 전까지만 해도 김해경전철사업단이 사용하던 곳이었다. 김해제일고등학교는 지난 3월에 개교한 새내기 학교로, 원래는 경운산 중턱의 신축교사에서 수업이 이루어져야 하지만, 신학기 시작까지 공기를 맞추지 못해 이곳을 임시교사로 사용하게 되었다는 것이다. 「김해뉴스」에서도 이미 지난해에 준비 없는 교육행정과 위험하고 열악한 교육환경에 대해 지적하였건만, 결국 이런 곳에서 공부하게 된 우리 아이들만 불쌍하게 되었다.

그래도 오늘 운동장에서는 씩씩한 우리 아이들이 즐겁게 뛰며 달리고 있다. 오월의 파란 하늘에 퍼져가는 아이들의 밝은 웃음소리가 제대로 된 배움터를 적시에 마련하지 못한 우리 기성세대를 오히려 부끄럽게 한다. 3월 1일 취임한 초대 백종철 교장 등 29명의 교직원들이 10학급 390명^(남 272명, 여 118명)의 신입생들과 함께 가르치며 배우고 있다. 경운산에 새 교사가 완성되어 김해제일고등학교가 이전하고 난 건물과 운동장이 어떻게 사용될 것인지는 알 수 없으나, 가야왕국의 왕성이 있었던 국가사적의 공간인 만큼, 완전한 철거와 함께 봉황대의 남쪽, 그러니까 가락왕궁의 남쪽 성벽을 복원하는 쪽으로 궁극적인 방향이 잡혀야 할 것으로 생각한다. 다만 가락왕궁의 복원계획이 당장 추진될 수 있을 것 같지 않다면, 그때까지는 봉황대유적 관련의 박물관이나 문화학교와 같은 목적으로 사용됨이 바람직하지 않을까 한다.

1971년 봉황초등학교 준공식 때의 모습을 여전히 가지고 있는 정문 앞 작은 밭 왼쪽 길로 내려가면 오른쪽에 「고서문경로당」이 자리하고 있다. 고서문^(古西門)에 대해 이병태 선생님의 『김해지리지』에서는 가락국 왕성의 서문에서 비롯되었다는 전승을 소개하고 있으나, 봉황토성의 성벽 선에서 얼마만큼 남쪽으로 내려온 곳이기에 가야 이후 신라~고려시대에 있었던 김해고읍성과 관련된 지명으로 추정해두는 것이 좋을 듯하다.

고서문경로당에서 가락로 15번 길을 따라 동쪽으로 길을 가면 왼쪽에 김해아파트가 있다. 김해에 아파트는 많지만, 정작 김해아파트란 이름은 처음인 것 같아 조회해 보니, 1982년 12월 18일에 준공허가가 난 왕고참 아파트였다. 시에 가장 오래된 아파트로 등록돼 있는 동상동의 동광아파트가 1983년 6월 준공이라는데, 김해아파트는 이미 반년 먼저 주민들이 살고 있었던 것이 된다. 묘하게 4층

■□□
김해아파트

□■□
김해시노인복지회관

□□■
김승태 의사 기적비

으로 지어진 3개동의 아파트에는 96세대의 주민들이 살고 있다.

김해아파트 남동쪽 모서리에는 김해시노인복지회관이 자리하고 있다. 1987년 4월 9일에 준공된 3층짜리 건물로 김호덕 관장님 등이 시의 경로당을 관리하면서 한자와 서예 등의 교육프로그램을 운영하고 있다. 아래층 유리창에 쓰여 있는 것처럼 얼마 전까지는 무료급식도 하였으나 지금은 중단 중이란다. '어린이보호구역'이란 표지판은 자주 보지만, '노인보호구역'이란 도로표지판은 여기서 처음 보는 것 같다. 그만큼 노인의 거주와 이동이 많은 지역임을 상징적으로 나타내 주는 것이리라. 고령화 사회로 가는 우리 마을이 어떻게 변해가고 어떻게 적응해 갈 수 있을 것인가를 짐작할 수 있는 시험대 같은 마을이란 생각이 든다.

노인복지회관 바로 뒤에는 1982년 3월에 김해라이온스클럽이 조성한 봉황공원이 있는데, 그 안에 낙운(洛雲) 김승태(金升泰) 의사의 기적비가 세워져 있다. 장유면 내덕리 출신의 김승태 의사는 김종훤(金鍾烜) 등과 함께, 1919년 4월 12일에 장유면의 독립만세운동의 선봉에 섰다. 3천 명이 내달렸던 김해 최대의 시위운동을 주동한 혐의로 2년의 징역형을 받아 옥고도 치렀는데, 김해에서는 가장 컸던 만세시위와 김의사의 공적을 기리기 위해, 1983년 7월 시군의 유지들이 뜻을 모아 여기에 비를 세워 그 공적을 기록하였다.

봉황공원에서 남쪽으로 내려가 김해대로에 나선 뒤 왼쪽으로 꺾어들면 김해중부경찰서의 정문이다. 꿈적도 않고 정문을 지키는 초병을 뒤로 하고 깨끗하게 생긴 신청사를 올려다본다. 1945년 10월 21일 광복과 함께 국립경찰이 탄생하고 어느 정도 시간이 지난 1962년 10월 23일에 동상파출소가 신설되면서 김해경찰의 역사는 시작되었고, 몇몇 파출소의 설립에 이어, 1982년 10월 18일에 김해경찰서가 지금의 위치에 자리 잡게 되었다. 시군 통합이 이루어지고, 내외동에 인구가 집중되면서, 1995년 9월 22일에 1등급 경찰서로 승격되었다. 2003

년 1월 16일에 시작했던 청사개축 공사는 2004년 9월 21일에 완공을 보아 지금과 같은 모습을 갖추게 되었다. 장유면의 인구가 10만에 육박하던 2008년 12월 30일에 김해서부경찰서가 새로 설치되면서, 김해경찰서의 이름이 김해중부경찰서로 변경되었다.

서장 백승면 총경의 지휘 아래 경무, 생활안전, 수사, 형사, 경비교통, 정보보안의 6과와 감사와 민원의 2실로 구성된 경찰관들이 24시간 시민의 안전보장과 질서유지에 만전을 기하고 있다. '울면 순사가 잡아 간다'고 윽박질러졌던 세대로선 괜스레 경찰이라면 겁부터 내는 시절도 있었지만, 얻어맞는 경찰관이나 공권력의 약화 등을 호소하는 요즈음엔 경찰관직의 수행도 그리 녹록하지만은 않은 모양이다. 3층 외사과에 들려 인도네시아인 한국경찰 주지강 경장을 인터뷰하고 경찰서를 나서는데, 머리 위의 경전철 선로가 오월의 하늘을 가리고 있다.

 ## 국제도시의 첨병, 주지강 경장

김해의 2만에 가까운 외국인근로자와 다문화가정이 애타게 기다리는 사람이 있습니다. 김해 국제도시화의 첨병, 주지강 경장입니다. 김해중부경찰서의 주지강(周志强) 경장은 중국계 인도네시아 사람으로 우리나라에 귀화해 경찰관시험에 당당하게 합격한 대한민국 경찰관입니다. 전국에 네 사람 뿐인 인재로, 아리랑TV나 KBS의 '러브 인 아시아' 등의 다큐멘터리에도 출연했던 스타(?)입니다. 서울 출장준비에 한창 바쁜 주 경장에게 시간을 내라고 떼를 썼는데도, 처음에는 어렵다 거절하다가도 만나서는 아무런 내색도 않고 인터뷰에 응해주는 그를 보니, 김해의 외국인들이 형님이나 친구처럼 따르는 이유를 알 것 같습니다. 그들의 고충을 들어주고, 범죄예방 활동으로 하루가 어떻게 지나는 줄도 모른답니다. 한림, 생림, 상동, 주촌의 공장과 기숙사를 돌고, 서상동 동상동 안동 외동에 있는 이슬람센터 등을 바람개비처럼 도는 모양입니다. 자신은 천주교도이면서도 교회서 예배보기도 하고, 이슬람사원에도 익숙한 그의 활동으로 외국인범죄율이 많이 줄었답니다. 15년 전 이화여대 한국어학당에서 말을 배웠고, 2008년 7월 김해에 부임한 주 경장은 이미 말도 생각도 외국인이 아닙니다. 수원에 한국인 부인과 1남 2녀의 가족이 있는 41세의 '아저씨'는 재작년 세계합창대회 때 신종플루로 발이 묶였던 합창단과 숙소 인제대 사이에서 힘들었던 일, 체불임금과 업주구타의 문제, 오토바이 무면허운전 방지의 어려움을 토로하는데도, 얼굴은 오히려 앳된 소년 같았습니다. 인도네시아인 답게 배드민턴을 잘한다는 주 경장은 인제대 이만기 교수와 이기고 지는 실력을 뽐내면서도, 시민들에게 다문화시대에 걸맞게 다양성을 인정하는 포용적 외국인관을 가져 달라는 당부도 잊지 않았습니다.

부원동

14

새로 쓰는 김해지리지 ― 김해학 길 위에 서다

　　　　오늘은 왕년의 메인스트리트를 걷는다. 아니, '왕년'이란 과거형은 온당치 못하다. 가락로 상권의 부활을 위해 힘겨운 싸움을 계속하고 있는 상인 분들과 부원동 마을의 부흥과 발전을 위해 노력하고 있는 주민센터, 시청 관련 공무원들께도 실례되는 말이다. 일제강점기 부산에서 마산 가는 국도 개설 이래, 어방동 인제대 앞거리나 내외동 중앙로의 등장 이전까지 국도 14호선이 시내 남북을 관통하는 가락로는 언제나 메인스트리트였고, 그 양편에 형성된 상권의 규모와 밀집의 정도에서 가락로는 여전히 김해의 메인스트리트다. 신도시의 개발도 좋지만, 여기 사람이 모여야 김해다운 발전이 될 수 있을 거라 생각한다.

　　지난번에 걸음을 멈췄던 중부경찰서를 나서, 김해대로를 따라 동쪽으로 김해삼성병원을 지나, 가락로 삼거리에 이른다. 여기가 바로 메인스트리트의 입구고, 가락로의 시작이다. 이 거리가 새 아침을 맞이하는 풍경은 독특하다. 말쑥한 정장차림의 회사원들이나 수업시간에 늦지 않으려고 종종 걸음치는 남녀 학생들이 주인공이 아니다. 경남은행 앞뒤에서 작은 포터와 손수레에서 짐을 풀거나, 자전거나 머리 위 봇짐에서 물건을 내리는 중장년 어르신들이야말로 이 거리의 새벽을 여는 사람들이다. 그런 만큼 짐을 풀고 좌판을 차리는 움직임 역시 그리 바쁘지 않다. 한참 바삐 움직여야 할 것 같은 아침 7시가 조금 지난 시간인데도, 마침 따뜻하고 화창한 날씨 덕분인지, 김해새벽시장의 시계에는 조

■□
□□
가락로 입구

□■
□□
부원역과 새벽시장

□□
■■
김해새벽시장과
좌판의 상품들

바심이 전혀 없다.

1984년 4월 시외버스터미널이 생기면서 상점들이 늘어났고, 1999~2002년 사이에 외동으로 터미널이 옮겨가자, 버스주차장의 빈터에 임시로 자리를 펴는 상인들이 삼삼오오 모여들었고, 얼마 되지 않아 세명약국 뒤의 'ㄷ'자 건물 중앙에는 '김해새벽시장'이란 간판도 나붙게 되었다. 80인 이상을 헤아리는 상인들이 아침마다 파라솔 아래 물건을 진열하고, 가락로와 김해대로 쪽의 인도가 할머니 할아버지의 좌판으로 넘쳐나는 난전이 되었다. 이 광경을 처음 보는 사람은 "마침 김해장날인가 보다"라고 생각하기 십상이지만, 매일 아침마다 이렇게 열리고 닫힌다는 설명에 다시 놀라는 것도 항다반사다. 좌판에는 푸성귀를 차렸는데, 검붉은 고무 대야에 강아지 한 마리 앉아 있는 게 신기해, "강아지도 파시는 거예요?" 하고 물었더니, "어데, 내 나오면 어린 게 혼자되니 업구 나왔제" 라 답하시는 할머니야말로 김해의 관광 상품이 아니고 무엇일까 하는 생각이 들었다.

새
로
쓰
는
김
해
지
리
지
ㅡ
김
해
학
길
위
에
서
다

가락로의 과거1(1967)와 현재(2011)

마침 지난주 새벽시장 특집을 꾸몄던 〈김해뉴스〉에 따르면, 83명의 상인들이 새벽 4시경부터 시작해 정오 무렵에 파장하는데, 20여 년 전 시장이 생길 때부터 김춘식(50대 초반)씨가 관리를 해왔으며, 파장 후엔 6~7명의 어르신들과 함께 청소와 뒷정리를 맡고 있다고 한다. 이른 새벽에는 식당업 하시는 분들이 식재료 사러 나오고, 날이 밝으면 근처 주민들이 주된 고객이 된단다. 올 7월에 경전철이 개통되면 바로 옆 부원역의 이용 때문에 근처 인도까지 좌판을 펴기는 힘들 것 같다지만, 오히려 새벽시장을 소재로 부원역의 특색을 부각시키는 도시정비의 방향을 설정할 수도 있다. 부원역의 소리시그널을 시장의 왁자지껄한 소리로 한다든 지, 난장 자체를 관광상품화하자는 논의가 진행된 적도 있으니 만큼, 새벽시장을 소재로 적자가 예상되는 경전철의 활용도를 높일 수 있는 방법도 있을 것이다.

새벽시장을 나와 가락로를 따라 북쪽으로 올라가다 보면 2블록 정도 지나 오른쪽으로 흰색 5층 건물의 금강병원이 보인다. 30년의 세월이 묻어나는 건물이지만, 다시 도색한 밝은 색과 단조롭지 않은 건물 모양, 그리고 툭 트인 병원 앞 공간은 걷는 이에게 숨 한 번 고를 수 있는 여유를 준다. 1982년에 현 조은금강병원의 허명철 이사장이 금강병원을 건립할 때 만해도 김해에 이런 규모의 병원은 없었다 한다. 말하자면 서양의료의 불모지였던 김해에서 한 세대를 통해 김해 시민들의 건강을 돌봐 왔던 셈이다. 병원홈페이지에 소개된 허 이사장의 약력에 따르면, 의료사업과 함께 가야사 연구와 문화유적 보호 같은 문화운동과 학생을 위한 장학사업도 전개해 왔다고 한다. 개인적으로 잘 아는 사이는 아니지만, 우리 김해의 역사가 기억해야할 인물 중에 한 사람임은 분명하다.

금강병원을 나와 부산은행을 지나는 데, 1978년부터 있었던 중앙파출소는 어디 갔는지 인기척 없는 붉은 벽돌건물만 휑하다. 한일이비인후과 옆 세븐일레븐을 끼고 오른쪽으로 돌아 가락로 38번 길로 접어든다. 낙지집, 중국집, 고기집, 쌈밥집 등 온갖 종류의 음식점들을 다 지나, 약간 올라선 곳에서 분성로 336번 길과 만난다. 부경양돈농협 남쪽으로 조금 더 내려가면 새벽시장 못 미쳐 '남문약국'이란 상호가 보이지만, 김해읍성의 남문터는 여기서 북쪽으로 두 블록을 더 올라간 곳에 있다. 그러니까 '남문약국'이 아니라 '남문 밖 약국'이라 해야 하지 않을까 하는 실없는 생각이 떠올랐다. 그러나 그것은 조선시대 김해읍성의 남문 위치에서 볼 때 그렇다는 것이고, 조선시대보다 더 넓게 신라·고려시대에 축성·경영되었다는 김해 고읍성의 남문이 어쩌면 이 부근이었을 수도 있다. 그렇다면 남문이란 이름도 가능할지도 모르겠다. 어느 쪽이든지 지금까지 걸어왔던 아래쪽 동네가 '남문 밖'으로 불렸을 것은 변함없는 사실이다. 읍성 남문 밖의 벌

판과 늪지가 지금처럼 변하게 된 것은 1980~1983년까지 진행되었던 대지조성과 구획정리를 통해서였다. 이 일대의 상점가는 물론 시장까지도 바둑판같은 블록으로 구획되어 있는 것은 그러한 개발의 역사가 있었기 때문이다.

발길을 되돌려 왼쪽의 풍년쌈밥과 오른쪽의 부원탕을 지나는데, 팔마철학관 앞에 크고 탐스런 장미 한 다발이 시멘트 기둥과 녹슨 철문을 타 넘고 있다. 혼란스런 간판과 전단지 자국 더덕더덕한 전신주와 도저히 어울릴 것 같지 않지만, 잠시 걸음을 멈추고 사진도 찍었다. 조금 앞의 작은 교차로에서 프렌즈마트와 투다리를 끼고 왼쪽으로 돌아 가락로 30번 길을 통해 가락로에 나선다. "왜 사진을 찍어 가냐"고 따지는 아저씨가 없었더라면, 아침이라 모르고 지나칠 뻔했던 나이트클럽 알라딘이 있다. 몇 차례 이름은 바뀌었어도, 밤이 되면 화려하게 변하는 네온은 여전히 불야성을 이루는 모양이다.

감초당약국을 왼쪽으로 두고 오른쪽으로 꺾어 북진(?)을 계속하는데, 얼마 전부터 휴관 중인 것 같은 프리머스시네마가 아래 쪽에 보인다. 짧은 시간에 금소리시네마→시네럭스→프리머스김해 등 이름을 바꾸었던 영화관은 금보나 김해극장 같이 오랜 역사는 아닐지라도 여기서 가슴설레였고 추억을 만들었던 청춘 남녀들의 낭만을 보듬어 주기에는 너무도 어수선한 분위기다. 왼쪽 길 건너에도 같은 분위기의 건물이 있다. 지상 8층, 객실 41개, 커피숍, 레스토랑, 나이트 등이 갖추어진 김해 유일의 1급 호텔, 김해관광호텔이 몇 년 전 폐업 후 인적이 끊겼다. 구 도심 부활의 심각성을 보여주는 대목이다. 조금 더 올라가면 부원동우체국과 김해농협이 있다. 부원동우체국은 1966년부터 김해우체국이 위치했던 자리로, 1998년 김해우체국이 전하동으로 신축이전하면서 부원동우체국으로 남았던 것이다. 2003년 11월에 지금처럼 개축되었으니, 1924년에 시작된 김해 우편 사무의 발상지인 셈이다.

몇몇의 기록과 지도를 대조해 보면 이 일대가 '남문 안'으로 불렸던 모양이다. 「김해지리지」에서 이병태 선생님은 김해부(金海府)의 관청인 원우(院宇)가 있었기에 부원(府院)이란 이름이 생겼다 했으나, 1820년경의 김해부내지도를 보면 이러한 설명에 약간의 의문이 생긴다. 부원동의 모체가 되는 부원리(府院里)는 지도에서 김

 ## 되살아 난 가야의 부뚜막 귀신, 부원동유적

1980년대에 들어 의욕적으로 시작됐던 부원동의 토지구획 정리사업은 오랫동안 잠들어 있던 가야의 부뚜막귀신을 오늘의 세계로 불러냈습니다. 3세기 후반 경에 편찬된 『삼국지』는 "가야의 귀신 섬김이 신라와 달랐는데, 가야에서는 집 부뚜막을 반드시 서쪽에 만든다" 고 했습니다. 마침 토지구획정리사업에 앞선 발굴조사에서 이러한 사실이 증명되었습니다. 1980년 동아대박물관은 23채의 집자리를 확인했는데, 부뚜막은 모두 서북쪽 벽에 설치돼 있었습니다. 부원동 유적의 집자리가 1~2세기경의 것이니까, 100~200년 후의 『삼국지』가 가야인의 부뚜막신앙을 기록했던 것입니다. 또 부원유적의 부뚜막 근처에서는 사슴 뼈를 불로 지져 길흉을 점치던 복골(卜骨)이 출토되었고, 미니어처토기와 토제 곡물 같이 제사 관련의 유물도 다수 출토되었습니다. 4세기 동진(東晉)의 도사 갈홍(葛洪)이 지은 『포박자(抱朴子)』는 한 해의 끝 날에 부뚜막 귀신이 천제에게 1년간 그 집 가족의 선악을 보고하러 간다 합니다. 부원동유적에서 출토된 제사유물들은 천제에게 잘 말해 달라고 부탁했던 가야인들의 기원이 포함돼 있던 겁니다. 이후 김해의 봉황대유적에서도 이동식부뚜막이 출토되었고, 진주의 평거동유적에서는 4세기 경 가야의 고정식 부뚜막과 부뚜막 폐기의 의례가 수없이 확인되었습니다. 가야 부뚜막 신앙이 존재는 이제 상식

처럼 되었습니다. 다시 가야의 부뚜막 귀신은 대한해협을 건너, 큐슈, 오사카, 나라 등과 독도 영유를 주장하는 시마네현(島根県)까지 전파되었습니다. 시마네현에는 '가야부뚜막신사'도 있습니다. 가야인이 처음 상륙했던 곳이 카마우라(釜浦), 곧 가마솥 포구였고, 내륙으로 타고 갔던 하천이 카라카와(韓川), 곧 가야천이었으며, 가야의 부뚜막 신을 모신 곳이 카라부뚜막신사(韓竈神社)였습니다. 그러나 가야의 정신세계와 일본열도 진출을 웅변해주는 부원동유적은 개발이란 이름으로 소멸되었고, 시청과 주변건물들은 더 이상 가야에 대해 아무 것도 말해주지 않습니다.

신한은행 앞 버스정류장

해읍성의 진남문 바깥 동남쪽에 표기되고 있기 때문이다. 조선시대 김해부의 관청이 읍성밖에 있었을 리는 없기 때문에 여기에 연유했던 지명으로 보기는 어렵겠지만, 그렇다고 이유도 없이 이런 지명이 붙었을 리는 더욱 없다. 그래서 다시 김해부내지도를 살펴보면 읍성 바깥쪽에 보다 넓은 범위를 두르고 있던 고읍성(古邑城)의 존재가 눈에 들어온다. 부원동의 전신인 부원리가 조선시대 읍성의 바깥이긴 하지만, 이 고읍성의 안쪽에 포함되고 있음을 알 수 있다. 조선이 아니라 고려시대의 김해부에 있었던 원우에서 이 지명이 생겼다는 추정이 가능할 것이다. 일제 말기의 지명이었다는 사카에정(榮町)은 그 한자처럼 일본에서 봉건영주의 성곽 아래 번창했던 상점가 마을에 곧잘 부쳐지던 이름이었다. 그런 만큼 부원동은 1980년대의 도시개발 이전에도 이미 번창하고 있었고 그 안이 '남문 안' 마을이었던 것이다. 1981년에 시로 승격하고, 1982년 2월 4일 시가지명이 정해질 때 부원동이 되어 오늘에 이르고 있다.

여기서 1블록을 더 가면, 신한은행 앞에 묘하게 생긴 버스정류장이 있다. 곳곳에 전단지를 붙였던 자국이 더럽고, 퇴색한 도색 때문에 예쁘게 보이진 않지만, 그 기획만큼은 높이 살 만하다. 자기 살자고 이런 곳까지 전단지를 부치면서 상권이 죽느니 장사가 힘들다니 하는 소리는 좀 창피하다. 구 도심의 부활을 걸고 머리 짜내고 땀 흘리는 사람도 있는데 치졸한 이기주의 때문에 공든 탑이 될까 걱정이다. 법적근거는 모르겠으나, 광고주를 처벌하는 방법이라도 택해야 할 모양이다. 다만 신한은행 옆과 가락로 좌우에 도회적으로 단장된 나이키 아디다스 라푸마 같은 스포츠 등산용품의 상점들이 활기를 띠는 것이 위안자료라고나 할까? 남북의 가락로와 동서의 분성로가 만나는 교차로는 김해에서 거의 유일한 X자 횡단보도가 있는 곳이다. 평일에도 푸른 신호등이 켜지면, 휴일같이 오가기 어려울 정도로 사람들이 붐비는 횡단보도가 보고 싶다.

15

분성로~호계로~시청

■■■■ 가락로와 분성로가 만나는 교차로에서 동쪽 활천고개 쪽으로 길을 잡는다. 조금 가면 종로길이라 쓴 아치가 보이는데, 그 안쪽으로 요즈음 새로 단장한 김해재래시장 상점가가 이어지고 있다. 안쪽 끝에서 만나는 작고 어긋난 교차로는 과거 김해읍성의 정중앙이었다. 남서쪽 모서리에 시간을 알리던 종루(鐘樓)가 있어 종로길이란 이름이 전해지는 모양이다. 종로길 아치 옆에는 다영떡집 이란 간판도 보인다. 제법 오래된 떡 방앗간 같았는데, 무슨 옷가게로 변했다가, 다시 떡집으로 컴백한 모양이다. 조금 동쪽의 중앙의류 역시 오랜 풍상을 기와지붕 위에 얹고 있던 떡 방앗간이었다. 몇 년 전만 해도 이른 아침 떡 찌는 김이 기와지붕 밑으로 가득히 퍼지는 모습이 꽤나 정겨웠는데 이제는 보기 어렵게 되었다.

원래 계획대로라면 활천고개 쪽 제일교회사거리로 가야하지만, 김ㅁ해읍성의 남문터를 찾기 위해 종로길 아치 건너편 세븐일레븐과 쎄일안경원 사이로 난 분성로336번길로 접어들어야 한다. 한 블럭을 내려가면 가락로64번길과 만나는데, 오른쪽에 봉황숯불촌, 앞쪽에 중국식 꼬치집의 붉은 간판이 유별난 작은 네거리가 있다. 여기가 바로 김해읍성의 남문이 있었던 자리로 여겨지는 곳이다. 동쪽을 보면 호계로 건너 김해중학교 북쪽 담에 이어지고, 서쪽을 보면 가락로변 김해농협빌딩의 북쪽 벽으로 이어지는 이 길이 읍성의 남쪽성벽라인, 정확

시청

히 말해 남측성벽 앞에 굴착되어 있던 해자(垓字)의 라인이었다. 발 밑에는 남문이 나 성벽의 뿌리가 잠들어 있을 테지만, 지금 우리에게 그럴싸하게 눈에 띄는 것 은 아무 것도 없다.

가락로64번길을 따라 동쪽으로 걷다가, 분성로로 돌아가기 위해 유신장여관 앞에서 왼쪽으로 분성로346번길을 따라 북쪽으로 간다. 분성로에 다 나왔을 무 렵, 왼쪽에 있는 간판을 보다 화들짝 놀랐다. 동문안식당이란다. 이번엔 남문약 국이 아니고, 동문안식당이란다. 지난겨울 동광초등학교 근처를 걸을 때 정문 아래쪽의 동문 얘기를 했던 것처럼, 여기서는 남문(150m)이 가깝지 동문(400m)은 너무 멀다. 그런데도 식당 주인장은 동문이 가깝다고 여겼는지, 여기에 동문안 식당 이란 상호를 붙였다. 분성로에 나서니 몇몇의 애견 숍이 줄지어 있고, 바로 앞에는 흰색 회칠 선을 넣은 황색 벽돌 벽과 짙은 회색지붕이 잘 어울리는 진부 부한의원이 있다. 예쁘장하게 병원건물을 지으신 의사선생님의 진료라 더욱 효 험이 있을 것 같다는 믿음이 생긴다.

동쪽으로 몇 걸음 옮기면 분성로와 호계로가 만나는 제일교회사거리다. 왼쪽 에는 김해제일교회의 십자가, 오른쪽에는 김해성당의 십자가가 먹구름 걷혀가 는 김해 하늘에 걸려 있다. 1927년의 예배로 시작했던 김해제일교회는 1933년부 터 예배당을 세우기 시작했다 하니, 여기서만 해도 80주년을 맞는 오래된 교회 다. 교회홈페이지를 보니, 국내는 물론 외국에까지 활발한 교회개척 사업을 전 개하고 있는데, 제17대 안용식 목사의 목회로 2,000여명의 출석교인들이 마음 의 안식을 얻고 있다.

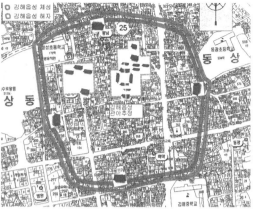

■□
종로길

■■
읍성 추정도

활천고개 쪽으로 조금 더 올라가 보기로 한다. 뜻 모를 뽈마시란 간판의 대구탕 집을 지나면 바로 왼쪽에 동광초등학교로 가는 분성로366번길이 있다. 이 길 끝에 읍성의 동문이 있었으니까, 이 길은 동쪽성벽 앞에 있던 해자를 메워 만든 길임이 틀림없다. 그래서 방향을 바꿔 동광초등학교 쪽을 등지고 분성로 건너 맞은편에 스마일훼미리마트와 진영미용실 사이로 난 길로 들어선다. 조금 가니 멀리 오렌지색 건물의 김해중학교가 보이고, 길은 그 앞에서 오른쪽으로 휘어진다. 여기가 바로 동쪽성벽과 남쪽성벽이 만나는 곳이었고, 그래서 길은 직각에 가까운 커브를 그리게 되었다. 지금도 위성지도를 보면 성벽 돌아가는 모습 그대로 집들이 자리하고 있음을 확인할 수 있다.

김해중 북쪽 담을 따라 호계로에 나서 오른쪽에 있는 김해성당에 들른다. 1950년에 설립기성회를 발족해 지금의 부지를 마련했고, 휴전 후 1956년부터 성당 짓기를 시작했으나, 1959년 9월 김해에 들이닥친 사라호태풍으로 반파의 아픔을 겪었다. 같은 해 10월 김해본당으로 승격돼 초대 김태호(알로이시오) 주임신부가 부임하였고, 12월에 복구공사를 완료하고 첫 성탄절미사를 올렸다. 작지만 단아한 성당과 교인이 아니라도 시원한 나무의자에 앉으면 마음의 평안이 절로 생길 것 같은 성전은 1981년에 1층, 1984년에 2층을 건립해 오늘에 이르렀다. 아담한 화단 속의 마리아상은 뒤에 용궁사란 절 이름이 보여 마음에 걸리지만, 포용의 하나님 사랑을 잘 모르는 사람 마음이려니 하고 그냥 돌아선다.

성당 맞은편에 보이는 5층짜리 마마아파트는 김해에서 가장 오래된 아파트 중 하나다. 아파트로 등재되지는 않았다지만, 1980년 8월의 준공은 가장 오래된 아파트로 등록된 동상동 동광아파트의 1983년 6월보다 3년이나 빠르다.

읍성 남쪽성벽라인을 잘 보여주는 호계로 건너 가락로64번길을 다시 한 번 돌아보고 김해중학교로 들어선다. 주차장을 시민에게 개방하는 배려 때문인지,

입구 왼쪽에 한자로 '金海中學校'를 새긴 표지석 외에 정문이라 할 만한 것도 없다. 교기를 축구로 할 만큼 넓고 푸른 인조 잔디운동장이 펼쳐진 교정풍경이 시원스럽고, 뛰노는 학생들의 목소리는 생기 가득하다. 학교건물 뒤로 보이는 분산성이 다른데서 보다 훨씬 더 높게 보이는 까닭은 여기가 연못이었기 때문일 것이다. 읍성 동남쪽 아래라 남지(南池), 또는 정조 13년(1789)에 동쪽 남산과 서쪽 임호산이 연못에 함께 비치면 김해가 융성할 것이라는 전설 따라 새로 만들었다고 신지(新池)라 불렸던 연못 북단을 1956년에 메워 만들었다.

1951년 9월 김해공립농업학교에서 3년제 중학교로 분리, 1952년 3월 제1회 졸업생 249명 배출, 같은 해 5월 지금 자리로 이전, 1956년 2월 육군공병학교가 교사 신축, 1959년 9월 사라호 태풍으로 대파된 동·서관을 1961년 12월에 복구했다. 1991년 5월 체육관, 1998년 12월 도서관, 2000년 1월 축구부 숙소, 2006년 11월 급식시설, 2007년 6월 인조 잔디구장 등이 각각 준공되었다. 2009년 9월에 부임한 제21대 김봉규 교장님 이하 65명의 교직원들이 25개 학급 777명의 학생들과 함께 가르치며 배우고 있다.

김해중 아래에선 김해고용센터와 김해세무서가 호계로를 사이에 두고 신사옥 경쟁이라도 벌이는 듯하다. 여기에 1977년에 남지 못을 완전 매립하고 세웠던 김해군청이 있었고, 시군 통합 후 김해시청 별관이 있었던 흔적은 뒤쪽 별관의 낡은 건물에서나 겨우 짐작할 수 있다. 세무서 동쪽 끝에 만들어진 석조콘크리트 연못은 남지의 매립을 아쉬워했던 사람들이 1978년에 만들었던 세심지(洗

心池를 복원한 것이라는데, 한 달 만에 다시 찾은 오늘도 물이 없기는 마찬가지다. 왜 물이 없는지는 잘 모르겠으나, 파란 철제 솟대 위에 앉은 파란 철제 청동오리는 오늘도 목마르다.

세무서를 나와 왼쪽으로 가락로30번길로 들어 김해수로우편취급국을 끼고 돌아 상아웨딩홀까지 가는 길 양쪽은 온통 세무사·법무사사무실 간판으로 뒤덮여 있다. 세무서, 상공회의소, 시청 사이에서만 볼 수 있는 독특한 풍경이다. 웨딩홀 가기 전 교차로에서 동쪽으로 들어서면 부원동 주민센터와 문화의 집이 있고, 해동이어린이집도 있다. 18년 전 김해에 처음 왔을 때 이 문화의 집을 보고 깜짝 놀랐던 기억이 새롭다. 유학하던 일본에는 흔했지만, 동네 단위의 주민 도서관과 문화활동관의 결합체는 서울서도 보지 못한 선진이었다.

주민센터 옆의 목민정과 상공회의소 아래쪽의 구룡관은 시청공무원들이 자주 찾는 맛집으로, 양곱창집 구룡관은 조찬포럼 등을 통해 김해시의 많은 정책이 탄생하기도 했다. '상공약진, 기업사랑, 다함께 세계로'를 올 목표로 정한 상공회의소의 1층 전시장을 들여다보고 김해시청으로 들어간다. 청기와의 시청본관(1984.5), 흰색 화강암의 의회(1992.7), 구지관, 신축의 민원청사(1999.8) 등이 들어서 있는 시청은 1984년 김해의 진산인 남산의 동쪽 기슭을 깎아 만들었는데, 취임 1주년을 맞는 김맹곤 시장 이하 본청 600여 명, 읍면동 280여 명, 소방 240여 명, 의회·사업소·출장소 450여 명 등 1600여 명의 공무원들이 분주한 손길로 50만이 넘은 김해시민들을 돌보고 있다.

김해의 오랜 사연을 첨단의 전시로 소개하는 김해스토리뱅크

원래 계획은 시에서 가장 오래 근무하고 있는 분께 생생한 시청의 역사를 듣고자 했으나, 종일 부탁했던 전화요청에도 불구하고, 무슨 생각을 하는 건지, "특정인을 추천할 수 없다"는 관련부서의 회신으로 맥 빠진 발길을 김해스토리뱅크로 돌립니다. 그래도 김해의 역사와 시정의 변천사를 간단히 둘러보는 데는 이만한 곳이 없습니다. 본관 뒤쪽 구지관 1층에 자리한 김해스토리뱅크는 이름 그대로 과거와 현재의 김해이야기를 최신의 전시기법으로 일목요연하게 보여줍니다만, 이 전시관의 존재를 아는 시민은 그리 많지 않은 것 같습니다.

시내지도가 발밑에 깔린 입구에 서면 LED전광판의 환영인사를 시작으로, 왼쪽부터 선사시대에서 현재까지의 김해를 유물과 사진으로 보여주는 '시간속의 김해'가 있고, 김해의 지리적 환경과 인구, 김해시의 일반현황과 시정을 소개하는 '역동하는 김해시'가 있으며, 세계 자매도시의 소개와 미래 김해의 비전을 영상과 디지털 매체로 소개하는 '도약하는 김해시'가 있습니다. 장유 수가리패총에서 찾은 최초의 김해인에서 구지봉 고인돌의 가락구촌과 수로왕을 거쳐, 신라, 고려, 조선, 현대까지 5천년의 시간을 단 몇 분에 여행하는 것도 즐겁지만, 1979년의 김해를 찍은 사진과 현재 사진과의 대비는 자기 동네 찾는 발길을 한동안 머물게 하고, 전 시장의 결재서류나 호적과 주민등본, 그리고 촌스러운

시공무원 임명장과 신분증 등의 전시는 보는 이로 하여금 잔잔한 미소를 짓게 합니다.

120여 평 정도의 넓지 않은 공간이지만, 2006년 개관 당시는 예쁜 장남감 상자를 개봉하는 듯한 느낌까지 있었습니다. 안내를 담당하는 정은정(총무과)씨에게 물어보니 개인으로는 하루 20여명 정도가 다녀가는 정도인데, 어린이집과 학생들의 단체관람이 비교적 많답니다. 한 30분 정도면 돌아 볼 수 있을 것 같은데, 이 시간에 우리 고장의 역사를 알 수 있게 되는 건 상당히 득 되는 일 일겁니다. 관람료는 없지만, 평일에만 관람할 수 있고, 부탁하면 친절한 안내도 해 준답니다.

16

남산~활천동

■■■ 시청에서 나와 바로 동쪽에 담장 하나로 이웃한 팔각공원으로 간다. 좁지만 제법 울창한 숲속에 조금은 어색하게 보이는 3층짜리 팔각형 건물이 있다. 사찰 목탑 모양에 기와지붕도 얹었으나, 콘크리트로 만든 때문인지, 한 채만 우뚝 솟은 부조화 때문인지, 여유보다는 긴장감이 느껴지는데, 그럴만한 이유가 있다. 불교나 전통문화가 아니라, 남북의 분단과 대치라는 긴장상황에서 태어난 상징물이기 때문이다. 1987년 5월 30일 김해팔각회가 판문점 자유의 집을 본 따 지어 팔각정, 또는 통일을 기원한데서 통일정이라 불렀다. 팔각회는 1966년 3월 부산·경남의 인사 53명이 판문점을 견학하고 느꼈던 시대의식을 바탕으로, 자유수호·세계평화·조국통일을 위한 모임을 결성하고, 부·울·경 지역을 중심으로 120여개의 단위체를 구성한 것으로, 김해팔각회와 김해여성팔각회도 그 중 하나다. 장학사업과 사회봉사활동도 전개하는데, "잃어버린 북한 땅을 승공의 방법으로 되찾을 굳은 결심" 또는 "반공"이란 표현처럼, 다분히 보수적 성향이 강한 친목모임인 모양이다.

공원 안에는 몇 개의 기념비가 있다. 팔각정 뒤 가장 안쪽에는 1981년 12월 19일에 세로 한글로 '충효'를 새긴 '김해시민헌장'을 이 있고, 그 오른쪽에는 1990년에 시청 동쪽에서 옮겨 온 '부사(府使)가선대부(嘉善大夫)정공(鄭公)광제(匡濟)만세불망비(萬世不忘碑)'가 있는데, 영조 28년(1752) 3월에 좌부면 명도(鳴島)에 세웠던 것이다. 흔

■
김해팔각정

하디흔한 지방도백의 선정비긴 하지만, 오랜 연대와 분명한 명문, 그리고 260년 전 김해의 지명을 기록했던 당시의 자료라는 점에서 눈길을 주어볼만하다. 팔각정 앞의 '통일정(統一亭)창건기념비(創建紀念碑)'는 팔각정을 세우는 통일염원의 뜻을 밝힌 것이지만, 불과 24년 전에 지금과는 너무도 달랐던 풍광을 전하는 내용이 궁금해 한동안 서서 찬찬히 읽었다. 김해평야에 펼쳐지는 가을의 황금들녘은 끝간 데 모르고, 동쪽으로 신어산과 선암포, 넘실대는 낙동강 넘어 금정연산이 다대포의 남해까지 내달려, 서쪽 봉황대와 임호산 넘어 장유의 팔판산은 창원과의 경계를 이루고, 남쪽 끝 녹산의 성화례산 봉수가 분산성으로 전해지던 시절의 회상은 '반공·자유·통일'의 구호보다 나의 가슴을 설레게 했다.

팔각공원을 찾은 것은 이렇게 전해지는 풍광 때문이었지만, 이제 김해농고동창회가 있는 3층 난간에 서 보아도 그런 감동은 얻기 어렵게 되었다. 그래서 비슷한 풍경이라도 맛보려고 뒤쪽의 남산에 오른다. 분산에서 내려오던 줄기가 활천고개로 잘리 우고, 서쪽의 동상동, 동쪽의 활천동, 남쪽의 부원동이 사면을 파고들어, 장방형 지우개 같은 모양이 돼버렸지만, 그래도 이름만은 아직도 남산이다. 원래 풍수에서 말하는 남산은 마을의 좋은 기운이 빠져 나가지 않게 해주는 곳으로, 궁성에서는 국빈을 맞아들이고 좋은 기운을 지키는 주작문(朱雀門)에 해당하는 곳이다. 서울 남산이 주산인 북한산과 마주 보면서 좋은 기운이 한강으

머리엔 우악스런 철탑을 이고 목도 잘려 나간
김해의 남산
끝없이 펼쳐진 김해평야를 묵묵히 바라본다

로 빠져 나가지 않게 해준다고 믿었던 이치와 같다. 경주 불국토의 기운이 빠지지 않게 남산에 천불천탑을 세웠던 신라인의 마음도 같았을 것이다. 그래서 웬만큼 오래된 동네라면 남산이 있고, 비슷한 의미와 바람이 깃들어 있기 마련이다. 남산은 당연히 마을 사이에 두고 주산과 대칭의 자리에 선 다른 산이어야 하지만, 김해의 남산은 그렇지 못하다. 김해의 남산은 주산인 분산의 끝자락이지만, 그래도 김해인 들은 대대로 남산이라 불렀다.

중앙의 주산인 분산(盆山)이 묵직하게 눌러앉아 마을의 중심을 잡고, 동쪽 신어산을 좌청룡으로, 서쪽 경운산을 우백호로 했지만, 남주작이 돼야 할 산이 없다. 서남쪽의 임호산과 봉황대가 있을 뿐이다. 그래서 남쪽으로 달리다 문득 고개 돌려 시내 쪽 또는 분산 쪽을 잠깐 돌아보는 형상의 이곳을 남산이라 부르고 싶었던 것이고, 그래서 돌아 볼 고(顧), 할아비 조(祖)를 쓴 고조산(顧祖山)이라 불렀던 모양이다. 여기라도 없었다면 김해의 좋은 기운은 모두 남해바다로 빠질 뻔했다. 개가 엎드린 모양이라 '개혈'로도 불렸고, 보통 남쪽 교외에 두어지는 성황단과 기우단도 있었다고 전해진다.

시청 동쪽 담을 따라 분성로396번길 언덕을 조금 오르면, 오른쪽에 풋살경기장으로 올라가는 계단과 언덕길이 보이는데, 계단 앞에는 '남산정350M'와 '김해시기상관측소'의 안내판이 있다. 바닥에 인조박석을 깔고 머리 위엔 조그만 등나무터널도 만들어 오르기 좋게 했다. 간단한 체육시설과 제법 큰 화장실이 있는데, 인조잔디의 풋살경기장이 그 앞에 있다. 경기장 옆 돌계단을 오르면 '김해시기상관측소'가 있는데, 풍향·풍속·습도·기온·강수·기압·일조·일사량 등을 측정하는 장치와 계절관측표준목으로 매화·진달래·단풍나무가 심어져 있다. 기상측정은 물론, 봄꽃과 가을단풍의 때를 관측하는 나무도 있어, 우리가 듣는 김해의 날씨와 계절의 정보가 여기서 발신되는 모양이다.

다만 여기서 길이 막혀 있다. 다시 계단을 내려가 경기장 옆에 있는 '남산정'의 화살표를 따라 가야 하지만, 모르면 묻는 게 상책이다. 화장실 청소하던 아주머니가 "먼저 물어 보지, 왜 거기까지 올라갔노?" 라고 웃으며 가르쳐 주는 길을 따라, 산딸기가 지천으로 널린 산길을 오른다. 여기 저기 오래된 묘비와 봉분도 많고, 이장해 간 구덩이도 많아, 이 부근 모두가 공동묘지였음을 알게 한다. 일하는 분이 있는 걸로 봐서 재배되는 산딸기 같은 데, 마침 농익은 놈을 골라 입에 넣다가, 빨간 산딸기즙과 공동묘지의 이미지가 묘하게 겹쳐 단맛을 잊었다. 아래의 시청·한국전력·아파트·맨션의 모두가 공동묘지 자리에 세운 것이라 한다.

풀이 많이 자란 길을 십 여분 남짓 오르니, 구불구불한 소나무 사이로 남산정(南山亭)이 보인다. 2008년 이맘때 세운 팔각지붕의 정자에 오르니, 윗통을 벗

어 제친 두 분이 갑론을박 중이다. 마침 안개 같은 것 때문에 좋은 시계는 아니었지만, 서쪽 임호산 앞으로 보이는 시내, 동쪽 신어산과 활천동·어방동의 시가지, 그리고 정면에 펼쳐진 김해평야는 혼자보기 안타까운 파노라마를 연출하고 있다. 남산정을 내려와 분산 쪽으로 걷는 길은 내내 완만한 내리막이다. 남산의 머리를 뚫고 서있는 거대한 철제송전탑을 못 본 척하고, 서둘러 내려가다 보니 숲은 이어지는 데 길이 끊겨 있다. 분산에서 내려오는 줄기를 활천고개의 개설 등으로 잘랐던 무자비한 흔적을 여름풀들이 감춰 주고 있다. 등산복이 국민복이 되는 요즘이라도 사람들이 잘 오르지 않는 데에는 다 이유가 있는 모양이다. 공동묘지에 무지막지한 철탑을 머리에 꼽고 목도 잘려 나간 김해의 남산이다. 내려오는 길에 봤던 '어머니 잠드신 곳'이라 쓴 독특한 묘비명을 작은 위안으로 삼을 뿐이다.

오른쪽으로 아슬아슬한 절벽에 주의하며, 서쪽 동상동 쪽으로 난 배수로를 따라 분성로 396번길로 내려선다. 여기서 한 블록을 더 내려가면 중앙여중고지만, 태경(50세대), 중앙(110세대), 화성(100세대), 경동(50세대)아파트처럼 25년이나 된 김해지역 최고참의 아파트들을 누벼야 한다. 분성로376번길을 북쪽으로 가다 중앙

문구 앞 언덕길을 오르면 학교정문이다. 1964년에 인가된 김해중앙학원이 1972년 10월에 김해중앙여자중학교로 교명을 바꾸었고, 1996년 3월에는 김해중앙여자고등학교를 설립했다. 여중은 2005년 9월에 취임한 민성기 교장 이하 32명의 교직원이 14학급 432명의 재학생과 가르치며 배우는데, 2009년에는 전국대회합창대회에 처녀출전 해 금상을 획득했고, 김해의 중학교로는 유일하게 매년 학생 연극제를 개최해 지역의 호응을 얻고 있단다. 여고는 불과 15년의 짧은 연륜이지만, 작년에는 무학년 수준별 보충수업이 성과를 거둬 서울대·부산대·고신대의대·항공대 등의 합격자를 내게 되어 세간의 화제가 되었다. 여학교답지 않게 유도를 교기로 정하고, 2002년 9월에 취임한 민병훈 교장 이하 45명 교직원이 18학급 675명 재학생과 함께 생활하고 있다. 최근에는 국립진주박물관에서 직업체험도 했고, 예전에는 인제대가야문화연구소의 초대로 부모 동반의 가야문화유적답사에 참가하기도 했다. 그리 크지 않은 교정이지만 파란 인조잔디운동장에 장미꽃 울타리가 아담한 여학교의 분위기를 연출하고 있다.

가장 오래된 아파트로 등록돼 있는 1983년 건축의 동광아파트(5층, 60세대)를 지나, 분성로에서 활천고개를 넘다 보니 배꽃같은 중앙여중고의 교복들이 물결이 되어 몰려오고 있다. 웃고 떠들거나 조금은 어두운 표정으로 고개 숙이고 지나는 학생들 모두가 보기에 흐뭇하다. 활천고개는 1910년까지만 해도 읍성의 해동문(海東門)을 나서 동쪽으로 분산과 남산 사이를 걸어 넘던 고개였는데, 1978년에 남쪽 언덕을 확장 절개해 도로를 열었고, 1990년 초에 지금 같은 4차선 도로가 되었다. 삼계동에 신시가지가 조성되면서 아침마다 도로는 몸살을 앓는다. 조금

 활천고개

새로 쓰는 김해지리지 — 김해학 길 위에 서다

내려가 활천사거리에 서면, 김해신경외과의원·신동병원·고려요양병원·굿모닝병원 등이 무리를 이루고, 왼쪽 앞으로 목화예식장도 보인다.

활천사거리에서 남쪽으로 언덕길을 내려가, 우리들한의원을 지나고, 김해복음병원(2005년, 10개과 216병상) 앞에서 리모델링을 시작한 김덕규제과점을 지나, 오래된 느티나무가 있는 삼정경로당, 활천탕, 가야쇼핑, 붉은 벽돌 예배당이 예쁜 활천교회(1932년, 박성숙 담임목사, 출석교인 500여명)까지 활천로36번길을 따라간다. 사람과 차가 뒤섞여 불편하고 낙후되었다 하지만, 오래된 삶의 때가 정겨운 아기자기한 길이다. 활천교회에서 길을 건너 가야쇼핑 동쪽을 따라 내려가면 지역 최초의 인문계 진학교인 김해고등학교 뒷담이 보인다. 오래된 것 같진 않지만, 교사와 뒷담 사이엔 오동나무와 대나무가 심어져 있다. 봉황을 보자는 학교의 희망과 바른 학생으로 키우자는 교육관에 따른 식재였을까? 이제 걸음을 멈춰야 하기에, 학교소개는 다음으로 미루지만, 벽오동 심은 뜻과 대나무 심은 뜻은 먼저 아래에 써두려 한다.

 ## 벽오동에 대나무를 심은 뜻은? -김해고등학교-

1974년 3월 개교라 그리 오래된 학교라 할 순 없지만, 95% 전후의 4년제 대학 진학률에, 해마다 서울대·고려대·연세대에도 다수 합격해, 17,171명의 졸업생 중에는 벽오동 심은 뜻을 이뤄가고 있는 이들도 적지 않다. 학연이나 지연을 부추기려는 것이 아니라, 그동안 김해고 배출의 인재들이 나라와 지역의 발전에 기여함도 크고, 졸업생의 활약이야말로 학교의 가장 확실한 소개일 수도 있다는 생각에서 각 분야에서 활동하고 있는 출신자 몇몇을 소개하려 한다. 다만 이 취재에서 언제나 느끼는 어려움이지만, 이번 역시 학교도 동창회도 이러저러한 이유로 자료제공에 불성실하였다. 일부러 시간을 내 성실하게 답해주신 동문 한 분의 기억이라 다소의 오류가 있을 수도 있고, 경칭 생략할 것도 미리 밝혀 둬야겠다. 정계에는 김해 갑의 2선 국회의원으로 경남도의원 3선에 한나라당 원내 부대표를 지낸 김정권(3회)을 비롯해, 도의원을 지낸 이유갑(1회), 옥반혁(6회) 등이 있다. 법조계에는 창원지법 부장판사를 지냈던 안형률(12회), 경찰부산지방청 차장의 김철준(7회), 경제계에는 삼성중공업 상무이사 김병수(2회), 삼성전자 상무이사 안정태(7회), 언론계에는 국제신문 수석논설위원 박희봉(3회), KNN 정경부장 채석철(6회), 김해뉴스 사장 이광우(7회) 등이, 있다. 교육계에는 경남애니고 교장 김상동(1회), 부산대 교수 김광옥(1회),

중문의대 교수 이수근(8회), 의료계에는 서울 고려정형외과 원장 김철민(6회), 부산·김해한솔병원 원장 홍태용(7회) 등이 있는데, 홍원장은 김해생활포럼 대표도 맡고 있다. 문화계에는 국민배우라 할 만한 영화배우 송강호(9회)가 있는데, 홍태용 원장과 함께 개교30주년 자랑쓰런 김고인 상을 수상하기도 했다. 체육계에는 하키의 명문답게 쌍둥이 선수 강문규·강문권(31회)과 홍성권 등이 국가대표로 활약하고 있는데 김해시청소속이다. 학교가 대나무 심었던 뜻도 아울러 생각하며 활약 이어가기를 기대한다.

활천동~안동~불암동

17

지난 호에서 활천고개를 넘었던 우리는 이제 동김해 지역을 걷고 있다. 어느새 동김해 란 이름에 익숙하게 되었지만, 전통시대는 물론 20~30여 년 전만 해도 김해지도에는 없었던 이름이다. 1980년대 중반 이후 부산~마산 국도 14호선(김해대로) 북쪽 안동에 공단이 조성되기 시작했고, 1990년대에 들어서면서 분산과 신어산 사이의 토지구획정리사업이 진행되면서, 김해에서 가장 먼저 신도시로 개발된 지역이지만, 정작 동김해 란 이름은 2001년 11월 남해고속도로(1973년 11월 개통)의 동김해IC가 개설되면서 분산 동쪽의 김해를 가리키는 이름으로 널리 사용되기 시작한 듯하다. 남산 동쪽의 삼정동과 활천동에서 시작해, 어방동~삼안동~지내동~불암동으로 이어져, 서낙동강에서 부산과 경계를 이루는 지역이다. 마을의 역사가 새로운 만큼, 세월이야기 또한 그리 많지 않을 것 같지만, 반드시 그렇지 만도 않다. 짧더라도 사람이 사는 곳엔 언제나 그만큼의 사연이 쌓이기 마련이다.

지난번에 걸음을 멈췄던 삼정동의 김해고등학교에서 오늘의 답사를 시작하려 한다. 삼정동은 남산의 동쪽 골짜기가 세 명의 정승이 날만한 곳이라 삼정곡(三政谷)으로 불렸던 데서 비롯된 동네이름이다. 동네이름처럼 정문 왼쪽에 '우리는 자랑스런 김고인' 이라 쓴 표지석과 학교홈페이지 로고에 붙어 있는 '최고의 명문고' 란 문구, 그리고 지난번에 소개했던 졸업생의 면면처럼 김해의 인재

■□
김해고등학교 교정

□■
활천동주민센터

를 배출하고 있는 김해 최초의 인문계 진학고다. 1974년 3월에 개교해, 현재 37
학급 1,459명의 재학생과 2009년 3월 취임한 서기순 교장 이하 102명의 교직원들
이 함께 배우며 가르치고 있다. 마침 인조잔디구장 개조공사가 한창인 운동장
을 중심으로 본관·후관·체육관 등의 6개동이 배치돼 있는데, 안쪽에 있는 하
키부 숙소의 학생복지관은 '하키왕국, 김해'를 지탱하는 요람이기도 하다. 김해
출신의 남자국가대표선수는 모두 여기서 길러졌다 해도 과언이 아니다. 지난 4
월 KBS춘계종합하키선수권대회에서도 우승했고, 2008년에는 춘계대회(4월), 연
맹회장기(7월), 대통령기(8월), 전국체전(8월)에서 모두 우승해 시즌 4관왕의 영예를
차지하기도 했기 때문이다.

　학교정문을 나서 곧바로 두 블록쯤 내려가다 왼쪽으로 꺾어 활천공원을 지난
다. 여기서 조금 더 가면 지난 해 2월에 성대한 준공식을 거행했던 활천동주민센
터가 있다. 1981년 동사무소의 개소를 시작으로, 1985년에 다시 세워졌던 동사무
소가 4반세기만에 탈바꿈했다. 주민센터 홈페이지에 소개돼 있는 1984년의 기공
식사진을 보면 절로 웃음이 난다. 저 멀리 신어천 가에 서 있던 가로수 외엔 아
무 것도 보이지 않는 허허벌판에서 대패질도 안한 것 같은 허연 사각 나무기둥으
로 세운 플랜카드 앞에서 연설대 하나 놓고 축사하는 사진에는 웃음을 참을 방
법이 없다. 이때 8천이 채 못 되던 활천동의 인구가 지금은 16,371세대 46,602명
(남23,704명, 여22,898명)으로 늘었다. 최선희 동장 이하 16명의 직원이 일하는 민원실·
대회의실·예비군중대본부 외에도, 취미교실·헬스장·사랑방·에어로빅장·독서
실 같은 주민을 위한 복지와 여가를 위한 시설들을 두루 갖춘 지하 1층에 지상 4
층짜리 최신 빌딩이다. 62억 원의 예산을 들인 결과인지, 김해시건축대상공모전
에서 '올해 최고의 건축물'로 선정되기도 했다. 활천이란 활처럼 휘어진 흐름 때

문에 그렇게 불렸다는데, 동쪽에 흐르는 신어천의 옛 이름이다. 『김해지리지』에 따르면 삼방동 뒤쪽 활뿌리(弓根)란 곳에서 발원해 신어천이 되는데, 남동쪽으로 흘러 서낙동강으로 들어간다 했다. 대도시의 필수요소라 할 수 있는 강이 없는 김해에서 해반천과 함께 잘 정비해야하는 귀중한 자산이다.

주민센터와 이웃한 김해대로 변의 김해소방서는 이제 인제대역 앞이라 소개하는 편이 쉽겠다. 전종성 서장 이하 소방행정과, 예방안전과, 대응구조과로 편성된 261명의 소방관들이 김해시 화재 예방과 진압을 책임지고 있다. 여기에 몇 대 보이지는 않지만, 시 전역에는 57대나 되는 소방차가 언제나 비상대기 중이란다. 김해소방의 역사는 1932년 5월 일제의 김해읍 소방조(消防組)의 창립에서 시작돼, 1946년 11월 미군정의 김해소방서 설치를 거쳐, 1955년 6월 의용소방대로 축소되었다가, 1982년 12월에 대통령령으로 김해소방서가 열렸다. 지금의 청사는 1986년 3월에 신축 준공한 것이다.

소방서 동쪽 담 옆에 있는 일미복국을 지나면서 좀 전에 먹은 아침에도 불구하고 염치없이 침을 삼킨다. 복국 집 앞 김해대로2511번길을 따라 오던 길을 거슬러 북쪽으로 네 블록 올라가면, 작은 바위산처럼 만든 분수와 남명 조식선생의 동상이 있는 길거리 공원을 만난다. 그 왼쪽에 삼성초등학교가 있고, 오른쪽에 삼정중학교가 있다. 두 학교 앞의 인도를 도심 속의 오솔길, 또는 세 정승이 나겠다는 동네이름 대로 학문을 사랑하는 선비정신을 나타내려 했다는 게 주민센터의 설명이다. 4자성어의 천자문을 새긴 발밑의 보도블록은 등하교하는 학동들로 하여금 한자에 친하게 하겠다는 배려였다. 우리의 역사와 문화, 언어와 사상을 이해하고 발전시키는데 꼭 필요한 한자(漢字)지만, 갈팡질팡 하던 국어교육정책 탓에 멀리해 왔던 우리 문화를 가르치려는 뜻이 귀하다. 남명선생과 정승의 출세가 별로 어울리는 것 같지는 않지만, 가로환경시설과 상징조형물의 주제로 한자의 보급이 선택되었다는 것에 김해의 희망을 발견한다. 야간에는 호롱

어둠이 내리면 더욱
화려해지는 어방동 환락가

불가로등이 인도와 느티나무 터널 길을 비추고, 인공폭포와 개울에서 떠오르는 LED불빛은 도회의 오아시스 같은 느낌을 연출하고 있다.

1948년 5월 김해삼성국민학교로 시작해 10,702명의 졸업생을 배출한 삼성초등학교는 2008년 9월 취임의 박무인 교장 이하 91명의 교직원이 6개 학년 47학급 1,347명의 어린이들을 가르치고, 남녀공학의 삼정중학교는 1994년 3월에 개교해 금년 3월 취임의 조극래 교장 이하 53명의 교직원이 28개 학급 947명(남526명, 여421명)의 재학생을 가르치고 있다. 개교 당시부터 교기로 정한 유도교육은 국제규격의 유도관과 열성적인 지도로 전국대회에서 수 없이 많은 입상성적을 거두었다. 유도수련을 통해 지성과 체력을 겸비하는 사람을 키우고자 노력하는 학교인 모양이다.

삼정중학교 동쪽 담을 따라 분성로에 나서면 길 건너편에 식당, 술집, 나이트클럽 등의 간판이 화려하다. 아침이라 썰렁한 풍경이지만, 밤이 되면 휘황찬란한 네온들이 빛을 발해, 김해의 압구정동이라고도 불리는 환락가가 되었다. 동쪽으로 인제로와 만나는 동서교차로에 서면, 서남쪽 모퉁이에 10년 되었다는 홈인25시약국이 길안내에 곧잘 등장하는 이정표가 되어 가고 있다. 흔한 방위 명의 동서가 교차로 이름으로 부쳐진 것은 이 일대가 별다른 특징이 없는 너른 들판의 한 복판이었기 때문일 것이다. 넓은 4차선 차로에 쉴 새 없이 자동차들이

오가고, 동쪽 모서리를 알록달록하게 장식하는 플랜카드들은 김해에서 선전효
과가 가장 큰 광고게시판 중 하나란다. 비닐하우스의 발상지로서, 선진농법으로
이 일대가 '한국의 덴마크'로도 불렸다는 사실은 이제 짐작조차 어렵게 되었다.
1979년에 찍었던 항공사진이라도 보여주어야 할 모양이다.

북쪽으로 인제대 가는 길, 남쪽으로 동김해IC가 보이는 인제로 동편에는 키
큰 나무로 열 지운 녹색벨트가 만들어져 있다. 여기부터 시작되는 어방공업지구
와의 차폐를 고려한 노력이다. 안으로 들어서면 너비 30m 되는 작은 숲 가운데
에는 한적한 길도 있어, 좌우의 도로와 공장이 의식되지 않는 안락함마저 있다.
동김해IC사거리까지 걸어가는 동안, 벤치에 앉아 쉬거나 운동 삼아 걷는 시민들
과 자주 마주쳤다. 숲길을 나서 동쪽으로 김해자동차매매시장을 지나고, 다시
김해자동차전문학원을 지나, 2006년에 확장한 신어교를 건넌다. 바로 앞에 넥
센타이어가 보이는데, 여기서 김해대로를 건너 신어천을 따라 남쪽으로 내려간
다. 초선대를 찾아가는 길이다. 부를 초(招), 신선 선(仙)의 초선대는 가야시대 가락
국 2대 거등왕이 지금은 김해공항 안에 갇혀 버린 칠점산의 신선을 배로 초대
해 바둑과 거문고로 놀았다는 곳이다. 『대동여지도』에도 섬으로 그려 있는 걸
보면 그럴싸하단 생각도 들지만, 초선대가 경상남도 유형문화재 제78호로 지정
된 것은 신어천을 향해 앉아 있는 거대 마애불 때문이다. 거등왕의 초상이라고
도 하지만, 민머리에 가늘고 긴 눈, 넓적한 코, 두툼하고 넓은 입술과 등 뒤의 광
배(光背)를 단순한 선으로 새겨 평면적이고, 무늬도 없는 소박한 모양은 고려시대
지방에서 만들어지던 거대 마애불의 전형적인 모습을 보여준다. 금선사란 절 안
에 있어 머뭇거리는 분도 있는데, 절이 오히려 문화재의 신세를 지고 있는 형편
이니, 주인처럼 성큼성큼 들어가 보시고, 뒤쪽의 바위산에도 올라 바둑판도 찾
으며 가야 왕과 신선 기분도 내보시기 바랍니다.

바위산을 내려와 동쪽 후문을 나서니 수많은 공장들에 눈과 귀가 어수선하다. 1969년 한일합섬의 방적공장 가동을 시작으로, 1981년 태광실업, 1986년 한일합섬 김해공장 확장 입주 등으로 형성된 안동공단의 남쪽 끝자락이다. 북쪽으로 지내동까지 70만평쯤 되는 공간에 886개 업체가 입주해 있다 하는데, 어방공업지구의 200여개 업체를 합치면 이 일대에 무려 천여 개가 넘는 공장들이 있는 셈이다. 김해 경제의 원동력도 되지만, 공해와 소음을 비롯한 환경문제들이 산적해, 요즈음 김해시는 안동공단의 처리를 고민하는 모양이다. 남해고속도로를 따라 동쪽으로 현대자동차부산서비스센터를 지나면 김해대로로 나서는데, 불암장어마을 상징탑을 지나고, 경전철 불암역을 지나면 서낙동강을 건너는 선암다리다. 부산 강서구와 경계를 이루는 선암다리는 불암교로도 통하지만, 김해교가 정식명칭이다. 1935년에 처음 걸쳐진 후, 1983년에 도로확장을 위해 새 다리가 놓였다가, 2002년에 경전철 운행을 위해 철거되었고, 2009년에 길이 230m, 너비 35m, 왕복 8차선, 위에 경전철이 지나기 위한 복층구조의 다리가 개통되었다. 하루 평균 49,186대의 차량이 김해와 부산을 오고 간단다.

김해가 없었다면 낙동강도 없었다

낙동강이 아닌 서낙동강에서 김해를 걷는 발걸음을 멈춰야 하는 것은 1978년에 낙동강 삼각주를 부산에 빼앗겼기 때문입니다. 일찍이 다산 정약용 선생은 낙동강의 어원에 대해 "가락(駕洛)의 동(東)쪽에 있는 강이라 낙동강(洛東江)이라 했다"고 했습니다. 물론 이때의 낙동강은 서낙동강이 아닌 구포역 앞에 있는 낙동강 본류를 말합니다. 어떤 이들은 조선시대의 상주가 경상도의 수부로서 서울을 뜻하는 낙(洛)으로 불렸고, 그 동쪽을 흐르는 강이기 때문에 낙동강이라 했다고도 주장합니다만, 훨씬 전의 가야시대에는 가락국과 신라가 빈번하게 전쟁을 벌이던 경계이기도 했습니다. 『삼국사기』는 이 전쟁터를 황산강(黃山江) 또는 황산진(黃山津)으로 기록하고 있는데, 황산강은 낙동강 본류의 하류를 가리키고, 황산진은 지금도 가야나루의 사당 가야진사(加耶津祠)가 남아있는 양산 물금 용당나루 부근을 가리키는 말이었습니다. 가락의 동쪽에 있어 낙동강이라 했다는 다산 선생의 말씀이 옳은 거고, 여기에 부산의 강서구 지역을 김해 땅으로 회복할 수 있는 정당성이 구해지는 겁니다. 강을 건너면 강서구 강동동이란 요상한 지명이 있습니다. 구는 강서에, 동은 강동에 있습니다. 도대체 어디에 있

는 땅입니까? 물론 강서의 강은 낙동강 본류, 강동의 강은 서낙동강이겠지만, 원래대로 김해 땅이라면 강동구 강동동처럼 순리적인 땅이름이 될 텐데 말입니다. 다리 왼쪽에 '가락고도(駕洛古都)'라 쓴 커다란 바위의 기념비가 보입니다만, 이게 여기 있어서는 안 되는 겁니다. 1988년 당시 김해불교신도회 배석현(裵奭炫) 회장이 부산에서 건너오면서 보이게 다리 오른쪽에 세웠던 것이었는데, 지금은 김해에서만 보이게 했고, 누군가 글자에 검은 먹을 처발라 놓아 땅 잃은 속상한 마음을 더 아프게 합니다.

18

신어산

■■■ 오늘은 신어산에 오른다. 지금 걷고 있는 동김해는 분산과 신어산 사이에 있는 마을이다. 북쪽 신어산을 꼭지점 삼아, 남쪽 김해평야를 향해 반쯤 펼친 부채꼴 모양의 마을이다. 시내를 도는 발걸음의 시작으로 시내 중심에 있는 분산에 올랐으니, 동김해를 도는 발걸음에서 동김해를 병풍처럼 둘러 감싸고 있는 신어산에 아니 오를 수 없다. 게다가 발걸음의 순서도 그렇게 되었다. 지난번에 발길을 멈추었던 선암다리에서 불과 몇 걸음 떨어지지 않은 곳에 등산객들이 신어산 종주의 들머리 또는 날머리로 삼는 곳이 있어, 하필이면 무더운 여름 날 팔자에 없던 신어산 종주를 피할 수 없게 되었다.

선암다리 앞 가락고도(駕洛古都) 비석에서 불암지하차도 위의 횡단보도를 건너, 서낙동강을 따라 북쪽으로 조금 가면, 남해고속도로와 만나는 데, 그 아래를 빠져나오면 바로 왼쪽으로 오르는 고동색 나무계단이 보인다. 신어산 종주의 출발점이다. 모자를 고쳐 쓰고, 발목도 돌려보며, 심호흡으로 스스로를 격려한다. 몇 계단 오르다 보니, 신어산 정상 6.4㎞ 라 쓴 화살표 모양 팻말에 머릿속 계산이 복잡해진다. 정상까지가 6.4㎞면, 날머리로 삼은 은하사(銀河寺)까지는 다시 1.5㎞ 정도는 가야할 테니까, 모두 8㎞ 정도는 족히 걸어야할 모양이다. 벌써 후회가 앞선다.

부담 백배의 산행을 우선 반기는 게 참호와 공동묘지다. 예비군훈련용인지 경

신어산에서 내려다 본
김해평야와 김해공항

계용인지는 모르겠으나, 기관총거치대까지 갖춘 시멘트 참호 언저리에는 묘비도 제대로 갖추지 못한 무덤들이 무리를 이루고 있다. 동네 뒷산 어디에나 있는 흔한 풍경이지만, 남북분단의 휴전국이라는 사실과 장묘문화의 문제를 다시 생각하게 한다. 불과 10분 올랐을 뿐인데, 어느새 땀이 비 오듯하다. 마침 서쪽 발아래로 양장골부터 안동공단이 펼쳐지고, 남해고속도로 끝으로 임호산이 건너 다 보이는 곳에 멈춰 사진 찍기를 핑계로 한 숨 돌린다. 그러나 오르막 길 좌우에 크고 작은 봉분들이 이어지는 가운데, 김해시장과 국방부 유해발굴감식단장의 이름으로 부쳐진 안내문 때문에 이내 숙연해질 수밖에 없었다. 「6.25동란 당시 국민방위군으로 소집돼, 1951년 1~4월 사이에 질병 등으로 순직한 장병들을 가매장한 지역으로 추정되니, 관련제보를 바란다」는 안내문이었다.

국민방위군사건이란 국민보도연맹학살사건과 함께 6.25동란 중에 발생한 최대 학살극의 하나였다. 중공군의 참전으로 병력확보가 다급해진 정부가 국민방위군을 소집했는데, 서울에 모인 50만의 장병을 후방으로 이동시키는 과정에서 교통수단도 없이 대구나 부산을 향하게 했고, 간부들은 이들에게 지급돼야 할 의복, 군량, 예산 등을 착복해, 혹한의 추위 속에서 동사자와 아사자가 100여 일 동안 무려 5~10만에 달하게 되었다. '죽음의 대열' 또는 '해골들의 행진' 등으로 불렸던 무리가 집결지에 도착하면 수용능력이 없으니 김해교육대로 가라하고, 김해에서는 진주교육대로, 진주에서는 다시 마산교육대로 가라면서, 교육대 간부들은 이들을 며칠씩 수용한 것처럼 꾸며 정부 지급의 예산과 식량을 빼돌렸다. 지금 안내문에서 찾고 있는 이들이 당시 김해교육대와 그 언저리에서 굶어

가슴 아픈 역사는 구름 같이 흘러도
깊게 파인 상처는 그날의 기억을 남긴다

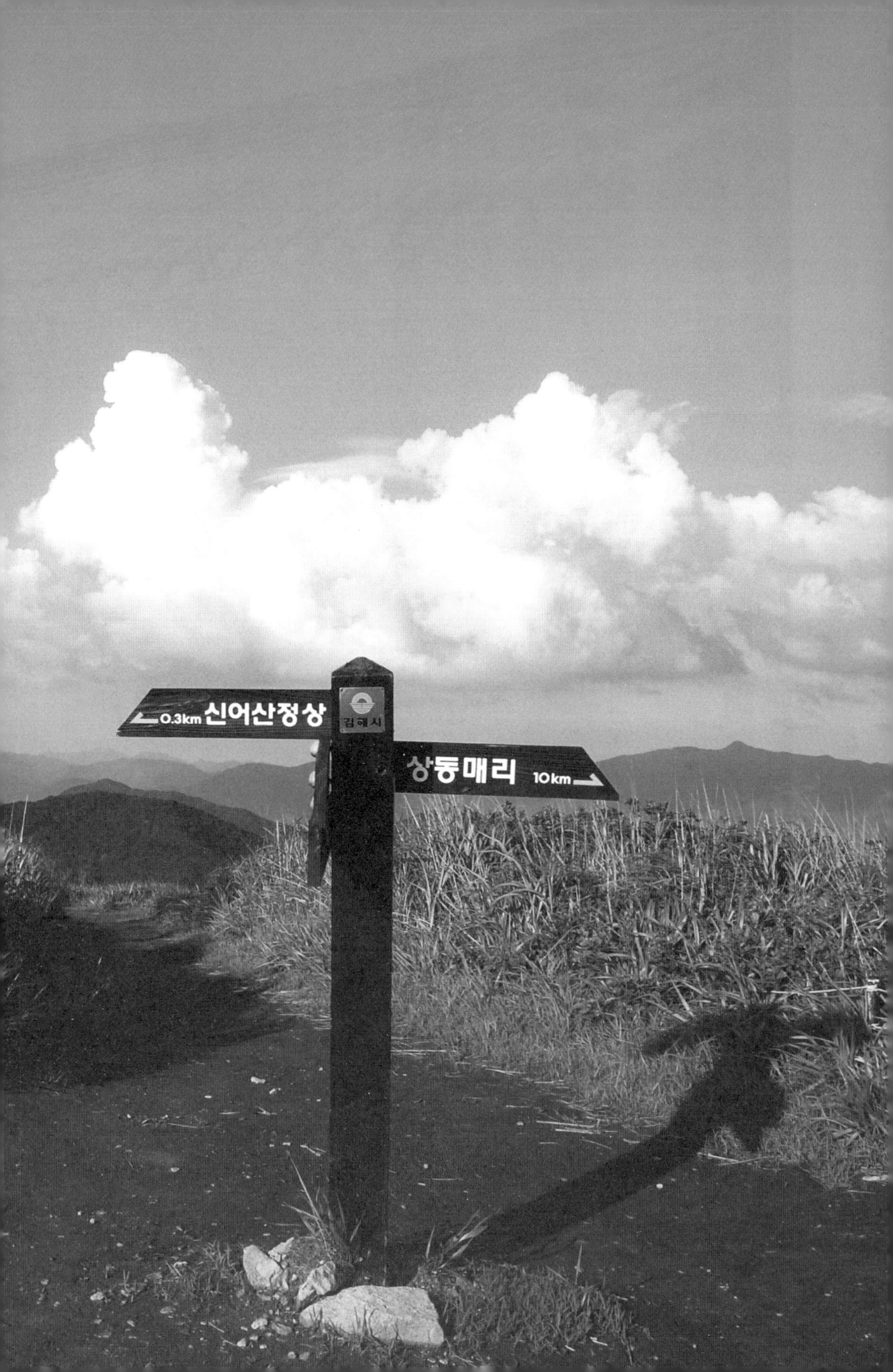
0.3km 신어산정상
김해시
상동매리 10km

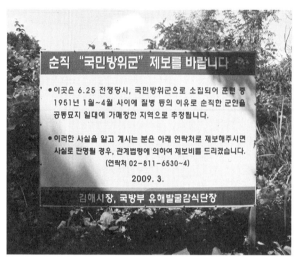

새로 쓰는 김해지리지 ― 김해학 길 위에 서다

죽고 얼어 죽었던 군복도, 무기도, 군번도 없었던 국민방위군들이다.

가슴 아픈 역사에 머리를 떨구고 산을 오르는데, 뒤쪽으로 갑자기 시야가 트인다. 드넓은 사각형 잔디 위에 시멘트 활주로 3개가 손에 잡힐 것 같은 김해공항이 내려다 보인다. 오른쪽으로 휘어나갔던 서낙동강이 덕도와 죽도 사이를 지나면서 다시 왼쪽으로 굽이쳐 녹산 앞에서 남해 바다로 들어가는 그림도 아름답다. 며칠 동안 퍼붓던 빗줄기가 모두 수증기로 되는 모양인지, 그다지 훌륭한 시야는 아니지만, 녹색의 김해평야를 내달리는 서낙동강의 물줄기가 시원스럽다. 김해국제공항은 1976년 8월에 수영에 있던 부산비행장이 당시의 김해군 대저읍으로 옮겨 오면서 시작되었지만, 1978년 2월 15일의 행정구역개편으로 김해군 대저읍이 부산시 강서구로 편입됨으로써 김해공항은 더 이상 김해가 아니게 되었다. 국내외 20개 항공사가 국내선 4개 도시, 국제선 10개국 29개 도시에 취항하고 있는데, 지난해에만 816만 명의 여객을 실어 날랐단다. 동남권 신공항 문제로 확장가능성과 함께 최악의 입지조건이 다시 화제가 되기도 했는데, 지내동 내려가는 길의 팻말을 지나 가파른 비탈길을 조금 오르니, 김해공항 입지의 취약점이 사고로 이어졌던 비극의 현장이 나타났다.

2002년 4월 15일 오전 11시 45분경 중국국제항공공사의 CA 129편이 3㎞ 가량 떨어진 김해공항에 착륙을 시도하다, 비가 내리고 안개가 낀 돗대산(380m) 기슭에 추락해, 166명의 탑승객 중 129명이 사망하고 37명이 부상당했던 참사의 현장이다. 비행기의 동체가 끌렸던 자국이나 불에 탄 흔적들이 아직도 보인다는 증언도 있지만, 한껏 길게 자란 여름풀로 그런 상처들은 보이지 않는다. 김해소방서의 임상규 소장과 대원들이 죽은 이들의 영혼을 위로해 주기 위해, 주위

국방부 유해발굴 안내판

위령돌탑

의 잡석을 쌓아올렸다는 높이 2m 남짓한 돌탑이 그날의 참사를 전해주고 있을 뿐이다. 위령돌탑 앞에는 「2002.4.15 중국민항기 CA-129편 추락사고로 희생된 129명의 영혼을 달래며 … 김해시 의용소방대 / 본대 대원일동」이라 쓴 흰색 비판이 서있다. 한껏 맑은 날인데도, 어제의 폭우 때문인지, 짙은 나무그늘 때문인지, 아니면 억울해 떠도는 영혼들 때문인지, 어딘가 음습하고 등골이 오싹해지는 느낌이 유난스럽다. 마주 보이는 봉우리가 돗대산 정상인 모양인데, 이제 50분을 걸었을 뿐이다.

자리를 피하듯 서둘러 내려가니 갑자기 길이 넓어진다. 삼방지구의 임도가 시작되는 모양이다. 넓은 임도에 우산 쓰고 가는 등산객 때문에 웃음도 터졌지만, 햇살이 너무 뜨거워 그늘지는 오른쪽 능선 길을 택했다. 송이버섯처럼 펼쳐진 아름드리 소나무 아래 벤치에서 쉬었다가, 분홍색 솜털 같은 꽃을 달고, 밤이면 잎들이 서로 마주 포개져, '합환목' 또는 '부부나무'로도 불리는 자귀나무 아래를 지나, 안동이 내려 다 보이는 전망대에 이른다. 등산객 한 분이 쉬고 계셨지만, 또 쉴 염치가 없어 걸음을 재촉한다. 안동으로 내려가는 갈림길에서 10여분을 더 오르자, 다시 한 번 기가 막힌 경치가 펼쳐지는데, 이번에는 앉기 좋은 넓은 바위까지 있다. 좀 전에 지나온 돗대산 너머로 김해공항의 활주로와 서낙동강이 시원스레 펼쳐진다. 왼쪽 끝 다대포와 오른쪽 끝 녹산은 남해바다가 김해평야로 들어오는 좁은 입구가 되고, 구포와 장유는 옛 김해만이 동서로 드넓게 퍼진 '옛 김해만'을 상상케 한다. 조선후기까지도 평야 대신 푸른 바닷물이 넘실거렸을 '옛 김해만'을 상상해 보니, 고려의 정몽주가 "초선대 아래 바다 물결이 맑구나招仙臺下海波明" 라 한 것이나, 신어산을 노래했던 고려의 곽여(郭輿)가 "늦은 가을 푸른 바다 천 길 물결인데, 한 잎의 조각 배 만 리가는 사람일세, 멀리 종소리 듣고 절을 찾아 와, 돗대에 머물러 신선이 되려 한다. 가야국 왕업은 수초와 접했고, 수로왕 후손은 고을 백성이 되었다. 남쪽 땅 옛 도읍을 이제 보았으니, 조각배 돌려 멀리 바다와 산의 봄을 향해 갈까나" 하고 노래했던 이유를 조금은 알 것도 같다.

삼방동 신어초등학교로 내려가는 안내팻말을 지나자, 길은 다시 넓어져 임도와 만나면서 광장 같은 공간이 생겼다. 정상까지는 아직도 1.3㎞가 남았단다. 좋은 경치도 아니건만, 자리만 있으면 주저앉기 시작하는데, 마침 벤치 옆 나무에 걸려있는 검은 쓰레기봉지에 든 파란 막걸리 빈병이 눈에 걸린다. "사람들 하곤 … 월요일이라 그런지 지금껏 만난 등산객은 불과 열도 안 되는데, 쓰레기라니 …" 앞으론 등산면허제라도 시행해야 할 모양이다.

신어산의 병풍바위들과 그 중턱에 올라앉은 영구암을 보고 힘을 내 자리에

■□□
약수터

□■□
신어정

□□■
은하사

서 일어난다. 어방동 화인아파트로 내려가는 갈림길을 지나, '산불조심'의 간판
이 먼저 보이는 약수터에 이른다. 마침 등산객 한 분이 목을 축이는 데, 겁이 많
은 나는 손에 물만 조금 묻혀볼 뿐이다. 보통 약수터에 있는 적합·부적합 판정
의 안내판이 없기 때문이다. 어쨌거나 산세로 보아, 신어산 꼭대기 바로 아래 같
은 느낌이 들어 서둘러 모퉁이를 돌아선다. '신어산 정상 0.45㎞' 란 화살표 팻말
이 그렇게 예쁠 수가 없다. 오르막 길 왼쪽으로 꼭대기까지, 그리고 오른쪽 사면
에도 드넓은 철쭉군락지가 펼쳐지고 있다. 잎이 무성해서 그런지, 예전보다 훨씬
빽빽해진 느낌이다. 안내판에 따르면, 1997년 7월에 개량철쭉 4천 뿌리를 심었
고, 1998년 4월에 황철쭉 5천5백 뿌리를 심어, 6천 평의 철쭉광장을 조성했다 한
다. "철쭉 좋을 때 한 번 와야 겠다"고 헛된 공약 같은 소릴 되 뇌이며, 유달리 검
고 부드러운 흙길을 오른다. 큰 나무도 없고, 군데군데 쌓아 올린 돌무지에, 바
람에 풀이 눕는 모양이 제법 높은 산 같은 풍경을 연출하고 있다.

드디어 정상이다. 두 팔도 들어 보고, 소리도 질러 보는데, 발아래 깔린 만물
이 갑자기 왜소해졌다. 이 맛에 산에 오르는 모양이다. 백두산에서 내달린 산
줄기가 마지막을 이룬 곳이 여기라 하는 데, 북쪽은 첩첩 산중인데, 여기부터
남쪽은 바다로 빠지니 그럴듯한 얘기다. 삐죽삐죽한 바위들이 단을 이루며 호
석처럼 둘려지고 흙과 잡석이 섞인 맨땅에는 높이 631.1M를 새긴 표지석도 있
고, 위도 35도 16분 12초, 경도 128도 55분 13초의 위치를 표시한 국토지리연구
원의 안내판도 있다. 좀 더 높아진 산불감시대와 새로운 전망데크도 있는데, 벤

치도 있는 전망대는 아래에 세워진 신어정(神魚亭)과 함께 2007년 9월 경남은행이 기증했단다. 1996년부터 「건강한 사회를 위한 시민모임」이 주최하는 김해의 대표적인 해맞이축제가 매년 여기서 벌어진다. 시민의 평안을 기원하는 풍물도 있고, 소원을 비는 연과 풍선 날리기로 신어산 꼭대기는 새해 첫 새벽부터 인산인해를 이룬다.

원래 날머리로 계획했던 은하사까지는 어림도 없겠다. 얼마간의 내리막길도 남았고, 영구암·천진암·은하사·동림사 같은 절들의 사연도 남았기에, 이번 수다는 여기 신어산 꼭대기에서 접으려 한다.

신어산 이름 이야기

신령한 물고기 산이라 신어산(神魚山)이라 했던 모양입니다. 산 이름에 물고기가 좀 이상하겠지만, 부산 금정산의 범어사(梵魚寺), 포항 운제산의 오어사(吾魚寺)도 있고, 밀양 만어산(萬魚山)의 만어사(萬魚寺)처럼 절과 산 이름 모두에 고기 어(魚)가 붙은 경우도 있습니다. 불교에서 물고기는 중요한 상징입니다. 절에 가면 목어(木魚)와 풍경에 달린 물고기가 있습니다. 눈 뜨고 자는 물고기는 불철주야 불법을 지키고, 비운 속을 막대로 휘저어 소리 내는 목어(木魚)는 모든 수족(水族)들에게 부처님 말씀을 전합니다. 불교에서는 절의 창건을 개산(開山)이라고도 합니다. 절을 세워야 비로소 산이 열린다는 뜻으로, 아예 금강산의 금강사, 내장산의 내장사처럼 산과 절의 이름이 같은 경우도 많습니다. 이쯤 되면 생각나는 설화가 있습니다. 허왕후를 따라 온 장유화상이 신어산에 동림사와 서림사(은하사)를 세웠고, 부처가 산을 열었으니, 그 중요상징을 산 이름으로 했다는 겁니다. 그래서 수로왕릉 납릉정문이나 은하사 대웅전 수미단에 있는 신어(神魚)와, 연결시키기도 합니다. 다만 우리 학계는 허왕후 도래의 48년을 불교 초전으로 보려는 생각도 없고, 신어산에

처음부터 고기 어(魚)가 붙어 있지도 않았습니다. 신어산의 이름이 처음 보이는 『경상도지리지(1425년)』는 고기 어(魚)가 아닌 어조사 어(於)로 썼습니다. 고기 어(魚)는 29년 뒤의 『세종실록지리지(1454년)』 부터입니다. 그래서 신(神)에 의미를 두고, 어조사 어(於)를 '의'로 새겨, '신의 산' 또는 '신령스런 산'으로 해석해, 산신(山神)이나 지모신(地母神)에서 비롯된 이름으로 보는 생각도 있습니다. 여러분도 신어산의 또 다른 어원 하나 궁리해 보심이 어떠하실지요?

신어산 사찰순례

19

128

새로 쓰는 김해지리지 ― 김해학 길 위에 서다

██████ 오늘은 신어산을 내려간다. 인터넷을 뒤지다 보니, 신어산을 '가야의 올림포스'라 멋 부린 이름이 눈에 띄었다. 신어산에서 가야의 유적이 발견된 적은 없었기 때문에 조금은 오버인 듯하지만, 이름 자체가 신령스런 산이고, 가락국 건국신화 관련의 전승도 있으며, 영구암·천진암·은하사·동림사 같은 절들을 품고 있기에 그냥 지나치기 아쉬운 별명이다. 가야인의 기도처 관련 유적이라도 발견되었으면 하는 바람이지만, 정상에서 산을 내려가는 오늘의 발걸음은 가야의 천신과 산신을 대신해 김해 땅에 들어온 불교사찰의 순례가 될 모양이다.

신어산 정상에서 내려와 해맞이축제 때 풍물도 치고 따뜻한 차와 떡도 나눠주는 헬기장을 지나, 왼쪽으로 영구암 내려가는 길과 출렁다리로 직진하는 갈림길에 이른다. 신어산 등산객이라면 걷기에 좋고 경치도 아름다운 종주코스의 출렁다리 쪽을 택하겠지만, 영구암에 들러야 하는 우리는 가파른 돌계단을 내려가지 않으면 안 된다. 돌계단 위에 새로 놓인 나무 계단 덕분에 내려가기가 훨씬 수월해 졌지만, 절벽 위에 걸터앉은 영구암의 입지를 몸으로 느끼는 맛은 조금 덜해졌다.

지금은 영구암(靈龜庵)이라 신령스런 거북이 암자로 새겨질 뿐이지만, 예전에는 거북바위의 절이라는 구암사(龜岩寺)로도 기록되었다. 조선 예종 원년(1469) 경상도 속찬지리지에는 김해 신어산에 있는 선종(禪宗)의 구암사(龜岩寺)가 기록되었고, 순

■□□
영구암 축대와 종루

□■□
천진암 산신각

□□■
은하사 연못

조 33년⁽¹⁸³³⁾경 경상도읍지⁽김해부읍지⁾는 서림사⁽西林寺⁾ 위에 있으며 소금강⁽小金剛⁾이라 부른다고도 했다. 고종 31~32년⁽¹⁸⁹⁵⁾ 사이에 편찬된 영남읍지⁽김해부읍지⁾는 신어산 서림⁽西林⁾ 주산에 구암암⁽龜巖庵⁾이 있는데, 청명한 날에는 대마도가 한눈에 보인다고 했다. 절의 안내판에도 병풍바위에 '우령⁽右嶺⁾ 금강산⁽金剛山⁾' 이란 명문이 새겨져 있다 하는데, 다시 묻고 찾아봐야겠지만, 경상우도⁽慶尙右道⁾ 그러니까 서울에서 볼 때 낙동강 오른쪽 경상도의 금강산으로도 불렸던 모양이다. 이런 기록 모두가 병풍바위 위에 걸터앉은 영구암의 특징을 잘 전하는 것이지만, 급경사를 오르내리며 힘들었던 기억들 또한 이러한 기록을 남기게 했던 모양이다. 곧잘 '유적을 보는 감동은 흘린 땀에 비례한다' 고 외치는 평소 필자의 입버릇 그대로다.

　다만 기록에 남은 구암사⁽龜岩寺⁾ 관련의 사실 모두를 영구암⁽靈龜庵⁾의 일로만 보기에는 문제가 있다. 구암사에 대한 최초의 기록은 이미 태종실록 6년⁽¹⁴³¹⁾에 보인다. 혜경⁽惠敬⁾이란 승려가 김해부의 구암사에 노비를 시주했는데, 그 수가 불어나 수천에 이르렀지만, 사찰혁파로 절이 폐해지자 박자안 등이 그 노비를 차지하게 되었고, 그 과정에서 노비의 소유권을 주장하는 송사⁽訟事⁾가 일어났으며, 조정에서는 박자안 등을 벌주었다 한다. 송사의 자세한 사정은 생략하지만, 고려 말~조선 초의 구암사에 수 천의 노비가 있었음은 분명한 사실이다. 그러나 지금 영구암 자리에는 수천은커녕 수십 명이 거주할 공간도 없다. 그렇기에 이 기록의 구암사를 영구암으로만 생각하는 것은 곤란하다. 그렇다고 같은 신어산에 다른 후보가 있을 것 같지도 않다. 그래서 아래에 있는 은하사가 함께 구암사로 불렸을 가능성이 있다. 그래야 수천의 노비가 거주했고, 은하사 대웅전 뒤로 펼쳐지는 병풍바위며, 병풍바위 위에 올라앉은 영구암이 소금강으로 기록되었던 것 모두가 되살아나는 것이다. 더구나 근년의 학술조사에서 발견된 은하사 시왕전의 상량문에서는 1761년에 은하사가 소금강사⁽小金剛寺⁾로도 불렸음이 확인되었다. 영구암을 소금강이라 했던 것과 바로 연결되는 대목이다. 결국 이후 은하사는 서

림사나 은하사로 불리게 되었고, 영구암에만 구암사의 이름이 남게 되었던 것으로 보는 것이 좋을 듯하다.

대한불교조계종 제14교구 범어사의 말사로 등록되어 있는 영구암에는 대웅전·산신각·요사채·삼층석탑이 자리하고 있는데, 돌집으로 된 대웅전은 2003년 8월에 낙성되었고, 삼방동 쪽으로 뻗어나간 낭떠러지 위에 서 있는 삼층석탑은 2009년 8월에 경상남도문화재자료 제473호로 지정되었다. 김해지리지는 1990년 당시 기단석 2, 옥개석 3, 상륜 1개의 잔존을 증언하고 있으나, 기단석이 아닌 상하 갑석 2매와 상륜의 일부인 복발 1개가 남았다 함이 옳겠다. 전에는 없어진 탑신 대신에 빨간 벽돌이 흉물스럽게 끼워져 있었으나, 문화재지정 후에 빼내고 다시 쌓은 모양이다. 그러나 2층 옥개석이 1·3층의 것과 많이 다르고, 위로 올라가면서 일정하게 줄어야 할 체감비율도 맞지 않는다. 2·3층의 옥개석이 서로 바뀌었던지, 다른 석탑의 부재가 끼워졌던 모양이다. 전문가의 올바른 복원을 거쳐 기단석과 3층 탑신 모두가 복원되면 갑자기 키가 훌쩍 큰 '롱 다리' 석탑으로 변신할 지도 모르겠다.

사찰의 전통보다 등산객에게 더 유명한 천진암(天眞庵)에도 가봐야겠지만, 그러자면 좀 전에 내려 온 벼랑길을 다시 올라야 하고, 출렁다리를 지나 영운리고개를 거쳐 서남쪽으로 한참을 내려 가야한다. 힘도 들고 꾀도 나고 해서 비 온다는 핑계를 내세워 은하사로 내려가려 하지만, 정작 천진암에 가지 않는 것은 절의 유래나 변천에 대해 무엇 하나 제대로 남은 게 없기 때문이다. 직접 전화로 문의도 해봤지만, 60여 년 전에 생긴 비구니 절이었다는 것과 경운사에 있던 해도

■
정현당 서림사 편액

㈜스님이 주지로 계시다는 정도의 대답이 돌아올 뿐이었다. 그림 하는 이들이 이젤을 펴고 앉으면 커피도 대접하신다는 그분이신지 모르겠다. 옹색한 터에 절 집 격식 갖추기도 어렵고, 대웅전은 가건물을 쓰면서도, 산신각 하나는 여느 사찰보다 잘 지었다. 정면 3칸의 산신각에는 황금빛 번쩍번쩍하는 지팡이를 가진 흰 수염 산신이 호랑이를 거느리고 앉아 있다. 원래 산신각이란 토착신에 대한 불교의 배려로 후미진 곳의 작은 규모가 보통이지만 천진암에서는 반대다. 신어 산 산신의 신통력 탓인지, 산신 찾는 등산객에 대한 배려인지, 단순히 건축계획 의 순서가 그런지는 모르겠으나 유별난 절집 구성임에 틀림없다. 천진암과 관계 는 없겠지만 암자 옆 간이통나무집에서 팔던 막걸리 한 사발의 시원함으로 천진 암을 기억하는 등산객들이 적지 않았는데 요즈음엔 어떤지 모르겠다.

지친 걸음으로 영구암에서 은하사까지 내려가는 1km 정도의 길은 결코 가깝 지 않다. 그런데도 걸을 때 마다 이제 다왔다는 지레짐작에 솔밭 사이로 은하사 기와지붕이 보이기를 조바심하기 일쑤다. 은하사 동쪽 담을 지나 아스팔트길에 내려서니 영구암주차장이란 표지판이 생뚱맞다. 영구암의 주차장이라기엔 좀 멀다. 여기서 400m 정도 가면 도로 가운데 소나무가 서있어 로터리처럼 생긴 곳 이 나오는 데, 은하사와 영구암의 갈림길이다. 오른쪽으로 돌면 은하사 주차장 앞에 큰 바위들로 널찍하게 만든 돌계단이 보인다. 계단을 올라 중문을 지나고,

새로 쓰는 김해지리지 ― 김해학 길 위에 서다

한 계단 한 계단
속세의 나를 내려놓고 올라야
비로소 보이리라

신어(神魚)가 산다는 연못 돌다리를 건너, 누각 아래를 통해 올라가면 갑자기 높이 솟은 범종루를 만나는데, 그 옆의 계단을 오르면 드디어 은하사 앞마당이다. 신어산 병풍바위를 배경으로 새로 만든 화강암 계단위에 경상남도 유형문화재 제238호의 대웅전을 중심으로, 왼쪽에는 삼성각과 명부전, 오른쪽에는 한가한 사람은 들어오지 말라는 주지스님의 수행처가 있고, 뒤쪽으로 응신전 등이 둘러 있다. 대웅전의 벽면을 장식한 벽화는 경상남도 유형문화재 제402호로 지정된 것이니 기도 안하더라도 들어가 보아야 하고, 들어간 김에 왼쪽 벽화 아래 있는 쌍어(雙魚)도 찾아봐야 한다. 이 쌍어(신어)는 오래전부터 허왕후와 신어산에 연결되는 것으로 전해져 왔다. 원래는 정면 불상 아래 수미단에 조각되어 있었는데, 수미단을 도둑맞은 뒤 여기다 새겼던 모양이다. 새 수미단에도 꼬리 부분을 숨기고 몸을 ⅜쯤 내민 신어가 서로 마주 보는 구도로 새겨져 있긴 하다.

허왕후를 따라 온 장유화상이 고향인 서역(西域)을 위해 서림사를 세우고, 동쪽의 가락국을 위해 동림사를 세웠다는 전승처럼, 원래 서림사(西林寺)였던 것이 어느 때부턴가 은하사(銀河寺)로 바뀌어 불리게 되었다. 주지 대성스님이 계시는 정현당에도 여전히 예전 서림사의 편액이 걸려 있고, 필자가 처음 찾았던 18년 전만해도 은하사는 속칭으로 취급되는 분위기였다. 그러나 이제는 절 이름을 처음만나는 저 아래 입구의 선돌에도 은하사가 새겨졌고, 문화재청의 등록명처럼 어느새 은하사가 공식명칭의 자리를 차지하게 되었다. 은하사가 유명하게 된 이유로 2001년 11월 개봉의 영화 '달마야 놀자'의 무대가 되었던 것을 들기도 하지만, 오히려 절 이름에 어울리지 않을 만큼 낭만적인 이름이기 때문은 아니었을까. 은하라면 갤럭시라 해서 양복이름이나 영화 스타워즈에 어울릴 것 같기도 하고, 달에 익숙한 우리에게 별이라면 서양적 이미지가 강한 데, 어떻게 이렇게 예쁘고 낭만적인 이름이 절에 붙게 되었을까 하는 궁금증이 꼬리를 문다.

일제강점기에 일본 관리들이 사찰을 등록할 때 연못에 은하수가 비치고 견우와 직녀가 만났다 해서 은하사로 기록되었다는 얘기도 있지만 천만에 말씀이다. 이미 정조 23년(1799년)에 법고(法鼓)를 다시 만들던 기록에 은하사(銀河寺)로 보이기 때문이다. 또 어떤 이는 신어산이 은하산이라 은하사로 했다지만 이것도 아닌 것 같다. 절이 생겨 비로소 산이 열린다는 개산(開山)의 뜻은 이미 지난번에 설명했다. 은하사 때문에 은하산이 될 수는 있어도 반대의 경우는 생각하기 어렵다. 더구나 은하수(銀河水)는 있어도 은하산(銀河山)은 이상하다. 그렇다. 은하수는 물이다. 중국과 일본의 기록을 뒤져보니, 은하샘(銀河泉)·은하폭포(銀河瀧) 등이 많고, 내와 물길에 관련되는 절 이름에 은하사가 있었다. 은하수를 사이에 두고 서로 그리워하던 견우와 직녀가 만나는 7월7석도 물가에서 목욕재계하는 의식으

새로 쓰는 김해지리지 ─ 김해학 길 위에 서다

정면 불단 신어부분

로 유명하다. 일본 쿄토의 샘솟는 절, 천용사(泉涌寺)에서는 양귀비관음(楊貴妃觀音)이 받들어지고 있다. 샘물은 정화의 기능이 있고, 불교에서 생명수의 정병(淨瓶)을 들고 있는 것은 관세음보살이다. 바로 관음신앙과의 관련에서 은하(水)가 절 이름으로 쓰이게 된 것은 아닐까. 은하(銀河)는 하늘의 강, 천하(天河)다. 은하사에서 신어가 산다는 연못가에 나무관세음보살(南無觀世音菩薩)이라 새긴 입석을 세운 것도 우연은 아닌 모양이다.

아울러 산스크리트어와 일부 인도아리아어에서 은하수는 '하늘의 갠지스강'이라 불리고, 힌두교 성서에서도 '신성한 강'으로 불린단다. 허왕후가 출발했다는 아요디아의 코그라강이 갠지스강의 지류라는 생각도 한몫했을 것 같고, 은하의 다른 이름인 성한(星漢)이 신라의 문무왕릉과 김인문 비문에서 경주 김씨의 태조를 가리키는 뜻으로 쓰였던 것처럼, 가락국 시조 수로왕과 관련되는 연상의 결과일 수도 있다. 물론 이런 전승들이 가야시대에 연결될 수 있는 증거는 전혀 없다. 고려~조선시대 여러 스님들의 연기(緣起)만들기의 산물일 것이다. 은하사의 좁은 연못이 아니라, 하늘의 은하수에서 헤엄치는 신어가 제격일 거라는 생각에 피식 혼자 웃는다.

맑은 은하수만 흐르기를

영화 '달마야 놀자'에서는 은하사를 무대로 조폭이 설치지만, 실제 은하사에는 3·1운동에 참여했다가 친일로 변절했던 주지도 있었습니다. 운호(雲湖)스님 차상명(車相明)은 범어사의 청년 승려로서 동래고등보통학교 학생들의 만세운동을 지도한 죄로 체포되어 2년간 복역도 했습니다. 그러나 1930년대에 은하사 주지로 재직하다, 1936년에 조선총독부에서 인가를 받아 범어사 주지로 취임하고는 1937년에 중일전쟁이 발발하자 두 차례의 국위선양 무운장구 기원제를 개최하고, 범어사의 본사와 말사를 동원해 1938년 4월 1일까지 국방헌금 888원 50전, 위문금 832원 14전을 거두어 바쳤다는데, 전국 31대 본산 중 경기도의 용주사 다음으로 많은 액수였다 합니다. 때문에 3·1 운동의 공적으로 1990년에 건국훈장 애족장을 받았지만, 2008년 친일인명사전 등록예정자로 발표됨으로써 2010년에 그 서훈이 취소되었답

니다. 역사는 흐르고, 업보의 굴레는 오늘도 윤회의 바퀴를 돌리는 모양입니다.

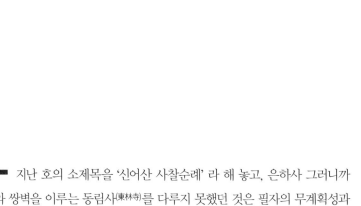

20

동림사~삼방동

새로 쓰는 김해지리지 ― 김해학 길 위에 서다

지난 호의 소제목을 '신어산 사찰순례' 라 해 놓고, 은하사 그러니까 서림사와 쌍벽을 이루는 동림사(東林寺)를 다루지 못했던 것은 필자의 무계획성과 요령 없는 글쓰기 때문이었다. 허왕후를 따라 온 장유화상이 서역을 위해 서림사를 세우고, 동쪽의 가야국을 위해 동림사를 세웠다는 창건설화처럼, 신어산의 사찰을 돌아보면서 은하사 등과 함께 다루어야할 또 하나의 절이었는데, 일주일이 지난 오늘에야 찾게 되니 실로 대단한 지각이 아닐 수 없다. 모두 장황하기만 한 필자의 수다 때문이겠지만, 막상 이렇게 되고 보니, 신어산 사찰 중흥의 지각생이었던 동림사에 오히려 걸맞게 된 건 아닐까 하는 핑계가 떠올랐다. 동림사를 지각생이라 한 것은 절의 유래는 은하사와 함께 할 정도로 오래되었으면서도, 정작 지금처럼 찾아가 예불할만한 절집으로 되살아나기까지는 너무 많은 시간이 걸렸기 때문이다.

은하사 역시 지금 같은 모습은 아니지만, 임진왜란 때 함께 불타 없어진 이래, 늦어도 350년 전에는 다시 모양을 갖추게 되었던 데 반해, 동림사는 그러지 못했던 모양이다. 영구암 주지를 거친 화엄선사 한산스님이 1979년에 영구암 조실로서 지금의 동림사 자리에서 여러 석탑의 부재와 주춧돌, 수많은 기와와 도기·자기 파편들, 그리고 작은 소조불상 1점을 발견하면서 중창불사가 시작되었다. 1984년에 시작된 복원불사는 1985년에 법당 대원보전(大願寶殿)의 낙성을 보았

채마밭이 정갈하게
정돈된 동림사

고, 1989년까지 범종루·염화실·무문관·한산당 등의 건축을 거쳐, 1990년에 천왕문 앞 지장보살상이 세워지고, 2000년 절 마당 한 가운데에 거대한 지장보살상이 세워져 지금 같은 절집이 되었다. 오랜 잠에서 이제 막 깨어난, 아니 사전 발굴조사 없이 진행되었던 불사인 만큼, 거의 새롭게 만들어진 절이라 해도 과언이 아니다.

은하사를 나서 150m 쯤 내려가면 등산객들이 주차도 하고 화장실도 가는 작은 광장을 만나는데, 여기서 왼쪽으로 돌아서면 동림사 일주문이다. 기다란 원통형 주춧돌 위에 짧은 기둥을 올린 모양이 본사 범어사의 일주문인 조계문과 어딘가 닮았다. 조계문의 세 칸보다 좁은 정면 한 칸이기에 오히려 본래의 단아한 멋에 늘씬한 맛이 더해진 느낌이다. 양쪽 기둥 앞에는 오른손으로 육환장을 짚고, 왼손에 여의보주[장상명주(掌上明珠)]를 든 두 분의 지장보살이 마중 나와 계신다. 여섯 개 고리의 육환장으로 지옥의 철문을 깨고, 밝은 여의보주로 어둠을 비추면서, 지옥에 떨어져 벌 받게 될 영혼 모두를 구제하겠다던 지장보살의 가르침을 중히 여기는 절이다. 일주문에서 시작된 지장보살과의 만남은 천왕문 앞에서, 절 마당에서, 법당 안에서 각각 섰거나 앉은 모습으로 계속된다. 저 세상의 지옥에서 구원을 맹세했던 지장보살(地藏菩薩)은 현실의 죄나 고통을 없애주는 관음보살(觀音菩薩)과 함께 우리 민중과 가장 친했던 부처였다. 신라왕자 김교각(金喬覺,

697~794)은 중국 안휘성 구화산에서 지장보살의 화신으로 섬겨져, 지금도 많은 중국인의 추앙받고 있기로 유명하다.

일주문 초석에 앉아 쉬는 등산객들과 인사를 나누고, 구부러진 비탈길을 내려갔다 올라가 청동지장보살상과 천왕문이 있는 주차장 같은 공간에 이른다. 천왕문이라지만 아직 4천왕은 모시지 못했나 보다. 법당 앞까지 이르는 108개의 돌계단이 여기서 시작된다. 가파른 계단을 오르며 세상에 절었던 마음의 찌꺼기를 거친 숨으로 토하고, 땀도 흘리면서 108번뇌를 털고 오라는 뜻이리라. 올바른 순례라면 계단 오른쪽에 세워진 화엄선사의 부도 탑과 사적비를 둘러보는 것이 좋다. 현 주지 월야스님, 조칠보심 보살 등과 함께 지금의 동림사를 일으킨 장본인이기 때문이다. 화엄선사(華嚴禪師)는 한산(寒山)스님이 입적한 후에 올려진 시호다. 1923년 경남 고성 출생으로 1945년에 오사카(大阪)의학전문학교를 졸업하고, 1948년에 범어사에서 수계한 후, 통도사·해인사·화엄사 등에서 수도했다. 1973년 범어사, 1974년 영구암 주지를 거쳐, 1979년에 동림사 터를 발견하고, 1984년부터 동림사 중창불사에 진력했다. 2001년 11월 동림사 조실로 입적함에 2003년 9월 부도탑과 행적비가 세워졌다. 스님은 글씨와 그림으로도 유명해, 선서(禪書)·선화(禪畵)·달마도의 전시회를 개최해 불사기금의 조성도 도왔단다. 절의 모든 현판 글씨와 대원보전의 신중탱화와 관음탱화, 산신각의 칠성도·산신도·득성도 등의 불화가 예사롭지 않은 것은 스님의 존재에서 비롯된 듯하다. 스님은 윤회의 길을 떠나면서, "칠십 칠년 꿈속의 나그네 / 꼭두각시 몸을 벗고 어느 곳에 가는 고 / 만일 누가 물어도 말할게 없나니 / 신어산 영봉엔 단풍잎이 날으도다" 라는 열반게를 읊고, "아이고 추워라. 감 장사야! 감도 하나 못 팔고 불알만 꽁꽁 얼겠네"라는 말씀을 남겼다 한다.

돌계단을 올라 답사객들이 절 안에 심어진 고추와 상추를 신기해하는 채소밭을 지나, 범종루 옆 계단을 오르면 신어산을 병풍처럼 두른 법당 앞마당이다. 높이가 6m 이상은 족히 돼 보이는 화강암의 지장보살상이 희게 빛나고, 오른 손의 청동육환장은 지장보살님 키 보다 더 높이 올라갔다. 뒤편으로 보이는 대원보전·염화실·문무관의 기와지붕과 신어산의 병풍바위가 잘 어울리는 스카이라인이 조화롭다. 법당서 스님 독경에 맞춰 기도하는 신도들을 곁눈질해 가며 뒤쪽 산신각에 오른다. 고건축 부재를 사용했는지 연륜을 느끼게 하는 산신각은 지난 해 인제대 가야문화연구소의 조사에서도 확인되었듯이, 한산스님 발견 당시의 몰딩초석들이 다시 사용되었다. 산신각 앞에 널려있는 도기편과 문무관 앞 출입구 쪽에 아무렇게나 모아둔 석탑의 옥개석 등에서는 고려시대의 특징이 확인되고 있다. 최근에 새로 지어지긴 했지만, 고려시대까지 올라 갈 수 있는 증거

들은 가지고 있는 셈이다. 사진 몇 장을 찍고 돌아서려는 데, 갑자기 양동이로 물 들어붓듯 한 폭우가 몰아쳤다. 비 그치기 기다릴 겸 다시 산신각에 들어가 왼쪽부터의 칠설탱, 산신도, 득성도를 찬찬히 살폈다. 불화를 그린 금어(金魚)는 알 수 없었으나, 전통에 충실하면서도 어딘가 현대적인 아름다움이 느껴지는 게 좋았고, 세련된 구도와 색채는 경박함으로 흐르지 않고 있다.

동림사 일주문을 나서니 거대한 화강암 덩어리가 왼쪽 길가에 방치되고 있다. 장방형 원석에 검은 글씨로 '백의관음보살상'이라 쓴 것을 보니, 동양 최대의 관음상을 조성하려 했다는 그것인가 보다. 조성 후 소유관리권을 둘러싸고 돌 구입한 분과 대지를 제공하는 절 사이에 마찰이 있었다고 들었는데, 이게 그건가 보다. 현실의 죄나 고통을 없애주는 관음보살의 서림사(은하사)와 사후 지옥으로 떨어지려는 영혼을 구해주겠다는 지장보살의 동림사는 한 세트일 수밖에 없다. 필자가 운동하는 인제대 테니스장의 스탠드에서는 신어산이 동그랗게 양팔을 벌려 두 절을 품어 안은 형상이 제대로 보인다. 동쪽의 왼팔에 안긴 것이 동림사이고, 서쪽의 오른 팔에 안긴 것이 서림사(은하사)다. 서림사가 서역을 기념하고, 동림사가 가야를 축도하기 위해 세워졌다는 억지춘향의 창건설화 보다는 영구불변한 신어산에서의 위치관계와 관음도량과 지장도량의 대응관계에서 양자의 인연을 설명하는 게 더 합리적일 거란 생각이 든다. 동림사의 지장보살상은 이미 우뚝 솟았는데, 이제는 은하사의 관음보살상이 갖추어질 차례다. 이번엔 은하사가 많이 늦지 않길 바랄 뿐이다.

도로 왼쪽의 신어산삼림욕장 표지석을 지나 조금 내려가다 보니 오른쪽 가야연수원에서 철거인지, 리모델링인지 공사가 한창이다. 진영의 청소년수련관과 삼계의 김해수련장이 생기기 전까지는 단체가 투숙할 수 있는 유일한 시설이었

다. 1985년 2월 김해시와 가야개발주식회사가 계획 착공했던 신어산종합개발사업의 일부로, 가야컨트리클럽·가야랜드와 함께 지어졌던 연수원이었다. 골프의 대중화로 코스를 늘린 컨트리클럽은 호황인 모양이지만, 오래된 가야랜드는 많이 왜소해졌고, 가야연수원은 리모델링 공사에 내몰리는 모양이다. 연수원을 지나 비탈길을 조금 내려가면 왼쪽으로 호국영령의 위패를 모시는 충혼탑이 있다. 원래 동상동 포교당에 안치해오던 위패들을 1966년 6월 봉황동 옛 공설운동장 서쪽 언덕에세운 충혼탑에 옮겼다는데, 아파트와 체육관이 들어서면서 시끌벅적해져 1989년 6월 현충일에 이곳으로 옮겼단다. 하늘의 둥근 향로를 받치는 세 다리는 육·해·공의 삼군을 상징한다는데, 2장의 벽화 중에는 일제와 싸우는 모습도 있어, 6.25동란의 호국영령 외에 독립열사도 모셔진 것은 아닌가 하는 생각이 들었다. 육군중령 최태수 외 천 분이라지만, 벽화 뒤의 봉안각이 언제나 잠겨 있는 만큼, 모셔진 이들의 이름과 공적을 새긴 동판이라도 부쳤으면 좋을 것 같다. 설계 김도순, 제작 박상규, 시공 대저토건 박순규.

충혼탑에서 몇 걸음 되지 않아 동부스포츠센터의 입구를 알리는 표지판이 서있는데, 여기부터 줄지어 있는 수영장, 체육관, 김해하키경기장, 동부테니스장 등은 동김해 주민을 위한 스포츠콤플렉스다. 2006년 4월 27일 개관의 김해동부스포츠센터는 2004년 12월부터 76억원을 들여 만들었는데, 지하 1층에 10레인의 실내수영장, 지상 1층에 농구·배구·배드민턴을 위한 실내체육관과 요가·에어로빅을 하는 그룹연습실(GX), 지상 2층에 헬스장과 건강처방실이 있다. 개관 이래 인제대 사회체육과에서 위탁운영 해오다 지난 7월 김해대가 새 위탁운영자로 선정되었단다. 센터 옆 주차장을 건너면 한국하키의 메카인 김해시하키경기장이 있다. 시원한 인공잔디와 알록달록한 스탠드와 천막 모양의 흰색지붕, 그리고 경기장 위 산 사면에 하키하는 모습을 회양목으로 나타낸 상징물의 조화가 아름답다. 1997년 9월 하키전용경기장 2면과 5천의 관람석으로 오픈한 이래, 전국체전·대통령기·KBS배 하키대회 같은 전국대회를 연달아 치르고 있으며, 따뜻한 날씨와 어울려 동계훈련지로서 각광받고 있다고 한다. 마침 오후 3시 조금 넘은 시간에 기온은 35도, 아니 그라운드는 40도 이상도 될 것 같은데, 4~5개 팀이 소리소리 질러가며 연습에 열중하고 있다. 서 있는데도 줄줄 땀이 흐른다. 성적이 좀 안 좋더라도 절대 비난하지 말아야지를 다짐하며 돌아 선다. 하키경기장 아래쪽에 있는 7면의 동부테니스장은 보기 드물게 전망이 참 좋은 테니스장이다. 내려다 보이는 김해평야와 서낙동강, 그리고 남해바다가 오늘따라 유달리 희고 풍성한 뭉게구름과 함께 시원스럽다. 장유의 능동테니스센터와 함께 전국대회도 개최해 동호인들의 경기력 향상은 물론, 지역경제의 활성화에도 기여하고 있다 한다. 원래 계획은 김해대~영운중~삼방고까지 돌고, 그 아래에 있는 커피 볶는 집 루바토에서 쉴 작정이었지만, 더워서 안 되겠다. 커피보단 팥빙수 먹으러 가야겠다.

향기로웠던 세 분의 고향, 삼방동(三芳洞)

산어천을 사이에 두고 동서 양쪽으로 동네가 나뉘어 있습니다. 동쪽이 삼방동, 서쪽이 어방동입니다. 삼방은 삼강(三綱)으로도 불렸는데, 최초의 행정구역명은 구한말의 활천면 삼방리였고, 1947년부터 삼방동이 되었습니다. 석 삼(三), 향기로울 방(芳)이라 본받을 만큼 향기로운 인물 세 분이 계셨던 데서 비롯된 이름입니다. 임진왜란 때의 일입니다. 김해성을 지키다 순절했던 사충신 중 한 분인 이대형(李大亨)은 충신, 그의 장남 우사(友社)는 왜적이 점령한 김해성에서 부친의 시신을 거두려다 살해당한 효자, 그의 질녀 이씨(周益昌의 처)는 형 대윤(大胤)의 딸로 김해성 함락 이듬해 7월에 왜적을 만나자 깊은 못에 몸을 던져 자결해 나라에서 홍살문 같은 정려(旌閭)를 내려주었습니다. 내를 바라본다는 뜻의 관천(觀川)거사를 칭했던 충신 이대형은 삼방공원에서 서쪽 신어천 가의 관천재(觀川齋, 삼안로297번길 30-18)에서 재령이씨 후손들의 제사를 받고 있습니다. 관천

재의 북쪽과 남쪽 신어천을 건너는 다리 2개의 이름이 삼강교와 충절교입니다. 멋없는 시멘트다리지만 이런 역사적 유래를 기억해 부친 성의가 갸륵합니다. 페인트는 벗겨지고 광고 붙쳤던 자국이 덕지덕지 더럽지만 지나시거든 한 번 눈여겨보시지요.

21

어방동~인제대학교

■■■■■ 신어산 서쪽 자락의 영운마을과 삼방동, 그리고 신어천 건너 어방동에는 학교들이 참 많다. 전국 20위권 대학으로 도약하고 있는 인제대를 시작으로 각 급 초·중등학교들이 줄지어 있다. 20년 전 만해도 신어산 자락을 따라 삼방동 한일·화인아파트에서 인제대로 반원형을 그리며 가는 삼안로나 그 위에 있는 영운초등학교 앞길을 걷다 보면, 남쪽으로 삼방·어방지구와 김해평야가 눈 아래로 시원스레 펼쳐졌었다. 그러나 어느새 신어천 양쪽에 빼꼭히 들어찬 아파트, 상가, 다세대주택들은 더 이상 그런 호사를 허락하지 않는다. 시·군 합해 15만이었던 인구가 20년도 안 되는 사이에 50만을 넘게 된 것에 여기 동김해의 팽창도 상당히 기여한 모양이다. 갑자기 많아진 아이들에게 새 학교가 필요했고, 그래서 우후죽순처럼 각 급 학교들이 여기저기서 솟아올랐다. 잠깐 사이에 이렇게 많은 학교가 세워진 동네가 또 있을까? 마침 영운마을의 '학교촌'에서 시작되는 오늘의 발걸음은 그런 학교들을 둘러보는 학교탐방특집이 될 모양이다.

다만 지난 번 발걸음에서 동부스포츠센터와 하키경기장을 둘러보다 빠뜨린 곳이 있었다. 사진도 찍고 취재도 했는데 원고마감에 쫓겨 허둥대던 차에 깜빡했다. 이제 개관을 앞두고 마지막 단장에 분주한 동부노인종합복지관이다. 스포츠센터와 하키경기장 사이 뒤쪽 언덕에 연한 핑크빛 벽체에 넓고 파란 창들이 조화로운 신축건물인데, 마침 신어산의 녹음과 파란 하늘이 배경을 이뤄 더 예

■
한 마을에 초등학교부터
대학교까지 각급학교가
모여 있는 영운마을
학교촌

■
동부노인종합복지관

쁘장하게 보인다. 노인과 여성의 행복한 복지서비스 제공을 목적으로 한다는 설립취지에 잘 어울리는 외관이다. 총사업비 198억 원으로 2009년 9월에 착공해 2010년 12월에 완공할 예정이었으나 계획보다 많이 늦어지는 모양이다. 건축면적 9,409㎡(2,846평)의 지하 1층 지상 3층의 2개동 건물이다. 함께 서는 김해여성센터에는 여성취업·창업지원센터, 여성극공연과 심포지엄개최를 위한 공연장 겸 국제회의장, 에어로빅과 요가 등 취미교실을 운영을 위한 다목적실, 실습실, 여성전문도서관 등이 계획되어 있고, 노인종합복지관에는 재가노인지원센터, 물리치료실, 체력단련실, 취미활동과 여가선용을 위한 강의실, 전산교육장, 작은도서관, 휴식 공간 등의 시설이 갖추어질 것이라 한다. 체육시설에 인접해 시끄러울 것 같다는 의견도 있는 모양이지만, 운동하는 젊은이들의 왕성한 기를 받아 노인들이 건강과 젊음을 유지하기에 오히려 좋은 환경이다. 노인복지시설 가까이 어린이나 청소년을 위한 시설을 유치하는 기획이 주목 받는 요즈음에 오히려 잘되었다.

복지관에서 내려와 하키장과 테니스장 사이의 좁은 길을 따라 동쪽으로 내려가다 다시 오르면 널찍한 김해대학교 정문이다. 장유와 진영의 운전학원을 모체로 한 학교법인 영해학원이 설립한 사립전문대학이다. 2005년 2월에 3개학과 400명 정원으로 시작해, 지난해에는 599명 신입생모집에 494명이 등록했고 190

명이 졸업했다 한다. 805명의 재학생이 유아교육과, 사회복지계열, 소방안전관리과, 호텔조리영양과, 피부미용계열, 보건의료행정과, 안경광학과, 물리치료과, 간호과, 골프과 등 10개 학과에서 공부하고 있다. 30명의 전임교수와 7명의 직원이 대학교육을 담당하고, 창의관, 공학관의 건물 2동과 천연잔디운동장에서 강의가 진행되고 있다. 잔디운동장 녹색 너머로 펼쳐지는 김해평야의 전경이 참 아름답다. 아무리 방학이라지만 학생 한 명 만날 수 없었던 것이 좀 아쉬웠다.

김해대 정문의 언덕길을 내려오자 맞은편에는 고만고만한 삼방동의 다세대주택들이 빈틈없이 들어차 있다. 오른쪽 높은 옹벽을 따라 돌아서자 저 앞에서 교복 차림의 남녀학생 몇몇이 문방구 앞을 기웃거리고 있다. 영운문방구란다. 이제부터 시작되는 영운중학교, 영운초등학교, 영운고등학교의 예고편처럼 보이는 학교 앞 문방구는 노스탤지어 때문인지 언제 봐도 정겹다. 동에서 서로 영운중학교, 영운초등학교, 영운고등학교가 줄지어 있고, 한 걸음 건너 김해삼방고등학교가 자리하고 있다. 비슷한 시기에 지어져 그렇겠지만 영운중학교와 영운초등학교 올라가는 길은 가로수 중앙분리대를 사이에 둔 같은 도로를 사용하고 있다. 오른쪽으로 교복차림의 중학생들이, 왼쪽으로 알록달록한 초등학생들이 함께 등·하교하는 모습은 언제 봐도 재미있다.

1999년 3월 개교의 영운중학교는 공사차질로 6월부터 지금 교사에서 수업을 시작했다. 32학급 1065명이 재학하는 남녀공학교로 김원호 교장 이하 67명의 교직원들이 학생들을 가르치고 있다. 34개의 특별활동반도 운영되고 있다는데, 2개나 개설되어 있는 만화그리기반과 프라모델반이 학생들에게 인기인 모양이고, 역사연구반이란 이름에서 가야의 후예임을 겨우 자각한다. 마침 정문에는 전국대회의 입상을 축하하는 2장의 플랜카드가 걸려 있다. 2011년 전국역도선수권대회 중등부에서 3학년 윤아림 양이 여자부 69kg급에서 인상 76kg, 용상 94kg, 합계 170kg을 들어 올려 3개의 금메달을 획득했고, 김대희, 홍성진, 윤가영 선수들이 다수의 은메달과 동메달을 획득했단다. 건물 뒤편에 있는 체육영재교실(역도)이 이들의 산실인 모양인데, 미래의 '장미란'이 여기서 나기를 기대해 본다. 지난 해 9월에는 김해시 22개 중학교가 경쟁했던 축구대회에서 우승도 하고, 올 1월에는 엄동의 베이징으로 역사문화탐방을 다녀오는 등 진취적 기상이 왕성한 배움터다.

영운초등학교는 중학교에 1년 반 앞선 1997년 9월에 개교했다. 37학급 1008명의 학생이 박경표 교장 이하 68명 선생님의 가르침을 받고 있다. 2005년부터 도지정수영시범학교로 운영되고 있으며, '신어산 기슭에 희망심기' 라는 특색교육활동도 전개하고 있다. 연 2회의 학년별 신어산 등산과 연 1회의 전교생 마라톤

■□
영운초등학교

□■
영운중학교

□□
김해삼방고등학교

□□
김해영운고등학교

대회, 줄넘기의 일상화 등을 통해 어린이들의 기초체력을 다지게 하는데, 등산 때는 자연보호활동과 은하사의 내력조사 등 지역알기도 병행하는 프로그램이다. 신어산 기슭의 좋은 환경을 아이들 교육에 연결시키는 노력이다.

김해영운고등학교는 1997년 개교의 영운초등학교에 입학했던 학동들이 고등학교에 진학할 무렵인 2006년 3월에 개교한 남녀공학이다. 32개 학급 1243(남 174, 여 170)명의 재학생이 이홍규 교장 이하 73명 교직원들과 함께 배움의 현장을 일궈가고 있다. 금년에 불과 3회의 졸업생을 배출한 짧은 역사지만, 2009년에는 불가리아의 국제정보올림피아드에서 3학년 윤형석 군이 금메달을 수상하기도 했고, 대학입시에서도 서울대와 고대의 수시합격자와 일본 와세다대학의 진학자도 배출하게 되었단다. 은하사 대상 청소년문화재지킴이 활동이 돋보이는 일취월장의 신생교다.

영운고등학교에서 한 걸음 건너에 있는 김해삼방고등학교는 2008년 3월 군부대가 철수한 자리에서 개교했고 올해 처음으로 제1회 졸업생을 배출했다. 배종준 교장 이하 86명 교직원들이 34학급 1595명의 학생들을 가르치고 있다. 학교 엠블럼디자인의 설명에서 은하수에 사는 신어가 언급되고, 학교의 나무와 꽃을 매화로 정하면서 분성산과 신어산을 얘기하는 것을 보면, 지역의 역사와 문화에 조예가 깊은 분이 관계한 모양이다. 토박이도 잘 모르는 은하사 이름과 신어와의 관계나 분산자락 건설공고의 매화를 의식했던 문화적 식견은 배우는 학생들을 행복하게 할 것 같다.

삼방고등학교를 나와 신어천을 건너면 어방동이다. 어방동의 유래에 대해서는 신어산 영구암에서 수도하던 도사가 신어천에서 초선대까지 배를 타고 가다 살생하지 못하도록 고기잡이를 금하는 방을 써 붙였던 데서 비롯되었다고도 하고, 남해바다에서 신어천으로 거슬러 오르는 고기가 많아 그물로 막아 고기 잡던 마을이라 어방동이라 했다고도 한다. 어느 쪽이든지 고기 잡을 어(漁), 막을 방(防)의 어방동(漁防洞)이 가지는 말뜻에는 변함이 없다. 이런 동네 이름의 유래와 바로 연결될 것 같은 유적이 분산 정상을 향해 2.5㎞ 더 올라간 가야역사테마파크조성지의 발굴조사에서 확인되었다. 2003년 12월 ~ 2004년 7월, 경남고고학연구소는 청동기시대의 고지성(高地性) 취락(聚落)을 발굴했고, 취락 안의 84호집자리에서 71개의 어망추가 뭉쳐있는 상태로 출토되었다. 어망추(漁網錘)란 물고기 잡는 그물을 가라앉히기 위해 메 다는 추로, 유기질 그물은 썩고 토제 어망추만이 남은 상태로 발견된 것이다. 고지성 취락이란 전쟁을 피하거나 방어에 유리하도록 고지에 세워진 청동기문화인의 마을이다. 결국 이웃 마을과의 전쟁 걱정 때문에 높은 데 살면서도, 신어천에서 물고기를 잡기 위해 그물을 메고 해발 200m의 고지를 오르내렸다. 수로왕 등장 이전에 살았던 가락구촌의 사람들이 남긴 흔적이 여기 어방동유적이었고, 71개의 어망추는 집안에 놓아두었던 그물 모습 그대로 발견되었다. 유적보존을 위해 복토했던 흙이 빗물 등에 쓸려나가 덮개비닐이 쓰레기처럼 노출되어 펄럭거리는 어방동유적을 뒤로 하고 산 아래 인제대로 향한다.

상가, 음식점, 주점, 노래방, 모텔 등의 번창으로 '김해의 압구정동'으로 불리는 어방동 상가지구를 뒤로 하고 인제대에 오른다. 계란 같은 바위에 한자로 '仁濟大學校'라 쓴 표지석 하나가 반기는 심플한 정문은 힘주지 않아 친근하다. 보통 대학처럼 거창한 정문은 아니지만, 전국에서 20위권으로 평가되고 있는 김해의 명문사학이다. 분산 동쪽 자락에 세로로 길게 뻗은 약 12만평의 크지 않은 캠퍼스지만, '마징가제트'라 불리는 타워형 본관의 인당관을 비롯해 강의실, 연구실, 강당, 도서관, 박물관, 기숙사 등의 크고 작은 19개 동의 건물이 늘어서고, 대운동장, 야외공연장, BC파크, 테니스장, 주차장 등이 자리하는데, 어느 구석하나 가꾸는 손길이 미치지 않은 곳이 없다.

한국 최초의 민립 공익법인 백병원을 모체로 설립된 인제대는 1979년 3월 인제의과대학의 개교를 시작으로, 1983년 9월 인제대학이 되었다가, 1988년 11월 종합대학 인제대학교로 승격했다. 1989년 3월 초대총장으로 백낙환(白樂晥) 박사가 취임하면서 본격적 발전을 시작했다. 32년이란 짧은 기간에 5개 대학원과 7개 단과대학, 45개 학부·학과에서 10366명의 학부학생과 1473명의 대학원생이

김해대학교 정문 ■□

인제대학교
인당관과 노자상
(중국 조각원
장 우웨이싼 작품) □■

1005명의 교수, 226명의 직원들과 함께 배우고 연구하는 대학으로 성장했고, 지난 해 3월 해운대백병원의 개원으로 서울과 부산에 보유하게 된 5개 대학병원은 인제대 발전에 든든한 버팀목이 되고 있다. 2000년 2월 최우수 대학원, 2000년 9월 중앙일보평가 20년 미만 대학 전국 1위, 2001년 3월 교육부 재정지원사업평가 전국 184개 대학 중 2위, 2004년 11월 교육부 취업률 전국 3위와 지방대 1위, 2005년 9월 교육부 취업률 전국 2위, 2008년 8월 교과부 교육역량강화사업 전국 4위, 학생 1인당교육비 부산지역 1위, 전국 20위 등의 평가는 학생교육에 성공하고 있는 인제대의 옆얼굴이다.

이런 성과의 대부분은 학생교육이라면 이상하리만치 기를 쓰는 교직원들에 의해 이루어진 바가 크지만, 인성 중시의 교육으로 초지일관하는 백낙환 이사장의 교육철학이 중요한 기초가 되고 있다. 영어 한자라도 더 가르치고, 스펙 쌓기에만 열 올리는 요즈음, 1학년이면 누구나 1년 동안 한문을 수강하게 하고, 108번째를 헤아리는 매달 1회의 낙동강청소 등을 통한 봉사학점의 이수도 요구한다. 사람을 키우겠다는 교육철학은 오히려 졸업생들을 채용하려는 CEO들에게 설득력을 가지는 모양이다. 능력도 좋지만 성실성을 사려는 기업들이 줄을 서기 때문이다. 학교에 들어서면 먼저 보이는 '바르게 삽시다'는 교도소구호 같기도 해 웃음을 자아내고, 정직·성실·근면이 대학의 교훈으로 유치하다는 생각도 들지만, 백낙환 이사장이 살아온 삶 그대로로 인성 중시의 대학으로 성장해 가는 길라잡이가 되고 있다.

다른 데서 걸음을 지체하는 바람에 인제대 소개는 물론, 원래 TIP으로 예정했던 '인술이 펼친 사랑'을 쓸 자리도 부족하게 되었다. '울지마 톤즈'의 이태석 신부를 비롯해 인술로 세상을 구하고 있는 인제인 들에 대해 쓰려 했지만 다음으로 돌려야 할 것 같다.

어방동~삼방동~안동

███████ 새 학기를 맞아 싱싱한 얼굴로 넘쳐나는 인제대 정문을 나선다. 1년 새 점포 100개가 생기고 200개가 망한다는 농담처럼 쉴 새 없이 바뀌는 상가풍경에 오가는 젊은이들로 언제나 활기에 넘치는 거리다. 원래는 어방동 안쪽의 안골로 내동(內洞)이라 했을 만큼 좁고 경사진 길이지만 대학로를 만들려는 의지가 돋보인다. 컬러풀한 보도블록 위에 젊은 남녀조각상의 버스정류장과 벤치, 네모난 나무울타리로 차도와 인도를 나눈 화단을 만들었다. 정문 건너 비탈길의 '대학로오래뜰'공원에는 작은 연못도 있고 물위에 비춰지는 색색의 조명은 밤이 되면 젊은 불나비들을 불러 모은다. 마로니에공원으로도 불리는 모양인데, 단 세 그루의 마로니에가 있을 뿐, 파리의 가로수나 서울의 대학로를 생각하면 피식 웃음이 난다.

동김해IC로 곧게 뻗은 인제로 서쪽의 상가 뒤쪽에는 우신그린피아(1997.4, 325세대), 어방시영(1992.2, 318세대), 어방화인(1996.12, 727세대), 대우유토피아(1994.12, 2041세대), 어방동원(1998.4, 900세대) 아파트가 줄지어 있고, 그 뒤쪽에 대곡초등학교, 대곡중학교, 어방체육공원, 어방초등학교가 분산 중턱의 동쪽 사면을 후벼 파고 줄줄이 들어섰다. 사이좋게 운동장을 나눠 쓰는 대곡초등학교와 대곡중학교는 같은 해 2005년 9월과 3월에 개교했다. 25학급 729명(남397, 여332)의 대곡초등학교는 홍성점 교장 이하 45명의 교직원들과, 대곡중학교는 이명갑 교장 이하 54명의 교직

■□
대학로 오래뜰

□□
남녀조각상

■□
대곡초등학교 정문

□■
대곡중학교 정문

원들과 24학급 803명(남473, 여330)의 학생들이 가르치며 배우고 있다. 초등학교에는 3·4층에서 2개 동을 연결하는 평면 S자형의 회랑이 있다. 복도에서 뛰지 말라는 건 예나 같겠지만, 날개처럼 두 팔을 쳐들고 S자로 뛰는 어린이들은 행복하겠다. 초등학교 교가는 학교 뒷산을 분성산 이라는데, 중학교 홈페이지는 신어산이라 한다. 마침 머리 위에서 복원공사가 한창인 분산성의 동쪽 성벽이 아침햇살에 빛나고 있다. 그렇기에 이 뒷산은 신어산이 아니라 분성산, 아니 정확하게는 분산이다.

대곡중학교 이웃의 어방체육공원은 68억 5천 만 원을 들여 2003년 12월에 개장한 시민체육시설이다. 족구장·정구장·농구장·축구장이 있고, 각종 운동시설과 계곡을 건너는 나무다리들, 물놀이를 즐길 수 있는 계곡과 산책로가 있다. 조명시설 덕에 저녁운동도 즐길 수 있고, 근처 주민들과 동호회의 이용도 활발하지만, 높은 데 자리한 넓은 인조잔디축구장은 보기만 해도 시원하다. 체육공원 바로 아래 어방초등학교는 1996년 9월 개교로 이성태 교장 이하 87명의 교직원이 학생 1,401명(남741, 여660)과 유치원생 38명을 가르치고 있다. 마침 하교시간인 모양인데, 학원과 체육관 차량들이 아이들을 실어가려 장사진을 이루고 있다.

어방초등학교 앞길을 건너 활천로166번길을 따라 동쪽으로 비탈길을 내려간다. 덕숭공원과 상가같은 어방종합시장을 지나 동김해 최고참의 어방주공2차아파트(1984.1, 220세대)를 지난다. 고정 팬도 많다는 금호탕을 지나, 중국인 화교가 운영하는 태성춘에서 자성병원 후문에 이른다. 200병상에 정형·신경외과, 내과, 영상의학과, 응급실과 장례식장이 있는데, 지금은 내외동에서 고려신경외과를 운영하고 있는 이정훈 원장이 1995년 5월에 개원했던 것을 최근에 김남훈 원장이 인수해 안팎을 일신하고 환자들을 맞이하고 있다.

자성병원 앞 인제로 건너에는 어방공업지구를 가리기 위해 키 큰 나무의 녹색 벨트가 좌우로 뻗어 있다. 지난 17회 때 훨씬 남쪽의 홈인25시약국에서 동김해IC까지 걸었던 그 숲길이지만, 오늘은 북쪽 구간을 택해 반대편으로 걸어 나간다. 대로와 공장단지 사이의 인공적 숲길이지만, 군데군데 '가는 잎 구절초'가 연보라와 흰색 꽃을 피우는데 산책하는 시민도 적지 않다. 숲길 끝나는 곳의 어방테니스코트와 골프연습장을 지나면, 이 고장 사연을 얘기할 만한 오래된 느티나무 두 그루가 서 있는데, 뿌리는 아스팔트에 덮이고 가지는 건물에 갇혀 뻗을 곳을 잃었다. 인제로126번길과 삼안로172번길이 만나는 교차로에서 신호 바뀌기를 기다린다. 왼쪽의 분산 쪽을 올려 다 보니, 한빛정형외과 지나 유토피아로 가는 도로가 몇 개 단을 이루며 올라가고 있다. 길 양쪽에서는 키 큰 메타세콰이어들이 열병식을 벌이고 있다. 신호가 바뀌었다. 소라아파트를 지나 인제로170번길과 마주쳐 오른쪽으로 신어천 위에 걸쳐진 어방교를 건넌다. 원래 이 일대에는 재미있

는 땅 이름이 있었다. '오리 치 낳은 골'이라 한다. '치'는 덫을 뜻하는 경상도 말이고, '낳은'은 '놓은'으로, 오리를 잡기 위해 덫을 놓던 골짜기란 뜻이다. 신어천에 날아들던 청둥오리들 잡으려고 덫을 놓았던 모양이다.

어방교 앞에 있는 삼안동주민센터에서는 박광호 동장 이하 18명의 직원이 16,263세대 43,921명의 삼방동과 안동의 주민을 섬기고 있다. 삼안동은 법정동인 삼방동과 안동을 합한 행정동으로 1993년에 삼방한일아파트 상가 2층에 민원실을 두었다가, 1997년에 신축 이전하고 2007년부터 주민센터로 이름을 바꾸었다. 주차장 옆에는 올 여름 대성황이었던 삼계탕집 사헌이 있다. 생과방이란 이름으로 시작했던 것 같은데, 잔디밭 위에 파라솔과 벤치가 있는 앞마당과 반찬 리필에 아낌없는 친절한 서비스가 음식 맛도 돋궈주는 모양이다. 탑마트를 끼고 오른쪽으로 돌아, 김해 최초의 주상복합 국제타운상가아파트(1993.11, 126세대)를 지나 칠암문화센터로 향한다.

총공사비 112억 원을 들여 1999년 2월에 개관한 칠암문화센터는 도서관과 공연장에 각종 문화강좌가 열려 문화센터라 했지만 중심은 어디까지나 도서관이다. 칠암은 도서관건립비 69억 원을 기부했던 향토기업 대저토건 고 박순규 회장의 호를 땄다. 어린이자료실, 인문학자료실, 강의실, 사회자연과학자료실과 디지털자료실의 공간에서는 열람과 대출의 고유기능 외에 봄의 도서주간과 가을의 독서의 달에 다양한 행사가 펼쳐지고, 연중 진행의 다양한 문화강좌 등으로 언제나 주민들이 넘쳐난다. 옥상의 하늘정원과 차 마시며 책 읽을 수 있는 북카페도 독특하지만, 1층의 어린이자료실에 발을 들여 놓으면 잔잔한 감동을 만나게 된다. 개가식서가 둘레의 소파와 탁자, 그리고 바닥에 아무렇게나 앉아 책 읽는

어린이들이 너무 예쁘고, 책 펼친 채로 졸고 있는 어머니가 흐뭇하다. 터널 같은 동굴독서실에선 책읽기에 열중한 아이들의 다리만 보이고, 위에 다락방처럼 생긴 열람실에서는 밥상 같은 탁자에서 아빠가 공부하고 그 앞에 딸아이는 엎드려 책을 읽는다. 어떤 녀석은 아예 계단에 널 부러진 채 책을 하늘로 쳐들고 있다. 대출카운터 뒤엔 영유아들이 책과 더불어 놀면서 일찍부터 책에 친하게 하려는 북스타트실이 있다. 근처에 살았으면서도 내 아이와는 저렇게 해보지 못했다는 죄의식에 마음이 짠해졌다. 옆 공연장에선 몇 차례 강연도 하고 연극도 보았건만, 아이와 함께 책을 읽지 못한 나는 행복주민의 권리를 스스로 포기했던 것 같다. 누구에게랄 것 없이 부끄럽고 미안한 마음에 서둘러 도서관을 나선다.

대동아파트(1991.1, 216세대)를 끼고 왼쪽으로 돌아 성전신축으로 거대해진 활천 제일교회(1984.1, 담임목사 김세중)를 건너다보며, 1993년 3월에 함께 개교한 신어초등학교와 신어중학교에 들른다. 신어초등학교의 38학급 1,287명의 어린이들이 조세윤 교장 이하 80명 교직원의 가르침으로 자라나고, 신어중학교의 944명(남490, 여454) 학생들은 박정숙 교장 이하 66명의 교직원과 함께 공부하고 있다. 동성아파트(1991.4, 570세대)를 관통해 나가니 추석준비로 한창인 삼방시장이 시끌벅적하고, 아래 쪽 삼방초등학교는 적막에 쌓여 있다. 바로 위 화인(1994.1, 930세대), 한일(1992.1, 834세대), 동원(1992.1, 1026세대) 아파트의 주민과 어린이들이 다니는 정겨운 시장과 학교다. 1992년 3월에 개교한 삼방초등학교는 25개 학급 669명의 학생들이 노재원 교장 이하 49명 교직원의 가르침을 받고 있다.

길을 되돌려 삼안로를 따라 안동한일(1998.6, 896세대)과 한일2차(2001.9, 237세대), 대아(1992.10, 321세대), 한효(1995.6, 391세대) 아파트를 지나, 안동공단에 처음 입주했던 한일합섬의 한효학원이 1979년3월에 개교한 한일여자고등학교에 이른다. 실업고와 상고를 거쳐 1999년부터 지금의 학교가 되었다. 30학급 992명의 학생이 황대성 교장 이하 81명 교직원의 가르침을 받고 있다. 학교 위에는 69억4천 만 원을 들여

2005년 1월에 개장한 안동체육공원이 있다. 골짜기를 따라 물놀이장, 인라인스케이트장, 족구장, 축구장이 길게 늘어섰는데, 좁은 자리 때문인지 산속 축구장의 묘한 분위기가 특별나다. 비탈길을 내려와 전두환 정권 때 해체되었으면서도 2008년 2월까지 프로스펙스 신발을 생산하던 국제상사가 있고, 안동육거리에서 동쪽 언덕 위에 고풍스럽게 자리한 하얀 예배당의 김해동부교회⁽¹⁹⁶⁹.¹, 담임목사 류인석⁾를 지나면, 경계에 있던 연못(池) 안(內) 골(洞)의 지내동(池內洞)이다. 하지만 어느새 지난번에 미루었던 '인제의술이 꽃피운 사랑'을 쓸 자리 밖에 남지 않았다. 다음에는 지내동을 둘러본 뒤 새 경전철을 타고 내외동으로 가야겠다.

인제의술이 꽃피운 사랑

1979년 인제의과대학 개교 때의 건학이념이 인술제세(仁術濟世)였습니다. 인자한 의술로 세상을 구하겠다는 뜻입니다. 종합대학이 되면서 건학이념은 인덕제세(仁德濟世)로 바뀌었지만, 금년까지 배출된 7990명(학사 2679명, 석사 1089명, 박사 422명)의 의대졸업생 중에는 여전히 인술로 세상 구하기에 자기조차 버린 이들도 적지 않습니다. '울지마, 톤즈'로 전 국민을 울게 만들었고, 세계인을 감동케 했던 이태석 신부가 있었고, 9년째 가족과 함께 방글라데쉬에서 의료선교를 전개하고 있는 박무열선교사, '부산 발 개성행 통일 앰뷸런스' 란 별명이 붙은 '그린닥터스개성병원'과 지난해 4월부터 아프가니스탄의 한국병원을 맡아 운영하기 시작한 백병원의 의사들이 있습니다. 이들의 희생과 봉사를 몇 줄 안 되는 글로 다 소개할 수는 없지만, 우리 김해에 자리 잡은 인제대의 의술로 피어난 아름다운 사랑의 꽃들이라 그 약력만이라도 소개하려합니다.

지난 해 1월 14일에 영면한 고 이태석 신부는 1987년에 인제대 의대를 졸업하고 2001년에 사제가 되어 2003년부터 신부수업시절에 여행했던 남수단의 톤즈에 들어가 한센병 환자촌 왕진과 병원운영의 의료봉사와 선교, 학교설립과 밴드구성으로 아이들 교육에 헌신했습니다. 삯바느질로 10남매를 혼자 키운 모친의 추억 속에서 "의사됐을 때 대통령 된 것보다 더 좋았다"고 술회하던 것처럼 보장된 삶을 포기하고 자신을 내주었던 희생과 봉사, 그리고 사랑의 실천은 감동의 눈물로 넘쳐나게 합니다만, 한국에서 오랫동안 선교하고 지금도 톤즈의 봉사를 이어가고 있는 이태리 사람 공야고보 신부가 "이 신부 자신이 얼마나 멋지고 기쁜 삶을 살았던가"라고 말하던 증언은 더 감동적이었습니다. 방글라데시의 박무열 선교사는 1993년에 인제대 의대를 졸업한 뒤 선교사 수업을 받고, 2002년부터 꼬람똘라 기독병원, 빠라텍 초등학교, 니쿤조 교회, 가난한 무슬림 애들을 숙식교육시키는 글로벌호스텔의 운영을 통한 의료선교봉사활동을 펼치고 있는데, KBS·CBS 등에 여러 차례 소개되기도 하였습니다. 육체와 영혼을 함께 구제하겠다고 가족이 함께 못사는 나라의 힘든 생활을 견뎌내고 있는 박선교사 또한 보통 사람은 아닙니다. 김해에 살면서 부산영락교회 양산성전에 출석하고 있는 부모님 두 분의 마음 또한 자식의 세속적 성공을 아쉬워하던 이신부의 모친과 크게 다르지 않을 겁니다. 2004년 10월에 시작해 2007년 1월에 개원한 '그린닥터스개성병원'에는 자문위원장 백낙환 인제학원 이사장, 병원장 이윤구 전 인제대총장, 조광현 부산백병원장, 그리고 부산과 일산 백병원의사들의 봉사가 이어지고 있으며, 이러한 인술의 꽃은 아프가니스탄 바그람 한국병원의 운영으로 이어지고 있습니다.

23

지내동~경전철~내외동

새로 쓰는 김해지리지 — 김해학 길 위에 서다

　지난 호에서도 역시 누가 뭐라 하는 것도 아닌데, 저 혼자 바쁘게 종종 걸음질치다 지나쳤던 곳이 있다. 안동 육거리 남쪽 모서리에 위치한 안동문화의 집이다. 김해시가 설립 운영하는 5개 '문화의 집'의 하나로, 삼안동은 물론 동김해에서도 유일한 지역 문화 활동의 본거지다. 2002년 3월, 541.2㎡짜리 아담한 2층 건물로 오픈했던 안동문화의 집은 파란 색 지붕을 머리에 얹고 흰색 단장을 했다. 팍팍한 삶에 글 배울 겨를도 없었던 어르신들을 위한 한글강좌도 열고, 인터넷과 영상매체를 이용하는 청소년들이 드나들며, '가야'나 '앙상블' 등 클래식기타 동호회를 비롯한 각종 모임들이 대관신청을 통해 연습도 하고 공연도 선사하는 시민들의 복합문화공간이다. 이제 10월부터 다시 여러 강좌가 열릴 예정이라는데, 담당의 이미정 선생에게 물었더니, 스포츠댄스와 노래교실 등이 인기란다. 요즘 한류의 흥행이나 노래경연의 방송이 인기몰이 하는 것처럼, 역시 가무(歌舞)에는 특별한 흥미와 재주를 가진 민족인 모양이다. 하루 300여명 이상의 시민들이 쉬며 즐기고 공부하는 사랑스런 공간이다.

　썬 고기가 아니라 간 고기를 쓰는 유니짜장의 맛이 특별한 북경짜장을 지나면, 얼마 전에 새로 지어 연한 핑크빛으로 말끔하게 단장한 못안경로당에 이른다. 마을경로당이 새로울 것은 없겠으나, '못안'이란 이름 때문에 눈길이 머무는데, 옆에 서 있는 '못안마을유래비'를 보니 고개가 끄덕여 진다. 맞은 편에 안

배중개 표지석

동공단이 들어서면서 마을과의 경계에 연못 같은 도랑이 생겼는데, 그 안이라 못안마을이라 했다고 한다. 그래 1947년 6월부터 못 지(池), 안 내(內)의 지내동이 되었단다. 유래비의 설명에 따르면 공단입주 이전에는 논농사와 비닐하우스 재배로 풍족하고 한가로운 농촌이었단다. 신어천 좌우에 펼쳐진 전국 최초의 비닐하우스 재배는 이 언저리를 '한국의 덴마크'로 불리게 했을 정도였고, 지내동도 그 많은 부분을 차지하고 있었다. 이제 겨우 50여년이 지났을 뿐인데, 공장과 아파트와 다세대 주택들이 난립해 있는 지금 그런 추억은 어느새 아득한 옛일이 되었다.

경로당과 유래비 사이로 난 아스팔트 언덕길을 올라가면 2009년 3월에 개교한 활천중학교가 높은 자리에 올라있다. 아직 졸업생이 없는 새내기 학교라 모든 것이 깨끗하고 새롭기만 한데, 비록 인공이긴 하지만 밝은 초록색 잔디마당이 새싹처럼 청소년들의 밝은 미래를 상징하는 듯하다. 양수만 초대교장 이하 47명의 교직원들이 24학급 731명(남 391명, 여 340명)의 학동들을 키워내고 있는데, 방과후학교에 제과제빵의 강좌가 들어 있고, 전교생에게 한자 6급의 자격증을 따게 하려는 가르침이 눈에 띤다. 이에 비해 조금 거리가 있긴 하지만, 아래쪽에 있는 활천초등학교는 이미 66회 11,404명의 졸업생을 배출한 역사와 전통을 자랑하고 있다. 광복 직진인 1945년 5월 20일에 안동에서 개교해, 1974년 4월에 지금의 자리로 이전해 왔다. 어느새 우후죽순처럼 세워진 공장들이 사방을 에워싸게 되었지만, 교문 안쪽에 서 있는 공적비와 명패는 학교의 전통을 말해준다. 오른쪽의 공적비는 광복직후 가난한 나라 때문에 사재를 털어 땅을 사들이고 교실을 지어 올렸던 박선일(朴先日) 선생의 공적을 기념한 것이고, 왼쪽 '활천국민학교'의 명패는 초등학교로 이름이 바뀌는 1996년까지 사용되었던 옛 교문의 것이란다. 오늘도 18대 이종칠 교장 이하 85여명의 교직원들이 39학급 1109명(남 563명, 여 513명, 유치원생 36명) 학동들의 꿈을 위해 씨름하고 있다.

활천초등학교 정문을 나서 왼쪽으로 방향을 잡으면 눈 앞에 거대한 아파트 장벽이 펼쳐지는데, 신어산 남쪽 끝자락에 의지한 지내동원아파트다. 2000년 4월에 입주를 시작해 2004년 1월의 4차까지 총 1606세대가 모여 사는 동네가 되었다. 아파트 아래 상가 골목을 관통해 남쪽으로 나가다 보면 끄트머리 왼쪽에 서있는 큼지막한 표지석 하나를 만나게 된다. 밝은 색 화강암 원석에 '배중개'라 쓰고, 그 밑에 유래를 적었다. 배중개란『경상도속찬지리지(1469년)』에 활천리의 이수개원(梨樹介院)으로 기록되어, 활천고개 넘어 지금의 신성미소지움 앞의 청석사거리를 지나, 여기서 대동으로 넘어가는 길의 역원(驛院)에서 유래되었다 한다. 또 남해바다가 여기까지 들어와 풍랑 때 배를 정박시키기도 했다는 것을 보면, 배중개의 '개'는 바다 또는 포구에서 비롯되었고, 배나무의 이수(梨樹)로도 기록되었으니, '배나무가 있는 포구의 역원'이 이곳이었을 것이다. 여기에 있었던 주천(舟川)이란 옛 지명이 타는 배(舟)와 먹는 배(梨)의 양쪽 모두를 나타낼 수 있는 지명임이 흥미롭다.

여기가 포구로 이용되었던 역사를 훨씬 더 올려볼 수 있게 하는 증거가 위쪽으로 100m 정도 올라간 곳에서 출토되었다. 1980년 7월 예비군진지 구축 중에 발견되어 동아대박물관이 조사했던 독무덤(甕棺墓)에서 2천 년 전에 일본열도의 왜인들이 사용하던 야요이토기(彌生土器)가 김해의 토기와 함께 출토되었다. 지내동옹관묘(지내동산 43번지)로 명명되었던 이 유적은 2천 년 전의 가락국 초기 일본열도 왜인들과의 교류를 보여 주는 증거가 되었다.

여기서 동김해의 이야기를 접고 내외동으로 걸음을 옮기기 위해 이제 막 개통된 경전철을 타려면 바로 아래 지내역도 있다. 하지만 부산김해경전철 김해구간의 시작이고 부산시와의 경계를 이루며 김해시의 관문이 되는 불암역까지 걷기로 한다. 지내역을 지나 얼마가지 않아 오래된 팽나무 그늘 아래 유효자정려비가 서있다. 정려란 표식의 깃발 정(旌)에 마을 문 려(閭)로 나라에서 효자나 열녀를 기리기 위해 내리는 깃발이나 홍살문 같은 것인데 이 동네의 효자 유치선(劉致善)이 정려를 받았던 기념으로 1902년(光武6) 여름에 세워진 비석이다. 한 겨울에 유

효자의 편모가 병이 들어 회를 먹고 싶다고 하자, 효성을 듣고 지나던 어부가 고기를 주고, 약재상이 산삼을 주고 가 병을 고쳤다는 사연이 비의 뒷면에 새겨져 있다. 조금 더 가면 '양장골삼거리'라 쓴 도로표지판 대로 왼쪽 비탈에 옹기종기 모여 있는 마을이 양장골이다. 좋은 장수의 양장(良將), 또는 좋은 동네의 양동(良洞)이라고도 하는데, 백학이 춤추는 숲의 명당이 있어 자손이 많고 아주 부귀하게 되는 땅이라 이런 이름이 남았다 하는데, 무덤을 쓰는 음택(陰宅)으로는 그런지 몰라도, 양택(陽宅)의 마을은 김해대로와 남해고속도로에 깎여 나가고, 경전철의 거대한 시멘트 구조물이 앞을 가리게 되었다. 김해대로를 개설하면서 불암(佛岩)의 유래가 되었던 부처바위 미륵불을 깨내면서 이 동네의 운명이 바뀌게 되었던 건지도 모르겠다. 미륵불은 다음 유토피아 세상에 올 미래부처니까.

　점심시간이 되어 시장기에 회가 동하지만, 바쁜 걸음에 장어골목도 모른 채 하고 불암역에 오른다. 아, 그 전에 김해대교를 부산 쪽에서 건너오다 보면 제일 먼저 보이는 경전철의 교각을 지금같이 단순한 시멘트덩어리로 놔둬서는 곤란하다는 생각을 적어둬야겠다. 반대로 김해대교를 건너가면 부산 쪽에는 같은 위치의 교각 앞에 부산시 강서구를 알리는 표지석과 갈매기 같은 조형물이 설치돼있다. 이에 비해 김해 쪽에는 김해를 알리는 표식이나 상징이 전혀 없다. 김해교 위에 걸쳐져 금동관을 본떴다는 황금색과 청동색의 사각형 교각은 그 상징의 의미를 알기 어렵고, 예전에 있었던 '가락고도(駕洛古都)'비는 부산 쪽을 등진 채 세워져 김해에서 부산으로 나갈 때나 볼 수 있게 되어 있다. 김해교를 건너 올 때 제일 먼저 보이게 되는 교각은 절대 김해를 상징하는 랜드마크로 활용되어야 한다. 봉황대의 황세장군을 지구를 떠받치는 아틀라스 같이 표현하든지, 단순하게 '가야의 옛 서울' 이라 쓰든지, 아무튼 이 교각과 주변을 활용한 인상적 랜

드마크의 조성이 필요하다.

드디어 불암역에서 지난 9월 16일에 개통한 경전철에 오른다. 오랫동안 경전철이냐 지하철이냐의 시비가 있었고, 재원확보의 어려움과 건설과정의 갈등을 거쳐, 민간투자사업으로 2006년 4월 착공해 총사업비 1조3,000억 원이 투입되어 완성된 부산김해경전철이다. 앞으로 예상되는 적자보전의 문제로 걱정도 되고 시끄럽기도 하지만, 1300원 짜리 표를 끊고 개찰구를 지나 플랫 홈에 올라선 필자는 우선 "우리 동네에 이런 훌륭한 탈 것이!" 라는 감동이 먼저 솟구쳤다. 아마도 오래 전 일본 유학시절에 토쿄에서 타 보았던 하네다공항 가는 모노레일의 감상이 오버랩 된 건지도 모르겠다. 지난 해 토쿄 오다이바 행의 '유리카모메'란 경전철을 타보았기에 운전석이 없는 것에 새삼 놀랄 것은 없었으나, 앞뒤좌우로 펼쳐지는 경치는 지금까지의 김해와 전혀 달리 보여 필자를 더욱 설레게 했다. 대부분 아무렇지도 않은 표정의 승객들 때문에 혼자 흥분을 삭일 수밖에 없었으나, 김해뉴스의 주장처럼 이미 개통한 이상 걱정만 할 것이 아니라, 훌륭한 자산을 자랑하고 지혜롭게 활용하는 방법을 연구해야겠다는 생각이 들었다. 지난 6월 시민들 앞에서 타보지도 않은 '경전철의 문화관광 자원화'를 발표했던 게 새삼 부끄럽게 느껴지기도 했지만, "왜, 안 돼?" 라는 말이 입안에서 맴돌며 관광 자원화도 가능하겠다는 생각이 강해졌다. 남해고속도로를 달리거나, 장유쪽에서 오다보면 김해시가 거대한 콘크리트벨트에 꽁꽁 묶여 있다는 인상도 있었지만, 높은 데서 내려다보는 김해평야, 인제로, 시청, 홍부암, 봉황대유적공원, 해

반천, 내외동의 아파트 숲, 문화의전당 대성동고분군, 시민의 종, 국립김해박물관, 문화의 전당, 연지공원은 아름다웠다. 공짜로 몇 번을 오가는 사이에 국립박물관을 관람하고 박물관역에서 사상으로 간다는 일본인 2명을 만났다. 다짜고짜 어떠냐 물었더니 자리가 좀 딱딱하긴 하지만 승차감도 좋고 훌륭하단다. 자기가 사는 치바(千葉)에도 모노레일이 있는데, 케이블카처럼 차량이 선로에 매달리는 형식이라 승차감이 좋지 않은데 참 좋다는 거다. 예상적자를 얘기하자, 일본에서도 모노레일은 당연히 적자라면서, 좋고 편리한 것은 분명하니, 그 이용을 위해 우리가 돈 벌어 세금 내는 게 아니냐는 말까지 덧붙여 주었다.

새 탈 것에 대한 흥분도 잠시 내외동의 답사 시작을 위해 박물관역에서 하차한다. 계단을 내려 오른쪽으로 접어들자 발밑의 쿠션이 달라졌음을 느낀다. 곧잘 일어나기도 하고 꺼지기도 하는 시멘트벽돌의 보도블록과는 많은 차이가 있다. 처음 타탄트랙 같은 이 감촉을 느꼈을 때는 내외동 만 잘 해준다고 불평했던 적도 있다. 내외동의 발걸음을 어디에서 시작할 까는 고민할 필요가 없었다. 시내는 분산에서, 동김해는 신어산에서 각각 시작했던 것처럼, 내외동의 발걸음은 당연히 마을이 기대고 있는 경운산에서 시작하는 게 당연했다. 다만 이번에는 새로 시작된 '김해의 산을 거닐다'와 중복될 수도 있다는 핑계로 종주는 사양한다. 수인사 뒤의 전망대에 올라 내외동을 내려다보고, 남쪽의 주촌고개로 내려와 내외동의 아파트 숲이 시작되었던 외동주공아파트에서부터 발걸음을 시작하면 되는 일이다. 그렇게 수인사를 향하기에 제일 가까이 있는 박물관역에서 차를 내렸던 것이다.

해반천 위에 걸쳐진 경원교를 등지고 구지로를 따라 서쪽으로 향하며 연지마을의 동부(1996.12, 402세대), 현대1차(1995.9, 402세대) 아파트를 지나, 파출소와 연지우체국에서 연지사거리를 건너면서 하이마트와 삼성디지털을 넘겨 다 보고, 오른쪽의 대우아파트(1996.6, 504세대)와 왼쪽의 가야웨딩홀을 지난다. 내동사거리에서 연립주택과 작은 상가들이 늘어선 비탈길을 올라 수인공원에 이른다. 수인공원을 가로지르면 수인사로 올라가는 도로가 열리는데, 조금 앞에 왼쪽으로 수인사가 보이고, 오른쪽에 수인사유치원의 철제교문이 보인다. 비스듬히 수인사로 들어가는 시멘트다리 밑에는 비단잉어들이 헤엄치는 연못이 있다. 마침 흰색의 단아한 연꽃 몇 송이가 철 지난 꽃을 피우고 있다. 맨 날 이 모양이다. 경운산은커녕 수인사에도 들어서지 못했는데 벌써 지면이 다 되었다. 경운산에서 시작하는 본격적인 내외동 돌아보기는 다음으로 돌려야 할 모양이다.

24

내외동1
(수인사~경운산~생명과학고)

내외동이 한 눈에 내려 다 보이는 경운산에서 내외동 돌아보기를 시작하려 한다. 경운산(378m) 등산의 들머리로 남쪽의 주촌고개와 북쪽의 동신아파트가 있고, 그 사이에 경운사나 수인사 뒤편으로 오르는 길도 있다. 전망대에 오르기 가장 쉽다는 수인사 뒤쪽 길을 택했다. 수인사 가는 아스팔트 비탈길 끝에 화살표 모양의 이정표가 정상, 주촌고개, 동신아파트까지의 거리를 알려주고 있지만, 우선 연못 위에 놓인 시멘트 다리와 계단으로 수인사에 오른다. 와우산(臥牛山)수인사(修仁寺)의 편액을 단 문루에 들어선다. 좌우에 사천왕을 그렸으니 사천왕문이겠지만, 앞뒤에 있어야 할 일주문이나 해탈문도 없고, 좌우에 붙은 긴 강당은 보통 절집과 많이 다르다. 계단 끝에서 펴지는 예쁜 잔디밭은 일본 절을 연상케 할망정 우리 절집에는 없는 마당이다. 대적광전(大寂光殿)이라 쓴 법당은 고요할 적(寂), 빛 광(光)이니, 탈 세속의 고요 속에서 지혜의 빛을 발하는 진리의 부처 비로자나불을 모시고 있다. 화엄경의 비로자나불이니 화엄종 사찰의 특징을 나타내는 것이리라. 조계종 범어사의 말사로 김해에서 신도가 가장 많다고 하는데, 비교할 통계가 없어 사실은 어떤지 모르겠다.

『신증동국여지승람』은 조선전기까지 이곳의 운참사(雲站寺)를 전하고, 『김해읍지』는 무오사화(1498년) 때 김종직의 문인으로 사림파를 대표해 연산군에게 능지처참 당했던 김해김씨 김일손(金馹孫)이 운참사의 승려 지즙(智楫)에게 보냈던 편지

경운산 전망대에서
바라 본 내외동 전경

를 실으면서, 편찬 당시인 1630년경에 이미 폐해졌음을 기록했다. 이후 허씨 삼형제가 학업을 위해 삼우정(三友亭)을 세웠다가, 과거급제의 희망을 담았던지, 기쁠 경(慶)의 경운제로 고쳤고, 이때부터 산 이름도 경운산으로 바뀌었다. 불교의 머무를 참(站)이 유교의 기쁠 경(慶)으로 변했다고나 할까? '구름이 머무는 산'이 '기쁜 구름의 산'으로 바뀐 셈인데, 여러분은 어느 쪽이 마음에 드십니까? 예전의 삼우정은 바로 옆 수인사유치원 옥상의 정자로 되살려졌고, 이후의 사연은 법당 왼쪽의 무응대선사사리탑비문에 새겨 있다. 비문에는 속명 허창동(許昌銅), 김해군 이북면 신천리 출생의 무응대선사(無翁大禪師)가 병약해 요양여행 하던 중에 금강산 건봉사에서 화엄경을 접하면서 병이 낫자, 1942년에 서울 강학원의 효봉선사에게 출가했고, 한국동란 중인 1952년에 대장경 1질을 짊어지고 귀향해 1954년에 수인사를 창건했다고 새겨져있다. 원래 5층석탑과 다른데서 모셔 온 석불좌상이 있었으나, 석불은 10년 전쯤에 도난당했다 한다. 가까워진 수능때문인지 아침부터 법당과 칠불보전에 절하며 치성드리는 부인네들이 적지 않다. 절을 많이 해서 절이라 했다는 우리 말 유래 하나가 생각났다.

언젠가는 학부모들이 서로 입학원서를 받으려고 새벽부터 줄서기도 했다는 수인사유치원 사이로 난 박석 깔린 길을 따라 산에 오른다. 계곡을 지그재그로 기어오르는 길이라 제법 가파르고, 아침햇살 받는 동쪽 사면인데도 그늘과 습기

에 좀 어둡고 눅눅하다. 서두르지 않아도 20여분 정도의 걸음이면 찬란한 햇빛
이 부서지는 능선 길에 오르는데, 왼쪽으로 주촌고개, 오른쪽으로 체육공원과
동신아파트를 가리키는 이정표가 있다. 오른쪽으로 몇 걸음가지 않아 2단으로
만들어진 목재의 전망데크에 이르는데, 내외동 주민들이 매년 새해 첫날 새벽에
모여 해맞이 하는 곳도 이곳이다. 역광에 눈을 가늘게 뜨고 아래를 내려 다 본
다. 해반천 위로 소꿉장난 같은 경전철 차량이 오가고, 노르스름한 띠 같은 경전
철 선로는 시내와 내외동을 남북으로 갈라놓고 있다. 그 경계선 아래쪽의 내외
동 마을은 왼쪽에서부터 연지공원의 호수를 꼭지 점으로 하고, 오른쪽의 임호산
과 함박산을 밑변으로 하는 이등변 삼각형 같은 인공의 공간이다. 부채꼴로 잘
라 놓은 한 조각의 치즈나 케이크처럼 생긴 마을이다. 조선시대까지도 해반천을
통해 옛 김해만(김해평야)의 바닷물이 들고 나는 갯벌이나 습지 같은 곳이었는데,

1986년 12월부터 토지개발공사가 습지를 메우는 택지조성공사로 지금의 거대한 아파트 숲을 이루었다. 건축초기에는 주민들이 입주해 있는데도 계속되는 잔여 지반침하로 아파트 동 사이의 아스팔트 포장이 갈라지며 떠올라 차가 덜컹거리며 다닐 때도 있었다. 당초 11만 명의 신도시로 계획되었으나, 2011년 9월 현재 87,558명(남43,672, 여43,886)의 시민이 거주하고 있다. 예전의 필자처럼 시내에서 가까운 쪽을 내동, 먼 쪽을 외동으로 혼동하는 '에이리언' 들도 많지만, 여기서 내려다 보면 산에 가까운 곳이 안쪽이라 내동이고, 산 바깥 쪽 마을이 외동으로 되었음이 쉽게 이해된다. 1981년 7월 김해시로 승격되면서 내동과 외동을 합해 내외동이 되었다. 아파트 숲과 단독·연립주택들, 문화의 전당과 휴앤락 같은 대형건물, 공터처럼 남은 시외버스터미널과 임호산이 손에 잡힐 듯하고, 임호산과 함박산 너머로 펼쳐지는 황금색 들판이 투명한 가을빛에 따뜻하게 빛나고 있다.

발길을 돌려 남쪽 주촌고개를 향해 산을 내려간다. 2.2㎞의 짧지 않은 거리지만, 대부분이 내리막길이라 발길도 마음도 모두 가볍다. 왼쪽으로 시내를, 오른쪽으로 주촌의 선지마을을 내려다보며 걷는 능선 길에 마침 맞게 불어와 겨드랑이를 간질이는 가을바람에 날개라도 돋칠 듯 양팔이 절로 휘둘러진다. 6분 정도에 작은 정자가 있는 체육공원을 지나고, 7~8분 정도에 경운사 내려가는 갈림길의 이정표를 만난다. 5분 정도에 드물게 보는 큰 바위들이 나타나 그 앞쪽 건너로 장유가 보이기 시작한다. 10분 정도에 근처 잡석을 원통모양으로 쌓아올린 돌무덤이 성황당처럼 임호산과 함박산 자락의 아파트들을 내려다보고 있다. 가파른 내리막길이 시작되지만 풀린 다리를 위해 난간이 있는 철제 계단이 친절하게 놓여 있다. 10분 정도에 가야초등학교로 내려가는 이정표를 만나고, 다시 10분 정도에 초대 도의원 이모씨의 무덤을 지나면, 시내 뒷산 어디에나 있는 예비군 진지 하나가 등장한다. 이제 다 내려 왔다는 신호다. 빠르지 않은 필자의 걸음으로도 1시간 20여분 정도의 산책이면 일동한신아파트(1999.12, 1,740세대) 앞 분성로에 내려설 수 있다. 오른쪽의 주촌고개는 선지고개라고도 하고, 외동고개라고도 하는데, 주촌면 선지리와 시내 외동의 어느 쪽에서 보느냐에 달렸을 것이다. 과거에는 시·군의 경계가 되었던 곳으로 시내에서 서쪽으로 나가는 유일한 고개였고, 오랜 세월을 거치면서 여러 가지 이름이 붙었던 모양이다.

주촌고개 바로 아래에는 내외동 최초의 아파트단지였던 외동주공아파트(1988.6, 920세대)가 있다. 곧잘 주공1단지로 불리는 단지에는 요즘엔 보기 어려운 5층짜리 아파트 여러 동이 자리하는데, 많이 낡아 불편을 호소하는 주민도 있겠지만, 아담한 높이와 공간을 가득 채우고 있는 풍성한 녹색은 유럽의 어느 주택단지 같은 느낌도 있다. 아파트 정문 앞의 상가는 이웃의 동성아파트(1991.1, 490

세대(世代)까지 이어지고 있는데, 이제 막 학교가 파해 기웃거리며 지나오는 아이들로 제법 활기를 띠고 있다. 동성아파트 정문 앞의 은하공원에는 지난 세월과 마을의 모습을 간직하고 있는 흔적 두 가지가 있다. 하나는 시의 보호수로 지정되어 있는 400년 묵은 은행나무고, 또 하나는 임진왜란 때 김해성을 지키다 순절하신 유식(柳湜)선생 가문의 문화유씨세적비(文化柳氏世蹟碑)다. 문화유씨가 대대로 살아왔던 내력을 적은 비문에 따르면, 문화유씨 17세손인 유용(柳墉)이 양산군수로 퇴관한 뒤 이곳 거인리(居仁里)에 살기 시작하면서 마을 입구에 심었던 은행나무가 지금 비 앞에 서 있는 은행나무의 노거수이고, 임진왜란 때 김해의 사충신이 되었던 유식 선생이 그 집 손자였음을 전하고 있다. 1987년 여름에 세워진 국한문혼용의 이 비석은 덧칠한 시멘트 때문에 조금 쇠약해 보이긴 해도 400년 풍상을 이겨내고 여전히 푸른 잎을 달고 있는 은행나무와 짙은 역사의 향기를 뿜어내고 있다. 은행나무 아래의 정글짐에 매달리고 놀이터를 뛰면서 목청껏 떠드는 아이들 소리의 콘트라스트가 꿈결처럼 아득하다. 아래 쪽 동성아파트삼거리 건너에 있는 거인공원의 이름도 거인이 노는 공원이어서가 아니라, 머물 거(居)에 어질 인(仁)이니, 인자한 이가 사는 마을이란 땅이름을 잇는 것이었다. 이런 마을 이름 때문인지 임진왜란 사충신의 또 한 분이셨던 김득기(金得器) 선생도 역시 이 마을 출신이었다.

재잘거리며 흘러 내려오는 아이들 물결을 거슬러 가다보니 동성아파트 위의 가야초등학교에 이른다. 2000년 3월 개교해 35학급 1,015명(여468)의 학생들과 24명의 유치원생들이 6대 안병용 교장 이하 75명 교직원들의 가르침을 받고 있다. 노란색 교사는 아담한데 운동장 한쪽에 장막처럼 내려진 거대한 시멘트옹벽은 어떤 아이들을 키우겠다는 건지 절로 눈살이 찌푸려진다. 정문 앞 가로수의 키 큰 은행나무 대열에 노란 물이 들면 참 예쁘겠다고 생각하며 위쪽에 있는 경운사를 찾아 간다. 얼마의 아스팔트길을 올라가 만나는 4단의 흰색 대리석계단 위에 극락보전(極樂寶殿)이 있는데, 극락을 보여주던 아미타부처가 관세음보살과 지장보살을 거느리고 앉아있다. 아미타신앙을 통해 현세의 행복과 극락을 추구하려는 도량인 모양이다. 지난 해 스리랑카에서 들여온 부처님 치아의 진신사리를 봉안했다는 다보탑 모양의 사리탑이 있는데, 여기서 극락전 기와지붕 너머로 보이는 시내 풍경이 그럴듯하다. 사리탑 연기문 뒷면에 새긴 청평스님의 행장과 극락전 왼쪽의 권명례공덕비에 따르면, 속명 한정관의 청평스님이 시주 권명례 보살과 함께 지성암을 창건했다가 1980년 9월에 경운사로 개명했다고 한다. 역시 수인사 같은 잔디마당이 마음에 걸린다. 이 동네 유행인가?

절에서 내려 온 길 끝에 원불교 서김해 교당이 있다. 1987년 서김해 포교를 시

■
은하공원 400년 묵은 은행나무와 임진왜란 때 김해성을 지키다 순절한 유식 선생 가문의 문화유씨세적비

작으로 1997년 5월 지금의 교당을 낙성했다. 문신원 교무가 설법하는 일요일 법회에는 50여 명의 신도들이 출석하고, 부설의 원광유치원에서는 4개 반 40여 명의 원아들이 활기차게 자라나고 있다. 대성동 김해서중의 신축이전을 위한 공사현장을 지나 새 포장의 도로를 따라 가면 금년 3월에 개교해 이제 자리 잡기 시작하는 김해제일고등학교가 있다. 10학급 309명(남272, 여118)의 신입생이 초대 백종철 교장 이하 29명 교직원들의 가르침을 받고 있다.

  갓 태어난 제일고 아래쪽에는 80년의 전통을 자랑하는 최고참의 김해생명과학고등학교가 있다. 일제강점기 1927년 5월 5일에 김해공립농업학교로 개교했다가 한국동란 직전인 1950년 5월에 김해농업고등학교로 승격했다. 그 후 반세기 동안 김해의 명문고로 성장해오다 세월의 흐름에 밀렸는지 2006년 3월에 김해생명과학고등학교로 이름을 바꾸었다. 웬만한 전문대캠퍼스 뺨치는 2만여 평의 교사와 운동장, 그리고 실습지와 금관대로 건너의 축구전용구장은 4개과(국제농축산개발, 도시원예, 농산업기계, 식품가공) 10개반(국제농업유통, 관상동물, 마필관리, 생활원예, 생물산업, 실내조경, 농산업기계1반, 농산업기계2반, 식품가공1반, 식품가공2반) 소속의 881명(여278) 학생과 28대 윤병철 교장 이하 81명의 교직원들이 함께 배우고 가르치기에 넉넉하다. 마침 음악시간인지 학생들의 합창소리가 울려 퍼지는 가운데, 국화와 화초를 매만지고, 야생화 씨앗과 난 균 배양에 몰두하며, 농기계를 조작하고, 말을 관리하며, 애견과 조류를 다루는 학생들의 눈과 몸짓이 생기에 가득하다. 교기로 하는 축구

원불교 서김해교당

부는 올해에도 이미 전국고교축구대회 3위, 경남도민체전 준우승의 성적을 거
둘 정도로 언제나 고교축구 강자의 자리를 차지하고 있다. 이렇게 배출된 졸업
생이 17,133명을 헤아리는데, 김종간 전 김해시장, 노계현 전 창원대 총장, 조장
환 전 단국대 총장, 아시안게임 장대높이뛰기 3연속 메달리스트 홍상표 육상경
기운영본부장, 동방그룹 김용대 회장 등의 이름이 세간에 오르내리고 있다. 올
해에도 어김없이 '김해농고'의 국화전시회가 이번 달 28~30일에 개최된다고 한
다. 이 학교의 국화전시회는 김해시민의 연중행사와도 같기에, '매화 피는 김해
의 봄은 건설공고에서 오지만, 국화 피는 김해의 가을은 김해농고에서 온다'는
말 하나를 만들어 본다.

내외동2
(문화의집~지석묘~경운초)

25

새로 쓰는 김해지리지 — 김해학 길 위에 서다

지난번 걸음을 멈추었던 생명과학고를 나와 왼쪽에 있는 '내외문화의 집'으로 간다. 횡직선 무늬의 알루미늄패널을 붙인 은백색 벽에 파란색 종직선의 각진 기둥 3개와 양옆에 파란색 사다리를 세운 것 같은 출입문, 그리고 '내외문화의집'이라 쓴 고딕의 파란 글씨가 서로 잘 어울리는 건물이다. 눈여겨보는 이는 별로 없겠지만 생명고쪽 벽에 종횡의 검은 직선으로 크고 작은 사각형을 만들어 그 안에 핑크와 살색, 옅은 고동과 회색을 칠한 것과 함께 몬드리안의 모던함이 떠올려지는 디자인이다. 5억 9천만 원(국비 2억3천만원)으로 예전의 내외동사무소 건물을 전면 리모델링해 1988년 7월 13일에 개관했다. 문광부의 보급사업으로 전국에서 19번째, 김해에서 2번째로 탄생했던 복합문화서비스 공간이다. 가까운 거대 아파트단지에서도 걸어 다닐 수 있는 거리라 분기별로 개최되는 교양강좌에 대한 호응도 높다. 하루 300여명이 드나드는 입구의 쌈지마당에는 물레방아와 분수대도 있었지만, 등나무 그늘과 잔디밭만 남은 지금이 오히려 더 깔끔하다. 나무그늘 떨어지는 잔디에는 백색 화강암의 개구리 모자상이 있다. "혹시, 청개구리?" 란 짓궂은 생각을 떠올리며 피식 웃는다. 지난해에 새로 '내외작은도서관'이 들어섰다는데, 1층에는 안내와 정보자료실, 인터넷과 비디오부스, 문화 사랑방과 창작실 등이 있고, 2층에는 개인연습실과 문화관람실이 있다. 수채화, 서예, 시창작, 기타하모닉스, 플룻앙상블 같은 동호회들이 대관신청을 통

내외문화의집

해 연습도 하고 공연도 선사한다. 10월 4일부터 시작된 교양강좌에는 노래교실, 요가, 한지공예 같은 성인반과 뎃생과 한자교실 같은 초등학생반이 운영되는데, 담당의 김미정 선생은 시민들의 좋은 반응을 자랑하고 있다. 다만 언제나 손이 부족해 자원봉사회원에게 의존하는 것이 적지 않단다. 애써 만든 좋은 공간인데, 관리와 운영에도 적극적인 투자가 있어야 겠다.

2005년 6월에 재개원한 김해사랑병원이 바로 옆에 있다. 인제대를 졸업한 김형진 원장의 정형외과에서 시작해 내과와 외과를 아울러 갖춘 전문병원이다. 병원 홈페이지에 게재된 환자들의 수술체험기는 우선 병원의 홍보를 위한 것이겠지만, 걱정부터 앞서는 환자에게는 많은 위로와 참고도 되는 모양이다. 병원을 찾기도 전에 치료가 시작되는 느낌이란다.

병원을 바라보고 오른쪽 금관대로1265번길을 조금 오르면 첫 번째 교차로 오른쪽 모퉁이에 대원정사의 간판을 단 나트막한 기와집이 있다. 실례를 무릅쓰고 담 너머를 기웃거린다. 왼쪽 블록 담 앞에 깬 돌이 덮인 흙바닥이 있는데, 여기에 바로 2,500년 전을 거슬러 올라갈 수 있는 내외동의 타임머신이 묻혀 있다. 도기념물97호로 지정 보존되고 있는 내동지석묘(支石墓;고인돌) 유적이다. 1976년 1월 부산대박물관의 조사 때만 해도 모두 3기가 있었지만, 이제는 저 아래 있는 것이 유일하다. 2,500년 전의 내외동을 증언해 줄 유일한 증인이다. 경운산 자락의 이 근처에는 수많은 지석묘가 있었다고 전해지지만 밭이 경작되고 마을이 도시화되는 과정에서 모두 파괴 소멸되었다.

새
로
쓰
는
김
해
지
리
지
ㅣ
김
해
학
길
위
에
서
다

여기가 3호지석묘(내동469, 금관대로1265번길4-1), 맞은 편 자광암 근처에 2호지석묘(내동473-2, 금관대로1265번길6-5), 200m 떨어진 곳에 1호지석묘(금관대로1265번길5-7부근)가 있었다. 1호만 발굴조사되었고 2호와 3호는 집과 벽 아래에 묻혀 있어 관찰만 할 수 있었다. 1호에서는 세형동검(細形銅劍), 흑도(黑陶), 무문토기(無文土器)와 홍도(紅陶)의 파편이 출토되었는데, 동검과 흑도로 보아 기원전 4~3세기의 유적으로 추정되었다. 2호는 1985년 11월에 상석과 지석이 소실되어 동의대박물관이 긴급 발굴했다. 홍도, 돌대문호(突帶紋壺)·무문토기·마제석촉의 파편과 백자완이 출토되었는데, 백자완은 조선시대에 고인돌의 큰 바위에 치성을 드렸던 것이지만, 몸통의 돌출 띠가 특징인 돌대문호의 파편은 일본의 야요이토기(弥生土器)로 생각되고 있다. 기원전 3세기경의 왜 계통 토기가 출토됨에 따라 2,300년 전에 대한해협을 건너던 김해지역과 큐슈북부의 교류를 짐작케 하였다. 이제 혼자 남아 내동지석묘로 불리는 3호는 1996년 9월 건물신축의 민원으로 조사되었다. 내부에서 무문토기와 돌대문토기의 파편, 개석(蓋石:뚜껑돌) 위에서 홍도와 꼬막껍질이 출토되었다. 홍도와 꼬막은 개석을 덮을 때 행했던 제사의 흔적이다. 지석묘로서는 아주 드물게 사람의 하악골과 상완골 편이 검출되었다. 2,600년 전의 '내동사람'이다. 워낙 작아 숙년의 나이는 확인했지만 성별은 알 수 없었다. 근년의 조사 예를 보면, 1·2·3호는 땅을 위가 넓고 아래는 좁게 2단으로 파서 아래에 석곽 등으로 주인공을 안치해 개석을 덮고, 그 위와 둘레를 돌들로 채워 지석(支石)을 괴고 상석을 올리는 스타일의 고인돌이었다. 3호의 상석은 발굴조사 후에 국립김해박물관으로 옮겨져 박물관 앞마당 정자나무 아래에 전시되고 있다.

■□
구산동 지석묘

□■
내동 지석묘 상석
(국립김해박물관)

2006~2008년에 발굴된 구산동유적의 거대지석묘(내부 미조사)와 대규모의 청동기문화마을이 경운산과 평행하게 비슷한 레벨로 이어져, 이 유적 또한 전북 고창의 세계문화유산 고인돌무리에 필적하는 것이었음을 알 수 있다. 더구나 구산동유적에서도 같은 왜 계통의 토기들이 대량으로 출토되어 2,500년 전에 활발했던 일본과의 교류를 다시 확인시켜 주었다. 이제 홀로 남게 된 내동지석묘를 지키는 강아지가 있다. 그래서 담 너머로 머리를 들이 밀다 깜짝 놀랐다. 지난번엔 자고 있던 녀석이 오늘은 벼락같이 짖어 댔기 때문이었다. 놀란 가슴을 쓸어내리며 "그래, 너라도 좀 잘 지켜달라"는 이상한 부탁을 남기고 돌아섰다.

붉은 벽돌 목욕탕 소정탕의 거대한 굴뚝이 새파란 가을하늘을 찌르고 있다. 소정탕을 끼고 왼쪽으로 돌아 비탈길을 몇 블록 올라가다 보면 담쟁이가 울긋불긋한 내동중학교의 담벼락을 만난다. 오른쪽으로 조금 가다 내동공원 맞은편의 정문을 들어서는데, 저만치에 내동중학교라 쓴 하얀 건물에 여러 줄기의 콩나무가 떼를 지어 기어오르고 있다. 옆을 보니 산림청 지정의 '2011년 학교숲 조성학교'란 간판이 있다. "아하, 그런거구나" 하고 고개를 끄덕였다. 1992년 3월 개교의 내동중학교는 정병식 교장 이하 75명의 교직원들이 29학급 953명(여406명)의 학생들과 공부하고 있다. 김해외고에도 5명이나 합격시켰다는데 줄기차게 기어오르는 콩나무처럼 열심히 가르치고 배우는 모양이다. 드물게 특별활동에 한국화반이 있어 활동사진을 찾았더니 잘 아는 수묵화 작가가 학생들을 지도하고 있었다. 뜻하지 않은 곳에서 지인을 만나는 쑥스러움에 실소가 터졌다. 얼른 옆의 초등학교로 걸음을 옮긴다.

1990년 3월 개교의 내동초등학교는 신용환 교장 이하 58명의 교직원들이 27학급 695명(여341명)의 학생들을 가르치고 있다. 정문을 들어서는데 깜짝 놀랐다. 잘 꾸며진 공원이나 부잣집 정원 같은 마당 때문이었다. 정문에서 교실로 통하는 길에는 목재데크를 깔고 정원수와 잔디, 그리고 화단을 적절히 배치했고, 담장과 운동장 사이도 데크와 붉은 타탄을 깔고 벤치, 시소, 알록달록한 놀이기구들을 단풍 들기 시작한 나무들과 화단 사이에 앉혔다. 새로 된 정원이라 조금 엉성하지만 이런 길로 다니고 여기서 뛰노는 아이들은 분명 다르게 자라날 것 같다. 남을 괴롭히는 아이나 쉽게 목숨을 포기하는 청소년이 될 리는 없을 것 같다. 마침 화단에 물주고 있는 수위아저씨와 체육선생님께 물었더니 지난 해 3월에 경상남도 그린스쿨(친환경학교)로 지정되었고, 거기에서 얻은 예산으로 이렇게 꾸미게 되었단다. 지난번에 들렸던 시멘트옹벽의 다른 초등학교와는 딴 판인 녹색학교에 감동했고, 남다른 선생님들의 노력으로 자라나는 아이들이 행복해 보였다. 중학교와 초등학교가 함께 인공잔디가 아닌 흙바닥운동장으로 남긴 것도 같은 연유였으면 했다. 초·중학생 정도까지는 인조잔디 보다는 흙먼지를 날리며 뛰게 하는 것도 좋을 것 같다고 생각했다.

내동초등학교 정문을 나서 비탈길을 따라 금관대로에 내려선다. 남쪽 몇 블록 아래 서김해새마을금고가 있는 평전사거리가 있다. 평전이란 평평할 평(坪), 밭 전(田)이니, 과거에는 여기서 동쪽으로 외동을 지나고 해반천을 건너 회현동의 봉황대까지가 전부 논밭이었던 것에서 비롯된 이름이었다. 1970년대 중반의 사진에도 낮은 봉황대가 오히려 솟아 보일 정도였고 그래서 평지마을로도 불렸던 모양이다. 금관대로를 건너 송이공원을 지나고 모든민족교회(1982.4, 대한예수교장로회, 최정철 담임목사)를 지나면 길 건너에 소바우공원이 있다. 엊그제 생긴 쌈지공원이지만 내외동의 역사가 이름으로 남았다. 원래 쇠바위(金岩)였던 것이 소바위(牛岩)로 되었고, 바위는 바우로 된 것인데, 내동의 중심마을이었던 우암리의 이름이 이렇게 남았다. 공원 앞의 우암로, 연지공원 맞은편의 우암공원, 그 옆의 우암초등학교도 그런 이름이다. 내동의 중심마을이었던 같은 이름이 하나는 우리말로 소바우로, 또 하나는 한자말의 우암으로 표기되어, 양쪽 공원에 다른 이름처럼 남았다.

소바우공원에서 남쪽으로 우암로를 따라 경운초등학교를 향한다. 건영아파트(1998.12, 558세대)와 현대3차아파트(1998.4, 376세대)를 지나, 현대4차아파트(1998.6, 419세대)의 정문 앞에서 내외로11번길로 접어든다. 저 앞에 옹기조각 타일장식과 삼각형 첨탑이 옛날 예배당 같이 정겨운 내외동교회(1990.6, 예수교장로회, 예종길 담임목사)가 보이는데, 그 앞이 경운초등학교다. 1996년 9월 개교로 37학급 1076명의 학생과 2개 반 28명의 유치원생들이 김용두 교장 이하 59명 교직원들의 가르침을 받고 있다. 교육목표로 제시된 도덕인, 창조인, 자주인, 건강인의 압축된 용어가 눈길을 끌고, '신나는 줄넘기' 프로그램으로 '달인' 등의 급수제와 대회를 통해 학생을 단련한다. 금년 8월 일본 시마네현 이즈모시(出雲市) 나가하마소학교(長浜小学校) 학생들의 방문사진이 이채로웠다. 담당하시는 김소영 선생님께 물었더니, 벌써 1999년부터 지속되어온 한일교류프로그램이란다. 상호 30여명 정도의 학생과 교사들이 해를 바꿔가며 교환 방문하는데 일본 측의 제안으로 시작되었단다. 어린이들의 한일교류도 신기하지만 상대가 시마네현이고, 이즈모시라는 사실은 의미가 있다. 시마네현(島根県)은 일본에서 독도영유권을 주장하는 전진기지 같은 곳이고, 이즈모시(出雲市)는 고대 일본에서 1/4의 비중을 가졌던 곳으로 가야와 신라에서의 이주민과 문화전파의 흔적이 가장 뚜렷하게 남아 있는 곳이기 때문이다. 시마네현청에는 타케시마(竹島)자료관이 있고, "독도여 돌아오라"는 표지판이 커다랗게 세워져 있다. 그런가 하면 나가하마소학교가 있는 곳의 지명은 아라카야쵸(荒茅町)로 함안 아라가야와의 관련이 자주 언급되는 고장이다. 더구나 이즈모시 동

■□
소바우공원
□■
내동중학교

쪽에는 부뚜막신앙을 가지고 이주했던 가야인의 흔적이 도착한 항구와 거슬러 오른 강의 이름, 그리고 종착지인 가야부뚜막신사(韓竈神社)에 뚜렷하게 남아 있다. 탁함도 굴절도 없는 어린 시절부터의 교류를 통해 과거와 현실 모두를 함께 살피면서 한일양국의 우호관계를 발전시켜갈 수 있는 인재를 키우고, 양국의 선입관이나 오해를 풀어갈 수 있는 희망을 키우는 현장적 교육이란 생각이 들었다.

학교정문을 나서 왼쪽의 선학공원을 가로 질러 우암로 건너에 있는 경운중학교를 찾는다. 2001년 3월에 개교한 37학급 1,181명(여616명)의 학생들이 김정복 교장 이하 77명의 교직원들과 공부하고 있다. '행복한 도서관 만들기' 프로그램이 눈에 띠고, 개교 때부터 교기로 지정된 태권도부의 활동이 활발하다. 2006년 대회부터 성적을 내기 시작해, 지난 해 5월에는 제37회 전국중고등학교태권도대회에서 1·3위를 차지했고, 8월의 전국소년체육대회에서도 금메달과 동메달을 획득했다. 경운중사거리에서 왼쪽으로 동아1차아파트(1997.1, 720세대)를 지나 내외동주민센터에 이르렀지만 오늘 역시 계획의 반의반도 못 왔다. 오늘은 또 무슨 수다가 그리 많았던 걸까? 이제 얼마 남지도 않았는데 시내는 다 돌 수 있을까? 감상과 의견의 무자비한 다이어트를 다짐해 본다.

26

내외동3
(주민센터~문화원)

지난번에 걸음을 멈추었던 내외동주민센터에서는 오늘도 주재순 동장과 15명의 직원들이 3만325세대, 8만7천577명(여4만3천875명)의 주민들을 돌보고 있다. 흰색 벽과 모스그린 색 유리창의 조화가 산뜻한 4층(지하1층) 건물에는 행정업무 이외에도 주민들을 위한 에어로빅과 헬스장, 예식장, 노인휴게실, 일반인과 초등학생의 강좌를 위한 강의실, 미니도서관 등이 있다. 1895년 최초의 근대적 행정구역 김해군 우부면의 내리와 외리로 시작해, 1981년 7월 김해시 내외동이 되었고, 1998년 1월 내외문화의집 자리에 있던 동사무소가 현 청사로 옮겨 왔다. 2003년 10월 주민자치센터가 열리면서 자치위원회, 부녀회, 적십자봉사회, 자연보호협의회, 방범대, 내외문화의집자원봉사회, 풍물단, 청년회, 노인회 등 20여 개의 관련단체가 함께 주민의 안전과 번영, 편의와 복지를 위해 수고를 아끼지 않고 있다. 2007년 9월 내외동주민센터가 되었다. 동장은 홈페이지의 인사말을 통해 임호산과 경운산을 등지고 해반천을 앞에 둔 배산임수의 쾌적한 신도시로 16개 초·중·고와 30여개의 아파트단지, 대규모 상가시설과 연지공원을 비롯한 25개 공원의 녹지공간, 김해문화의전당과 스포츠센터 같은 고급 문화시설 속에서 전국 최대의 대동제가 개최됨을 자랑하고 있다.

주민센터 옆 내외119안전센터에서는 마침 긴급출동하는 소방차와 임무를 마치고 돌아오는 앰뷸런스가 자리를 바꾸고 있다. 안전센터 뒤의 거북공원은 거

■□ 내외동주민센터

□■ 외동시장

대 아파트와 상가 숲에 둘러싸인 주민들의 오아시스다. 부드럽게 퍼져나는 가을 햇살을 즐기시는 어르신들과 유모차 미는 젊은 아낙들의 아침으로 시작해, 낮이 되면서 유치원과 학교에서 돌아오는 어린이들의 놀이터가 되었다가, 땅거미가 지기 시작하면 길거리농구와 X게임을 즐기는 청소년들의 무대가 된다. 어둠이 짙어지면서 연인들이 등장하고 커플들을 곁눈질해 가며 걷기 운동하는 아줌마와 아저씨들의 행렬이 늦은 밤까지 이어진다. 토요일에는 '행복한 나눔장터'로 불리는 벼룩시장이 열리고, 때에 따라 야외전시회나 집단시위의 공간으로 변하기도 한다.

거북공원을 나와 길을 되돌려 대동한마음아파트(1995.11, 1440세대)와 형형색색의 간판들이 숲을 이룬 밀집상가 사이 함박로101번길을 따라 남쪽으로 걷는다. 불법주차로 좁아진 도로를 곡예운전으로 누비는 차의 행렬이 계속되고, 넘쳐나는 각종 입간판들 사이로 쇼핑과 통행으로 오가는 이들로 온종일 북적 거리고 있다. 상가 뒤편에는 기다란 복도처럼 가판대와 파라솔이 늘어서 있는 재래시장이 있다. 콘크리트정글 속에서 제법 사람 냄새 나는 동네풍경을 연출하고 있다. 지척의 대형할인마트 보다 달고 싼 과일을 파는 함안청과도 있고, 말만 잘하면 덤도 듬뿍 얹어주는 시장의 인심도 있다. 높고 삭막한 콘크리트 그늘 속이지만, 오히려 수많은 소음에 끌려 발길도 머무는 도시적 향수가 느껴지는 공간이다.

함박로에 나서 부산은행 내외동지점을 끼고 오른쪽으로 돌면 길 건너에 풍차 모양의 첨탑이 유별나게 보이는 국제유치원이 보인다. 유치원 옆에는 한국2차아파트(1998.12, 2316세대)의 서북쪽 모퉁이를 봉명초등학교가 차지하고 있다. 1998년 9월에 개교한 봉명초등학교는 50개 학급 1459명(남755명)의 어린이들이 남희일 교장 이하 96명의 교직원들의 가르침으로 꿈을 키워가고 있다. 봉황이 울었다는 뜻의

봉명(鳳鳴)은 조선 고종 초(1870년대 초반)의 김해부사였던 정현석이 중국 금릉(金陵; 남경)의 산 이름에서 본 따 임호산을 봉명산으로 고쳐 불렀던 데서 비롯된 이름이다. 마침 체육시간인지 축구공을 따라 이리저리 뛰고 있는 어린이들 속에 '봉황의 알'이 있을 것만 같아 눈을 떼지 못하였다. 학교의 안내와 교육에 이런 교명의 유래가 충분히 활용되었으면 좋겠다는 생각을 했다. 소란스런 봉명초등학교와 대조적으로 바로 옆의 경원고등학교는 아침부터 무거운 정적에 싸여 있다. 수능이 얼마 남지 않은 때문이다. 중앙 현관 양쪽에 늘어뜨린 '수능대박' 기원의 현수막이 비장하다. 현관에 들어서도 별다른 움직임이 없다. 민감해진 3학년 형님들 덕에 1·2학년들마저 움츠러든 모양이다. 우리 집 애도 아닌데 입속으로 '화이팅'을 외치면서 서둘러 학교를 빠져 나간다. 1998년 3월에 개교한 남녀공학으로, 37학급 1,447명(남788명)의 학생들이 박철준 교장 이하 86명 교직원과 공부하고 있다. 지난해 498명의 졸업생 중 432명(4년제303명, 전문대129명)이 86.7%의 높은 합격률을 보여 진학명문교로 성장하고 있음을 짐작케 한다.

우암로 건너 세 블록 거리에 외동초등학교가 있다. 1993년 9월에 개교해 김형곤 교장 이하 67명의 교직원들이 37학급 1,017명 학생들을 가르치고 있다. 학년별 민속놀이체험학습도 눈에 띄지만 축구부의 선전은 유별나게 눈부시다. 1996년 창단의 축구부는 지난 6일 서울 월드컵경기장 보조구장에서 열린 전국초중고축구리그 왕중왕전에서 우승했다. 지난 8월 경주에서 열린 화랑대기 전국유소년축구대회 우승에 이어 한국소년축구의 정상을 확인하는 쾌거였다. 게다가 최전방 공격수인 6학년 천지현(12세) 군에게는 메시를 연상케 하는 플레이라는 칭찬이 쏟아졌다. 득점왕도 차지했고 지난 번 경남대회에서는 게임당 2골을 기록하는 좋은 성적도 올렸단다. 한국대표팀, 아니 세계의 스트라이커로 성장해 가길 기대해 보면서 이렇게 좋은 팀과 선수들을 키워 온 이정호 감독의 수고에도 뜨거운 박수를 보낸다.

외동초등학교 뒤쪽으로 나서 분성로를 건너면 김해중앙병원과 조박사냉면이 있다. 김해는 냉면보다 밀면이 대세여서인지 제대로 하는 냉면집 찾기가 어려웠는데 요즈음엔 많은 단골들이 줄을 잇는 모양이다. 다 팔렸다는 때도 많지만 냉면과 함께 먹는 개성왕만두도 별미다. 1996년 150병상으로 시작한 김해중앙병원(병원장 김상태)은 내과·외과·산부인과·안과·치과·피부비뇨기과·재활의학과·산업보건학과 등 17개과에 로봇인공관절수술센터·심혈관센터·소화기센터·뇌졸중센터·인공신장센터 등 7개의 전문진료센터를 갖춘 346병상의 대형병원으로 성장했다. 여기부터 임호산 자락의 마을들이 분성로를 따라 동쪽으로 길게 뻗어 해반천에 이르고 있는데, 좀 전에 지나 온 내외동상가지구와는 많이 다른 분위기를 연출하고 있다. 길을 따라 앞쪽 제1열로 탑마트, 음식점들(주왕산삼계탕, 조방낙지, 칠암장어), 우림탕, 병원[메디파크(황혜란산부인과·백태현내과·박정규정형외과), 편한메디칼, 굿모닝대홍병원]과 약국들, 학원, 자동차 쇼룸 등이 늘어서 있고, 뒤쪽 제2열로 한솔빌리지(2004.7, 298세대), 쌍용스윗닷홈(2005.8, 440세대), 조흥그린타운(1993.9, 299세대), 동호그린코아(60세대)처럼 작은 규모의 아파트 단지들이 무접삼거리까지 줄지어 있다.

편한메디칼 뒤로 보이는 임호성당(주임신부 박태식)은 대개의 성당처럼 붉은 벽돌로 지은 건물로 이국적 풍취가 가득하다. 2001년 2월 초대 이석희 주임신부가 부임했고, 2002년 4월에 지금의 성당을 낙성하고 봉헌미사를 올렸다는데, 영어미사까지 모두 다섯 번의 주일 미사에는 천여 명 정도의 신자들이 출석하고 있단다. 쌍용스윗닷홈 뒤에 있는 봉명중학교는 2008년 3월에 개교한 4년 차 학교로 금년 2월에 첫 번째 졸업생을 배출한 신출내기 학교다. 지난 9월에 부임한 제3대 우의오 교장 이하 48명의 교직원들이 21학급 778명(남283명)의 학생들을 길러내고 있다. 봉황의 이니셜 B에 날개가 결합된 밝은 색의 로고가 고급스럽다. 앞의 초등학교와는 다르게 봉황이 울었다는 지명을 잘 활용하고 있다. 김해문화원이 주관하는 제14회 한뫼 한글백일장에서 3학년 이현우 군이 장원을 차지했다는 뉴스도 있고 학부모와 함께 하는 함박산 산행에 눈길이 갔다.

임호산 끝자락의 분성로에는 무접삼거리가 있다. 춤출 무(舞), 나비 접(蝶)의 무접마을에서 비롯된 지명이다. 임호산 아랫마을이 나비가 춤추는 형상이라 무접마을이라 했다고 한다. 임호산에서 내려다보면 해반천으로 뻗어 나간 임호산 자

새로 쓰는 김해지리지 ― 김해학 길 위에 서다

락이 나비의 몸이 되고, 그 양쪽으로 나누어진 터미널과 흥동이 날개로 보여, 해반천에 물 마시러 가는 나비를 그렸던 모양이다. 이렇게 오래된 땅이름을 전해 주는 노거수 하나가 무접경로당에서 몇 걸음 떨어지지 않은 곳에 자리를 지키고 있다. 250년 된 팽나무라는데 아직 개발의 손길이 미치진 않았다지만 주위를 둘러싼 집과 주차차량 들, 전신주와 뒤엉켜 있는 전선들에 갇혀 있는 모습은 답답하기 그지없다. 표지판에 써 놓은 보호수라는 이름이 무색하다. 언제까지 무접마을의 이야기를 전해 줄지는 내일을 기약하기 어려운 지경이다.

　　여기서 전화로를 건너면 대형마트 건립의 특혜시비가 한창인 국민생활체육운동장이 있고, 그 너머에 50만 도시의 관문으로 참 초라한 김해여객터미널이 있다. 시내 부원역 쪽에서 옮겨 온 지도 제법 되었는데 아직도 70년대 시외버스정류장의 모습이다. 그렇다고 무슨 낭만이 있는 것도 아니고 다만 불편하고 지저분할 뿐이다. 터미널에서 분성로를 건너면 김해보건복지센터가 있다. 1999년 시청 옆에서 옮겨 온 김해시보건소와 인제대가 운영하는 김해시종합사회복지관과 인당어린이집이 모스그린에 층마다 흰 띠를 넣은 지상 3층 지하 1층의 건물에 들어 있다. 복지센터 옆에는 1956년 9월에 개원한 김해문화원이 있다. 흰색 타일

■ 무접마을 노거수

이 말끔하게 보이는 지하1층 지상 2층의 지금 건물은 1997년 12월부터 사용해 오고 있는데, 전시실, 강의실, 공연장, 사무실, 향토문화연구소가 있다. 반세기 넘게 김해의 지역문화를 선도하고 발전시켜 온 김해문화의 고향인 문화원에는 오늘도 전통문화를 배우려는 발걸음이 이어지고 있다.

우리 시대의 '김해인'

오늘은 '김해인' 한 분을 만났습니다. 제14대 김해문화원 원장 한고희(韓高熙) 선생입니다. 주촌면 천곡리에서 태어나, 합성초·김해중·김해농고·동아대에서 수학하고, 김해중 13년 근속을 비롯해 34년의 국어선생님과 5년째 문화원장으로 봉사하고 있는 오늘까지 김해를 떠난 적이 없는 우리 시대의 '김해인'입니다. 물론, 오래 살았다 해서 '김해인'으로 부르려는 것은 아닙니다. 초대 김해연극협회 지부장을 서작으로, 김해불교학생회를 조직하고, 가야문화연구회의 창립멤버로 가야유적을 지키며, 김해사이클협회를 9년 간 이끌었으며, 김해생명의전화, 가락문화제제전위원회, 민속예술보존회 등에서 봉사해오면서, 근년에는 도요의 예술창작스튜디오 촌장을 맡기도 했습니다. 이런 공로로 녹조근정훈장도 받았고, 제11회 김해시문화상도 수상했습니다. 그러니까 교육, 문화, 체육, 봉사 등 김해시민을 행복하게 할 수 있는 일이라면 다 한 셈입니다. 그래서 우리는 그를 '김해인'이라 부를 수 있다고 생각했습니다. 김해문화원과의 인연은 가야문화연구회와 제전위원회에서 9~11대 문화원장 이병태 선생님과의 교제에서 시작되었고, 2007년 7월 취임의 13대 원장을 거쳐 지난 7월에 재선임되었습니다. "과거만 추억하는 것 보다 현재의 김해도 중요하고, 시민이 먼저 행복을 느낄 수 있다면 그것이 김해문화의 발전이다"라는 게 원장님의 지론입니다. 근현대 사진과 보도 자료의 수집, 김해인물의 재조명, 전국체전 등을 위한 구지봉성화채집의 의례화, 모든 시민아 전통 악기와 무용, 다도, 시조와 판소

리 등을 배울 수 있는 '문화학교'의 적극적 운영 등을 통해, 노인들만의 경로당 같은 이미지가 아니라, 현대의 남녀노소가 함께 즐길 수 있는 공간으로 다시 태어나게 하고 싶답니다. 정해진 보수도 없으면서 2천 여 만원을 기부하고, 연회비 30만원을 내는 봉사직의 수행 때문이 아니라도, 문화원장은 해당 지역에서 손꼽아져야 할 '어른' 중의 한 분이 되어야 합니다. 자연인 한고희가 아니라, 김해문화원장이라 그렇게 대접해야 하는 겁니다. '어른 부재'의 요즘 세상에선 더욱 절실한 일입니다. 그러나 정작 오늘 찾아 뵌 원장님은 저녁에 열릴 '동네방네음악회' 준비에 바쁘면서도, 시민강좌의 '문화학교'에 대한 예산지원 중단을 걱정하고 가슴 아파하고 있었습니다.

27

내외동4
(나비공원~연지공원)

새로 쓰는 김해지리지 ― 김해학 길 위에 서다

나비공원이라고 특별히 나비가 많은 건 아니다. '나비가 춤추는 마을'이란 오래된 동네 이름이 공원에 붙여지게 되었다. 차가워진 날씨 때문인지 광장 바닥에 깔린 붉은 벽돌과 노란나비 문양 위에 부서지는 아침 햇살이 오늘따라 따뜻하다. 한국1차(1996.12, 1,530세대), 덕산(1997.3, 900세대), 서광(1997.3, 336세대) 아파트 숲에 둘러싸인 공원 한쪽에는 조선시대의 선정비들과 한뫼 이윤재 선생을 기념하는 조형물이 있다. 김해문화원 서쪽 벽에 늘어선 15기의 비석과 앞 쪽 소나무 아래 홀로 서 있는 1기의 비석은 각양각색의 크기와 모양을 하고 있다. 오늘날 김해시장 격인 김해부사(府使)의 선정비가 가장 많고, 병마사(兵馬使)가 군대를 위로했던 기념비, 대한제국기에 부임했던 군수(郡守)의 선정비도 있다. 대개 17 ~ 21세기 초 사이에 김해를 다스렸던 방백(方伯)들의 흔적이다. 원래는 읍성의 남문과 북문 언저리에 세워져 있었던 것이나, 도시화 과정에서 이리저리 흩어지게 되었고, 허왕후릉 맞은편의 구지봉 자락에 모여 있던 것을 1990년 10월에 이리로 옮겼고, 1998년 3월 김해문화원의 준공과 함께 지금 같은 모습을 갖추었다.

선정비들 맞은편 잔디밭에 세워진 희고 검은 대리석 조형물은 2005년 6월에 김해가 낳은 애국자 한뫼 이윤재 선생을 기리기 위한 것이다. 검은 대리석 바탕에 국어사전(?)을 오른 팔에 낀 선생의 브론즈가 서 있고, 선생의 약력과 업적, 말씀과 축시 등을 새긴 동판이 벽이나 기둥 모양의 백색대리석에 붙어 있다. 국어

김해문화의전당

학자이며 독립운동가로 김해의 역사적 인물로 추앙되는 선생은 1888년 12월 25일 김해부 우부면 답곡리(대성동)에서 태어났다. 공립보통학교(동광초등학교)에서 신학문을 수학하고, 합성학교(합성초등학교)의 교사로서 교육계몽운동에 동참했으며, 대구 계성학교에서 고등과정을 이수하면서 우리말과 글에 깊은 관심을 가지게 되었다. 평북 영변의 숭덕학교 재직 중에는 지역의 3·1운동에 앞장섰고, 평양감옥의 옥고를 치룬 뒤에 신채호 선생의 영향으로 북경대 사학과에서 역사학을 공부했다. 1927년 조선어연구회에 가입해 조선어사전 편찬에 참여했고, 1934년 역사연구의 진단학회를 창립했다. 1942년 10월 조선어학회사건의 중심인물로 체포되어 혹독한 고문 끝에 함흥감옥의 시멘트 독방에서 순국하니 1943년 12월 8일 새벽이었다. 3·1운동 참여, 중국 망명, 북경대서 민족주의사학 연구, 독립운동가 김두봉 상해서 회동, 조선어사전 편찬 주도 등의 선생에게 가장 혹독한 고문이 가해졌던 것은 오히려 당연한 일이었다. 1962년 대한민국 정부는 선생에게 건국훈장 독립장을 추서하였다. 어쩌면 수로왕 이래 김해가 꼭 기억해야 할 역사적 인물의 한 분으로 기념하고 받들어야 할 분이 아닐까 한다.

나비공원을 북쪽으로 나서 함박로를 따라 왼쪽으로 가다 보면 한국1차사거리에 이른다. 남쪽의 은성유치원을 등지고 북쪽 모퉁이의 맥도널드를 끼고 돌면 남북으로 시원하게 뻗은 내외중앙로가 한 눈에 들어온다. 울긋불긋한 느티나무

가로수가 마지막 단풍을 달고 있는 왼쪽 앞에 오복당서점을 시작으로 중앙분리대가 있는 4차선도로 양쪽에 높은 빌딩이 숲을 이루고, 빌딩을 뒤덮고 있는 총천연색의 간판들은 김해의 모든 돈이 여기서 돌아다니는 것 같은 착각을 느끼게 한다. 한국1차사거리에서 중앙사거리와 경원사거리를 지나 연지사거리에 이르는 거리 양쪽에는 금융기관(기업, 신한, 국민, 현대증권, 우리, 하나, 미래에셋, 씨티, 동양증권, 외환, 경남, 농협, 서울보증보험)과 음식점(맥도날드, 베스킨라빈스, 오니기리와이규동, 파리바케트, 카페베네, 돈장사, 대가야한정식, 조선칼국수, 롯데리아, 엔젤인어스커피, 미스터피자, 피자헛, VIPS, OUTBACK)이 도열해 있고, 각종 병원(신통한의원, 함소아한의원, 순풍한의원, 김용대한의원, 내외열린한의원, 강한의원, 미래치과, 홍앤박피부과, 이재우이비인후과, 고운나라피부과, 서울피부과, 서울안과, 조은치과, 속편한내과, 세계로동물병원, 김해메디컬센터, 고려신경외과, 고태욱신경외과, 아이비이비인후과, 코끼리한의원, 훈한의원)과 약국(소나무, 동인당, 메디팜, 해맑은, 온누리)도 많고, CBS기독교방송과 CJ가야방송도 있는 현대 김해의 메인스트리트다. 그리고 보니 이례적으로 많은 한방병원과 적지 않은 피부과병원이 눈에 띠지만, 일반적인 오피스는 그다지 눈에 띠지 않는다. 어르신들의 한의원과 젊은이들의 피부과가 번창하고, 먹고 즐기는 식당과 노래방도 성업 중인 모양이지만, 회사원들의 분주함은 좀처럼 찾아보기 어려운 거리다. 생산보다 소비의 베드타운이라 그런 모양이다. 경전철이 이 길을 지났다면 얼마나 좋았을까 하는 생각이 다시 간절하다.

중앙사거리에서 오른쪽으로 꺾으면 야구연습장이 있는 공원과 현대2차아파트(1996.1, 493세대)가 보이고, 노란 테가 눈에 띠는 임호중학교 체육관이 있다. 1995년 3월에 개교한 임호중학교는 전승연 교장 이하 66명의 교직원들이 33학급 1,132명(남591명)의 학생들과 함께하고 있다. 체육관에서 커가는 농구부는 경남선수권의 준우승을 차지하기도 했단다. 길 건너 동일아파트(1995.11, 375세대) 사이로 가면 작년 2월에 준공한 임호초등학교의 다목적체육관이 말끔하다. 1997년 9월에 개교한 임호초등학교는 이종률 교장 이하 76명의 교직원들이 44개 학급 1,170명(남609명)의 꿈나무들을 밝게 키우고 있다. 교가에 교명의 임호산이 보이지 않는 것이 좀 의아하기는 했지만 '노래부르기'를 특색교육의 주제로 삼은 것이 좋아 보였다. 학급의 반가를 만들어 경연하고, 합창부를 조직해 대회에 참가하는 등 옛 부터 노래하고 춤추기를 좋아했던 우리 민족성에게 안성맞춤인 교육이란 생각이 들었다.

해반천 가의 김해대로에 나섰다가 왼쪽으로 경원로에 접어들어 가야고등학교로 간다. 부산의 학교와 종종 혼동되기도 하는 김해가야고등학교는 1995년 3월에 개교해 정권규 교장 이하 101명의 교직원들이 37학급 1,415명(남786명)의 학생들을 가르치고 있다. 맨땅의 작은 운동장과 2동뿐인 교사가 많은 학생 수에 비해 좀 작은 듯하지만, 폭력학생 없는 학교, 조는 학생 없는 학교, 두발불량학생 없

는 학교, 담배연기 없는 학교, 휴대폰소리 없는 학교를 만들겠다는 5무(無)운동은 세상의 주목을 받기도 했고, 일본의 자매학교인 가고시마현 가고시마(鹿児島)히가시(東)고교와의 상호방문을 통해 학생들의 견문을 넓혀주고 있는 프로그램이 특별나다. 담당하시는 김혜정 선생님에 따르면, 이미 1998년부터 14년째 지속되고 있는 교류프로그램으로 매년 5~6명 단위의 양국 학생들이 서로 홈스테이를 통해 상대국 문화에 대한 이해를 넓혀갈 뿐만 아니라, 한일 우호의 가교적 역할도 담당하고 있다고 한다. 자부심을 가지고 자랑해도 좋을 만한 교육프로그램이라는 생각이 들었다. 학교를 나오면서 5무처럼 '~ 없는 학교'도 좋지만, 한일교류처럼 '~ 있는 학교'는 더 좋을 것 같다는 생각을 했다. '없다'는 '금지'로 이어지지만, '있다'는 '장려'로 이어지기 때문이다.

가야고등학교와 마주 보고 있는 가야중학교는 2002년 3월 개교로 안계수 교장 이하 64명의 교직원들이 30학급 1,080명(남520명)의 학생들을 가르치고 있다. 검도를 교기로 정하고 한자교육을 통해 좋은 인성의 학생을 기르는 노력이 남다르다. 자체 제작의 『가야한자독본』을 교재로 아침마다 전교생이 한자를 배우며, 자체인증제의 실시와 공인급수 획득의 권장을 통해 세계의 중심으로 도약하고 있는 동아시아 한·중·일의 공용문자를 습득하게 하고자 하는 1교1특색활동이다. 원래의 의도대로 글자의 뜻을 곰씹으며 좋은 문장을 외우는 과정에서 학생들의 고운 품성은 보장될 수 있을 것 같다.

삼성아파트(1996.6, 862세대)와 농구장이 있는 해반공원을 지나, 2007년 12월에 개원한 김해센텀병원 조금 못 미쳐, 몇 번씩이나 메뉴를 바꾸었던 도원 앞에서 구지로를 건넌다. 현대1차아파트(1995.9, 402세대)와 동부아파트(1996.12, 402세대)를 관통해 가면 길 건너에 있는 홈플러스를 만난다. 2000년 11월에 개점한 전국 최대 규모의 단일매장(1만1천 평)으로 할인마트와 함께 패션몰과 문화센터가 있는 퓨전스타일의 쇼핑몰로 쇼핑 외에 다만 어슬렁거리며 눈요기와 여가를 즐기겠다고 아예 작정한 모습도 적지 않다. 여름철 피서가 부담스러운 서민들이 에어컨 잘 돌아가는 공간에서 조금 사고 먹고 구경하면서 즐기는 모습이 어느덧 김해풍속도의 하나가 돼버린 느낌이다. 홈플러스 뒤쪽의 휴앤락도 비슷하게 시민들의 놀이터로 애용되고 있다. 지하 2층 지상 6층 건물(2천 평)에 120여 개 패션매장과 2005년 3월 오픈의 멀티플렉스영화관 CGV가 있고, 식당들과 찜질방도 있다. 총 9개관의 1,600석 규모라도 영화 보러갈 때마다 아는 얼굴 만나기가 일쑤다. 김해가 좁긴 좁은 모양이다.

우암로 건너 우암초등학교가 있다. 1995년 5월 개교로 도종석 교장 이하 41명 교직원들이 39학급 1,097명(남585명)의 학생들과 1개 학급 24명의 유치원생들을 가르치고 있다. 여러 악기의 연주를 특화교육으로 삼고, 반 대항경연대회를 개최하는 등 열성이지만, 리코더와 오카리나 정도에 그치는 악기의 획일성이 아쉽다. 정부와 시의 지원으로 바이올린도 배우고 일렉트릭기타도 연주하는 학생들을 볼 수 있으면 좋겠다. 뒤쪽의 창원지방법원 김해시법원은 2005년 4월 부원동의 주민센터와 상아웨딩홀 옆에서 여기로 옮겨 왔다. 지난달에는 신임판사가 폭주하는 소송에 주 2회의 재판을 4회로 늘린 것이 호평의 뉴스가 되었다. 순간의 흥분을 참아 불필요한 소송을 줄여 달라는 판사의 부탁도 경청해야겠지만, 폭발적인 김해의 인구증가에 비례하는 법원의 위상과 규모가 필요하다는 의견도 적지 않다.

개관 6주년을 맞이한 김해문화의 전당은 오늘도 저녁공연이 있는지 환한 불을 밝히고 있다. 광장에 만들어진 유리 피라미드의 불빛이 신비하고, 경관조명과 실내조명을 모두 켠 전당 건물은 조금 큰 보석상자 같이 김해의 밤하늘에 빛나고 있다. 2005년 11월 개관 때부터 세계적인 연주와 공연을 동네에서 즐길 수 있게 되었고, 금난새, 양희은, 장한나, 조관우 등처럼 오는 아티스트마다 최고시설이란 칭찬을 아끼지 않는 마루홀과 누리홀에서 좋은 공연을 만끽할 수 있는 김해시민은 분명 행복하다. 각종 미술품을 전시하고 감상할 수 있는 윤슬미술관도 있고, 아이들이 좋아하는 테마파크 '딸기가 좋아', 봄가을의 청풍과 여름밤에 함께 야외공연을 즐길 수 있는 애두름마당도 있다. 각종 문화학교가 있고 수영장과 스케이트장도 있으며, 우아하게 식사를 즐길 수 있는 레스토랑도 있다.

김해시민의 안식처로 자리 잡은 연지공원은 연꽃 피는 연못이라 연지(蓮池)라

새로 쓰는 김해지리지 ㅣ 김해학 길 위에 서다

■ 연지공원

했겠지만, 원래는 수련 순에 연못 지, 또는 제방 제를 써서 순지(蓴池) 또는 순제(蓴堤)라 했다. 벌써 1469년『경상도속찬지리지』에 등장하는 순지는 함박산 가까운 거인리에 있다 했고, 1991년『김해지리지』는 지금의 연지를 새로 생긴 신지(新池)로 표기했다. 훨씬 남쪽까지 퍼지는 큰 못이 있었는데, 큰 연못의 일부가 남쪽에선 메워지고 북쪽에선 연지공원으로 단장되었던 모양이다. 1996년 12월부터 1999년 12월에 63억 여 원을 들여 완공한 2만8천 여 평의 공간에는 갈대와 물풀이 어우러진 넓은 호수 외에도 수변데크, 놀이터, 미로공원, 야생화동산, 조각공원, 장미터널, 연꽃광장, 벚꽃터널 산책로, 발바닥지압장, 학생실내체육관, 야외공연장, 음악분수 등이 많은 놀거리와 볼거리를 제공한다. 마침 황금빛으로 물든 키 큰 메타세콰이어가 호수에 거꾸로 잠겨있고, 호수 위를 가로지르는 2개의 나무다리는 어색한 연인들의 어깨를 저절로 닿게 한다. 철 지났지만 여름밤에 레이저와 함께 펼쳐지는 음악분수쇼는 한 여름 밤의 꿈을 떠올리게 한다. 그래서 연지공원의 밤은 마법처럼 찾아온다고 하는 모양이다. 동쪽 호숫가 벤치에 앉아 경운산 쪽을 바라보면 대한항공아파트(1986.7, 939세대)와 홍익그린빌(1990.6, 708세대)이 울긋불긋해진 산과 파란 가을 하늘을 배경으로 호수 위에 흰 그림자를 비추며 그림같이 떠 있다. 저기 사는 분들은 매일 이런 풍경을 즐길 수 있어 참 좋겠다. 그것도 공짜로.

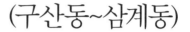

북부동

(구산동~삼계동)

28

지난 해 12월 1일 김해뉴스의 창간과 함께 김해의 구석구석을 찾아 걸으며 김해의 어제와 오늘을 얘기하기 시작한지 꼬박 1년이 지났다. 오늘로 28 번째나 되는 발걸음이건만 시내를 다 돈 것도 아니고 읍면지역은 아직 엄두도 내 지 못하였다. 다리도 아프고 입도 마르지만 시가지의 북부를 도는 오늘로 시내 는 일단락 지을 수 있겠다는 기쁨에 스스로를 격려한다.

연지공원을 북쪽으로 나서니 북쪽 김해대로의 8차선, 남쪽 금관대로의 6차 선, 동쪽 구산로의 4차선이 만나는 연지2교사거리의 겨울바람이 제법 차다. 서 쪽으로 앙상해진 가로수 사이에 경운산 자락이 전부 깎여 나가고 T자 점보크레 인이 아파트건설을 서두르고 있다. 2006년 1월부터 6천여 세대를 목표로 경남 개발공사가 조성한 구산개발지구다. 지난 5월 아파트분양이 시작됐지만 발굴조 사과정에서 김해의 고대사를 풍부하게 해 줄 자료가 쏟아졌다. 비탈의 청동기 시대 주거지(90동)에서 왜 계통의 토기가 대량 출토되어 수로왕 등장 이전인 이미 2,500년 전에 아홉 촌장들의 구간(九干)사회가 일본열도와 교류하고 있었음이 확 인되었고, 김해대로 가까운 곳에서 300t 이상의 거대한 모습을 드러냈던 국내 최대급의 구산동고인돌은 가락구촌사회의 실력을 보여 주었다. 내부조사를 거 쳐 국가사적으로 지정될 예정이지만 우선은 흙으로 덮어 표지판을 세우고 잔디 밭으로 보존하고 있다.

구산동 거대 지석묘

　구산로를 따라 연지공원역 밑 연지제1교로 해반천을 건너고, 현대병원(2004.11, 서태혁 원장, 160병상)을 지나, 김해에서 가장 많은 갈래의 교차로 구산육거리에 이른 다. 마트, 한의원, 농협, 치과, 산부인과 등에 둘러싸인 로터리는 넓이 비해 조금 한산하다. 마트 뒤의 시내버스 종점은 128번등의 출입으로 어수선하고, 왕비릉 가는 길 양쪽에는 국립김해박물관 뒤쪽으로 구산백조(1994.1, 800세대), 구산시영 (1994.01, 450세대)아파트가, 왕비릉 뒤쪽으로 구산주공1단지(1992.12, 552세대), 구산주공2 단지(1992.8, 623세대), 대동삼업(1993.1, 240세대)아파트가 있다. 북쪽의 가락로를 따라 정수탕을 지나면 오른쪽 시멘트 옹벽 위에 구산주공3단지(2000.3, 800세대), 구산주공4 단지(1999.2, 503세대), 구산주공5단지(1999.2, 560세대)가 있다. 왼쪽에는 병원·학원·노래 방·합기도장 등이 뒤엉켜 있는 빌딩들이 있고, 유신장미(1992.1, 171세대), 거송월드 (1992.2, 154세대)아파트가 있다. 갈색 담쟁이가 말라붙은 옹벽을 끼고 오른쪽으로 돌아 비탈길을 오른다. 분산서 내려오는 작은 개울과 텃밭들이 왼쪽에 있다. 저도 녹색공간이라고 조금 숨통이 트인다. 고사리손모아 란 알록달록한 유치원과 마주보고 있는 구산초등학교는 2000년 11월에 개교해 37학급 1027명(남529명)의 학생이 조경철 교장 이하 53명의 교직원과 공부하고 있다.

　높은 방음벽의 가야로에 막혀 왼쪽으로 가니 3층 기와지붕의 김녕김씨종친회 건물의 임대광고가 쓸쓸하고, 한라비발디(2007.8, 749세대)가 가는 길을 가로 막는다. 막다른 길처럼 보이지만 오른쪽에 김해운동장으로 건너가는 지하통로가 숨어 있다. 은밀함에 설레이는 마음으로 터널을 빠져 나가면 왼쪽 언덕 위에 은백색의 김해체육관이 하늘에 떠있다. 정치인의 출판기념회, 민방위훈련장, 대학

입시설명회로도 활용되는 모양이다. 체육관 앞 계단 위에 김해운동장이 호방하게 펼쳐진다. 개방적 느낌의 운동장은 붉은 타탄트랙에 둘러싸인 녹색잔디가 선명하고, 빨·노·파의 삼원색과 녹색의 스탠드가 화려하다. 시내 수릉원 자리에 있던 공설운동장 대신 2004년 4월에 지은 운동장으로 김해시축구단의 홈구장이기도 하다.

운동장의 남쪽 출구로 나서면 구산동마애불 가는 길이 있다. 왼쪽 등산로를 500m 정도 오르면 늘어선 바위 중 맨 아래의 장방형 자연석(높이195㎝, 넓이165㎝)에 선각으로 새긴 높이 114㎝의 불상이 북향을 하고 앉아 있다. 1979년 7월 18일에 발견돼 12월에 도문화재 186호로 지정되었다. 머리 위의 육계가 솟아올랐고 늘어진 큰 귀에 눈 코 입이 얕게 새겨진 갸름한 얼굴이지만, 넓은 어깨와 무릎으로 연꽃 위에 가부좌를 튼 모습이 강건하고 안정적이다. 가슴 위의 오른 손과 왼쪽무릎에 내린 왼손 때문에 아미타불로 보이는데, 머리와 몸 뒤엔 두광과 신광을 커다랗게 새겼다. 머리 둘레는 갈아 파기로 돋을새김의 효과를 냈다. U자형으로 넓게 트인 통견 법의, 팔위 약한 옷 주름, 단판 연꽃의 앙련과 복련, 연화대좌의 간단한 선각처리 등을 보아 고려불상으로 추정되고 있다. 김해에서 보기 드문 우수한 불상의 하나다. 이 골짜기를 물망골의 미륵당으로 불리게 했던 주인공인 모양이다.

이정표가 가리키는 '등산로' 방향으로 30분 정도를 오르내리면 삼계테니스장(하드2면, 클레이12면)이 나온다. 게이트볼장(10면), 사격장(50라인), 인공암벽장(13m), 족구장, 농구장(2면), 인라인경기장, 야구장이 43,315평의 산자락 곳곳에 펼쳐져 있다. 2002년 7월에 오픈한 시민체육공원이다. 야구장 옆에는 2010년 3월에 개관한 해동이국민체육센터(수영, 헬스)가 있다. 체육센터 이웃의 커다란 치즈조각처럼 생긴 3층건물은 2006년 2월에 개관한 김해시장애인복지관이다. 서용규 관장 이하 26명의 치료사·복지사·직원이 2만 장애인의 의료·사회·직업·교육의 재활을 돕고 있다. 현대적이고 말끔한 장애인복지관이 김해복지의 밝은 미래를 밝혀주는 듯하다. 복지관 옆에서 가야대까지의 산자락에는 삼계근린공원이 산뜻하게 조성돼 있는데, 공병대주둔기념탑(2008년)과 6.25·베트남참전기념비(2009)도 있다.

공원 아래에 있는 4개의 초중등학교는 방형대지를 4등분해 사이좋게 등을 맞대고 앉은 품이 상자에 든 종합선물세트처럼 보인다. 2003년 3월 개교의 분성고등학교는 37학급 1,423명이 정재기 교장 이하 98명 교직원의 가르침을 받고, 2004년 3월 개교의 분성여고는 37학급 1,418명이 조영관 교장 이하 94명의 교직원과 공부하며, 2005년 3월 개교의 분성중학교는 37학급 1,311명의 학생이 이재홍 교장 이하 64명의 교직원과 생활하고, 같이 개교한 분성초등학교는 39학급

구산동 마애불

1,177명이 김호익 교장 이하 67명의 교직원과 밝은 미래를 준비하고 있다. 분성여고는 지난 10월 임실서 열린 전국사격대회(국민생활체육회장기)에서 1·2·3위를 휩쓸었고, 분성중학교는 독서캠프·주인공에게 편지쓰기·책제목맞추기퀴즈·학부모 책사랑동아리를 진행하고, 분성초등학교는 학교 숲 체험활동과 나무와 풀꽃박사 인증제를 실시하고 있다. 분성중 정문 앞으로 가야대로 올라가는 아스팔트길이 보인다. 1992년 경북 고령의 가야요업대학으로 출발해 1995년 가야대학교로 되었지만 신입생모집의 난항으로 2003년부터 2008년까지 전학과가 김해로 옮겨오게 되었다. 4개 대학원(일반, 도시개발, 교육, 행정), 5개 계열학부(사회과학, 사범, 재활과학, 응용생활, 보건의료), 1개 학부(자율전공)로 구성된 3,236명의 학생이 이상희 총장 이하 80여명 교수진의 가르침을 받고 있다. 동생나라 대가야(고령)가 형님나라 대가락(김해)의 품에서 다시 살아 난 셈이다.

아래에 있는 동남정신병원(원장 김형동, 420병상)은 대성동의 실로암유치원 자리에 있다가 1986년 4월에 이전해 정신분열·치매·적응장애 등을 치료하는 전문병원이다. 삼계이안아파트(2007.11, 856세대)를 지나 경전철신명차량기지를 내려 다 보며 삼계정수장으로 향한다. 김해시상수도사업소(소장 이종철) 삼계정수장은 1935년 구산수원지(1200톤/1일)로 상수도사업을 시작해 이제 하루 10만5천톤의 수돗물을 김해시민에게 제공하게 된 중심시설이다. 1984년에 완공된 후 2000년까지 수차례의 확장과 정수처리능력향상을 거쳐 안전하고 풍족한 물공급에 기여하고 있다. 둥글고 모난 수조를 둘러싸고 있는 넓은 잔디밭과 드문드문 세워져 있는 붉은 벽돌의 시설들이 정갈하게 보인다.

정수장 맞은편에 김해의 북망산 김해공원묘원으로 올라가는 아스팔트길이 있다. 누구나 한번은 갈 곳이지만 일상적인 삶의 공간에서는 의식하는 일이 별로 없는 세계다. 찾을 때마다 숙연해지고 겸손해지기도 하는데, 1978년부터 조성된 1만5천기의 묘소가 산비탈 여기저기를 가득 메우고 있다. 죽어서도 아파트처럼 비좁은 공간에 줄까지 맞춰 누워야 한다는 게 조금 우습고 씁쓸하긴 하지만 생전의 양택이나 사후의 음택이 별로 다를 것은 없으니 서글프게 생각할 것도 없다. 연고가 없더라도 놀이공원 열 번에 한 번 쯤은 아이들 데리고 와 보는 것도 좋을 것 같다. 연중 울긋불긋한 조화천지라 좀 야할망정 무섭지는 않다. 묘원을 내려오면 팔각정이란 입간판의 복어요리집이 있다. 산 밑이란 위치도 그렇고, 정자란 이름도 복어와는 별로 어울리는 것 같지는 않지만 손님은 많은 모양이다.

생림대로를 내려와 분성마을 5단지푸르지오(2006.1, 1072세대)를 지나면 삼계사거리다. 지금은 사거리가 되었지만 원래는 북으로 마산을 가고, 동으로 밀양을 가며, 남으로 부산을 가던 삼거리로, 예전의 동네 이름 삼거리(三巨里)도 여기서 비롯되었다. 삼거리가 삼계리로 바뀌었으니 삼계동의 시작이 여기라 해도 과언은 아니다. 감분교에서 해반천을 건넌다. 신명초등학교는 2005년 9월 개교로 명형철 교장 이하 72명의 교직원이 43학급 1,356명(남695명)의 학동과 수업하고, 독서인증제·독서퀴즈·북콘서트 등 '꿈나래독서' 같은 특화활동으로 꿈나무를 길러내고 있다. 뒤쪽 쌈지공원을 사이에 둔 삼계성당의 붉은 벽돌 성전이 아름답다. 2004년 10월 임시성전에서 첫 미사를 올렸던 삼계성당은 2006년 11월에 지금의 성전을 지었다. 김종엽 주임신부 이하 세분의 신부와 수녀가 2773명 신자들의 신앙생활을 안내하고 있다. 초등학교 맞은편의 농협과 경남은행 북부동지점을 지나면 왼쪽에 동원로얄듀크(2005.3, 646세대), 1단지아이파크(2001.11, 1226세대), 2단지부영7차(2005.3, 952세대), 4단지한솔솔파크(2005.3, 646세대)가 아파트 숲을 이루고 있다. 삼계역(가야대입구) 너머의 삼계초등학교는 1958년 합성국민학교 삼계분교로 시작해 1963년 삼계국민학교가 되었다가 2001년 4월 여기로 신축 이전했다. 김동진 교장 이하 76명의 교직원과 42학급 1216명(남656명)의 학생이 함께 공부하는 유서 깊은 학교다. 이웃의 삼계중학교는 2003년 3월 개교로 31학급 1,137명 학생이 설경규 교장 이하 63명 교직원의 가르침을 받고 있다.

■□□
화정글샘도서관

□■□
화정공원 비림

□□■
삼계성당

화정마을 1단지부영5차⁽²⁰⁰³.⁶, ⁶¹²세대⁾, 2단지부영2차⁽²⁰⁰².⁹, ⁵⁷⁰세대⁾, 3단지부영3차⁽²⁰⁰².⁸, ⁴⁵⁴세대⁾, 5단지부영1차⁽²⁰⁰².⁸, ⁵³⁴세대⁾, 4단지아이파크가야⁽²⁰⁰⁴.⁸, ⁸⁵¹세대⁾를 등지고 해반교를 건너 조은금강병원을 향한다. 오른쪽 동신⁽¹⁹⁹⁴.¹, ⁴⁵⁰세대⁾아파트와 북부두산위브⁽²⁰⁰⁵.⁹, ³⁷⁸세대⁾를 지나면 2005년 개원의 경남도립노인전문병원과 2007년 3월 진료개시의 조은금강병원과 장례식장이 비탈 위에 앉아 있다. 내과 외 17개의 진료과목, 내시경센터 외 5개의 전문센터, 당뇨크리닉 외 16개의 클리닉을 갖춘 350병상의 종합병원이다. 아래쪽에 명지세인트빌⁽²⁰⁰⁶.², ³²³세대⁾, 화정6단지부영6차⁽²⁰⁰³.⁷, ¹³⁹⁶세대⁾가 있고, 김해대로를 건너면 화정공원 안에 화정글샘도서관과 발굴조사된 고분유적과 열녀·효자·효부의 비석들을 모은 작은 비림이 있다. 2008년 10월 개관의 화정글샘도서관⁽지하¹층, 지상³층⁾은 다양한 열람실과 테마별 공간배치, 메탈실버와 모스그린글래스의 조화를 이룬 세련된 외관이다. 전문봉사자와 함께하는 어린이프로그램의 어린이전문도서관과 성인교양강좌의 적극적 운영 등으로 인근 주민들의 발걸음이 끊이지 않고 있다. 도서관 뒤의 화정초등학교는 2003년 9월에 개교해 43학급 1329명과 2학급 48명의 유치원생이 한균 교장 이하 74명의 교직원과 함께 공부하고 있다. 해반천 맞은편에는 도서관과 비슷한 분위기의 건물이 있는데 북부동주민센터다. 2003년 9월에 왕비릉 앞에 있던 북부동사무소가 신축 이전한 것으로, 천정희 동장 이하 22명의 동직원이 25,036세대 76,866명⁽남³⁸,³²³⁾의 북부동⁽대성·구산·삼계⁾ 주민들을 돌보고 있다. 춥고 힘이 들어 목욕탕을 찾았는데, 삼계동에 삼계탕은 없는 모양이다.

191

28 북부동 ― 구산동 ~ 삼계동 ―

29

장유면1

■■■ 김해 순례의 발걸음이 시내를 벗어나게 되었다지만, 읍면의 남은 지역이 너무 넓고, 많은 동네의 얘기를 다 하기엔 어느새 힘이 부친다. 이제부터 찾아가는 8개 읍면지역의 넓이는 지금까지의 8배 이상은 될 것 같다. 지금처럼 돌다간 몇 년이 걸릴지도 모르겠고 지면이 허락할 것 같지도 않다. 그래서 "1개 면을 1회에 우겨넣어 볼까?" 하는 잔머리도 굴려봤지만, 8만7천여 주민의 내외동을 4회에 돌았는데, 12만 6천여 주민의 장유면을 단 1회로 차별할 수는 없다. 잔머리는 다음으로 미루고 마음을 다스리며 신발 끈을 고쳐 맨다. 단지 걸어서 감당할 수 있는 거리도 아니고 날도 추운만큼 차도 얻어 타야 할까보다.

원래 김해의 읍면소개는 언제나 진영읍이 선두였다. 하지만 사정이 많이 달라졌다. 1996년부터 시작된 신도시조성이란 '천지개벽'을 통해 진영읍의 3배나 되는 12만짜리 '거대' 장유면이 등장했기 때문이다. 3개동의 분할이 예정돼 있을 정도로 '면(面)'이면서도 인구는 경남 모든 '군(郡)'의 2배를 넘고, 이웃 밀양 '시(市)'보다도 많다. '읍(邑) 다음 면'이라는 행정적 서열은 이미 과거가 되었다. 장유를 시작으로 주촌, 진례, 진영, 한림, 생림, 상동, 대동면을 시계방향 순으로 돌아보려한다. 이제 곧 있을 분동 때문에 어쩌면 장유면이란 이름으로 이야기되는 마지막이 될 지도 모르겠다.

시내서 장유로 가는 데는 서쪽 주촌고개를 넘어 서부로 따라 가다 풍미장가

장유면사무소

장유우체국

장유성당

장유중앙교회

든 앞에서 남해고속도로 밑으로 하손마을을 지나 유하리로 들어가는 길이 있고, 남쪽 전하동에서 임호산 앞으로 나와 칠산을 지나 내덕리로 들어가는 길이 주로 이용됐지만, 이젠 외동사거리나 서김해나들목에서 금관대로를 따라 장유까지 단숨에 가는 자동차도로의 왕래가 빈번하다. 1981년 9월 남해고속도로 (1973.11)2지선의 개통과 장유나들목의 개설, 1994년 창원터널의 개통과 금관대로의 확장은 최초 계획 10만을 훌쩍 뛰어 넘는 거대신도시 장유탄생의 기초가 되었다. 동네 어디서라도 5분 정도에 고속도로를 탈 수 있는 도시는 그리 많지 않다. 어찌 보면 금관대로와 남해고속도로가 교차하는 장유나들목을 중심으로 다시 태어난 마을인데, 근세의 마을이 타임머신을 타고 근대를 뛰어 넘어 현대로 이동한 것 같은 마을이다.

　장유 돌아보기의 시작은 역시 장유나들목 동쪽 입구에 있는 장유면사무소에서 시작해야 할 것 같다. 면사무소의 위치가 장유의 중심이라서도 그렇지만 오래된 장유와 새로운 장유의 접점도 되기 때문이다. 면사무소 뒤쪽을 덮고 있는 석봉마을의 아파트 숲이 새로운 장유라면, 금관대로 건너편 무계리에 옹기종기 들어 차있는 나트막한 건물들은 오래된 장유의 모습을 간직하고 있다. 1981년 12

월에 세워져 붉은 벽과 하얀 윤곽의 대비가 선명한 2층의 사무소는 정병기 면장 이하 34명의 직원들이 4만949세대 12만6천261명(남6만2천738명) 주민들 돌보기에 좁은 듯하지만, 부곡에 장유출장소도 있고, 머지않아 3개동의 하나 장유1동주민센터로 될 모양이니 오히려 친근한 지금 모습을 간직하는 것이 더 좋을 듯하다.

오른쪽의 장유톨게이트를 바라보며 금관대로를 건넌다. 뒤쪽 신도시의 석봉마을 구간을 6차선으로 시원스럽게 달려오던 장유로가 여기부터 급하게 2차로로 좁아진다. 1926년부터 이어지는 장유우체국을 지나, 좁은 길 양쪽에 늘어선 작은 상가의 밀집과 복잡한 간판의 난립이 스스럼없으면서도 조금은 어지럽다. 조금 아래쪽 장유농협삼거리에는 근대문화유산 같은 분위기의 흰색 농협건물(1995년4월 개축)이 있다. 농협 건너편에 정차해 있는 시외버스와 어울려 이 거리의 오래됨을 말해 주는 듯하다. 실제로 이 삼거리는 김해에서 가장 대규모였고 조직적이었던 삼일운동이 일어났던 역사의 현장이기도 하다. 1919년 4월 12일에 오산학교 출신 김종환(金鍾瓦)이 유지 김승태(金升泰) 등과 모의하고, 이강석·김용주·조용우·조항래 등과 함께 아래쪽 범동포의 갈대밭에서 태극기를 만들고, 주막에서 독립선언문을 등사해, 무계리시장터의 이곳에서 만세를 외쳤다. 3천명이나 되었던 만세의 대열이 금새 라도 나타날 것 같은 분위기다. 농협주차장이 된 시장터 너머엔 장유에서 가장 오래된 삼진민미아파트(1990.3, 88세대)가 새로 희게 단장하였고, 금관대로 쪽의 삼진민정(1991.12, 66세대)과 백조맨션(1991.12, 140세대)도 오래되었다. 장유로307번길을 따라 가면 용두산(114m)에 오르는 아주 급한 경사길이 있다. 1967년에 세운 삼일운동기념탑과 김승태지사묘(1940)가 있고, 그 너머 동쪽 사면에는 둘레 700m 정도의 산성이 남아있다.

용두산에서 내려오는 길 왼쪽에는 대청천까지 제법 넓은 택지가 조성되고 있다. 아파트라도 세울 모양이다. 1990년 7월 축성의 장유성당(표중관 주임신부)에선 스패니쉬한 느낌이 물씬하고, 장유 최고참의 동진아파트(1986.3, 56세대)와 장유성결교회(최영걸 담임목사)가 길 따라 늘어서 있다. 원래는 이 길이 장유로 들어오는 입구였지만 금관대로가 생기면서 막다른 골목처럼 변해버렸다. 동아반점 앞에서 장유로를 건너 맞은편 골목으로 들어가면 장유더샵(2007.1, 242세대)을 만나는데, 102동 아래를 통해 가면 한 블록 건너 1996년 3월에 도기념물 151호로 지정된 무계리고인돌이 있다. 길이 6.1m, 너비 2.9m, 두께 1.3m의 뚜껑돌은 보기 드물게 대형이다. 이 마을을 넓을 광(廣), 돌 석(石)의 광석마을로 불리게 했던 바로 그 주인공이다. 남북으로 길게 앉은 이 고인돌이 조사된 적은 없지만, 북쪽 20m 지점에 있던 고인돌이 1964년 11월에 발굴 조사되어 약 2천5백 년 전, 그러니까 수로왕이 등장하기 전인 가락아홉촌장시대(九干時代)의 무덤임을 알게 되었다. 출토된 마제

새로 쓰는 김해지리지 ― 김해학 길 위에 서다

무계리고인돌

석검, 관옥, 화살촉, 홍도, 청동화살촉은 꽤 오랫동안 국립중앙박물관의 제1전시실을 장식하기도 했을 정도로 한 때 우리 청동기문화의 대표유적으로 유명했었다. 발굴흔적으로 짐작되는 괴석들을 바라보며 밭을 가로지르면 한국도로공사 장유영업소 뒷담이 나오고, 그 서쪽에 원불교 장유교당이 있다. 2007년에 선교소에서 교당으로 승격되었다는데 장유톨게이트를 나오면서 보이는 흰색 사각기둥의 동그라미가 여기 일원상이다.

남쪽의 대청천을 따라 동쪽으로 가다 보면 '예배당'이란 이름이 어울리는 고색창연한 장유중앙교회가 있다. 1908년 4월에 최일선 씨 등이 창립하고, 1919년 2월에 무계교회로 건축되었으며, 1931년에는 알렌선교사가 순회시무를 하기도 했다. 1959년에 예배당을 짓고, 1978년에 종탑을 지어 오늘에 이르는 근대문화유산 급의 건축물이다. 103주년을 맞이한 유서 깊은 교회로 제18대 이경로 담임목사가 80여명의 출석교인들을 인도하고 있다. 오랜 역사에 비해 너무 적은 성도지만 교회만큼은 소설 속에서 나올 것처럼 아름답다. 무계교 건너 오른쪽 쌍용예가1차(2007.12, 583세대)와 그 앞의 장유막걸리를 곁눈질하며 다시 6차선으로 넓어진 장유로를 따라 내려가면 쌍용예가2차(2008.7, 526세대)를 지나 체육관(반룡관)이 먼저 보이는 장유중학교가 있다. 반룡산(268m) 동쪽 자락에 오래된 벚꽃이 참 아름다운 장유중학교는 1947년 12월 장유고등공민학교로 개교한 사립학교다. 이호진 교장직무대리 이하 36명의 교직원이 14학급 505명(남294명)의 학생들을 가르치는데, 학년별 독서인증제의 특별교육플랜을 운영하고, 곳곳에 만들어진 화단과 꽃과 나무에 부쳐진 이름표는 풍부한 감성과 굳은 심지의 학생을 길러내기에 좋

새
로
쓰
는
김
해
지
리
지
 ㅣ
 김
해
학
 길
 위
에
 서
다

한때는 부산까지 농산물을 배로 실어나르던 범동포엔
갈대숲만 무성하다

은 환경이다. 봄 벚꽃 흩날리는 동산에 앉아 독서에 열중하는 학생들의 모습은 이와이 슌지 감독의 영화 한 장면을 연상시키기에 충분하다.

장유중학교 아래로 길을 건너고 논을 건너면 대청천과 조만강이 만나는 곳에 범동포가 있다. 녹산수문으로 바닷물을 막기 전에는 남해바다가 여기까지 들어와 배로 장유의 농림자원을 부산까지 실어 나르던 포구였다. 조수 조(潮), 찰 만(滿)의 강 이름에 과거의 역사와 자연환경은 남았지만 FRP폐선 2척만이 나뒹구는 석양의 강가엔 갈대숲만 무성하다. 차를 돌려 다시 장유로에 나선다. 조금 남쪽 아래에 세 갈래 길이 있는데 여기부터 남쪽으로 늘어선 마을이 반룡산 아래라 용산마을이란다. 직진하면 율하신도시 방면의 관동로, 직진하다 좌회전하면 부산과 경계인 조만포삼거리로 가는 수가로, 좌회전하면 화목과 칠산으로 가는 칠산로지만, 그 사이의 장유로를 계속가면 김해관광유통단지가 된다. 1998년 경남도가 추진하기 시작한 87만8천㎡의 관광유통단지는 아울렛몰, 물류센터, 워터파크, 스포츠센터, 테마파크, 호텔, 콘도 등이 포함되는데, 김해농수산물유통센터(2005), 롯데프레미엄아울렛(2008), 물류센터(2008)가 개장 운영 중이다. 2013년 상반기 개장예정인 워터파크는 국내 최대의 사계절 물놀이시설이 될 전망이다. 이국적 풍경의 아울렛몰에는 김해는 물론 부산, 진주, 광양, 순천 등에서 온 원정 쇼핑객들이 크리스마스트리 아래 붐비고 있다. 관광유통단지의 완성이 기대되는 2013년 말 쯤에는 또 한 번의 '천지개벽 쇼'가 연출될 것 같다.

남해고속도로와 나란히 가는 수가로에 올라 조만강을 따라 동쪽으로 달리면 응달마을의 수남초등학교(1948) 폐교지가 나오는데, 2009년 학교는 율하로 이사가고 장유유치원 건축 공사가 한창이다. 부산의 녹산과 경계가 되는 옥녀봉의 응달쪽이라 부쳐진 이름이란다. 응달마을을 지나면 고속도로 밑에 태정마을로 올라가는 길이 있다. 가야시대에는 태정산에 기대 넘실거리는 바다 넘어 시내의 봉황대와 분산성을 바라보고 있었을 태정마을은 태아 태(胎), 감출 장(藏)처럼 가락국왕의 태를 묻었던 것에서 비롯되었단다. 「김해읍지」와 「대동여지도」는 태정산을 장유산으로 기록하면서 452년에 가락국 8대 질지왕이 허왕후를 위해 지었다는 왕후사가 여기였다 하며, 수로왕릉의 「숭선전지」는 여기 있었던 임강사(臨江寺)를 왕후사 자리로 기록했다. 부산 신항만으로 변한 용현의 망산도에 도착한 허왕후가 장유화상과 태정고개를 넘었던 전승에서 비롯된 이야기들이다. 고속도로 너머의 들판은 바다였고, 김해로 들어가는 뱃길이 마을 아래를 지났을 것이다.

동쪽에 이웃한 수가마을의 수가리패총은 가야시대 보다 더 거슬러 올라 '최초의 김해인'을 보여주는 유적이다. 1978년 남해고속도로의 건설에 앞선 발굴조

조만포와 가락대교

사에서 수많은 조가비와 빗살무늬토기, 흑요석 등이 출토되었다. 굴을 비롯한 엄청난 조가비와 빗살무늬토기는 바다를 삶의 터전으로 삼던 4천5백 년 전 '김해의 첫 마을'을 보여주었다. 검게 반짝이는 흑요석(黑曜石)은 일본열도의 큐슈에서 나는 화산암으로서 말도 많고 탈도 많은 한일관계가 이미 4천5백 년 전에 시작되고 있었음을 말해 주고 있다. 2009년에도 고속도로 건너 들판에서 발굴조사가 있었는데, 어른 팔뚝만한 굴이 수없이 출토되는 게 인상적이었다. 물 수(水), 고울 가(佳)니 물과 뭍이 맛 닿는 풍경이 아름다운 동네였을 것이다. 동쪽으로 수가로가 끝나는 곳 조만포삼거리에 선다. 가락대교 아래서 따라오던 조만강이 남쪽으로 굽이쳐 서낙동강과 합류하고, 북쪽으로 가면 김해, 남쪽으로 가면 부산경남경마장과 부산신항이다. 그러니까 여기가 김해의 끝이고 부산의 시작이다. 전통시대에는 남쪽바다까지 김해였지만 1978년에 부산과 진해에 빼앗겨 버렸다.

　발길을 되돌려 장유리와 관동리를 지나 율하신도시로 들어간다. 원래 장유촌이었던 장유리는 장유면의 이름이 시작되었던 곳이다. 창원과 경계인 불모산의 장유암(庵)이 장유의 이름이 시작된 곳으로 여기는 이들도 적지 않으나, 고려 광종 2년(952)에 왕후사를 파괴하고 여기에 지은 장유사가 원조다. 장유리 건너편 관동리에서는 가야의 항구를 보여주는 유적이 발견되었다. 2005년 반룡산 동남 끝자락에서 발견된 가야시대의 항구는 선착장, 창고, 마을, 배후도로가 세트를 이루고 있었다. 관동리유적공원의 모형관과 야외에 복원한 선착장 등을 통해 해상왕국 가야의 작은 포구 하나를 실제로 살펴 볼 수 있게 되었다.

30

장유면2

■■■■■ 지난 번 장유순례의 첫 걸음은 면사무소를 시작으로 부산 경계의 조만강 하구까지 나갔다가 발길을 돌려 해상왕국 가야의 항구가 발견된 반룡산 동쪽 끝자락 관동리유적공원에서 걸음을 멈추었다. 오늘은 반룡산 남쪽 율하리의 율하·율상·율곡 마을, 서쪽 관동리의 죽림·화촌·팔판 마을, 대청리의 갑오마을 일대를 돌아보려 한다. 다음번에 반룡산 북쪽의 삼문리, 신문리, 부곡리 언저리를 걸어보게 된다면 장유의 진산(鎭山) 반룡산을 중심으로 장유의 마을들을 시계방향으로 돌아보게 되는 셈이 될 것 같다.

관동유적공원과 함께 만들어진 체육공원에는 날이 추운데도 농구에 열중하는 청소년들이 있다. 방학이라 그렇겠지만 어둠 속 모니터 앞에 혼자 앉아 충혈된 눈으로 게임에 빠져있는 아이들이나 그 때문에 생겼던 어린 생명의 자살소식을 떠올리니 아직은 허허벌판 같은 공원과 바로 옆 율하천 위를 달리는 겨울바람이 오히려 시원해졌다. 용감한(?) 아이들 덕에 나도 가슴을 펴고 공원을 나선다. 율하천 위에 놓인 신리2교에 서서 서쪽 멀리 불모산(801m)을 바라본다. 오른쪽 반룡산(268m) 자락에 오래된 죽림마을과 화촌마을이 있고, 왼쪽 굴암산(698m) 기슭에는 율하신도시 시작되었던 율하리가 있다. 반룡산과 굴암산 사이를 흐르는 율하천 양안의 삼각형 신도시가 또 한 번의 상전벽해를 연출하고 있는 율하 택지개발지구다. 1998년 10월에 개발예정지구가 발표되고, 2004년 7월에 시작된

약사암에서 내려다 본
율하마을

조성공사가 2008년 6월에 완료됐다. 193만㎡의 공간에 1만3천 세대 3만9천명 규모의 신도시로 태어나고 있는 율하지구에는 이미 고층의 대단위 아파트가 속속 들어서고, 상가와 거리가 더불어 적지 않은 공원과 문화공간이 단장되기도 했지만, 노란색 타워크레인이 우후죽순처럼 솟아오르고, 먼지 날리며 부지런히 오가는 많은 덤프트럭들은 아직도 공사판 그대로다.

다리 앞에는 신리 중앙하이츠(2009.1, 1,290세대)가 떼를 지어 솟구쳐 올라있다. 새로울 신(新)에 마을 리(里)다. 율하천 제방을 쌓아 새로 생긴 마을이라 부쳐진 이름이었는데, 그 마을 역시 과거가 되고 다시 신천지로 변신 중이다. 남쪽으로 장유 호산나교회(2008.8, 담임목사 최상근)를 지나, 동쪽 응달마을에서 환갑을 지내고 이사온 수남초등학교가 있다. 1948년 개교의 연륜 있는 학교지만 2009년에 신축 이전한 교사는 모든 게 새롭고 깨끗하다. 김용운 교장 이하 78명 교직원의 가르침으로 42학급 1천220(남 627)명의 학생들이 꿈을 키워가고 있다. 홈페이지에 보이는 이전 학교의 흙바닥과 지금의 인조 잔디운동장에서 달리는 어린이들 사진이 대조적이었다. 편견이겠지만 흙바닥 운동장에서 뛰노는 아이들이 더 생동감 있게 보였다. 어린이는 흙먼지 날리며 뛰노는 게 좋겠다는 고집은 여전히 버릴 수가 없다. 개교와 함께 정문 길 건너에 e편한세상(2009.1, 585세대), 주공12(2009.6, 757세대) ·13단지(2009.6, 1267세대)도 들어섰고 율현마을이란 이름도 새로 생겼다.

율하로를 따라 서쪽으로 조금 가면 산 아래 율천현으로 오르던 길이 있다. 율하로346번길 표지판보다 약사암의 입간판이 먼저 눈에 띄는데, 별장 같은 유치원을 지나 약사암까지 포장도로를 지나면 오른쪽에 조붓한 오솔길이 시작된다.

■□
김해율하유적전시관

□■
김해기적의도서관

김해에서 웅천으로 넘어가는 고개로 유명했던 율천현(栗川峴)이 시작되는 곳이다. 율천은 율하천이고, 고개 현이니, 율하천 옆의 고개란 뜻이다. 이 고개에 올라 너더리고개를 통해 부산과학단지가 들어선 지사와 남해의 용원으로 가고, 동남쪽 웅동으로 내려가 웅천·진해로 가는 길이 〈대동여지도〉에도 기록될 정도였다. 밤 율(栗)이니 밤나무도 많았겠지만, 율천고개 아래 마을이기에 율하리로 불리게 되었단다. 율하신도시의 이름이 시작된 곳이라 해도 과언은 아닐 것이다.

다시 율하로에서 서쪽으로 조금 가면 김해외고가 있다. 2006년 3월에 교육청과 김해시가 만든 경남 유일의 공립외국어영재학교다. 전교생기숙사생활로 영어 진행 수업과 원어민 교사의 협력 등을 통해 2개 국어에 능통한 글로벌리더를 키우고 있다. 이미 각종 언어·독서·논술·토론 등의 경시대회에서 우수한 성적을 내고 있으며, 수능시험에서도 2009년 전국 9위, 2010년 전국 3위, 2011년 전국 2위의 성적을 거두었다. 3개 반의 영어과, 1개 반의 중국어과와 일어과로 편성된 412(남 130)명의 학생들이 박중식 교장 이하 76명 교직원의 지도를 받아 김해를 빛낼 인재로 자라나고 있다. 학생 모두 '김해사람'은 아니지만 국내외 명문대학에 진학하고 성장해서 지역으로 회귀하는 '연어'가 되기 바라는 마음이 간절하다.

학교정문에서 교차로 건너 왼쪽에 율곡마을 주공2단지(2008.11, 944세대)가 있고, 오른편 안쪽에는 2010년 3월 개교의 율하초등학교가 있다. 설현구 교장 이하 45명의 교직원이 25학급 680명의 학생과 47명의 유치원생들을 가르치고 있다. 학교에서 오른쪽으로 길을 건너면 율상마을 푸르지오3단지(2008.12, 632세대) 정문이 되고, 단지를 지나 서문으로 나오면 길 건너에 율하고등학교와 율하중학교가 있다. 지난해 3월 개교의 율하고등학교는 박희섭 교장 이하 29명의 교직원이 1학년만의 12학급 469(남 272)명의 학생들을 가르치고 있는데, 축제도 북콘서트도 체육대회도 모두 제1회인 새 학교다. 1년 먼저 개교한 율하중학교는 3학년 없는 22학급 771(남 381)명의 학생들이 김용학 교장 이하 54명의 교직원과 공부하는데, 얼마 전

아랫덕정유적공원

에 웹·태블릿PC·전자칠판을 활용한 '스마트클래스'가 언론에 주목받기도 했지만, '굴암산 묵언 산행'이나 '부모와 함께 하는 문학기행'이 더 소중하게 보였다.

율하중학교 옆엔 전국 최초의 어린이교통공원이 있다. 놀이와 체험을 통해 현장감 있는 교통안전교육을 실시하는 실내·외 체험장이다. 추위 탓에 전자오락실과 같은 실내체험장이 인기인 모양이지만, 봄가을엔 단체 소풍지로도 인기가 많단다. 교통공원 옆에는 전국에서 11번째로 탄생해 개관 한 달여를 맞는 기적의 도서관이 있다. 먼저 된 10개 기적도서관의 어린이들이 그림을 그리고 타일로 구운 1,100개의 모자이크 '어깨동무담'과 삼각형 토스트 조각 세 개를 나란히 늘어놓은 것 같은 붉은 벽돌건물이 따뜻하고 친근하다. 신발을 벗고 안으로 들어서자 온돌처럼 따뜻한 바닥이 꽁꽁 얼었던 마음을 녹여준다. 친한 친구 집에라도 들어선 듯 갑자기 푸근해진 마음이 책을 가까이 하기에 십상이다. 낮고 알록달록한 책꽂이가 여유롭게 늘어선 개가식 열람실의 '책나라'가 1층과 2층에 있고, 좁지만 아늑하게 '아빠랑 아기랑, 신화의 방, 4차원의 방, 영유아 룸, 환경을 생각하는 녹색의 방'이 있고, 맞은편의 다목적강당에선 애니메이션이 상영되고 있다. 계단식 자리에 제멋대로 앉은 부모와 어린이들이 자리를 메우고 감상 삼매경이다. 도서관답지 않은(?) 파스텔 톤의 컬러풀한 색채와 동화적 공간구성은 쉽게 책과 친하고, 놀이터처럼 도서관을 이용하는 어린이들을 즐겁게 한다. 조금 소란스러우면 어떠리! 우리 시절의 숨막힐듯했던 도서관 첫 경험에 비해 부럽기가 그지없다. 한 바퀴 돌고 나오는 나는 "김해시민은 좋겠다" 만을 연발했다. 그래서 고 정기용 선생의 건축디자인이 인구에 회자되었나 보다.

길 건너 푸르지오4단지(2008.12, 348세대) 정문 앞에선 색색 승합차가 교대로 들고 나며 학원가는 애들 태우기에 분주한데, 이쪽 김해유적전시관 앞은 휴관처럼 한산하다. 택지조성공사에 앞서 발굴조사되었던 대규모의 고인돌 유적을 중심으로 보존과 전시를 위해 조사자와 전문가, 사업주체와 김해시가 머리를 짜내고 투자한 공간이건만 그닥 인기가 없는 모양이다. 원형과 방형의 묘역에 2단으로 땅을 파내려 간 바닥에 판석으로 짠 석관을 안치하고, 좌우를 돌로 채운 뒤 개석을 덮고, 돌무지를 쌓은 위에 표지석을 놓았으며, 다시 그 위에 거대한 돌무지를 만든 무려 3천 여 년 전 청동기시대 김해인 들의 엄청난 공력을 잘 보여주는 전시관이다. 전시관은 실내에 고인돌 축조모형과 출토유물을 전시하고, 실외에 여러 가지 형태의 고인돌을 보여주고 있다. 발굴되지 않은 모습, 위만 노출한 모습, 개석을 반쯤 연 모습, 축조단계와 방법을 알 수 있게 한 단면노출전시는 고인돌 전시장의 진면목을 보여주고 있다. 할아버지·아들·손자의 3대인지, 군사의 대열인지 일렬종대로 늘어선 것도 있고, 천신의 메신저인 새가 앉는 솟대 자리는 전국에서 처음 발견된 단 하나의 사례다.

유적공원에서 만남교로 율하천을 건넌다. 영화 '메디슨카운티의 다리'처럼 지붕이 있는 독특한 형태의 다리는 이미 율하의 명물이 되었다. 다리 건너 율하천 따라 제각각 개성적 건축을 뽐내며 자리한 많은 카페와 음식점들은 어느새 '카페거리'란 별명이 생기게 한 모양이다. 대낮인데도 카페마다 손님이 적지 않다. 다리도 쉬고 몸도 녹이고 싶지만 시간이 없다. 처음엔 그렇지 않았다는데 율하천 물에서 냄새가 난다는 불평이 일기 시작한 모양이다. 주범으로 '카페거리'가 지목되기도 했으니 즐기는 것과 함께 감시도 게을리 해서는 안 될 것 같다. 위쪽으로 조금 올라가면 율하중학교 쪽 난간에 2개의 쇠뿔기둥과 옆 난간이 꼭 가야금 12현과 현을 받치는 안족(雁足)처럼 생긴 보도교가 있는데, 다리 조금 못미처 반룡산 쪽으로 가면, 1908년 1월에 세워져 장유에서 제일 오래된 관동교회가 있다. 새해로 104주년의 전통이지만 근년 개축의 교회모습에선 그 역사를 느끼기 어렵다. 다만 교회 옆에 남아있는 대숲은 동쪽의 죽림버스정류장 언저리에 있는 죽림마을의 유래를 생각나게 한다.

죽림마을은 1914년에 일제가 부쳤던 이름으로 고려시대에 설치된 적항역(赤項驛)이 조선말까지 있었고, 그래서 '역마을'로 불렸으며, 역을 관리하는 역관(驛官)이 있는 동네라 관동(官洞)이라 부르게 되었단다. 김해에서 웅천으로 가는 교통의 요지였던 적항역에는 1897년(광무 1)의 폐기까지 역사(驛舍)와 원우(院宇)도 있었고, 역 운영에 필요한 경비를 충당하던 역둔토(驛屯土)도 있었으나 동양척식회사에 수용되어 일본인들 13가구가 살기 시작하면서 그 흔적이 사라졌다고 한다. 아래쪽의

관동로에 그 이름만 겨우 남은 모양이다. 고인돌이나 가야고분도 좋지만, 길의 역사를 보여주는 역원시설의 조사와 복원 또한 절실하다. 길을 되돌려 장유 최고참의 관동교회 아래에 이제 막 태어난 율하성당이 있다. 2010년 1월에 기공해 지난 해 9월에 완공한 율하성당은 암굴의 마리아상과 붉은 벽돌의 성전이 아름다운 새내기 성당이다. 김형태 베드로 주임신부가 566명 신자들의 신앙생활을 인도하고 있다. 사무실에 들어서니 김해여성인력센터에서 인연을 맺었던 최명숙 선생이 있어 놀랍고 반가웠다.

관동로에 나서기 직전 오른쪽에는 반룡산 춘화지구공원으로 오르는 길이 있다. 봄꽃이 가장 먼저 핀다고 해서 춘화곡이라 했다는데, 아직 수목이 자라지 않아 을씨년스럽기도 하지만, 공원조성이라고 자꾸 파헤치고 벽돌블록을 깔고 구조물을 세워야 하는 데는 찬성하기 어렵다. 관동로 건너 율하천 쪽으로 내려가니 다리 앞에 황금색 원통모양의 예수정교회(2009.4, 담임목사 정삼열)가 있다. 다시 율하천을 따라 세명리첼아파트(2009.1, 348세대)를 지나고, 개울가의 덕정로204번길을 가다보면 길가에 검은색과 회색의 디자인이 모던한 카페 하나가 나오는데, 어느 유명 남자연예인이 만들었다고 들리는데, 저쪽 '카페거리' 보다 는 한산한 모양이다. 카페 맞은 편 위에 아랫덕정유적공원이 있다. 높은 마루의 창고형 건물 여러 채와 널따란 공회당건물에 우물이 복원돼 있는 가야시대의 마을이다. 억새 지붕 위로 보이는 고층아파트가 눈에 거슬리지만, 서쪽 굴암산이나 불모산으로 시선을 두면 그런대로 가야마을의 정취가 있다. 창고형 건물이야 예가 많지만, 처마 밑에 돌담을 두른 12×9m 짜리 대형건물의 공회당은 다른데서는 찾아보기 어려운 유적이다. 예정의 ⅓ 이상이 남았는데 가야마을에서 짧은 겨울 해가 저물었다. 갈 길이 구만리라도 바로 위에 있는 8차선의 대청로를 쌩하고 달려 따뜻한 집에서 몸이라도 녹여야겠다.

31

장유면3

■■■■ 되살아난 가야마을 아랫덕정공원에서 대청로에 올라선다. 왼쪽의 덕정교를 건너 율하로에 나서면 창원터널로 통하는 대청나들목(1차 2010,11, 2차 2011,7 개통)으로 이어지고, 길 건너 맞은편 덕정초등학교 뒤편에는 여덟 판서가 나올 명당이라는 팔판마을이 있다. 진해 웅천 뒷산의 천자봉(天子峰)에서 동북으로 달려온 명당자리라 마을 뒷산도 팔판산(798m)이라 했다는데, 원래 장유 분들 중에는 창원과의 경계인 불모산보다 팔판산을 조산(祖山)으로 여기는 분들이 많다. 다만 산 이름은 비탈 판(坂)을 쓰고, 마을 이름은 판서 판(判)의 한자를 쓴다. 반대로 산 이름에서 마을의 내력이 부회되었다고 보는 생각도 있다.

2005년 9월 개교의 덕정초등학교는 39학급 1,118(남608)명의 학생들이 김동만 교장 이하 68명의 교직원들과 함께 공부한다. '음악줄넘기'로 체력을 다지고, 지난해 경남초등학생영상제작경시대회에선 작품(금상)·촬영편집(대상)·연기(대상)도 받았단다. 교가의 시작처럼 '팔판산 푸른 정기'를 받은 아이들이라 잘 크는 모양이다. 학교를 둘러싼 푸르지오4단지(2005,6, 481세대)와 부영e그린1단지(2005,6, 794세대)를 지나 계동로 변에는 관동우체국, 새마을금고, 농협 등이 줄지어 있다. 농협 옆길로 두 블록 정도에 정자나무공원이 있다. 한 가운데를 차지하고 있는 170살이 넘은 느티나무가 공원의 주인공이다. 시보호수로 9m 넘는 키에 넓은 그늘도 선사하는 마을의 어르신이다. 동네에 우환이 있으면 모여 기도해 효험도 얻었기에 20

정자나무공원

년 전의 단지조성 때 이식했단다. 부영e그린 2단지(2005.6, 224세대)와 3단지(2004.5, 1,304세대), 푸르지오 5단지(2005.3, 389세대)와 6단지(2005.3, 588세대)의 콘크리트 숲에 둘러싸였지만, 이 나무를 마을중심에 앉힐 생각을 했다는 게 참 고맙다.

단지 끝에 2004년 9월 개교의 신안초등학교가 있다. 김백림 교장 이하 68명의 교직원들이 '영어노래 함께 부르기' 등으로, 38학급 1,118(남527)명의 학생들을 명랑하고 영어와 협동 잘 하는 어린이로 키워 내고 있다. 학교 뒤쪽의 주택단지에는 각자의 개성을 뽐내기라도 하는 듯 예쁜 집들이 속속 들어서고 있다. 신안(新安)이란 이름대로 새롭고 편안하지만, 원래의 신안마을은 율하로 건넌 산자락에서 사기(沙器)를 굽던 산촌마을이었다. 조선 순조 때 사기점(沙器店)을 신안으로 바꾸었다는데, 1948년에는 약수의 유명세로, 한국동란 때는 수색작전과 산림벌채로 시끌벅적하기도 했다. 웅천의 해산물이 넘어 오고, 사기가 팔려나가던 고갯길 마을의 운명은 이제 창원2터널과 신항만제2배후도로의 관통을 맞아야할 모양이다.

산에 막힌 발길을 되돌려 나오면 경주김씨 재실 덕산재 옆에 2004년 3월 개교의 관동중학교가 있다. 30학급 1,095(남574)명의 학생들이 이주희 교장 이하 64

명의 교직원들과 공부하고 있다. 오카리나와 농구의 방과후학교가 눈에 띄고, 2007년 문화유산시범학교활동 때 학부모들에게 장유의 역사를 강의하고, 학생들을 가야문화탐방으로 안내했던 기억이 새롭다. 교문 옆을 왼쪽으로 꺾어들면 갑자기 과거로 돌아간 듯 오래된 흙담과 기와집들이 나타난다. 율곡학파의 거두 월헌(月軒) 이보림(1902~1972) 선생을 기리는 월봉서원이다. 1917년에 세워졌고 1984년에 월봉서원으로 바꾼 후 도문화재자료 464호로 지정되었다. 2007년 8월에는 월헌의 제자 화재(華齋) 이우섭 선생의 장례가 전국유림장으로 치루어져 화제가 되기도 했고, 화재의 막내아들 이준규(부산대 한문학과) 교수는 '논어교실'을 통해 6대째 지역서당의 전통을 이어 오고 있다(본지 2011년 6월 15일자 참조). 계동로로 나서는 길목엔 덕정마을을 200년 이상 지켜오고 있는 키 큰 팽나무 한 그루가 궁색하게 서 있는데, 뻘건 음식점 간판이나 녹색 유리창이 빛나는 거대한 외국어학원 건물에 신통력을 발휘하기 어렵게 되었다. 고전 읽는 낭랑한 소리가 유창한 외국어 발음에 묻혀가는 세상이 되었다.

계동로 건너 덕정공원사거리의 모서리엔 흰색 화강암과 검은 대리석의 콘트라스트가 뚜렷한 비석 하나가 서 있다. 덕정마을 출신의 독립지사 김선오(金善五) 선생을 추모하는 비석이다. 1919년 4월 12일 무계리만세운동 때 태극기를 뿌리고 일본헌병 보조원(許明雲)의 총을 빼앗아 때리다가 순국했다. 1977년에 대통령표창, 1991년에 건국훈장 애국장이 추서되었고, 1982년 12월에 묘비도 세웠으나, 신도시개발로 현충원 애국지사묘역으로 이장한 뒤 추모비를 세웠다. 건너편의 장유반석교회를 보면서 왼쪽으로 낮은 고개를 넘으면, 갑오부영 4단지(2002.7, 760세대) · 5단지(2002.8, 400세대) · 6단지(2002.7, 606세대) · 7단지(2002.9, 730세대)가 늘어서 있다. 부영9차삼거리에서 대청로를 건너 반룡산 북쪽자락의 대청로104번길로 들어선다. 검붉은 벽돌건물의 장유수정교회(1992, 담임목사 이복문)가 세모난 초코케익같이 보인다. 이 길을 따라 늘어선 유치원들(킨더가르텐, 석화꽃무지)과 교회들(아세트로비전, 새장유교회), 카페

■□□
율하천과 팔판마을

□■□
월봉서원

□□■
관동중학교 정문

■
대청갤러리
중정 천정에 걸린
미켈란젤로의
천지창조 복제

와 음식점들은 하나같이 개성적인 건축과 규모를 자랑한다. 대청골프랜드 옆에는 발굴조사전문기관의 동서문물연구원(원장 김형곤)이 있고, 장유병원을 인수한 누가병원(200.12, 병원장 이주형, 300병상) 옆에는 한 동안 대성황을 이루던 장유온천아쿠아웨이브가 폐허처럼 변해가고 있다.

장유병원사거리에서 반룡로 건너 대청천 쪽으로 걸음을 옮기면, 장유119안전센터 뒤로 갑오마을 부영10단지(2003.8, 446세대)와 11단지(2003.9, 324세대)가 있고, 대청천 위로 장유대청성당(2006.1, 주임신부 정승환 베드로)의 십자가 탑이 보인다. 삼문1교에서 대청천의 수변공원을 따라 불모산 쪽을 보고 거슬러 오른다. 갑오마을 푸르지오8

차(2005.8. 298세대)를 지나, 대청초등학교·대청중학교·대청고등학교가 진학 순으로 늘어서 있다. 2005년 3월 개교의 대청초등학교는 34학급 925(남491)명의 학생들이 김권식 교장 이하 61명의 교직원들의 가르침을 받는데, 2007년엔 전국100대최우수학교로 선정되었고, 지난 해 10월엔 저녁에 가족과 함께 하는 '달빛도서축제'가 언론에 소개되기도 했다. 개교 1년이 못되는 대청중학교는 1학년 10학급 340명의 학생들이 박문형 교장 이하 28명의 교직원들과 함께 새 학교 만들기에 열심이다. 2003년 3월 개교의 대청고등학교는 송흥태 교장과 98명의 교직원들이 36학급 1,357명의 학생들을 좋은 인재로 기르고 있다. 볼링을 교기로 하면서 '대청갤러리'를 통해 미술감상과 창작활동을 장려하는 특색 있는 교육이 돋보이는데, '대청갤러리' 외에도 전교를 뒤덮고 있는 세계 명작들의 복제 전시는 교양과 감성이 풍부한 창조적 인재로 키우기에 훌륭한 교육이란 생각이 들었다. 지난해엔 기숙형자율학교(반룡학사 152명)로 선정되었고, 서울대와 일본 리츠메이칸(立命館)대에도 합격자를 내는 등 장유의 명문고로 성장하고 있다. 대청천 건너에서 학교들을 바라보고 있노라니, 학교들 발전의 절반은 대청천의 은혜가 아닐까 하는 생각이 들었다. '대청천 지키기'로 연대하는 교육과 봉사활동에도 마음을 두었으면 하는 바람이 생겼다.

갑오마을 푸르지오2차(2005.1. 304세대) 정문을 나서 대청프라자의 울긋불긋한 간판들을 헤아리며 계동로102번길로 들어서니 그 끝에 2002년 9월 개교의 계동초등학교가 있다. 37학급 1,077(남569)명의 학생들이 김치홍 교장 이하 67명의 교직원들의 지도로 자라나고 있다. 2004년 영화교육시범학교, 2007·2008년 교육방송시범학교, 영화교육으뜸학교, 2011년 전국NIE신문만들기대회서 '독도신문'으로 대상, 2010년 전국영어토론대회 초등부 대상도 탔다. '영화학교'란 별명처럼 창의성 풍부한 아이들 키우는데 열심인 학교다.

정문을 나서니 오른쪽으로 갑오마을 주공2단지(2002.10. 495세대)와 대동3단지(2000.7. 298세대), 대동교 건너 푸르지오3차(2005.1. 236세대)가 보인다. 머리 위 갈색 도로표지판의 화살표가 대청계곡과 장유사를 가리킨다. 대청천 건너 찜질방 주차장을 가득 메우고 있는 자동차들을 못 본 척하고, 편도1차선의 계동로109번길을 달려 올라간다. 대청천 따라가는 풍치가 제법 있었던 길인데, 찜질방과 음식점들이 생겨나고 머리위로 걸쳐진 도로와 교각들이 어지럽다. 장유암의 갈색표지판을 만나 오른쪽 아래로 좁고 오래된 다리를 건넌다. 대청계곡과 장유계곡으로 갈라지는 곳이다. 맞은 편 암벽 위에서 흰색 포말을 날리던 인공폭포에 물이 없다. 물을 끌어 물레방아를 만든 모양인데 물이 없다. 1984년 군립공원 조성 때 놓인 다리엔 산불조심의 빨간색 삼각기가 유별나다. 사진엔 안 좋겠지만,

■□
장유계곡

■ □
장유암

■ □□
장유암의 사리탑

모처럼의 겨울비에 메말랐던 나무들은 목을 축이고, 여름이면 미어터지는 장유 폭포를 독차지할 수 있어 좋다. 10여분을 더 달려 장유암에 오른다. 비도 날리고 안개도 자욱해 사진을 걱정하고 시원스런 전망을 아쉬워하는데, 언제 만들어 앉혔는지 거대한 지장보살상의 황금색에 눈이 번쩍 떠진다. 시주자는 아닐 텐 데 김해시장·부산시장·도지사·국회의원·도의원·토지정보과장 이름이 새겨진 공덕비를 보니 지난해 5월에 세운 모양이다. 세월이 지나면 좀 어울리게 될라나 모르겠다.

　허황후를 따라 왔다는 장유화상의 사리탑도 있고, 장유화상이 계곡에서 오래 놀았기 때문에 길 장(長)에 놀 유(遊)의 절 이름이 되었으며, 장유암이 기댄 불모산의 부처 불(佛)과 어미 모(母)가 허황후의 불교전파와 7왕자의 성불에서 비롯되었다는 전승도 만만치 않지만, 지난번 율하 맞은편의 장유(長有)에서의 얘기처럼 고려시대까지의 장유사는 장유산에 있었던 게 분명하다. 1454년의 〈세종실록지리지〉에 따르면 불모산도 처음에는 부처와는 무관한 부을무산(夫乙無山)이었고, 불모산이 처음 등장하는 것은 1469년의 〈경상도속찬지리지〉에서다. 1454~1469

년 사이에 장유산에서 폐사되었던 장유사를 대신해 여기 대청리에 장유암이 세워지면서 생긴 절의 내력들이다. '부을무'가 '불모'로 되었고, 오래 놀았다는 얘기도 장유화상의 글자 뜻과 계곡이 어울려 만들어진 전설이었다. 도문화재자료 31호로 지정되어 있는 사리탑의 형식이 그리 오래된 것도 아니고, 사리탑을 지키고 섰는 17m의 전나무도 200살 정도라 하며, 사연을 적은 비석도 1915년 5월에 건립된 것이다. 역사적 사실이 어쨌거나 암자의 한적한 환경에 끌렸던지, 부처의 신통력을 믿었던지, 과거엔 고시공부 하러 오는 사람들이 적지 않았다. 노무현 전 대통령도 그 중 한 분이었고, 박정규 전 청와대 민정수석과 정상문 전 비서관이 함께 고시공부를 했던 인연 때문에 '장유암 3인방'으로 거론되던 기억이 그리 오래되진 않았다.

　용 두 마리가 꿈틀거리는 대웅전 용마루 위로 짧은 겨울 해가 다 지고 있다. 계곡입구에서 오던 길을 더 거슬러 창원터널 위에서 유턴을 하고, 쏜살같이 금관대로를 달려 대청로에 내려선다. 대청교사거리에 2008년 12월 개서의 김해서부경찰서가 있다. 서장 백광술 총경의 지휘로 민원봉사실과 청문감사관, 경무·생활안전·수사·형사·경비교통·정보보안의 6개과로 나뉘어 칠산·장유·주촌·진례·진영 등 김해 절반 서부지역의 치안을 책임지고 있다. 안전한 도시 김해를 위해 밤낮없이 수고를 무릅쓰는데, 담벼락도 없고 눈을 부라리는 초병도 없는 모양이 친근하다. 경찰서 뒤쪽의 장유문화센터는 도서관과 문화센터의 지하 1층 지상 3층의 모던한 건물이다. 2002년 4월 개관이지만, 2007년에 일부를 리모델링해 여전히 깔끔하고 개방적인 공간이다. 영화상영·연주회·발표회 개최의 공연장(342석), 독서동아리의 동화사랑방, 지역미술인들의 전시실, 각종 문화강좌의 시청각실과 강의실, 상시 무료 정보교육의 전산교육장 등에는 언제나 시민들의 발길이 가득하다. 자리다툼의 학습실에서 입시에 목매는 학생들이야 알 리 없겠지만, 더운 여름날 슬리퍼 걸음으로 어슬렁거리다 신문과 잡지를 들추면서 에어컨을 음미하던 내가 일본보다 나은 김해의 문화시설로 예찬하던 곳이다. 출입문 앞 연속간행물실에서 장갑을 벗고, 지친 다리를 쉬는 오늘의 감회가 남다르다.

장유면4

32

새로 쓰는 김해지리지 ― 김해학 길 위에 서다

장유문화센터 바로 옆엔 예쁘장한 국공립 대청어린이집(2007.9, 원장 김미숙, 정원 76명)이 있다. 오늘 발걸음의 시작이다. 어린이집 뒤에 있는 대청공원의 솔과 산수유 밭을 지나면 그 끝머리 오른쪽에 고동색 나무 계단이 있다. 그리로 오르면 다리처럼 생긴 목재데크의 곧은길이 나타나는데, 벼랑 같은 왼쪽 난간 아래로 창원에서 김해로 가는 금관대로의 지하차도가 달려가고, 지하차도 너머엔 비슷한 높이로 줄을 맞춰 늘어 선 모텔과 상가빌딩들이 아침햇살에 눈부시다. 하지만 그 보다 먼저 눈에 들어오는 건 바로 앞 황색 건물 옥상 위에 세워진 네모난 대형 태극기다. 휘날리는 법이 없는 태극기는 장유면민의 살림창고 같은 롯데마트 장유점의 상징이다. 장 보러 갈 때 마다 심심치 않게 아는 이들을 만나게 되다 보니, 장유면민 모두가 여기서 생필품을 사들이고 있는 것은 아닐까하는 착각마저 들게 한다. 장유에 있는 중고등학교의 교복들 모두가 매장 밖 복도까지 늘어서 새 입학시즌의 풋풋한 향기로 가득 채우고 있다. 어느새 봄은 그렇게 찾아오는 모양이다.

롯데마트 옆 금관대로의 지하차도를 덮어서 꾸민 도로공원이 장유중앙광장이다. 광장 양쪽으로 장유에서 가장 크고 번창하는 상가지구가 제법 넓게 펼쳐져 있다. 상가지구를 남북으로 통하는 양쪽 도로에 '번화로'라 이름 부친 뜻을 알겠고, 보다 번창하라는 기원도 담았으리라. 바둑판같이 나뉜 블록을 가득 채

운 10층짜리 빌딩들에는 전자마트, 은행과 병원, 학원과 서점, 식당과 베이커리,
주점과 노래방들이 빼곡히 들어차 있고, 빌딩 바깥은 형형색색의 간판들로 뒤
덮여 있다. 몇 년 사이에 더 늘어 난 것으로 보이는 입주상가의 밀도가 12만의
인구폭발을 긍정케 한다. 광장 서쪽에는 '삶의 향상'(2001.3. 작가 김영섭)이란 상징조
각이 서 있고, 동쪽에는 '장유정'이란 팔각정이 세워져 있다. 중앙의 작은 노천
극장에선 야외콘서트도 열리고, 장유정 언저리에선 가야문화축제나 민속행사
가 치러지기도 한다.

　번화2로 건너에 축구장이 있는 삼문체육공원과 수영장·다목적체육관·헬스
장이 있는 장유스포츠센터는 언제나 운동하는 시민들로 성황을 이룬다. 부영
이중근 회장의 기증으로 2004년 3월에 개관한 장유스포츠센터 '우정관'은 장유
의 인구증가처럼 이용객과 수입 모두 급성장을 기록하고 있다. 성인과 어린이 풀
의 수영장 만해도 전년 대비 회원 1천399명, 일일입장 2천514명 증가했다. 1년 동
안 4만4천12명의 시민들이 수영을 즐겼다는 거고, 7억4천492만원의 수입은 우정
관 총수입 8억6천672만원에 기여했다. 3만796명의 이용객과 5천48만원의 수입
이 늘어왔단다. 사진 찍으러 들어선 순간, 안경과 카메라를 뿌옇게 했던 온수풀
의 열기가 장유인들의 운동에 대한 열정으로 느껴졌다. 평일 오전인데도 다목적
체육관에선 '젤미배드민턴클럽'의 월례대회가 한창이다. 체육관을 가득 메운 아
줌마 아저씨 동호인들이 승부에 열을 올린다. 항상 경영난이 문제가 되는 여느
스포츠센터와는 다른 모양이다.

　젤미부영1단지(2002.8, 1530세대) 건너에 2002년 9월 개교의 삼문초등학교가 있다.
32학급 822(남431)명의 학생과 2개반 34명의 유치원생들이 배한용 교장 이하 52명

새
로
쓰
는
김
해
지
리
지
—
김
해
학
길
위
에
서
다

교직원들의 보살핌으로 자라나고 있다. 도농복합의 장유지역이 경우에 따라 도
농 양쪽 모두의 혜택을 받지 못하는 경우가 있어 2010년에 8천만원, 2011년에 6
천4백만원의 예산으로 '희망키움학교'를 추진하고 있다. 저소득층학생의 학습능
력증진과 문화활동지원, 실직가정의 급식지원, 지역사회와 함께 하는 아동·청
소년 인성함양 지원체제의 구축 등을 추진하고 있다.

학교정문을 나서 능동로를 따라 불모산쪽으로 조금 가면 오른쪽에 부채꼴 모
양의 예배당과 모던한 비전관의 장유대성교회(2001.6. 담임목사 한재엽)가 세련되고 편
안하다. 능동로 건너 젤미주공2단지(2002.10, 594세대)·6단지(2003.4, 407세대)와 대동피렌
체앙코르(2005.4, 320세대)·젤미부영7단지(2004.5, 372세대) 사이로 난 폭신폭신한 보도를
따라 가면 길 건너 왼쪽에 젤미장터가 있다. 3면이 대흥프라자, 풍림위너스타운,
K2빌딩에 둘러싸였고, 평소엔 주차장으로 이용되는 좁은 공간이지만, 1일과 6일
의 5일장이 서는 날엔 강냉이도 터지고, 어묵도 튀겨 팔고, 생선도 만져 주고, 모
양은 좀 그렇지만 할매네 야채도 있고, 콩이 좋다는 두부도 있다. 제법 많은 비
도 비닐장막으로 버티는 젤미장은 특별한 살거리가 없더라도 어슬렁거리기 딱
좋은 놀이터 같은 공간이다. 정확한 유래가 전해지는 것은 아니지만 선거 때마
다 모든 정치꾼들이 팔판장이나 율하장과 함께 몇 번씩 유세일정에 포함시키는
것을 보면 전통을 무시할 순 없을 것 같다. 신도시 개발 이전부터 있었던 젤미마
을의 장터가 콘크리트빌딩 숲속에 살아남은 모양이다.

젤미주민들은 독특한 마을이름 때문에 주소소개에 애를 먹는 경우가 다반사다. 특히 전화로 주소를 불러야 할 때는 더욱 그렇다. 오죽하면 몇 번 부르다 "젤리의 젤에, 쌀 미!" 라고 소리 지를 때가 한 두 번이 아니다. 젤미가 쌀을 아껴 이웃을 돕던 전통의 '절미'에서 비롯되었다거나, 장유사의 불모산에 오르는 입구라 '절뫼'에서 파생되었다는 속설도 있지만, 원래는 고려시대의 제을미향(濟乙彌鄉)에서 비롯되었다. 노비나 천민이 거주하는 향(鄉)의 이름 '제을미'에서 비롯된 것인데, 〈경상도읍지〉가 전하는 연못 제미지(濟彌池)와 관련된 지명으로 생각된다. 천민마을의 역사도 속상하고 전달도 어려운 이름이지만, 독특한 어감이 오히려 주목받는 현대라 다행이다.

파크뷰(2002.9, 318세대)·젤미부영4단지(2004.9, 516세대)와 젤미부영9단지(2004.9, 394세대), 푸르지오5단지(2005.8, 464세대)로 둘러싸인 능동공원을 가로 질러 능동로를 건너면, 삼문우체국 뒤편으로 삼문고등학교·능동초등학교·능동중학교가 나란히 서 있다. 2004년 3월 개교의 삼문고등학교는 30학급 1,114(남675)명의 학생들이 최재호 교장 이하 79명의 교직원들의 가르침을 받고 있다. 지난 해 9월 15일자 〈경남매일〉에 소개된 '김해 삼문고, 꼴찌들의 반란' 이란 기사처럼, 선생님들의 칭찬과 스킨십, 부모들의 관심을 통한 성적향상과 입시성공을 자랑하는데, '꼴통'이라 불리던 아이들이 카이스트 합격자도 내었단다. 2004년 9월 개교의 능동초등학교는 박금남 교장 이하 64명의 교직원들이 36학급 1,178(남600)명의 학생을 키워내고 있다. 다양한 방과후학교의 편성과 많은 전문강사의 초빙이 학생들에게 좋은 동기부여를 제공하고 있다. 2003년 3월 개교의 능동중학교는 34학급 1,150(남570)명의 학생들이 최희용 교장 이하 73명의 교직원들과 함께 공부하고 있다.

얼마 전에도 삼문고 뒷산의 삼문(능동)고분군에서 도굴의 피해가 보고되었지만, 능동중 뒤의 한림리츠빌(2004.10, 360세대)과 대청로를 포함한 학교부지는 원래 큰 규모의 가야유적이 있던 자리였다. 1996·67년에 울산대박물관이 발굴한 능동유적에서는 다수의 목곽묘와 석곽묘가 확인되었고, 철제비늘갑옷과 비화가야(창녕)와 대가야(고령)의 토기도 출토되었다. 특히 능동 가 지구 6호 석곽묘에서 출토된 등잔형토기는 고대 일본왕실의 고향인 이세신궁(伊勢神宮)에 가까운 로쿠다이유적(六台遺蹟) 출토품과 거의 닮은 꼴로 김해의 가야왕권과 일본열도 왜왕권과의 교류를 보여주는 유물로도 해석 될 수 있는 유물이다. 이제 이러한 능동유적은 발굴보고서와 박물관에서 만날 수 있을 뿐이다.

사실 왕릉의 능(陵)이 붙은 동네 이름도 유적에서 비롯된 것이다. 대청로 건너 장유터널 쪽으로 불모산참숯가마찜질방을 지나면 왼쪽 비탈 위에 예쁜 소나무 몇 그루가 둘러진 쌍분과 돌사람이 있다. 도유형문화재 제71호(1974.2.16 지정) 능동

석인상(陵洞石人像)과 상석(床石)이다. 문인석과 상석은 조선시대 것이지만, 가락국 4대 거질미왕이나 5대 이시품 왕의 능이란 전승도 있다. '능이 있는 동네'란 능동 마을의 이름도 여기서 비롯되었을 것이다. 무덤 앞 소나무 그늘에 앉아 대청로를 바라보는 시야가 시원하기 그지없다. 조금 위쪽 숲속에 말끔한 모습으로 자리한 생명샘전원교회(2003, 담임목사 문성진)를 뒤로 하고, 비탈길을 내려오다 보면 오른쪽 저만치에 저수지가 보인다. 저수지 아래로 흐르는 시내 양쪽에 부채처럼 펼쳐진 골짜기가 아늑하다. 거찰 중봉사(中峯寺) 터로 생각되는 곳이다. 〈김해지리지〉에 따르면 한참 번창할 때는 승려 백 수십에 쌀 씻는 물이 멀리 무계교까지 허옇게 떠내려 왔고, 절 앞에 28개나 되는 술집도 있었단다. 뒷산의 산삼과 절에서 나는 장군수로 힘이 뻗친 스님들이 난폭한 행동을 일삼자 어느 도사가 승방에 빈대를 놓았고 빈대가 들끓어 폐사되었다 한다. 바람이 세게 불면 승려들이 버리고 간 은잔소리가 지금도 들린단다. 그래서 삼문리는 중봉사의 '산문(山門)'이나 '사문(寺門)'에서, 젤미는 '절뫼'에서 비롯됐다는 전승도 생긴 모양이다.

장유터널을 지나 길 양쪽에 장유체육공원과 능동테니스장이 있다. 전국규모 축구대회도 열리는 축구장과 인라인장이 있고, 클레이 8면과 하드 8면의 테니스코트에선 '2010년 국제여자챌린저대회'가 개최되기도 했다. 해적선 같은 정글짐이 눈에 띄는 공원을 지나 남해고속도로 밑을 지나면 월산마을의 가마실공원으로 통한다. 축구장에서 고속도로 너머로 보이던 3개의 거대 굴뚝을 따라 부곡로를 거슬러 올라간다. 오른쪽에 가는 굴뚝 2개의 한국지역난방공사, 왼쪽에

굵은 굴뚝 1개의 쓰레기소각장이 있다. 난방공사경남지부는 소각장과 함께 가스를 태워 만든 전기와 열로 율하를 제외한 장유 전 지역의 난방을 책임지고 있다. 2005년 4월 개소의 장유출장소는 조성문 소장 이하 46명의 직원들이 지역민을 돌보고 있다.

장유출장소 앞길을 따라 내려가면 아파트 숲속에 많은 초중등학교와 약간의 상가들이 점점이 박혀있다. 서쪽의 남해고속도로, 남쪽의 금관대로, 동쪽의 장유로로 둘려진 네모 네모난 마을이다. 모던하지만 정감은 없다. 월산마을 부영3차(2002.5, 328세대)와 부영4단지(2004.8, 332세대) 사이에 부곡초등학교가 있다. 2002년 9월 개교의 부곡초등학교는 38학급 1,148명의 학생들이 정연길 교장 이하 70명 교직원들과 공부한다. 대청로를 건너면 월산중학교를 둘러싸고, 두산위브5단지(2004.8, 368)와 부영6단지(2001.12, 576세대), 주공7단지(2004.3, 563세대), 부영8단지(2004.2, 570세대), 주공11단지(2004.11, 635세대)와 14단지(2004.11, 410세대), 푸르지오13단지(2004.8, 494세대), 부영12단지(2001.12, 335세대), 부영9단지(2002.5, 328세대), SK뷰(2005.12, 159세대)가 있다. 2001년 3월 개교의 월산중학교는 31학급 1,098(남527)명의 학생들이 제영만 교장 이하 67명의 교직원들과 공부하는데, 해상왕국 가야의 전통을 잇기라도 하는 듯 '카누'를 교기로 하고 있다. 행정구역명 부곡(釜谷)의 우리말 이름인 가마실공원 옆에 2002년 9월 개교의 주석초등학교가 있다. 40학급 1,265명의 학생들과 3개반 85명의 유치원생들이 심영돈 교장 이하 85명 교직원들의 사랑으로 자라나고 있다. 학교이름은 조금 동쪽에 있는 e좋은중앙병원(2005.8, 갑을의료재단 박한상 이사장, 300병상)의 뒷산 주석산에서 따온 모양이다.

월산로를 건너면 석봉마을이다. 마침 장유고등학교, 월산초등학교, 석봉초등학교도 있어 많은 분들이 '한석봉'과 관련이 있는 것처럼 생각하기 쉽지만 그렇진 않다. 면사무소 동쪽에 붙어 내덕리와 경계를 이루는 바위산의 이름 석봉(石峯)에서 유래된 것이다. 철제펜스를 두르고 '장유바위공원'이 조성되고 있는데, 조감도를 보니 울퉁불퉁한 바위산과 호수로 된 바위공원이다. 지명을 살린 전국 최초의 도시공원이 탄생할 것 같다. 학교들을 둘러싼 부영4단지(2004.2, 1010세대)·7단지(2004.2, 808세대)·8단지(2003.9, 660세대), 대동5단지(2000.7, 417세대)·6단지(2000.7, 432세대)·피렌체3단지(2004.10, 226세대)·2단지(2004.10, 266세대)·황토방(2000.7, 594세대) 속을 헤매다 하루해가 저문다. 아무래도 장유고등학교부터는 다음으로 넘겨야겠다.

33

장유면~주촌면

걸음의 시작부터 마음이 급하다. 지난번에 마무리 짓지 못한 장유의 일부와 주촌면 전체를 다 돌기로 작정했기 때문이다. 지난 예고대로 오늘의 발걸음을 장유고등학교에서 시작한다. 2001년 3월 개교 당시 학생충원을 고민해야 했지만, 11주년을 맞이하며 2011년 교육평가에서 경남 78개교 중 5위의 명문고로 성장했고, 이제는 입학의 어려움을 걱정해야 할 정도가 되었다. 33학급 1,290(남552)명의 학생들이 대학진학과 사회진출을 위해 정규상 교장 이하 76명 교직원들과 매일같이 씨름하고 있다. 지난 설날천하장사를 차지한 이슬기 선수가 바로 씨름을 교기로 하는 이 학교 출신이다. 인제대 이만기 교수의 지도를 받고, 현대삼호중공업에 입단해 2011·2012년 천하장사를 연패했다.

장유고와 함께 개교한 이웃의 월산초등학교에선 35학급 999명 학생과 4개반 110명의 유치원생들이 안병록 교장 이하 79명 교직원들의 보살핌으로 자라나고 있다. 독서방송·독서인증제·독서마라톤대회 등의 '꿈을 가꾸는 독서교육'은 개교 이래 지속하고 있는 특색교육활동이다. 홈페이지를 가득 메운 엄마 아빠들의 독후감을 훑어보다 '참교육'이란 말이 떠올랐다. 월산초등학교 한 블록 건너엔 이름에서 50점 따고 들어가는 석봉초등학교가 있다. 2004년 3월 개교로 34학급 977(남501)명의 학생과 3개반 63명의 유치원생들이 박기태 교장 이하 69명의 교직원들과 함께, 에너지절약·독서·노래·건강·녹색환경 같은 다양한 주제를 꼭꼭

■□
장유고등학교

□■
월산초등학교

□□
석봉초등학교

□□
장유초등학교

채운 스케줄에 따라 알뜰하게 실천하는 학교다. 학교의 교정과 둘레를 '무지개 숲 탐방코스'로 설정해 아이들이 탐방로를 따라 꽃과 식물을 관찰하고, 교사에 제비콩을 기어오르게 하며, 낙엽을 치우고 나뭇가지를 치면서 이름표를 달아주는 프로그램이다. 자연과 친근하게 자란 아이들이 잘못될 리 없다.

팔판문화회 등의 활동으로 장유의 역사와 문화 발전을 고민하는 정철석법무사 사무소의 간판이 커다란 국민은행 장유점 앞 길 건너로 장유순례를 시작했던 면사무소와 석봉마을 대동1단지(2000.7, 998세대)·부영9단지(2002.5, 1578세대)가 보인다. 장유 신도시 탄생의 상징 같은 코아상가 앞에서 장유로를 건너면, 1922년 6월 공립보통학교로 개교해 90주년을 맞이하는 장유초등학교가 있다. 명곡 '그네'의 작곡가 금수현 선생이 직접 작곡한 교가가 자랑스럽다. 지휘자 금난새 씨의 부친이기도 한 선생은 김해 대저에서 출생했던 인연으로 교가를 작곡해 주셨던 모양이다. 1982년 4월에 지금의 자리에 신축이전했던 오래된 교사와 2006년 개관의 신관과 체육관, 그리고 새로 깔린 인조잔디운동장의 콘트라스트가 유별나다. 33개 학급 1,006명의 학생과 2개반 51명의 유치원생들이 이춘만 교장 이하 66명의 교직원들과 함께 역사적 전통을 든든하게 등에 업고 밝은 미래를 바라보고 있

■□□
외덕마을회관

□■□
내덕마을회관

□□■
유하마을회관

다. 2007년 전국 100대 교육과정 최우수학교로 선정되기도 했다. 방학 중인데도 운동장에선 육상부 아이들과 지도교사가 함께 땀을 흘리고 있다.

내덕로와 유하로가 만나는 곳에 2006년 3월에 개교한 내덕중학교가 있다. 30학급 1,038(남558)명의 학생들이 전창수 교장 이하 61명의 교직원들의 가르침을 받고 있다. 2011년 8월에 전국에서 고성에 모인 500명 학생과 지도교사가 열전을 벌인 전국4-H경진대회에서 김우성·정윤혜 학생과 김영로 선생님이 자원봉사활동성과발표 분야에서 최우수상을 차지했다. 짧은 연륜이지만 봉사를 통한 인성교육에도 열심인 모양이다. 행정구역명 때문에 학교명을 내덕으로 했겠지만 사실 이곳은 외덕마을이었고, 내덕마을은 '해평원(海平原)'이란 들판 건너 내삼천과 조만강 가에 있었다. 강둑(덕)에 둘러싸인 해평원 양쪽에서 농사를 짓던 마을들로 시내 가까운 쪽을 내덕, 먼 쪽을 외덕이라 불렀다. 그래서 내덕중학교 아래엔 외덕마을회관이 있고, 뜰 건너 먼 쪽엔 내덕마을회관이 있다.

내덕마을회관에서 금관대로에 나서 새로 생긴 신항만배후철도의 고가 밑을 지나고 장유자동차운전학원을 지나면 조만강을 건너는 정천교에 이른다. 장유의 서쪽 경계다. 김해~장유~창원을 오가는 차량들의 소음이 굉장한데도 다리 아래엔 청둥오리 십 수마리가 별로 맑지도 않은 물위에 둥둥 떠 있다. 정천나루가 있었다는 다리 위에서 건너편의 칠산이 파도와 바람을 막아주던 시절을 그려 보는 나도 저 오리들과 그리 다르지 않은 것 같다.

발길을 되돌려 내덕중교차로 조금 아래에 있는 유하마을로 들어선다. 공장이 가득 들어 차 마을이라긴 좀 그렇게 되었지만, 장유에서 가장 오래된 마을인 유등야현(柳等也縣)이 있었던 동네다. 원래 김해시내에서 장유로 들어오던 입구였고, 그렇기에 장유면이 생기기 전에 있었던 유하면의 중심이었던 곳이다. 마을회관에서 조금 더 오르면 작은 멍멍이가 꼼짝도 않고 자리를 지키는 공장 위쪽으로 운치 있는 소나무 몇 그루가 보인다. 소나무 왼쪽 감나무 밭 속에 한 때 가야왕릉 또는 장군총으로 전해졌던 유하리고분의 높은 마운드가 어른거린다. 1994년

동의대박물관의 발굴조사로 연도와 문이 있는 돌방무덤(횡혈식석실묘)의 구조가 밝혀졌고, 철도 1점에 대부장경호와 고배의 파편, 그리고 9명분의 인골이 수습되었다. 이미 1970·74년의 도굴사실이 알려진 뒤라 이렇다 할 유물은 없었지만, 7세기 후반 축조의 신라무덤에 2명의 어린이를 포함한 9명 모두가 여성으로 확인되었고, 입구를 열고 닫으면서 최소한 3차례 이상의 추가장이 이뤄진 것도 확인되었다. 건너편에 있는 조개무지의 유하패총과 농소패총의 존재를 생각하면 지금 고분 아래에 펼쳐져 있는 뜰은 축조 당시엔 옛 김해만의 파도가 출렁거리는 바다였을 것이다. 김해지방의 통치를 위해 신라에서 파견된 장군이나 지방관의 가족들, 또는 여성장관이 경주를 그리워하며 묻혔던 건지도 모르겠다.

맞은편엔 들판을 향해 돌출한 나트막한 언덕의 하손마을에 하손패총이 있다. 1979년에 도기념물 45호로 지정된 하손패총은 남해고속도로 건너에 있는 양동고분군(사적 454호)과 그 너머 가곡마을 뒷산 정상에 있는 양동산성(도기념물 91호)과 세트를 이루는 가야 항구마을의 유적이다. 〈김해지리지〉가 전하는 정상부의 유하토성이 항구마을의 중심이었을 것이고, 이들이 묻히던 무덤이 양동고분군이었으며 전시에 들어가 농성하던 곳이 양동산성으로 생각되고 있다. 들판 쪽으로 가장 돌출한 남동쪽 비탈을 오르기 시작하면 이미 발밑은 온통 조개껍질이다. 굴 껍질이 주를 이루는 사이사이엔 온갖 종류의 가야토기들이 널려 있다. 유적 안내판이 무색하게 경작을 하려는지 엊그제 새로 깎아 낸 듯한 단층에서 천오백년 전 가야사의 비밀을 전해줄 소중한 이야기 자료들이 고개를 내밀고 있다. 사진 몇 장을 찍었지만 발굴조사도 시급하고 유적보호는 더욱 시급하다. 양동산성·양동고분군과 함께 해상왕국 가야의 모습을 풀세트로 복원할 수 있는 마지막 남은 귀중한 자료들이지만 손과 생각이 미치지 못하는 모양이다.

〈김해지리지〉는 금은보화가 도굴되었고, 고려장터나 부자가 많았던 장자등(長者嶝)으로 불렸던 것과 많은 버들잎이 떨어지는 것처럼 후손이 번창할 명당이라 하손(下孫)이라 했음을 전하고 있다. 삼계 화정도서관으로 이전한 유하출신 독립지사 김종휘(金鍾烜; 1893~1948) 선생의 기적비(1968년)가 있었다. 선생은 장유에 신문의숙을 세워 후학을 가르치다 파고다공원의 만세운동에 참가했고, 독립선언문을 가지고 귀향해 김승태 지사 등과 함께 1919년 4월 12일 장유만세운동을 주도했다. 징역 2년에 손발톱이 뽑히는 고문과 38세의 실명으로 긴 어둠의 세월을 보냈다. 1963년에 건국공로포장이 수여되었다. 하손마을 뒤편엔 바닷물이 밀려들던 '뒷바당(뜰?)'의 후포(後浦)가 있었는데, 후포마을 입구 오른쪽 언덕에 장유만세운동을 주도했던 독립지사 최현호(崔鉉浩) 선생의 기적비(1978년)가 있다.

유하천 건너 남해고속도로 냉정분기점 밑을 지나면 진례면과 경계인 냉정마

을이다. 고속도로 옆 시부로의 확장으로 어수선하고 몇 가구 남진 않았지만, 남
해고속도로의 서부선과 북부선이 갈라지며 서부 경남으로 통하는 교통의 요지
란 점은 옛날과 다름 없다. 장유·진례·주촌 3면의 경계로 김해에서 서부로 나가
는 국도 변엔 역원시설의 냉천원(冷泉院)도 있었다. 냉천과 냉정(冷井)은 '찬물 등(嶝)
에 있는 찬물 샘'에서 비롯된 이름이었다. 고개 '등(嶝)'이니, '찬 물이 샘솟는 고
개'로 지금 진례면의 표지판이 서 있는 언덕이다. 경계표지석 앞에서 왼쪽 비탈
길을 조금 오르면 2502전투경찰대가 있다. 20년 전까지도 부대에서 우물로 쓰
고 있었다는 증언이 있지만, 이제 가보니 우물의 흔적은 사라지고, 부대의 용수
탱크와 목욕탕이 세워져 있다. '냉정 찾기'로 장유순례의 휘날레를 장식하려 했
던 야망(?)이 물거품이 되었다. 물이 매우 차갑다는 안내병사의 위로 같은 증언
하나만을 달랑 들고 돌아선다.

주촌면엔 면목없는 시작이 되었다. 필자의 무계획 때문에 글머리부터 주촌순
례를 시작하지 못했다는 자책을 꼬리에 달고 내동에서 주촌으로 가는 선지고개
를 넘는다. 이제 서부로란 이름이 부쳐져 확장공사가 한창인 이 도로는 1988년
8월에 면소재지를 지나 양동마을까지 편도 1차선으로 개통된 길이다. 선지고개
를 넘자 바로 나오는 동네가 당연하게도 선지마을이다. 신선 선(仙)에 연못 지(池)
라 쓰고, 원지리 화살표의 도로표지판을 보고 오른쪽으로 들어서면 보이는 선
지를 기준으로 동쪽 내동 쪽이 동선(東仙), 바깥 도로 쪽이 서선(西仙), 안쪽이 내선
마을로 나뉘어 불렸었다.

동선마을 버스정류장 옆이나 조금 앞에 있는 선지사를 가리키는 고동색 표지

■□□
유하리고분

□■□
하손패총

□□■
선지사

판의 화살표를 따라 들어가면 선지사가 있는데, 도문화재자료 330호로 지정된 아미타여래좌상(1605년)과 500나한상으로도 유명하지만, 선지마을의 이름이 조사를 통해 확인된 곳이기도 하다. 1999년 6월에 필자가 책임을 맡고 있는 인제대 가야문화연구소의 수습조사에서 '선지사(仙地寺)'의 명문이 새겨진 기와가 확인되었고, 조사를 의뢰했던 원천 주지스님은 덕천사에서 선지사로 절 이름을 바꾸었다. 연못 지(池)와 땅 지(地)의 차이는 있지만 명문기와의 연대인 고려시대는 물론 통일신라까지 올라갈 수 있는 절터에서 이 땅의 이름이 확인되었음은 중요하다. 절을 들어서다 마주친 주지스님이 오랜만인데도 알아보고 반가이 맞아 주신다. 인생만사 희노애락의 표정을 담고 있는 오백나한상 중에는 예수를 빼 닮은 나한도 있어 KBS스펀지에 방영되기도 했단다.

선지에서 맞은편을 바라보면 물 위에 3개의 봉우리가 떠 있는데, 오른쪽 2개의 봉우리가 주촌의 이름이 비롯되었다는 주지봉(住持峯) 또는 주주봉(酒主峯)이다. 〈김해지리지(1991)〉는 주주봉 아래 있는 마을이라 주촌이라 했다하고, 주주봉(250m)의 높이가 똑 같은 '두 주봉'에서 비롯되었을 것 같은 생각도 들지만, 이미 〈신증동국여지승람(1530년)〉과 〈여지도서(1765년)〉는 번성하던 포구인 덕포(德浦)가 있었고, 덕포진교(德浦津橋) 밑을 지나 주촌지(酒村池)에 배가 정박했다는 기술에서 배 주(舟)의 주촌이었을 수도 있겠고, 나루의 와자지껄한 주막(酒幕)에서 비롯되었을 것이라는 낭만적 생각도 있다. 주촌이란 이름이 제일 처음 보이는 〈경상도속찬지리지(1469년)〉는 김해도호부 서쪽의 주촌제(酒村堤)가 86결의 넓은 뜰에 물을 대고 있음을 기록하고 있다. 조선 초엔 이미 바다가 아니라 앞쪽 조만강을 거슬러 오르는 강나루마을이었던 모양이다. 벼 300말 생산의 땅이 1결(結)이었으니, 좋은 땅이라면 25만여 평, 나쁜 땅이라면 102만7천여 평이나 되는 너른 들이 있고, 짐을 가득 실은 배가 오르내리며, 장사치와 여행자들이 붐비던 강나루마을에 노을이 진다. "술 익는 마을 마다 타는 저녁노을"이란 시가 저절로 떠오르는 '술 마을' 주촌(酒村)의 마을이름이다.

주촌면1

34

226

새로 쓰는 김해지리지 ─ 김해학 길 위에 서다

■■■■ 지난번 얘기대로 주촌의 이름이 제일 먼저 보이는 것은 1469년의 〈경상도속찬지리지〉이지만, 행정단위로서의 주촌면은 1765년의 〈여지도서〉에 처음 등장한다. 1789년의 〈호구총수〉는 주촌면의 마을로 선지, 원지(元枝), 안지(晏旨), 천곡, 삼백천(三百川), 가곡(歌曲), 농소, 망덕, 내삼, 양동의 10개 리(里)를 기록했고, 1914년에 주서면(酒西面)을 통합하면서 선지(仙池), 원지(元支), 덕암(德岩), 천곡(泉谷), 농소(農所), 망덕(望德), 내삼(內三), 양동(良洞)의 8개 법정리가 생겨 지금에 이르고 있다.

시내에서 주촌(선지)고개를 넘어 선지리의 동선마을을 지나고 서선마을의 선지삼거리에서 서부로1701번길을 따라 원지리 방향으로 접어들면 조선시대까지 조만강을 거슬러 오른 배가 정박하던 선지 못의 흔적이 '못뚝소류지'로 남아있다. 못의 둘레에 대해 1530년의 〈신증동국여지승람〉이 약 1,300m, 1928년의 〈김해읍지〉가 약 700m로 전하고 있는 주촌지 또는 주촌제로 생각되는 곳이다. 주촌지(池)의 '못'과 주촌제(堤)의 '뚝'이 '못뚝소류지'란 이름으로 남은 모양이다. 지금은 〈김해읍지〉의 정도의 넓이가 남았지만, 〈신증동국여지승람〉의 조선전기까지도 조만강으로 연결되는 2배 더 큰 연못이었던 것 같다. 상류의 옥천에서 흘러내리는 물이 맑아 선녀가 목욕도 했다 하고, 그래서 선지라 했다는 전설도 있다.

못 안쪽에 작은 대숲을 등지고 아늑하게 자리한 '못안마을' 내선이 있고, 그 끝에 1964년 개교의 주동초등학교가 있다. 6학급 42명(남21) 학생이 김동섭 교장

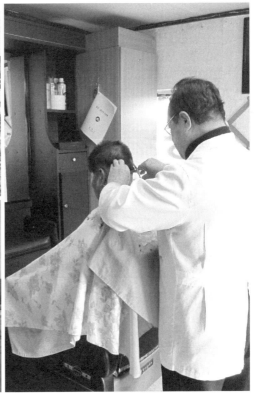

■□□
선지와 주주봉

□■
덕원이용원

이하 15명의 교직원과 함께 공부하는 초미니 학교다. 한 학년에 한 개 반(5~13명)이 있을 뿐이다. 폭발적 인구증가를 자랑하는 김해시의 또 다른 얼굴이다. 그러나 10명도 안 되는 학생들이 선생님 한 분을 독차지하고, 학예회·체험학습·초청강연회 같은 웬만한 행사에 전 학년이 함께 하는 가족적인 분위기가 부럽고, 향수를 자극하는 교사와 회양목·동백·탱자나무의 낮은 담장이 정겹기 그지없다. 동쪽 담장 너머 새로 지은 내선마을회관(경로당)에 태극기와 새마을기가 나부끼고 있다. 학교의 아이들 떠드는 소리는 경로당 어르신들께 좋은 보약이 될 터이다.

동쪽에서 나오는 원지천과 북쪽에서 내려오는 옥천이 학교 뒤쪽에서 만나 조만강을 이룬다. 원지천을 따라가면 원지리, 옥천을 따라 오르면 덕암리가 된다. 양쪽마을을 다 돌다 보면 선지삼거리에 처음 들어설 때와는 전혀 다른 느낌이 든다. 안쪽 품이 참 넓은 동네란 생각이다. 합수지점에는 2개의 원지교(1996.12, 2000.2)와 내선교(1992.6)가 걸쳐 있는데, 가운데 원지교 앞에는 유별나게 생긴 이발소가 하나 있다. 너른 들을 배경으로 덕암리와 원지리가 갈라지는 길목에 이정표처럼 혼자 있는 덕원이용원이다. 양쪽 마을이름의 한 자씩을 가져다 붙인 이발소의 하늘색 함석지붕이 많이 바랬고 벽의 백색 칠은 많이 더럽혀졌다. 창도 없이 반 지하처럼 가라앉았는데, 삼각형 지붕의 꼭지점에는 교회의 십자가 같은 빨강파랑의 띠가 돌고 있다. 알루미늄 문을 노크하고 들어섰더니 마침 머리를 깎고 있던 주인장 강동석씨가 의아한 표정으로 허리를 구부리고 들어서는 나를 내려 다 본다. 그도 그럴 것이 장사하는 집에 노크라니! 50년 경력의 이발사로 여기에 자리를 편지는 10여년 정도 되었단다. 생업의 현장을 호기심처럼 들여다 본 죄(?)로 얼굴만 붉힌 채 허겁지겁 되돌아 나왔다. 다음번엔 머리라도 깎으면서 이 묘한 분위기의 내력과 사연을 들었으면 좋겠다.

원지천을 따라 오르는데 동네 어귀에 걸린 플랜카드들의 문구가 심상치 않다. '원지리가 누구 때문에 발전하지 못 하는가' 또는 '돼지 재입식 절대 반대' 등이 주민들의 이름으로 붙어있다. 지난 해 초 전국을 휩쓸었던 구제역의 후유증이다. 김해에서 가장 먼저 구제역이 발생했고, 22,800두나 되는 가장 많은 돼지들이 매몰 처분되었던 곳이다. 매몰내역과 경고판이 세워져 있는 13개소의 매몰지는 지난 1년 동안 침출수의 문제 등으로 또 다른 갈등을 불러 일으켰다. 구제역과 매몰소동으로 고통 받고, 지하수 오염에 대한 걱정으로 새로 상수도를 놔야 했던 주민들이 축산업의 재개를 반대하는 심정은 충분히 헤아려져야겠다.

문 닫힌 축사들의 행렬이 끝나갈 즈음 길 오른쪽에 대리마을회관이 보인다. 이제야 겨우 전원마을 같은 풍경이 되었다. 간이포장길을 오르니 누군가 숨겨 놓았을 것 같은 '깊은 산 오솔길 옆 자그마한 연못'이 있다. 수면에 커다란 산 그림자가 떨어져 있는 '고래새저수지((김해지리지))'다. 뚝 아래에 펼쳐진 과수원과 전답이 제법 아늑해 부자가 많이 살았다는 '큰 마을' 대리(大里)의 이름을 되새긴다. 저수지에서 얼마를 내려와 아래대리 쪽으로 꺾어들면서 원지리고분군의 흔적을 찾아 나선다. 길 오른쪽에 밤송이같이 생긴 동그란 송림이 고분군의 시작이다. 발굴된 적이 없어 자세한 내용은 알 수 없지만 일제강점기 이래 계속돼 왔던 도굴의 흔적 등을 통해 6세기 후반에서 7세기경에 축조된 100여기 이상 횡구식과 횡혈식 석실분의 분포가 알려져 있다. 노출된 석실도 있다지만 급한 걸음에 도굴구덩이와 석실분의 봉토만을 확인하고 돌아선다. 지난번 장유 유하마을에서 찾아보았던 고분과 비슷한 모양으로 생각해 좋다.

서부로1701번안길로 원지천을 건너 석칠마을로 들어선다. 너른 들판을 앞에 두고 산자락을 의지해 늘어선 마을이다. '돌 일곱'의 석칠(石七)이란 마을이름은 들에 있던 7기의 고인돌에서 비롯되었다는데, 제방공사에 실려 가고 들판의 구획 정리 등으로 다 없어진 모양이다. 마을을 벗어나면서 길은 주동초등학교에서 오는 서부로1701번길과 만난다. 마침 석칠마을 버스정류장이 있어 다리도 쉴 겸 앉아보니 앞쪽 길을 따라 늘어선 송림이 범상치 않다. 솔밭 안에 들어서 보니 고

■□□
원지리 입구 플래카드

□■□
원지리고분군

□□■
대리저수지

인돌로 보이는 괴석도 있고 혼자 서 있는 문인석도 있다. '금월등(琴月嶝)'이란 언덕에 만들어진 무덤들을 지키는 솔밭이다. 중간쯤에 있는 종6품 비변사낭청창녕 조공의 묘가 가장 잘 다듬어져 있는데, 1991년의 신도비에는 17세기 활천 출신의 조항(曺抗)이 주인공인 모양이다.

솔숲을 나서면 냇가에 들국화가 많았다는 국계(菊溪)마을이다. 마을회관을 지나 개울을 거슬러 몇 걸음 위에 밀양박씨의 이세(二世)사효비(四孝碑)가 있다. 부부와 두 아들 네 사람의 2대에 걸친 효도를 기리는 비석이 비각 안에 앉아 있다. 혼자 즐거운 강태공이 세월을 낚고 있는 석칠저수지를 지나 훨씬 높고 크게 보이는 국계대저수지에 오른다. 위쪽 못에서 암벽을 타고 내려오는 물줄기와 너른 저수지, 둑에서 내려다보는 주촌마을의 풍경이 나쁘진 않지만, 수면 위로 하늘에 떠 보이는 북쪽의 공동묘지는 조금 섬뜩하다. 무덤이라서가 아니라 산 정상을 깎아내 쌓아 올린 잿빛의 석축들 때문이다. 산 넘어 반대편 김해대로의 신천가구마을 쪽에서 올라오는 낙원공원묘지란다.

다시 서부로1701번길에 내려와 들판 건너로 덕암산업단지와 동서대로를 바라보며 달리다 보면 덕암리노인정과 용곡마을회관이 있는 덕암리로 들어선다. '덕바위'란 마을이름은 임진왜란 때 흥해 최씨형제가 피난 와 살며 후진을 가르쳤던 것에서 비롯되었단다. 그 뒷산의 형제바위 또는 덕바위는 조금 더 올라가야 한다. 마을회관 바로 위에 나타난 갈림길에 잠시 고민하는데 덕운사의 표지판이 눈에 들었다. 좌우에 청룡봉이 있어 용곡(龍谷)마을이라 했고, 용곡마을 절골에 용곡과 덕암을 합친 용덕암(龍德庵)의 기록이 떠올랐다. 좁은 골목길을 누비는데 갑자기 앞이 트이며 저만치 무암산(舞巖山) 아래에 덕운사가 자리하고 있다. 500년이 넘은 팽나무 두 그루가 고풍스럽고 천왕문과 대웅전이 아득하다. 마침 점심 공양 중인 동호(東虎) 주지스님에게 유래를 물었다. 자신의 주석은 6년째지만 100여 년은 족히 넘었을 거란다. 부처골이란 폐사지에 비구니 일원(一源) 은사스님이 절을 세운 지도 이미 50년이 넘었다는데, 폐사된 절이란 〈김해지리지〉의 용덕암

을 말하는 모양이다. 대웅전에 모셔진 황금빛 찬란한 부처의 옆구리와 등이 이 상하게 불거져 있어 다시 살펴보니 석불에 붙어 있던 광배(光背)의 일부였다. 광배 가 파괴된 석불을 모셔다가 도금불사를 했던 모양이다. 천왕문 앞에 예쁜 소나 무와 잘 어울린 요사채는 안성에 있던 이완용의 집을 이축한 것이란다.

절 앞 들판을 가로질러 덕암마을 버스정류장에서 산 쪽으로 들어가면 덕암의 유래가 된 흥해 최씨의 제실 덕암제가 있다. 시간도 없고 사람도 없어 덕암 찾기 는 포기했지만 여기가 '원조 덕암마을'이고 마을 옆 개울은 조만강의 발원지 옥 천의 시작이다. 옥천소류지를 끼고 오른쪽으로 돌아 점골 못 옆을 지나 북쪽으 로 쳐 오르면 산꼭대기에 김해추모의 공원이 있다. 2003년 10월에 개원한 화장 장과 납골당이 있고 수많은 묘지가 공원처럼 꾸며져 있다. 흐린 날씨인데도 산 꼭대기라 그런지 바람이 차고 거세다. 묘지들 위로 동쪽의 낙원공원묘지, 남동 쪽의 주촌마을과 남해, 서쪽 아래로 정산CC가 내려 다 보인다. 저 아래서 골프 치는 이들에게 언젠가 여기에 누워야 한다는 생각은 조금도 없을 것 같다. 지금 금음산(金陰山)으로 불리는 이 산은 원래 쇠를 캐내던 일로 쇠금산으로도 불렸다. 쇠 금(金)에 무덤을 뜻하는 음택(陰宅)의 음이 합쳐진 이름인지도 모르겠다. 아래쪽 에 있는 양동고분군이나 망덕고분군 등에서 출토되고 있는 각종의 가야철기가 여기서 생산된 철광석을 원자재로 했을 가능성도 점쳐진다.

서부로1637번길을 따라 덕암산업단지 한 가운데를 지난다. 2001년 5월에 조 성한 단지에 는 25개사에서 450여명이 일하고 있다는데, 길가에 나와 쉬는 외국 인 근로자의 모습이 낯설지 않다. 동서대로에서 내려오는 덕암교차로를 지나 많 은 공장들로 이름이 무색해진 옥수골의 옥천교(1998.2)를 건너는데, 길을 잃었는 지 흰 두루미 한 마리가 냇물에 서 있다. 급히 들이 댄 카메라에 놀랐는지 이내 날아올랐다. 그렇지 않아도 긴장하고 있었을 두루미에겐 미안했지만 어지러운

천곡마을 이팝나무

공장들 속에서 나는 위안을 얻었다.

동서대로 밑을 지나 새 다리 공사가 한창인 천곡교 앞에서 서부로를 건너 천곡리로 들어선다. 주촌 농협·우체국·파출소를 지나 주촌면사무소에 이른다. 처음에 망덕리에 있던 것을 1929년 이전의 어느 때에 이리로 옮겼고, 1988년 1월 준공의 면사무소를 2008년에 새롭게 단장했다. 김동기 면장 이하 11명의 직원들이 8개리 23개 마을 1,829세대 3,986명의 주민들과 1,504개의 공장과 사업체를 돌보고 있다. 지난달에 비해 주민 38명이 다시 줄었단다. 1만5천여명이나 되는 근로자들의 대개가 출퇴근자로 거주자의 5배를 넘는다. 쌀농사를 비롯해 화훼·단감·부추를 하던 농촌마을이 주민 없는 공장지대로 변해 마을가꾸기는 엄두도 못내게 되었다. 망덕·농소리의 산단조성, 선지·천곡리의 도시개발과 국도14호선과 58호선의 확장 등은 주촌의 공장마을화를 부채질하고 있다. 옥천(玉水)과 천곡(샘골)의 물이 맑아 술맛이 좋고 인심도 좋았던 마을은 이미 아닌 모양이다.

저녁이 다 됐는데 파출소 앞 짜장면 집에서 점심의 허기를 때우고 천곡마을회관 옆에 자리한 천연기념물 제307호 천곡리이팝나무(본지 2011.4.20일자 참조)를 찾는다. 5월이면 나무 가득 하얗게 피는 꽃이 흰 쌀밥 같아 그렇게 불렀다 하고, 입하에 꽃 피는 입하목(立夏木)의 '입하'가 '이팝'으로 되었다고도 한다. 500년의 풍상을 겪느라 지친 몸엔 철봉이 바쳐지고 콘크리트가 메워졌다. 하필이면 오늘 환경정비를 위한 포크레인질이 분주한데 무슨 이해가 어긋났는지 옆집 주인과 공사업자가 언쟁 중이다. 나는 못 본채하고 사진 몇 장을 찍고 돌아서지만, 이팝나무는 내내 이런 장면을 지켜보았을 거다. 그렇기에 지금도 꽃이 만발하면 풍년이 될 거라 믿는 주민들의 '마을어른'이 되었고 해마다 제사도 받고 있는 모양이다.

35

주촌면2

지난번에 걸음을 멈추었던 천곡리 이팝나무에서 오늘의 발걸음을 시작한다. 뒷산에 샘이 많아 샘 천(泉), 골 곡(谷)의 천곡리가 되었는데 우리말로는 '새미실'이다. 뒷산의 천곡산성은 십 여 년 전에 이미 그 흔적을 찾기 어렵다 했다. 이팝나무 뒤로 119m 꼭대기까지 올라보았지만 남은 흔적을 찾기는 어려웠다. 시와 면의 관내도나 관광안내도에도 산성은 선명하게 표시돼 있다. 책임을 지기 위해서라도 정밀학술조사가 있어야겠다. 빈손으로 산비탈을 내려오며 산 서남의 서쪽에 180m 정도 활모양의 토축과 동쪽 계곡에 무너진 성벽의 돌무더기가 남아있다는 〈김해지리지(1991)〉의 기록을 남겨둔다.

2008년부터 천곡산성에 고압송전탑 설치를 추진하는 한전과 다투고 있는 천곡마을회관을 나와 조만강을 따라 남쪽으로 내려간다. 동서대로 용덕교 밑을 지나면 길 왼편에 용덕마을의 표지석이 서 있다. 용덕은 용산과 덕교를 한 자씩 따 부친 이름이다. 건너편 선지마을 쪽에서 '청우앞들'과 조만강 건너로 바라보면 한 마리의 용이 바다, 지금의 김해평야 쪽으로 달리는 모습 같다 해서 용산이라 했고, 조금 아래쪽 남해고속도로 주촌교 언저리에 있던 '뗏다리'에서 덕교란 이름이 붙었단다. 마을 끄트머리의 강가에는 노거수 한 그루가 외롭지만 당당하다. 표지판이 없어 보호수지정은 안 된 것 같지는 않지만 이삼백년은 족히 되어 보인다. 물가이고 굵은 줄기가 뒤틀려 있는 품이 왕버들이 아닐까 한다.

농소마을 입구 당산목

천곡마을회관

용덕마을 노거수

크라운볼펜(2003.4) 밑을 돌아서는데 아주머니 한 분이 밭을 일구고 있다. 천곡패총으로 알려진 부근이라 말을 건넸더니, "조개껍질이 끝도 없이 나와요. 옛날엔 여기가 바다였다는데. 매년 검사하는 사람들이 와요" 란다. '검사'란 아마도 문화재조사자들을 가리키는 모양인데, 굴·피조개·전복껍질 등이 토기편들과 뒤섞여 있다. 가야요양병원(2009.9, 원장 신승건) 앞을 지나 바튼 산자락에 일렬종대로 늘어선 집 앞을 지나는데 도로 폭이 너무 좁아 잘못하면 논으로 굴러 떨어질 지경이다. 서부로1430번길의 지방도란다. 논을 가로질러 굴다리로 남해고속도로 밑을 지난다. 좁은 굴다리의 어둠에서 놓여나자 왼쪽으로 남해고속도로 주촌교가 보인다. 이 근처에 〈김해지리지〉가 전하는 덕교(德津교)가 있었던 모양이다. 덕진교의 나루 진(津)과 '떳다리'란 이름을 보면 물에 뜬 부교(浮橋)의 선착장 같기도 하지만 광복 후까지 시내 흥동 쪽에서 건너오는 돌다리가 있었단다. 길이 3.6m에 높이 30㎝ 되는 앉은뱅이 돌다리는 김해에서 서부로 나가는 자여도(自如道)란 조선시대의 국도였다. 주촌면의 자료는 지금도 돌다리 기둥과 난간들이 물속에 잠겨있다고 주장한다.

다시 조만강을 따라 내려가면 빨강 노랑 초록의 천을 두른 당산목의 팽나무와 푸조나무가 쌍을 이룬 정자가 나타나는데 농소마을의 시작이다. 동서대로 농소1교 밑을 지나 공장들 끝에 본 마을이 있다. 농사짓는 곳이라 농소라 했다는데 부재지주의 농장을 소작하던 이들의 마을이었던 모양이다. 왜성이 자리했던 언덕엔 나무도 풀도 없는 황토밭이 단을 이루고 있다. 황토색 언덕 위에 빨간 벽

■□
농소교회

□■
신답왜성 소나무

돌과 흰색 윤곽선, 그리고 은빛 첨탑이 빛나는 농소교회(담임목사 임종혁)가 파란 하늘에 선명하다. 출타 중인 목사님 대신에 작은 강아지 한 마리가 열성으로 교회를 지키고 있다. 한국동란 중인 1952년 3월에 창립해 마침 환갑을 맞았다는 아름다운 교회는 영화에라도 나올 것 같은 분위기다.

　마을회관과 새마을구판장을 지나니 마을 끝에 모스그린 유리창의 인텔리젠트빌딩 하나가 불쑥 머리를 내민다. 김해의생명센터란 상호가 붙어 있다. 농소의 농장에서 의생명산업단지로의 변천을 선언하는 커다란 깃발처럼 보인다. 센터 앞에는 몇 백 년은 되었음직한 팽나무가 잔가지 하나 없이 죽은 듯이 서 있고, 도로 건너엔 수령 300년의 푸조나무가 마을의 역사를 말해준다. 나무발가락(?)을 보호한답시고 노란 철판을 덧씌운 게 우스꽝스럽다. 우회전 차량에 자주 밟혀 그랬겠지만 웃을 기분은 못되었다. 나무 뒤 언덕에선 밭 가장자리에 심어진 몇 그루의 매화가 진한 향기를 퍼뜨리고 있다. 달콤한 향을 따라 코를 들이미는데 벌들이 윙윙거린다. 예전 같으면 기겁을 했을 테지만 멸종된다는 말에 오히려 반갑고 귀엽다.

　언덕을 오르는데 제법 고급스런 청자·백자·분청사기·청화백자의 파편들이 눈에 띤다. 임진왜란 때 왜장 나베시마(鍋島直茂)가 가락의 죽도왜성과 함께 성을 쌓은 곳이라 전해진다. 덕진교성(德津橋城)·농소왜성(農所倭城)·신답왜성(新畓倭城) 등으로 불렸다는데, 왜란 후 1595년(선조28)에 소각 철거되었고 오랜 경작으로 왜성의 구획분할과 약간의 토축 흔적이 남았을 뿐이다. 아래에 펼쳐지던 황금들판은 이미 사라지고 모나게 구획된 농소·망덕의 산단조성이 마무리작업에 한창이다. 언덕아래서 발견됐던 농소패총과 언덕 위에서 발견된 가야와 왜성 유적을 배경으로 바닷물이 출렁거리던 김해만과 김해인의 해상활동을 그려보는 나는 분명히 시대착오인 모양이다.

　이미 흔적조차 사라졌지만 1964년 9월 농소패총에 대한 부산대박물관의 발굴조사에서는 마제석기·골각기·빗살무늬토기 같은 신석기시대 유물들이 발견

■□
망덕리고분군 발굴현장

□■
오리모양토기와 뿔잔
출토 광경
(망덕리고분군)

되었고, 1969년 9월 폭우로 노출된 토광목관묘에서는 중국식청동거울·청동칼자루장식과 철검·창·토기가 출토되었다. 가락국이 세워지던 1세기경의 유적이다. 2000·2001년의 발굴조사에서는 정상부에서 가야시대 제사의 흔적과 왜성의 흔적이 확인되었다. 다만 국토지리원의 지도엔 동서대로를 건넌 조만강 쪽 언덕에 농소왜성이 표기되어 있다. 단순한 오류인지 동서대로의 개통으로 양쪽으로 나뉘게 된 것인지에 대한 학술조사가 필요하다.

신답마을 쪽 비탈엔 몇 백 년은 된 것 같은 소나무 한 그루가 허리를 구부려 이름도 없는 무덤 하나를 지키고 있다. 안에 들어서 보니 이렇게 좋은 파라솔이 없을 것 같다. 가지에 비료 봉다리가 걸쳐지고 군데군데 누렇게 변한 이파리가 걱정스럽지만 아직은 건강한 모양이다. 보호수의 지정과 관리가 필요하다. 언덕을 내려와 북쪽으로 공장 사이에서 신답경로회관을 지난다. 조만강에 둑을 만들고 논을 새로 간척한 마을이라 신답이라 했고, 둑을 바라본다고 망덕이라 했단다. 망덕마을구판장을 지나 마을인지 공장단지인지를 빠져나오니 너른 들판, 아니 공장부지 너머로 장유의 하손마을이 보인다. 바다가 들판이 되고 들판이 다시 공장단지로 되는 주촌, 아니 김해시의 일반적인 변천과정이 오늘도 되풀이되고 있다.

내삼천 쪽의 서부로1430번길을 버리고 소망길을 따라 남해고속도로 밑 굴다리를 지난다. 김해뉴스를 찍는 부산일보인쇄소 뒤로 남쪽 비탈 전체를 깎아내린 산이 온통 희뿌옇다. 얼마 전에 발굴조사를 마친 망덕리고분군의 참담한 뒷모습이다. 총 560기의 유구에서 출토된 3,000여점의 유물 중엔 보물로 지정되기에 충분한 독특한 형태의 오리모양토기와 뿔잔, 일본의 수장급고분에서 출토되는 벽옥제석장(碧玉製石杖, 지팡이나 창 끝막이 장식)도 있었다. 청동기시대에서 가야시대를 거쳐 고려·조선시대까지 2천년 이상 무덤 변천의 역사, 아니 김해 변천의 역사를 고스란히 보여주는 고분군은 황급한 발굴조사 끝에 흔적마저 완전히 지워져 버렸다. 컴퓨터의 삭제를 누른데도 이토록 깨끗이 지워질 수 있을까? 들판 맞은편의 양동고분군과 함께 우리의 가야사를 웅변해 주는 유적을 이토록 말끔히 지워버릴 수 있는 우리의 용기⁽?⁾가 무섭다. 역동적인 건설현장을 올려 다 보는 나는 닭살 돋는 공포를 느낀다. 아래쪽 남해고속도로 확장구간에선 여기 묻혔던 가야인의 마을도 발견되었다. 집과 창고 터, 제사유적과 소 아래턱뼈, 쐐기모양의 정교한 나무못도 처음 출토되었지만 역시 고속도로의 확장으로 사라질 운명이다. 고분군은 동서문물연구원⁽²⁰¹⁰·¹⁰~²⁰¹¹·⁵⁾이 마을유적은 동아세아문화재연구원⁽²⁰¹⁰년 ⁹월⁾이 각각 발굴조사했다.

서부로에 나서 동쪽으로 주촌초등학교를 향해 간다. 초등학교 앞엔 다음지도가 '학교앞소류지'로 표기한 내삼못⁽內三池⁾이 있다. 〈경상도속찬지리지⁽¹⁴⁶⁹⁾〉에 동쪽의 선지⁽주촌지⁾와 함께 기록된 삼백천지⁽三百川池⁾가 있던 곳이다. 〈김해지리지〉는 인조반정으로 성공했다가 아들의 반역으로 처형되었던 김자점⁽金自點⁾과 연계된 설화 한 토막을 소개하고 있다. 원래는 김자점의 집터였는데 역적으로 처형되자 파내어 못이 되었단다. 어떤 도사가 집에 와 나무기러기를 주면서 날개가 나면 왕이 될 수 있다는 참언을 했고 날개가 돋기 시작하자 반란을 일으켰다가 주살되었다는 것이다. 그러나 나무기러기에 날개가 돋일 리도 없고 김자점이 김해에 살았던 적도 없다. 다만 손자며느리인 효명옹주가 김해에 농장을 가지고 있었던 기록이 있다. 〈인조실록〉 23년⁽¹⁶⁴⁵⁾ 10월 29일에는 둔전의 불법소유를 지적하며 주인 없는 농토를 경작시켜 조세를 모두 빼앗던 효명옹주의 전장이 김해에 있음을 경상도암행어사 임선백⁽任善伯⁾이 보고하고 있다. 옹주의 농장과 불법착취에 대한 백성들의 불만과 하소연이 김자점의 역적행위와 얽혀 만들어진 얘기인 모양이다. 당시 삼백천지는 86결⁽²만6천~¹⁰²만7천여평⁾이나 되는 논에 물을 대는 아주 큰 저수지였다. 못 한가운데의 섬과 나무는 곧잘 동네 사진가들의 모델이 되기도 하고, 물가를 단장한 목제데크와 예쁜 주촌어린이집 앞 잔디밭 위에 서 있는 알록달록한 어린이 인형들이 이런 사연을 알 리가 없다.

매년 10월이면 면민체육대회가 열리는 주촌초등학교의 인조잔디에 새로 칠한 교사와 체육관이 말끔하다. 1931년 9월에 주촌보통학교로 개교해 80년이 넘은 학교지만 50명⁽남²⁹⁾의 단촐한 학생들이 류인주 교장 이하 18명의 교직원들과 공부하는 초미니학교다. 올해 입학식에선 1학년 5명과 유치원생 8명이 새 가족이 되었단다. 인구과소화 현상이 심각한 주촌의 오늘이다. 서부로1431번길을 따라 내삼교⁽²⁰⁰⁷·²⁾를 건너고 마을회관을 지나 내삼공업단지의 북쪽 끝에 들어선다. 다리 앞에 있는 기업안내도의 250여개의 공장들이 이미 생명을 잃어버린 몇 조

양동산성

각의 논과 저수지를 빽빽하게 둘러싼 풍경이 엽기스럽다. 〈김해읍지(1929)〉와 〈김해지리지(1991)〉는 내삼천 상류에 암벽 사이로 30m 높이의 폭포수가 반석에 떨어지는 내삼폭포가 장관이라 했지만 지금은 2단의 내삼저수지가 있을 뿐이다. 원당공단을 지나는데 내삼농공단지 뒷산에 남은 2002년 8월 10일 폭우피해의 상처가 보인다. 478㎜의 집중호우가 4일 동안 쏟아지면서 산의 동쪽 사면이 무너져 내렸다. 공장 10여 개가 매몰되고 수십 명의 사상자를 낸 참사였다. 지난 2009년 6월 지리한 소송 끝에 천재로 결론이 난 모양이지만 공장단지를 만든 건 자연이 아니고 우리들이다.

　산꼭대기에는 가야시대의 양동산성(도기념물91호)이 있다. 둘레 860m 높이 2.5m의 석축 성으로 가곡산성으로도 불린다. 동쪽 시내의 분산성, 남쪽의 주촌과 칠산, 김해평야와 낙동강하구의 남해바다까지 훤히 내려 다 보여 옛 김해만과 육로를 지키기에 좋은 자리였다. 2008·2010·2011년의 발굴조사에서 성벽을 원형 돌출되게 쌓은 북·남·동의 문지가 발견되었고 동문지에선 조선시대의 옹성 같은 구조가 고대의 산성으로선 최초로 발견되었다. 농공단지 뒷 고개를 넘어 서부로 1295번길을 따라 양동마을회관과 양동저수지를 지나 내려오면 '노래실'의 가곡마을회관에서 400년 된 팽나무가 나를 반긴다. 따뜻했던 마을에도 공장단지화는 여지없이 진행되고 있는데, 공장건설을 계기로 마을 뒷산에선 국가사적 454호의 양동고분군이 발굴되었다. B.C 2 ~ A.D 5세기에 조성된 550여기의 고분에서 출토된 화려한 옥구슬장식, 덩이쇠, 철제무기와 갑옷, 중국제 청동솥과 왜계 청동기 등 5천여점은 해상왕국과 철의 왕국의 가야를 웅변해주는 가야고분의 전시장이다. 자세한 내용은 필자의 주관으로 매년 4월 가야문화제 때 국립김해박물관에서 열리는 가야사학술회의를 찾아 주시면 좋을 것 같다.

36

진례면1

　　　　　　주촌면의 양동마을을 나와 장유면의 냉정마을에서 냉정고개를 넘으면 진례면의 산본마을이 된다. 마침 고압송전탑 성토의 플랜카드가 요란한 냉정고개는 김해에서 서부경남으로 나가는 전통의 고갯길이었다. 남서쪽의 용지봉과 북쪽의 매봉산 사이로 난 고개에는 조선시대 역원의 냉천원(《경상도속찬지리지1469년, 신증동국여지승람1530년》)이 있었고, 근대에 들어 국도1042호선이 지나게 되었으며, 1973년 11월부터는 남해고속도로가 질주하기 시작했고, 2010년 11월에 개통한 신항만배후철도는 냉정JC와 매봉산 밑을 통과하고 있다. 아무리 천지개벽의 토목기술이라지만 전통시대의 지리적 선택은 여전히 유효한 모양이다.

　　도로확장공사가 한창인 고개를 넘고 산본저수지를 지나 진례면 전체가 훤히 내려 다 보이는 산본마을 뒷산에 오른다. 높이 올라갈 필요도 없다. 죽순농원 쯤에서 명품의 대나무 숲을 등지고서 내다 보면 어머니 자궁 같이 생긴 진례마을이 한 눈에 들어온다. 남북을 관통해 흐르는 화포천이 진영의 봉화산을 향해 빠져 나가는 북쪽만이 조금 열려 있을 뿐, 동서 양쪽과 남쪽의 모두가 산으로 둘러싸여 있는 자그마한 분지다. 삼면의 산자락에 의지해 화포천 양쪽에 펼쳐진 전답을 경작하던 아늑하고 평화로운 마을이다. 오른쪽 동쪽라인의 고모리~담안리~송현리에는 이미 수많은 공장이 들어차게 되었지만, 왼쪽 서쪽라인의 청천리~시례리~송정리와 아래쪽 남쪽라인의 신안리~신월리~산본리는 그런대로 봐줄

죽순농원

만하다. 가느다란 화포천 보다 먼저 눈에 들어오는 남해고속도로와 신항만배후 철도가 남북으로 관통하면서 진례면의 마을들을 동과 서로 나누고 있다.

용제산 아래라 산본(山本)이라 했다. 산본마을버스정류장에는 커다란 정자나무 두 그루가 하늘을 덮고 있다. 산본1교차로에서 동쪽라인으로 빠지는 고모로를 버리고 직진하면 진례천을 건너는 신월교(2004.2) 양끝에 신월과 관동 마을을 가리키는 화살표가 있다. 진례천을 따라 내려가면 신월마을의 노인복지·마을·부녀자 회관이 차례로 나타나고, 거슬러 오르면 250년 묵은 곰솔이 환영하는 관동마을회관이다. 관동은 조선시대 관영시장의 관장(官場)에서 비롯된 이름이다. 곰솔 앞에 길 쪽으로 허리를 90도 꺾어 절하는 조금 가느다란 소나무 한 그루가 유별나다. 들어설 땐 몰랐는데 나갈 때 보니 너무나 공손하게 절하는 솔의 환송에 입 꼬리가 저절로 올라간다.

관동교 끝에서 왼쪽으로 진례천을 다시 거슬러 오르면 냇가에 관불사와 진사(辰砂)도자로 유명한 운당도예(경남도최고장인 김용득)가 있고, 조성된 지 160년 되었다는 용전숲이 있다. 진례천 건너에 용전마을회관이 있는데, 용전못을 지나 산 중턱의 용전폭포를 거슬러 오르면 창원과 경계를 이루는 용제(지)봉이다. 용제봉 아래 용전마을에는 고려시대부터 김해와 창원을 연결하는 생법역(生法驛)이 있었다한다. 〈경상도속찬지리지, 여지도서1765년, 김해지리지1991년〉 등의 관련기록과 주변지형으로 보아 아래 서부로에 면한 가야문화예술관 언저리였던 모양이다. 2000년 5월에 폐교된 신월초등학교(1969~1994년)를 리모델링해 국악·서예·염색·도자기·다도 등의 전통문화와 감따기·고구마굽기 등의 자연체험을 지도하는 가야문화예술관(송성호 이사장)은 연 6만 여 명이 찾는다 한다. 17년 동안 학교가 배출했던 671명의 졸업생에 비하면 가히 천문학적인 숫자다.

가야문화예술관 앞 화전마을버스정류장에서 서쪽으로 신항만배후철도 아래를 지난다. 직진의 서부로를 버리고 왼편의 진례로, 그러니까 면사무소로 들어가는 구 도로를 택한다. 삼거리를 건너다 오른쪽을 돌아보니 엊그제 한국토목학회에서 금상을 받았다는 진례교의 아치가 들판너머에서 곡선을 뽐내고 있다. 남해고속도로 위를 비스듬히 가로질러야 하는 문제 때문에 고속도로와 직교하는 철교를 만들어 왼쪽으로 이동시켜 연결했던 최신공법이기 때문이란다. 예사로 보아선 안 될 구조물인 모양이다. 진례로 양쪽의 묘한 대비가 눈길을 끈다. 오른쪽 논은 직선이고 왼쪽 논은 곡선이다. 경지정리를 했느냐 안했느냐의 차이다. 그 이유를 확인치는 못했지만 차라리 잘 되었다는 생각이다. 오른쪽에서 긴장하던 시선이 왼쪽에서 편안해 짐은 분명한 사실이다. 곡선의 논두렁을 직선으로 펴서 얻은 효율은 우리의 신경이 닳아 헤졌던 희생에 대한 작은 대가일 뿐이다.

진례로 왼쪽의 신안마을 표지석을 따라 들판을 가로질러 신안교에서 화포천을 건넌다. 마을 끄트머리에는 높이 10m 지름 5m의 거대한 고인돌 같이 생긴 입석이 있다. 혼자 있다 해서 외톨바위로 불린다는데, 공기놀이를 하던 선녀가 떨어뜨린 것이라는 전설도 있다. 진례로41번길이 이 바위를 피해 돌아가는 이유를 알겠다. 밭 가장자리에 뒤가 돌들로 불룩한 것을 보니 흔히 '말무덤'이라 부르는 것 같은데, 발굴조사의 욕심이 간절하다. 외톨바위를 지나 차 한 대 겨우 지나는 다리를 건너는데, 제동이 잘 안되는지 경운기 한 대가 막무가내로 내려온다. 형편을 보아하니 내가 후진해야할 모양이다. 경운기 지나기를 기다렸다가 축대 언덕 위에 노거수 두 그루가 올려다 보이는 신안노인정(1995.4)에 오른다.

노인정 뒤에는 멋진 소나무 몇 그루가 둘러싼 깊은 바위 못이 있다. 소나무 송(松), 깊은 못 담(潭)의 송담이다. 임진왜란 때 김해를 지키다 순절한 이 마을 출신의 송빈(松賓) 선생과 이대형(李大亨) 김득기(金得器)의 세 분을 함께 제사하던 송담서원이 있었던 곳이다. 1716년(숙종42)에 창건된 송담사(松潭祠)는 1763년(영조39)의 중수를 거쳐 1801년(순조1)에 훼철되었으나, 1824년에 송담서원(松潭書院)으로 복구되었다. 1833년에 표충사(表忠祠)란 현판도 내려졌지만 1868년(고종5)에 철거되고 터만 남았다. 노인정을 포함한 뒤쪽 공간이 그 자리였던 모양이다. 바위 벼랑 위에는 소나무를 머리에 이고 이수와 비좌를 갖춘 삼충대(三忠臺, 1896년, 높이55㎝·너비40㎝) 비가 있

둔덕교 왕버들(화포천)

진례면 전경

외톨바위

송담

다. 120년이 못 되었는데도 뒷면은 읽기 어려울 정도로 마모되었다. 역사조차 쉽게 잊는 우리 같다는 생각이 드는 차에 시멘트 쌍무지개 다리 앞에 핀 한 그루의 매화가 세 분의 지조와 단심처럼 느껴졌다.

신안마을노인회가 향어와 잉어를 양식하는 신안(莘城)저수지는 〈신증동국여지승람〉에 무송지(茂松池), 〈김해읍지1928년·국립지리원지도1981년·김해지리지〉에 무송저수지로 각각 기록되었다. 〈김해읍지〉는 1,872척(약562m)의 둘레를 전하고, 〈김해지리지〉는 노인정의 노거수를 저수지의 정자나무로 기록했다. 감나무가 슬레이트지붕을 뚫고 나온 집이 있는 아래무송마을을 지나 경전선 철도를 따라 이제 막 놓인 진례2교를 건너 윗무송마을로 들어선다. 인기척 없는 무송회관을 지나 마을표지판이 있는 평지길에 나서 U턴하듯 위쪽의 평지마을을 향한다. 앞길이 이내 어수선한 공사현장으로 변해, 왼쪽 아래를 내려 다 보니 한참 깊고 거대한 진례저수지의 증축공사가 한창이다. 120결(3만6천~14만3천여평)이나 되는 논에 물을 댔다는 〈경상도속찬지리지〉의 진례촌제(進禮村堤)를 엄청나게 키우는 공사가 진행 중이다. 농업용수가 더 필요한 것은 아닐 텐 데, 아마도 진례복합레저스포츠단지 조성에 따른 상수원의 확보가 목적인가 보다. 우리의 끝없는 욕심은 저

■□□
진례성당

■■□
선아도예

□□■
진례면 상가

아래 평화롭게 펼쳐져 있는 들판과 골짜기를 또 한 번 뒤집어 놓을 모양이다.

저수지 위에는 평지가 아닌 평지마을이 있다. 사방이 산으로 둘러싸인 한 평(坪)의 땅이라 그런 이름이 붙었다는데, 1988년의 도로포장 이래 '백숙촌'으로 유명해졌다. 적지 않은 닭백숙집이 성업 중인 모양인데, 맨 위에 자리한 관음정사의 관음보살상은 어떤 마음으로 내려 보고 있는지가 궁금했다. 관음보살 마음도 그렇겠지만, 여기가 바로 화포천의 발원지란 점이 더 마음에 걸린다. 절 뒤쪽 고개를 넘으면 창원 사파동인데, 이쪽 소리가 날라 고개 넘어 저쪽까지 들린다고 '소리가 나는 고개'의 비음령(飛音嶺)이라 불린다.

평지길을 내려오며 선아도예(국가기능장 강호룡)를 지나 기와지붕의 향초수퍼가 있는 삼거리에서 진례로를 만난다. 수퍼옆으로 화포천을 건너면 초전마을이다. 대추가 많아 대추나무 조(棗), 밭 전(田)의 조전마을이 센소리의 초전마을로 변한 모양이다. 시계방향으로 한 바퀴 돌다보니 넓은 뜰 안에 갇힌 섬 같은 느낌이다. 마을 뒤 정사각형의 초전저수지를 지나니 화포천 가에 150년짜리 느티나무가 서 있다. 초전교를 건너 다시 진례로에 나선다. 200년 묵은 회화나무의 초전마을회관(1984.8)이 있고, 송화도예(이한옥)와 가람도예(주은정)를 지나 산월교를 건넌다. 산월마을버스정류장 앞 마을표지석에서 왼쪽의 진례로147번길로 접어든다. 몇 개의 공장과 서광도예(서재경)·진영도예(김정만)를 지나면 산월마을회관이다. 마을회관을 끼고 오른쪽으로 돌면 논 한가운데에 진례토성의 흔적이 남아있고, 조금 더 가서 왼쪽으로 꺾어 들면 토성저수지가 있다. 모두 가락국의 수로왕이 왕자를 진례성주로 봉했을 때 쌓았다는 방형의 토성과 관련된 유적으로 생각되고 있다.

〈김해지리지〉는 토성 상봉(上峰)의 첨성대와 별을 보는 곳이라 비비당(단)이라 했다는 기록을 전하면서 토석혼축의 흔적이 남아있어 지금도 첨성산으로 부른다 했다. 짧은 시간이라 확인은 어려웠지만 저수지 옆에 솟은 낮은 봉우리가 의심스러웠다. 예정된 발굴조사의 성과를 기대한다.

토성지 서쪽에 보이는 비음산에는 신라 말의 기록에 등장하는 진례산성이 있다. 둘레 4㎞ 정도의 포곡식 산성으로 진례와 창원의 양쪽에 걸쳐 쌓은 석축성이다. 신라말의 호족인 김인광과 김율희 등이 진례성제군사(進禮城諸軍事; 진례성의 군사권을 인정한 칭호)를 내세우며 군사 활동의 거점으로 삼았다. 924년에 김율희가 가야왕족의 후예인 김해김씨의 진경대사(眞鏡大師)를 모시고 창원의 봉림사를 세워 선종 9산(봉림산문)의 일각을 구성했던 사실은 국사교과서에 실릴 정도로 유명하다. 산월저수지를 지나 용추고개를 넘으면 봉림사가 되고 창원대가 된다. 토성지에서 농로를 따라 송정리의 도강마을로 넘어가면 서쪽 골짜기에 도강지(道岡池, 1939년)가 있고, 진례로223번길을 따라 효원도예를 지나고 들판을 다 내려가 진례로에 나서기 전에 진례성당이 있다. 1954년의 예배를 시작으로 1989년에 소박한 단층건물이 준공됐고 1998년에 진례(준)성당으로 승격했단다. 권창현 신부와 약 335명의 신자들이 신앙공동체의 활성화와 지역의 복음전파에 노력하고 있다. 길모퉁이의 송세훈면장선정비(1988년 중수)를 흘겨보다 면사무소로 향한다.

진례파출소~면사무소~진례농협에 이르는 길은 60~70년대 신작로변의 풍경그대로다. 전기모타·오토바이·장의사·청과·열쇠문구·옷수선·유리철물·다방·이용원·반점·약국의 알록달록한 간판을 단층 슬레이트지붕에 얹은 상가들이 추억의 영화를 연출하고 있다. 붉은색·흰색·청기와로 혼자 돋보이는 3층의 면사무소(1989.12)에서는 유정연 면장 이하 12명의 직원들이 3,546세대 8,077명(남4278명)의 면민을 돌보고 있다. 면사무소를 나서 송현로를 따라가는데 앞차에서 마구 손을 휘젓는다. 내가 역주행인 모양이다. 진례우체국, 성우아파트(1992.6, 110세대)·진례작은도서관·진례교회·진례탕이 있고, 왕버들의 둔덕교를 건너 상둔덕마을에 들어서면 왼쪽에 서인백조아파트(1992.7, 128세대), 오른쪽에 동원아파트(1995.12, 150세대)와 송정아파트(1999.12, 72세대)가 있다. 1926년 3월에 공립보통학교로 개교한 진례초등학교는 지난 2월 83회 만5명의 졸업생을 배출했다. 14학급 320명(남171)의 학생들이 정춘권 교장 이하 37명의 교직원들과 공부하고 있다. 클럽활동을 통해 국제이해교육을 실시하는 유네스코협동학교로서 외국인선생님들의 수업도 적지 않다. 맞은 편에 진례중이 지척이지만 시간이 다 된 모양이다. 찾지도 못한 초전미륵불 때문에 시간만 허비했다. 다음번 출발지로 삼을 수밖에 없겠다.

진례면2

새
로
쓰
는
김
해
지
리
지
ㅣ
김
해
학
길
위
에
서
다

■■■■■ 지난번에 무려 2시간을 헤매고도 만나지 못했던 초전미륵불님을 찾아 아침 일찍 길을 나섰다. 추가조사도 했기에 나름 확신을 가지고 진례IC를 내려 호기롭게 진례에 들어섰건만 오늘도 화포천 위의 초전교를 몇 번이나 왔다 갔다 하고 있다. 몇 번의 왕복에 다시 애가 달았을 즈음 초전교 남단의 오일뱅크 담벼락 옆에 예사롭지 않은 돌무더기가 눈에 띄었다. 다가 가 보니 돌무더기는 군대가 진지로 사용했을 법한 사각형 시멘트구조물을 둘러싸고 있었는데, 바로 그 안에 부처 한 분이 숨어 계셨던 거다. 높이 1.2m, 너비 50㎝ 정도의 화강암에 새겨진 마애불이다. 마모가 심하지만 상단의 다듬은 흔적과 두광과 신광의 광배가 분명하고 배 부분의 가사 주름은 육안으로도 쉽게 확인된다. 배 부분의 주름 위치를 보니 좌상인 모양인데 수인이 잘 보이지 않아 미륵님으로 확언하긴 어렵다.

다만 신기하게도 뒤를 살펴보니 또 다른 새김이 있다. 시멘트벽 사이의 틈이 너무 좁아 제대로 살피기는 어려웠으나 두광의 묘사, 얼굴과 어깨의 선, 그리고 아래 부분의 주름은 돋을새김의 흔적이 분명하고 제법 볼륨도 있다. 훌라후프 같은 두광과 갑옷 같은 옷 주름이 팔부중상처럼 보이기도 하는데 이런 예가 있는지는 모르겠다. 다만 원통형 뒷면에 새겨진 것이 부처라면 평평한 앞면의 불상과 함께 2면불 임이 처음 확인된 셈이다. 아래가 결실되고 여러 군데가 깨진 채

■ 고령마을

로 시멘트상자에 앉혀진 품이 근처에 뒹굴던 것을 여기에 모신 모양이다. 이른 아침인데도 촛불이 켜져 있고 기도자리가 청결하다. 에배 단 아래를 보니 간밤에 굿이라도 벌였는지 잡풀 위에 검은 헝겊으로 만든 인형과 오색천이 뒹굴고 있다. 격식 없이 비는 사람이 많은 걸 보니 미륵님이 맞는 모양이다.

지난번 걸음을 멈추었던 진례초등학교 맞은편의 진례중학교를 찾는다. 밝은 색의 낮은 담 너머로 보이는 붉은 색의 타탄트랙과 황색 운동장, 본관의 벽돌색과 흰색의 콘트라스트가 선명하고, 신축체육관의 메탈릭한 윤곽선이 말끔하다. 1953년 7월 개교로 60주년을 준비하는 전통의 사립학교다. 9개 학급 252명(남137)의 학생들이 16대 조정옥 교장 이하 29명의 교직원들과 함께 수업의 교사별 브랜드화와 스포츠동아리의 활성화를 통해 학력과 체력을 키우고 있다. "세모시 옥색치마~"의 금수현 선생이 작곡한 교가가 자랑스럽고, 해마다 진례면민체육대회가 개최되는 또 다른 진례의 중심이다.

진례(進禮)는 이미 신라 말의 〈진경대사탑비·924년〉 등에 보이지만 그 유래에 대해서는 〈김해지리지〉에 조차 별다른 언급이 없다. 남쪽을 뜻하는 '갈'과 들의 '덜'이 '갈' 진(進)과 '절' 예(禮)로 표기되었다지만 근거가 없다. 반면에 〈삼국사기〉는 김천의 지례(知品)현을 지품천(知品川)현으로, 한성의 울내를 위례(尉禮)로 표기했고, 〈삼국지〉의 불내(不耐)는 동예(東濊)와 같다. 고대의 예나 례(禮)가 '내'나 '천(川)'

을 나타냄을 알 수 있다. 그런데 진례면은 원래 청천면이었다. 열두 골짜기에서 흘러내린 물이 청천리에 모두 모여 북으로 흐르기 때문에 '열두 청내'라고도 했단다. '나갈' 진(進)에 '내' 예(禮)의 유래를 생각해 볼 수 있다. 높은 곳에서 조차 맑은 물 찾기가 어렵게 되었지만 원래는 동서 양쪽의 산골짜기 마다 맑은 물이 흘러내리던 깨끗한 마을이었다.

이제 공장들이 가득 들어찬 고모리~담안리~송현리의 동쪽 골짜기에서 맑은 물 찾기는 어렵겠지만 송계(松溪)·강변(江邊)·학성(鶴城) 같은 맑은 이름의 마을이 있다. 약간 높은 지대를 뜻하는 진례중 언저리의 둔덕과 돈담 마을을 나서 송현로를 따라 가다 강변교 남단에서 고모로와 만난다. 진례농협(1987.11)을 끼고 오른쪽으로 돌아 남쪽의 학성마을로 향한다. 길 왼쪽에 마을표지석이 나타나면 일단 멈춰 서는 게 좋다. 논 한 가운데에 유려한 커브를 그리며 휘어 들어가는 벚나무 가로수 길의 곡선이 제법 아름답기 때문이다. 어느 새 벚꽃은 지고 남은 꽃잎 몇 장이 바람에 날리고 있다. 고모로를 달리는 대형트럭들의 굉음을 뒤로 하고 버스정류장을 지나 학성저수지에 오른다. 저수지에 오르는 입구 오른쪽에 롯데스카이힐 김해컨트리클럽(2008년, 18홀)으로 들어가는 북쪽 출입문이 있다. 대문 안의 정돈되고 좀 있어 보이는 풍경은 어수선한 이쪽 세상과의 분명한 차이를 주장하고 있다.

저수지를 끼고 도는데 차 소리에 놀랐는지 헤엄치던 물새 몇 마리가 날아오르고 노란 부표 위에서 느긋하게 봄볕을 음미하던 제법 큰 자라 한 마리가 물속으로 뛰어 든다. 왠지 마음이 누그러지면서 누군가에 감사하고픈 자신을 발견한다. 저수지 위쪽 좌우에 손길이 베풀어진 숲이 있어 기웃거려 보았더니 한쪽은 청주송씨, 또 한쪽은 동래정씨의 문중묘원인 모양이다. 수면 위로 건너 다 보이는 경치도 괜찮고 내려 쬐는 봄볕도 아름다운데 이 언저리는 있는 집안의 무덤자리로 변해가는 모양이다. 버스정류장까지 돌아 와 솥을 만들었다는 솥골(鼎谷)과 송씨 문중의 추모제(追慕齊)로 올라가는 고모로180번길을 버리고, 고모로 216번길을 따라 학성마을회관을 지나 당리마을회관에 이른다. 못 당(塘)을 쓰는데, 〈김해지리지〉는 마을회관 같은 집 당(堂)으로 표기하면서 송현리의 중심마을로 전하고 있다. 회관 위쪽에 있는 당리저수지가 조금 더 큰 솔티저수지와 붙어 있다. 솔은 송(松)이고, 티는 고개 '치'로 고개 현(峴)과 같은 말이니 송현리의 이름이 여기서 비롯되었다. 마을회관에서 조금 더 가면 소나무 숲의 낮은 언덕이 길을 막는데 여기가 솔티다.

솔티 옆의 송계를 따라 올라가면 송계사가 있다. 참선도량이라 고성방가와 사진촬영은 물론, 말도 하면 안 된다는 주지의 안내(?)문에 몸을 움츠리며 절로 들

■□ □□
초전미륵불

■■ □□
학성저수지

□□
송계사 ■■

□□ □□
허왕후 동상 제막식

어선다. 맞은편의 미륵불과 탱화 같은 벽화가 먼저 눈에 들어오고, 오른쪽 원통
보전의 기와지붕이 길 아래에 있는 색다른 분위기다. 물소리에 이끌려 약사전의
슬라브 지붕에 올라보니 소나무가 있는 계곡은 맞는데 기대했던 청량감과는 거
리가 멀다. 주지스님이 출타 중인 모양이라 절의 내력은 묻지 못했으나 〈김해지
리지·1991년〉는 송계암으로 전하고 있다.

송계사에서 내려오다 보면 오른쪽에 조각공원 같은 너른 잔디밭과 커다란 공
장 같은 공방이 보이는데, 입구에는 '대한민국 명장 변종복 장인의 집 고려'라
는 청동글자가 부쳐진 큼지막한 바위가 서 있다. 2010년 4월에 시내 수릉원에
서 허왕후의 동상을 제작 개막했던 변종복 명장이 1997년부터 작업하고 있는
공방이다. 노동부가 주조분야의 금속공예에서 유일하게 대한민국명장(06-11호)으
로 인정한 장인으로 46년 동안이나 금속주조공예의 외길을 걷고 있다. 전통의
계승은 물론 이탈리아 유학 등으로 절차탁마를 거듭하고 있는 우리 고장의 자
랑이다. 한마음선원(충북·뉴욕·진영)의 우주탑, 부산대 우정의 종, 김천시립도서관
의 책 조형물 등의 대형 설치작품이 있고, YTN의 명장열전 '쇳물을 예술로' 등
에도 소개되었다.

새
로
쓰
는
김
해
지
리
지
ㅣ
김
해
학
길
위
에
서
다

솔티 아래 자락을 돌아 고모로216번길을 따라 가면 오룡요 앞에 오룡마을 버스정류장이 있다. 오룡마을은 청주 송씨 오형제가 살았다 해서 부쳐진 이름이라는데, 장유철강 위쪽의 예쁜 솔밭엔 몇몇 후손들의 묘소가 있다. 미륵불이란 표지판을 따라 비탈길을 올라 보았더니 부처는 없고 미륵불이라 쓴 커다란 표지석이 철책 밖에 서 있을 뿐이다. 안을 들여 다 보니 어느 집안의 별장이나 묘원인 모양인데, 어디서 옮겨 왔는지 보물급으로 보이는 3층석탑도 보인다. 마침 자전거로 지나는 분께 물었더니 부산의 신발회사 집안 같다는데, 돈도 그렇지만 석탑의 진위여부와 안치경위, 그리고 보지도 못할 미륵불을 어떻게 문화재의 고동색 간판으로 공공도로에 붙여 놓을 수 있었는지 갑자기 물음표 투성이가 되었다. 고모로324번안길을 끝까지 오르면 산은 어느덧 낮아지고 제법 넓은 오솔길이 나타나는데 주촌면 내삼리로 넘어가는 불티재(佛峴)의 시작이다.

㈜고모텍 앞으로 내려와 고모로324번길을 따라 고려요(서만삼)와 정자가 예쁜 벽돌기와집 다송도예(송영복)를 지나면 대밭을 배경으로 타임슬립한 듯한 일본식 농가가 있다. 마침 굴뚝에서 연기도 피어오르고 있어 일본의 어디나 일본 애니의 한 장면을 보고 있는 듯한 느낌이다. 농가를 끼고 오른쪽으로 돌아 오르면 노란 유채꽃이 활짝 핀 송빈(宋賓) 선생의 유허지가 있다. 임진왜란 때 죽음으로 김해성을 지켰던 사 충신 중 한 분으로, 공의 생가와 1799년(정조23)의 비명을 다시 새겨 세운 유허비(1992년)가 있다. 솟을 대문 앞의 은행나무엔 어느새 신록의 은행잎이 가득하다. 가을이면 회청색 기와지붕 위를 노랗게 물들일 터이다. 유허지 아래쪽에는 200~300년은 족히 넘었을 노거수들이 작은 내를 따라 늘어서 있다. 길 한 가운데를 차지하고 있는 팽나무는 300년은 넘었을 것인데 바로 앞

■□
송빈생가

□■
상우마을회관 옆 노거수

에 마을회관이 있는 걸 보니 마을의 당산목임을 알겠다. 동과 북은 무릉산⁽³¹³ᵐ⁾과 황매봉⁽³⁹³ᵐ⁾, 서와 북은 응봉산⁽²⁸⁴ᵐ⁾과 태종산⁽²⁹⁰ᵐ⁾이 담처럼 둘러쌓아 담안마을이라 했단다.

담안마을회관을 지나 모처럼 시원하게 들판을 가로 지른다. 고모로와 만나는 곳에 순백색의 담안교회가 있다. 1931년 시작의 예배가 80주년을 맞이했다는데, 그래서 그런지 30년이 조금 못되었다지만 개화기의 건축물을 연상시키는 예배당이 단아하다. 김영래 담임목사와 130여명의 신도들이 신앙공동체를 다지며 전도에 헌신하고 있다. 오른쪽 멀리 알록달록하게 보이는 아시아마트를 바라보며 고모로를 건너 고모로327번길로 들어선다. 길 초입에 있는 1956년 6월 개교의 대진초등학교는 박영서 교장 이하 17명의 교직원들이 40명⁽남18⁾의 학생·9명의 유치원생들과 함께 공부하는 초미니학교다. 수업 중인지 적막한 교정이지만 창의경영⁽교과부⁾·환경보전⁽환경부⁾·엄마품돌봄⁽경남교육청⁾ 등의 선정프로그램을 통해 어린이들을 키우기에 열심이다. 더 들어가면 '경로효도관광'의 플랜카드가 눈부신 하평마을회관이 있다. 여기가 '아랫들'의 하평마을이고, 들판 건너 맞은편이 '윗들'의 상평마을이다.

하평마을을 벗어나면 들판 한가운데 신축의 진례역이 어정쩡한 모습으로 서 있다. 2010년 11월 30일에 부산신항선이 개통되었고, 12월 15일부터 경전선 삼랑진~마산 간 복선전철화의 완공으로 여객업무를 시작했다. 당초 KTX의 정차를 감안해 50억짜리 호화판 역사가 세워졌지만, 바로 옆에 진영역이 생기면서 하루 12회의 무궁화만이 정차할 뿐이다. 1일 이용 승객 10여명의 수치는 예산낭비의 전형으로 세상을 시끄럽게 했다. 진례역 뒤편에선 진례⁽담안⁾천이 화포천에 합

■ 벚꽃이 만발한 고령마을

류하고 있다.

역 앞 들판을 일직선으로 가로질러 개동저수지 앞의 개동마을을 지나 고모리에 들어선다. 상우마을 표지석을 지나 고모마트 옆의 고모마을회관에 이른다. 지금은 옛 고(古)에 그리워할 모(慕)를 쓰지만, 원래는 돌아 볼 고(顧)에 어미 모(母)의 고모곡(顧母谷)이었다 한다. 동에서 북으로 뻗어 마을 위를 감싼 모양이 어미 소를 그리워하는 송아지가 고개 돌려 돌아보는 형국에서 생긴 이름이란다. 송아지 머리에 해당하는 고개가 높을 고(高), 고개 령(嶺)의 고령이다. 고모로582번 길에서 동쪽으로 넘어가는 해발 130m 정도에 불과하지만 차로 오르다 보면 뒤가 옴찔할 정도의 높이를 느낀다. 진례의 모든 마을이 한눈에 들어온다. 주촌의 덕암리, 한림의 명동리, 진례의 고모리가 경계를 이루는 이 고개를 넘으면 숫갈

로 폭 떠낸 듯한 작은 분지의 별세계 고령마을이 있다. 〈김해지리지〉가 외부에선
마을이 있는지도 몰랐다고 기록할 정도로 동떨어진 마을이다. 살아있는 무릉도
원⑺을 기대하며 올랐던 걸음에 힘이 빠진다. 분지를 둘러싼 병풍의 반이 포크레
인의 굉음과 함께 시뻘겋게 깎여나가고 있다. 김해상록골프장의 건설공사가 한
창이다. 밭을 만지고 농사를 준비하는 손길과 산자락에 원을 그리고 있는 몇 채
의 집들, 그리고 늦은 벚꽃이 '무릉도원'의 흔적을 남기고 있지만 처음의 기대가
크게 잘못되었던 모양이다.

38

진례면~진영읍

　　■■■■■ 언제나 비슷한 타령이지만 진례 순례에 이렇게 시간이 걸릴 줄은 몰랐다. 클레이아크하고 몇 개의 도자기공방, 그리고 면사무소 정도를 돌아보면 되겠거니 했는데 발길에 부딪히는 사연이 줄을 잇는다. 몇 만 년 동안 만들어진 땅덩어리와 그 무대에서 펼쳐졌던 몇 천 년 간의 사람들 이야기에 귀 기울이다 보면 걸음은 당연히 지지부진해 질 수 밖에 없다. 그렇다고 가르치고 연구하는 본업을 언제까지 적당히 할 수도 없다. 이젠 정말 눈을 감고 귀를 막고 지나갈 건 지나가야겠다는 마음을 다잡으며 오늘의 발걸음을 시작한다.

　　골프장 건설로 허물어져 가는 '무릉도원'의 고령마을서 내려와 화포천 건너 진영의 고모삼거리로 나갔다가 남쪽으로 서부로를 따라 다시 진례로 돌아온다. 백산도예원(文廣水) 앞 삼거리에서 도로표지판의 화살표와는 반대로 오른편의 면사무소 쪽으로 들어서서 김해가 자랑하는 클레이아크김해미술관(관장 최정은)에 이른다. 왼쪽을 가리켰던 표지판의 화살표는 대형버스 등을 도로가 넓은 쪽으로 안내하느라 그렇게 된 모양이다. '클레이'는 진흙으로 도자를 뜻하고, '아크'는 건축의 아키텍처를 줄인 말로, 전국에서 유일하고 세계적으로도 별로 예가 없다는 건축도자미술관이다.

　　2006년 3월에 개관한 놀이동산입구 같은 정문을 들어서면 알록달록한 타일로 뒤덮인 원통의 전시관이 눈에 가득하고 철쭉이 만발한 산책공원너머로 역시

클레이아크

김해분청도자관

알록달록한 타일의 오벨리스크 같은 상징탑이 솟아 있다. 안쪽에는 특별전 때 초청되는 작가들이 머물며 작업하는 연수관과 관람객의 체험학습관이 있다. 지난 3월 두 번째 전시관으로 오픈한 큐빅하우스는 3개의 전시실과 어린이와 가족의 문화예술교육을 위한 스튜디오와 도서관을 갖추었다. 개관 후 6년 동안 모두 11회의 기획전과 36회의 특별전이 개최되었는데, 화장실변기를 전시하고(꿈꾸는 화장실, 2006), 낙랑고분의 벽돌로 쌓은 집을 만들고(건축도자-old전, 2008), 버려진 근대 공장 벽돌로 작업하는(벽돌, 한국 근대를 열다, 2010) 등 우리의 상식을 깨뜨리며 건축과 도자의 관계에 눈뜨게 하고 도자미술관의 발전가능성을 유감없이 보여주었다.

다만 분청사기의 고장인 김해에 도자미술관을 세우면서 이 고장의 도공과 문화인들 모두가 배제되었던 것이나, 신상호 초대관장의 '원맨쇼적 경영'과 관장작품의 도배와 전시 같은 '계산머리'가 세인의 입은 물론 언론과 시의회의 도마에까지 오르내렸던 기억이 생생하다. 새 분야 개척의 선구자에게 따르는 어려움이 있었을 수도 있겠지만 문제는 이제부터다. 김해시의 다른 문화기관에 비해 적지 않은 인원과 예산을 가진 미술관으로서 이제는 관람객 수나 실제 건축도자산업의 개척과 발전으로 증명해 보여야 할 단계에 들어섰기 때문이다.

클레이아크와 이웃해 2009년 5월에 개관한 김해분청도자관은 매년 분청도자기축제의 센터가 되고 있다. 축제 때에 불을 지피는 전통가마의 등요(登窯)가 전시관 왼쪽에 계단처럼 앉혀져 있고, 김해분청의 역사를 보여주는 1층 전시실과 여러 공방의 작품을 전시·판매하는 2층 판매장이 있다. 2층 판매장 앞에는 봄바람이 얼굴을 간질이는 테라스가 있다. 17년 전통의 분청도자기축제는 물론, 매년 4회 정도의 기획전과 전국규모의 공모전, 그리고 도자캠프와 같은 체험행사 등이 진행되고 있다. 다만 김해도예협회 여러분들의 공동노력으로 운영되는 관계로 학교 학예회 같은 원초적인 기획과 특별전으로 메꾸어지는 경우가 적지 않다. 돌아 나오는데 정문 한 쪽에 전시관과는 전혀 어울리지 않는 싸구려 파라솔 하나가 펴져 있다. 야외전시나 체험학습이라도 할 모양이지만 비싼 건물의 예쁜 전시관을 한 번에 망쳐 버린 느낌이다. 전문 학예사와 교육사의 부재가 너무 아픈 현실로 다가 온다.

클레이아크 왼쪽에 있는 농로로 들판을 건너 시례마을로 갈 수도 있지만 다른 차를 만나면 어쩌나 하는 걱정에 진례로에 나가 수민도예(강수석)와 새얼도예공방(유영창)을 끼고 돌아, 백설공주의 성처럼 생긴 숲속둥지어린이집을 지나고, 청곡도예(조규진) 앞에서 시례교를 건넌다. 시례교 끝의 마을표지석에서 혼법천을 따라 오르다 보면 개울 건너편에 가야토기 의 복원에 성공하고 제작체험도 해 주는 두산도예(강효진)가 보인다. 〈김해지리지〉는 마을이름의 '시례'가 시루골의 '시루'에서 비롯되었다 전하지만 어디가 그렇게 생겼는지는 밝히지 않고 있다. 시례 중심마을의 이름 상촌이 또 다른 단서가 된다. 상촌(上村)은 상홀(上忽)과 같은 이름인데, 〈삼국사기〉지리지는 상홀은 다시 차성(車城)으로 표기하고 있다. 차(車)는 '수레'이고, 위 상(上)의 우리말은 '수리'로서 윗자리를 나타낸다. 윗마을의 수리나 수레가 시례로 되었거나 지난번 진례의 어원처럼 '시내'가 '시례'로 되었다는 설명도 좋을 것 같다.

혼법천 옆 진례로311번길을 따라 오르면 하촌마을 입구 솔밭모서리에 2002년 3월에 상촌에서 이전해 온 반효자와 조효녀의 정려비가 있다. 효자 반석철(潘碩澈)은 조선 세조 때 장흥고(長興庫) 주부를 지낸 사람으로 6년 시묘에 호랑이가 함께 했고, 시묘의 정성으로 그의 논에는 가뭄에도 비가 왔을 정도여서 1470년(성종1)에 정려가 하사되었다. 오른쪽 정려의 주인공인 효녀 조씨는 반효자의 외손녀로 집안이 가난해 길쌈으로 고기와 술을 사 부모를 섬겼고 허벅지 살을 베어 어머니를 소생케 했던 창녕조씨의 효녀였다. 효자와 효녀를 칭송하는 기념비 옆에선 소나무도 예쁘게 자라는 모양이다.

소나무 숲 위의 하촌마을을 지나 작은 들 건너에 상촌마을 회관과 표지석이 있다. 회관 왼쪽으로 가면 시례리에서 가장 늦게 생긴 '새터'의 신기마을이 있고, 곧장 산 쪽으로 오르면 진영 우동리를 거쳐 창원 자여역으로 통하던 고갯길의 노티재가 열린다. 좀 전에 지나 온 하촌마을 서남쪽의 원등(院嶝)이란 지명은 이 노티재를 넘기 전에 머물렀던 노현원에서 유래한 지명이다. 노티재(노현)는 임진왜란 때의 전적지로서 1592년 10월 24일에 경상우병사 유숭인(柳崇仁)이 키무라(木村重玆)·하세가와(長谷川秀一)·나가오카(長岡忠興) 등의 왜장이 이끄는 대군을 맞아 전투를

■□□
반효자정려비

□■□
낙오정

□□■
화포천(낙동강쪽)

벌이다 함안 쪽으로 후퇴했던 고개였다.

상촌마을에서 북쪽으로 진례로371번길을 따라 청천리로 넘어간다. 상곤법회관을 지나고 광진요(김광수)와 청수헌도예를 거치면 하곤법회관에 이른다. 〈경상도지리지, 1425년〉에 고법야촌(古法也村)으로 기록되어 있음을 보면 '고법'이 '곤법'으로 변한 모양이다. 정원하이드파크(2005.12, 114세대)와 백조한마음빌라를 지나 서부로에 나선다. 오른쪽으로 가면 2011년 경남도자기최고장인으로 선정되고, 며칠 전 제8회 김해시공예품대전에서 대상을 차지했던 길천도예원(이한길)이지만(본보 5월 3일자 참조), 우리는 발길을 왼쪽으로 돌려 52군수지원단과 한마음군인아파트 앞을 지나 다곡삼거리에서 김해터널 쪽으로 오른다.

어수선하게 늘어선 공장 몇을 지나면 청천리의 중심마을 '찻골'이란 다곡(茶谷)마을이다. 서~북쪽의 노티재·응봉산·태종산에서 화포천으로 흘러내리는 열 두 골짜기의 냇물이 아주 맑아 청천(晴川)이라 했고, 물이 좋고 차가 좋아 다곡이라 했다. 얼마 전에 세상을 시끄럽게 했던 박연차씨 금호회관의 닫힌 정문을 지나 다곡마을회관에서 김해터널 쪽으로 다시 서부로에 나서면 새로 지어 말끔해진 낙오정(樂吾亭)이 있다. 낙오정은 임진왜란 때 김해성을 사수하다 순국했던 낙오(樂吾) 류식(柳湜) 선생을 추모하고 제사하는 제실이다. 임진왜란사상 최초의 의병장이기도 했던 선생이 결사항전을 위해 지팡이를 꽂아 우물을 솟아오르게 했다는 자리는 지금도 시내 동상시장에 유공정(柳公井)이란 이름으로 비와 함께 남아 있다.

고속도로와 나란히 서부로를 달려 올라가면 진영의 하계리로 넘어가는 김해터널이 반원형 입을 커다랗게 벌리고 있다. 원래는 남해고속도로의 터널이었지만 선형개선사업 후 새김해터널에 자리를 내주고 버려지다시피 했다. 수많은 차량이 광속으로 달려가는 고속도로와는 대조적으로 차량이 거의 없어 한적하고 기묘한 분위기다. 편도 1차선의 어두운 터널을 빠져 나가자 서쪽으로 기울기 시작한 오후의 햇살이 눈부시다. 드디어 진례의 순례가 끝났다. 아니 새로운 진영

■□
진영단감 시배지
□■
KTX진영역

의 순례가 시작되는 순간이다.

　전통시대 시내에서 진영으로 가는 길은 지금까지 우리가 걸었던 코스와 같다. 주촌고개를 나서 냉정고개를 넘고 진례의 노티재를 지나 창원(동읍)의 자여역으로 나가는 길이었다. 하지만 일제강점기에 새로 부산~마산 간의 국도로 개설되면서 시내 북쪽의 삼계를 나와 마산으로 향하는 길이 몇 번의 확장과 정비를 거쳐 김해대로로 다시 태어나 가장 빈번하게 이용하는 길이 되었다. 최근에는 시내 남쪽의 동서대로를 통해 진영으로 들어오는 빠른 길도 생겼지만 좀 멀리 도는 느낌이다.

　새 술은 새 부대에 담아야 하는 법이다. 김해터널을 나가 하계리에서부터 진영순례를 시작할 수도 있겠지만 시내에서 다시 출발하는 발걸음의 순서를 택하려 한다. 삼계사거리를 나서 망천고개와 명동정수장 고개를 지나 가구거리와 한림딸기 홍보판이 있는 한림면의 경계로 들어서 한림민속박물관 언덕을 지나 소업삼거리에서 동서대로와 만난 뒤 빙그레삼거리 앞을 지나 설창교에서 화포천을 건너면 진영읍이다. 설창교의 원래 이름은 모래 사(砂)의 사교(砂橋)로서 '삽다리'라고도 불렸다 한다. 삽다리는 북쪽의 낙동강이 화포천을 따라 여기까지 밀려 올라왔던 지난날의 자연지형에서 비롯되었던 지명이다.

　앙상하던 김해대로의 가로수는 어느새 짙은 녹음으로 변하려 하지만 진영에 들어서면서부터 양쪽 산 사면에 보이기 시작한 감나무 밭에서 새로 돋은 연녹색의 감나무 잎이 마치 아기 손처럼 보드랍게 하늘거린다. 신록인가 보다. 연세대 캠퍼스를 거닐며 "사실 이즈음의 신록에는 우리의 마음에 참다운 기쁨과 위안을 주는 이상한 힘이 있는 듯하다"고 찬미했던 이양하의 〈신록예찬〉처럼 막연한 도회인의 감상이 아니라 진영 감나무 잎의 신록에 가슴이 설레이는 나는 '시골사람'이 되어 가는 모양이다.

　'시골사람' 감상에 젖기도 전에 말끔하고 도회적인 진영역이 나타났다. 2010년

설창마을 당산목

12월 경전선복선전철화로 읍내에서 이리로 옮겨왔고 KTX의 운행도 시작되어 평일 왕복 4회와 주말 왕복 6회의 열차가 정차하고 있다. '노무현역'의 개명이 주장되었을 정도로 봉하마을에 가까우며 김해시의 유일한 철도관문의 역이다. 노대통령 서거 3주기의 추모전시회를 위해 오는 20일과 23일에는 서울 직통의 '봉하열차'가 운행될 계획이란다. 역에서 나와 고개를 넘다보면 길 왼쪽에 범선처럼 장식한 식당이 눈길을 끈다. 눈길끌기에는 성공했을지 모르겠지만 뜬금없는 거북선에 들르고 싶은 마음은 별로 없다.

  설창고개를 내려가다 보면 설창마을 정류장 아래에 거대한 노거수가 몇 그루가 줄지어 있다. 〈김해의 노거수, 2008〉에 따르면 200~300년 된 느티나무 2그루와 50~400년 된 6그루의 푸조나무로 소개되고 있는데, 울창해진 나무그늘 속에 펜션같은 설창마을회관이 자리하고 있어 마을의 당산나무로 섬겨져 왔음을 짐작할 수 있겠다. 〈김해지리지〉는 설창정자를 기록하면서 조선 현종 7년(1666)에 김해부사 김성(金城)이 인근 몇 개 면의 세금을 보관하기 위해 창고를 만들었던 것에서 유래되었음을 전하고 있다. 당산목의 설창정자 언저리가 설창터로 전해지고 있으나 정자가 마을회관으로 다시 지어진 모양이다. 설창마을 뒷산의 감나무밭을 넘으면 동북쪽 자락에 효동(孝洞)마을이 있다. 좀 전에 진례 시례마을에서 만났던 반효자의 무덤이 있어 그렇게 불리게 되었단다. 설창고개를 내려가면 노무현대통령생가와 클레이카아크를 가리키는 고동색 대형안내판이 나오고, 곧 진례나들목·진영(구 국도)·창원·효동마을로 갈라지는 설창사거리에 이른다. 진례나들목과 창원 사이의 옛 국도 진영로를 택해 진영읍내로 들어선다.

39

진영읍1

■■■ 진영읍의 마을들은 주산(主山)의 금병산(271m)을 사방에서 에워싸는 모양으로 생겨났다. 금병산 산자락에 생긴 마을 만해도 북에서부터 시계방향으로 진영리(북), 여래리(동), 내룡리(동남), 하계리(남), 방동리(남서), 좌곤리(서) 등으로 진영의 13개 동리 중 6개 마을이 여기에 해당한다. 〈김해지리지〉는 옥황상제가 신선들을 모아 조회를 벌이는 모양(상제봉조형)의 금병산과 그 아래서 장군이 크게 진영을 펼친 것 같은 지형(장군대좌형)이라 진영리가 되었다 한다. 군대의 진영(陣營)이 시간이 지나면서 나갈 진(進)에 길 영(永)의 보다 상서로운 뜻의 한자로 표기되었다는 것이다. 금병산의 쇠 금(金)은 비단 금(錦)으로도 쓰여 비단에다 병풍 병(屛)이니 금병산은 진영마을의 등을 둘러싼 '비단병풍'과도 같은 산이다.

지난번 동쪽의 설창리에서 시작한 진영순례의 발걸음이 설창사거리를 지나 진영로에 들어선다. 금병산 너머 서쪽 좌곤리 쪽 김해대로 변에 늘어선 갈비 집들만큼은 아니지만, '진영갈비'의 유명세를 선점(?)이라도 하려는 듯 '가든'이나 '한우'라고 쓴 간판들이 먼저 눈길을 끈다. 진영로에 들어서자마자 바로 신용삼거리가 나타나는데 이 언저리가 신용리이고, 왼쪽으로 꺾어 안쪽으로 제법 깊숙이 들어가면 내룡리가 된다. 경남안전건설체험교육장을 지나 용담마을표지석이 있는 당산목 앞에서 오른쪽으로 접어들어 진영로454번길을 따라 70여 호 정도의 용담마을을 지난다. 장애인공동생활가정의 자성원을 지나 진영한서재활요양

■ 내룡마을

병원(병원장 김상진) 앞에서 내룡교(2006.5)로 위쪽 내룡저수지에서 발원하는 설창천을
건너면 태종산을 배경으로 아담하고 평화로운 들판을 앞에 둔 내룡마을이다.

　빽빽한 신록에서 금방이라도 연녹색 물이 떨어질 것 같은 마을입구의 당산목
이 눈에 들어온다. 당산목 아래 정자에서 모내기 준비의 일손을 쉬던 어르신들
이 '쓰잘 데 없는' 사진을 찍고 있는 나를 가리키며 "머 할라꼬?"하고 묻는다.
"아, 예~"의 어설픈 대답과 미소로 고개만 꾸벅하고 새로 희게 칠해 네모나게 빛
나는 마을회관에 오른다. 마을회관 옆엔 정비의 마무리 공사가 한창인 재실이
있다. 명나라에서 한림원시강을 지내다 조선에 귀화했던 김평(金坪)을 기리는 아
민재(牙悶齋)다. 산서성 태원(太原) 출신의 김평은 부친 김학승(金學曾)이 임진왜란 때 명
군장수로 참전했던 인연 때문이었던지 인조 4년(1626)부터 여기 들어와 숨어 살았
다. 이 사실이 60년 후에 알려지자 숙종은 1686년에 호조참판으로 추증하였으며
1872년 7월에 세워졌던 유허비는 이제 다시 새로운 돌로 세워진 모양이다.

　산 너머의 죽곡리와 경계를 이루며 대종산(大鍾山)·태동산(泰洞山)으로도 불렸다
는 태종산(太宗山, 290m)에선 마을원님에게 수청 들기를 거절하고 목을 매었던 처녀
의 혼을 기리는 제사가 매년 칠월 칠석 날에 지내졌다 하고, 〈김해읍지〉는 매년
6월 1일 태종산 산신제사 후 7월 10일까지 먹고 마시며 씨름승부를 겨루던 칠석
놀이(七夕戲)를 기록했다. 여성이 산신으로 제사를 받던 고대적 풍습과 조선시대

여성의 정조관이 결합한 전승과 놀이로서 위쪽은 상룡, 서쪽은 내룡, 동쪽은 외룡, 아래쪽은 용담이란 이름이 부쳐졌고, 중국의 망명객이 있었을 정도였으니 지세 좋고 살기도 좋은 마을이었던 모양이다.

　마을 동쪽 끝의 조은노인전문요양원(이사장 김상진)과 효능원(이사장 원광)을 지나 다시 진영로에 내려와 읍내를 향하다 혜성하이츠빌라와 정신건강진료전문의 진영한서병원(1994.5, 병원장 이국희)을 지나면 오르막길 오른쪽 하늘에 '진영단감시배지'란 표지판이 보인다. 원래는 초록색 꼭지의 감을 그렸던 모양인데 색은 바래고 윗부분은 뜯겨나갔다. 화살표대로 왼쪽 산비탈을 400m 오르자 이번엔 제대로 생긴 기와지붕 모양의 안내판이 1927년의 시배와 국내 최고(最古)의 단감나무를 알리고 있다. 김해가 자랑하는 전국적 명물의 '진영단감'은 진영역장(1923~1925)이었던 일본인 하세가와(長谷川)가 한국여성과 결혼해 살면서 중구에서 첫 재배를 시작했고, 요시다(吉田)·사토(佐藤)·히가미(氷上) 등의 식물학자들이 여기 신용리에 100주가량 시험 재배한 것이 그 시작이었다. 그 중 60여 그루는 올해도 건강한 새 잎을 달았는데, 뒤틀어진 고목의 갈색과 감잎의 싱그러운 신록의 콘트라스트가 눈부시다. 1934년 단감영농조합이 결성되었고 ,1937년에는 2만7천656주에서 181.4톤의 단감이 수확되기에 이르렀다. 광복 후엔 더욱 확대 재배되어 천683호의 재배농가가 천936ha에서 2만4천293톤을 생산하여 400억 이상의 매출을 기록하기

아민재와 김평유허비

진영제일고등학교

복원팔각정 도로유구

진영성당

도 했다. 진영단감의 홍보와 판로개척을 위해 1985년부터 열리고 있는 진영단감 축제가 어느덧 27주년을 맞이한다.

다시 진영로로 내려 와 무려 111주년을 맞이하는 진영감리교회(담임목사 박종회)를 지나고, 석림그린·동림·대건빌라와 기영타워(1992.2, 111세대)를 지나, 장복1차(1992.6, 194세대)·2차(1992.12, 377세대) 아파트 맞은편의 여래리 공정마을로 들어선다. 여래(余來)는 절터의 여래(如來)에서, 공주 공(公)에 머무를 정(亭)은 금병산 아래를 상제의 '공주가 머무는 골짜기'로 보는 풍수에서 비롯되었단다. '공주골'에는 진영제일고등학교, 한얼중학교, 진영도서관이 자리하고 있다. 1930년 6월에 개교한 진영제일고등학교는 전통의 전문계 고등학교다. 2년제 진영공립농예실수학교로 시작해, 진영농고[1952.9, 농업·축산과], 진영종고[1973.3, 농업(2)·보통(2)], 진영농공고[1977.3, 농업(2)·기계(1) / 1994.3, 조경(1)·섬유(1)·전자(2)]를 거쳐 1999년 3월부터 지금 교명이 되었다. 2005년 7월부터의 조경·토탈뷰티·섬유디자인·컴퓨터응용통신·인터넷비즈니스의 5개학과에서 자유분방해 보이는 183명(남102)의 학생들이 34대 이승렬 교장 이하 33명의 교직원들과 전문기술 습득에 땀을 흘리고 있다. 체육관 앞을 지나는데 이제 막 창단되었다는 검도부원들의 기합소리가 우렁차다. 김해시의 두 번째 고등학교 검도부란다. 잎이 울창한 거목의 울타리와 잘 가꾸어진 잔디와 벤치정원이 아름다운 학교다.

1946년 8월 개교의 한얼중학교는 사립의 복음중학교로 출발했으나 1981년 3월에 공립으로 전환한 학교다. 12개 학급 374명의 학생들이 26대 이구지 교장 이하 31명의 교직원들과 공부하고 있다. 1986년 5월에 지금의 자리에 신축 이전했다 한다. 학교 뒤쪽 한 구석에는 1990년 11월 김해군이 세웠던 진영도서관이 있다. 접근성과 공공성이 가장 먼저 고려되어야 할 도서관이 왜 이렇게 후미진 자리에 위치하게 되었는지는 알 수 없지만 고풍스럽고 아기자기한 3층 건물의 내부배치는 '추억의 도서관'처럼 오히려 중장년층의 가슴을 설레게 한다. 바로 옆 휴먼시아아파트(2010.4, 962세대) 너머에 새로 들어선 진영문화센터 한빛도서관의 모던함도 좋겠지만, 조용하게 책을 읽고 혼자 생각에 잠길 수 있는 이 분위기야말로 '올드 이즈 낫 벗 굿 이즈'가 아닐까? 아파트주민의 젊은 층은 한빛도서관으로 중장년층은 진영도서관으로 가는 것은 아닐는지.

2007년 2월부터 11월까지 휴먼시아아파트 공사에 앞서 실시된 발굴조사에서는 청동기시대부터 조선시대에 이르는 우리나라 거의 모든 시기의 문화유적이 발견되었다. 확인된 666기의 유구에서 많은 유물이 출토되었지만 가야시대의 제철과 도로유적, 그리고 팔각건물의 존재를 보여주는 유물과 유구는 기억할만하다. 제철관련의 유물로는 철광석·송풍관·슬래그·철기류 등이 출토되었고, 발견 예가 적은 팔각건물터는 109동 뒤에 팔각정으로 복원하였다. 팔각정 옆의 도로 유구는 박석으로 그 위치와 범위를 표시해 두었다. 아파트를 나서면 여기가 진영인가 싶을 정도로 참 모던하고 시크한 진영문화센터가 있다. 여래리의 변전소를 들어내고 2009년 10월에 개관한 문화센터는 독서와 문화 활동을 즐길 수 있는 진영인 들의 지적 쉼터가 되었다. 책마을, 토론마을 , 평생마을, 누리마을의 4개 공간으로 나뉜 지하 1층 지상 3층 건물에는 도서관, 강의실, 전시실, 공연장, 북카페 등이 들어섰고, 4개 공간을 연결하는 옥상공원과 중정 같은 1층 광장은 지적인 만남과 토론, 그리고 여유로운 휴식공간으로 충분하다. 마침 어느 평생교육과정의 수업이라도 마쳤는지 한 무리의 여성군단[?]들이 쏟아져 나오며 알록달록한 진영어린이집 옆을 지난다. 밝은 봄날처럼 모두 환한 얼굴이다.

온누리훼미리타운[1992.6, 108세대] 옆으로 경전선을 걷어내 철도도 없는 건널목을 건너면 진영시외버스정류장이다. 시내버스나 택시와 함께 시외버스가 서 있는 좁은 공간과 오래된 간판, 낡고 좁은 매표소와 대합실은 영락없는 60~70년대의 풍경이다. 철도가 떠나 혼자 덩그러니 남게 된 진영역사가 그렇고, 과거로 타임슬립 한 듯한 터미널과 그 앞 진영로의 풍경이 그렇듯이, 진영마을의 재생방안은 오히려 과거에서 구해야겠다는 생각이 강하다. 군데군데 일본인의 적산가옥도 섞여 있어 오래되고 무질서한 읍내의 상가지만 노스텔지어 를 끊임없이 자극하는 이 거리의 풍경은 이제 자산으로 활용되어야 한다. 제발 이제부터의 개발방향이 이런 생각과 다르지 않기를 기원하며 진영로를 건넌다.

길 건너의 진영대창초등학교는 1명의 대통령과 영부인 2명[손명순, 권양숙]을 배출한 것으로 유명하다. 3.1운동 다음 달인 1919년 4월 진영공립보통학교로 개교해 1946년부터 지금의 교명으로 바뀌었다. 지난 2월 제88회 졸업식으로 모두 1만5천908명의 졸업생을 배출했으며, 지금은 31개 학급 800명의 학생들과 3개 반 67명의 유치원생들이 31대 김진태 교장 이하 62명의 교직원들의 가르침으로 자라나고 있다. 특별한 것도 없는 교정과 교육과정인데도 클 대(大), 창성할 창(昌)의 이름이 좋아서인가, 상제가 앉은 금병산의 지세 때문인지 요즘 사람들이 부러워할 만한 졸업생을 배출했던 건 사실이다. 그래서인지 인구감소로 힘겨워 하는 면 단위 학교치곤 재학생이 아주 많은 편이다.

학교 뒷문으로 나와 대영아파트[1990.9, 127세대]와 진영국민주택에서 진영산복로를 건너 오르막의 하계로를 따라 대창마을회관, 원창시인의마을아파트[2004.9, 198세대], 어린이집 나무와 어린이를 지나면 여래저수지가 있는 금병공원에 이른다. 진영단감의 상징조형물이 있는 중앙분수대를 중심으로 인라인스케이트장, 축구장, 어린이놀이공원, 테니스장이 있고, 여래저수지를 뒤 배경으로 한 원형의 이

벤트광장과 잔디광장이 말끔하다. 호수에 떨어진 감나무 밭의 녹색 산 그림자 위를 몇 마리의 청둥오리가 파문을 그리며 여유롭게 지나는데, 호수 옆 생활체육공간의 운동기구에 매달린 시민들은 건강관리에 분주하다.

조금 더 올라 꼭대기 부근에는 2002년 5월에 개관한 진우아동종합복지관이 있다. 실내의 각종 프로그램실과 야외의 놀이시설과 수영장, 그리고 자연학습장 등을 갖춘 시설로 악기연주·도자기·공예·미술 등의 문화예술활동, 건강상담·가족헬스 등의 체육활동, 과학실험·천체투영 등의 과학탐구활동을 통해 아동의 건강증진과 정서함양을 도모하는 복지시설이다. 각종 시설과 공간, 수련관의 대여를 통해 워크숍이나 수련회 장소로도 이용되는 모양이다.

복지관 뒤를 꼴딱 넘으면 하계리로 내려가게 되지만 읍내의 일정이 아직 남았다. 발길을 돌려 내려와 진영산복로에서 서쪽으로 가다가 1935년에 설립된 진영성당(주임신부 이현우)에 들른다. 빨간 넝쿨장미가 한창인 울타리 너머로 고색창연한 붉은 벽돌성당(1979.10)과 푸른 하늘에 솟구친 흰색 십자가를 따라 올라간 초록색 담쟁이가 아름다운 성당이다. 성당 아래에 보이는 '전통시장'의 표지판을 따라 내려간다. 메탈릭 실버로 신축한 진영상설시장도 있지만 가판대와 가마솥이 길거리까지 튀어 나온 돼지국밥집, 참기름집, 열쇠집들이 훨씬 정겹다. 진영마을의 원조시장거리에서 국밥 한 그릇으로 허기를 달래며, 1901년 4월 창립으로 김해에서 두 번째로 오래된 붉은 벽돌 진영교회(담임목사 박규남)의 은빛 첨탑을 올려다 본다.

40

진영읍2

새로 쓰는 김해지리지 ― 김해학 길 위에 서다

■■■■ 진영마을의 원조시장에서 진영로에 나서면 2009년 11월의 증축개소로 말끔해진 진영지구대가 있다. 광복 후에 이북지서, 진영지서(1948.8), 한림지서(1987.1), 진영파출소(1991.8), 진영지구대 진례치안센터(2003.12)를 거쳐 2009년 11월에 진영지구대가 되었다. 2010년 2/4분기에는 전국3위의 '베스트파출소에 선정되기도 했는데, 여행자와 농공단지 외국인의 사건사고로 좀 더 바빠졌지만 진영주민의 안전을 위해 불철주야 눈을 밝히고 있다.

옛 정취 물씬 풍기는 농약종묘·총포낚시·금은방의 간판을 지나면 2010년 12월 15일에 기찻길은 떠나고 건물만 혼자 남은 진영역사가 있다. 60년대 분위기의 층층계단 아래로 붉은 벽돌색 지붕과 흰색 벽이 대조를 이루는 작은 시골역사와 역전광장은 쾌청한 아침인데도 꽤나 쓸쓸하다. 1905년 5월 13일 마산선(경전선)의 개통 때부터 모든 여객열차가 정차하던 김해 서부의 교통요지였고 많은 사람이 오가고 농수산물의 집산되던 진영과 김해 발전의 견인차였건만 이제는 활용방안으로 머리를 아프게 하는 골치거리가 되었다. 107년 역사(歷史)의 역사(驛舍)를 그냥 묻기도 그렇고, 향수자극에 좋은 소재임은 다 잘 아는데, 활용에 따른 경제적 효과를 생각하니 뾰족한 수가 생각나지 않는 모양이다. 역사와 선로공간을 활용한 시장박물관이나 기찻길미술관 정도가 거론되고 있을 뿐이다. 미술관이나 박물관이 작은 마을이나 대도시 재생을 선도했던 예도 많지만 결과에 대한

추궁에는 자신들이 없다.

　과거 면사무소건물의 진영농협에서 진영성결교회(1958.10, 담임목사 안경수)까지 여러 채의 일본식 적산가옥(敵產家屋)이 남아있다. 금방이라도 허물어질 것 같은 모습이 만 포항 구룡포·전북 군산·목포 등지에서 관광자원으로 활용하는 움직임을 주목할 필요가 있다. 일제강점의 아픈 기억을 장사로 이용한다는 비판도 만만치 않지만 우리들 역시 매 만지며 살아왔던 공간으로 수리와 복원을 통해 문화재로 지정하거나 지정절차를 밟고 있는 건축물도 적지 않다. 일제강점기와 광복 이후에 살았던 사람들 이야기의 저장 공간으로 보존할 수는 없는 걸까?

　진영성결교회 이웃의 진영대흥초등학교도 일제강점기인 1921년 4월에 일본의 심상소학교로 시작한 학교다. 1946년 5월의 진영대흥국민학교를 거쳐 1996년 3월부터 지금 교명이 되었다. 2009년 2월에 대흥관(체육관)을 새로 세운 학교에서는 20개 학급 547명(남304)의 학생과 2개 반 28명의 유치원생들이 24대 조기문 교장 이하 51명 교직원들의 따뜻한 지도로 자라나고 있는데, 지난해 6월엔 여자체조부의 창단이 뉴스가 되기도 했다. 삼성타워(1992.12, 198세대)·대건빌라·빙그레아파트(1995.7, 114세대)를 거쳐 진영육교 아래를 지나면 진영라이온스클럽이 세운 '봉사의 탑' 옆에 부곡마을버스정류장이 있다. 길 건너 연합2차아파트(1992.8, 120세대) 뒤쪽 산자락에 모여 있는 30여 가구가 부곡마을이다. 고려시대 천민마을의 부곡(部曲)이 아니라 지아비 부(夫)에 계곡 곡(谷)을 쓴다. 기씨(奇氏)란 어부(漁夫)가 들어와 살

■□□
진영읍 내 일본식 적산
가옥

□■□
진영2지구 발굴현장

□□■
주호교 아래 일제강점기
바위를 파낸 인공수로

면서 진영마을이 개척되었다고 전한다. 수로왕과 허왕후처럼 바다에서 오는 개
국자의 이야기와 같은 형태의 전승이다.

　발길을 되돌려 진영육교(1977.7)에 오르면 발아래로 동서를 가르던 경전선의 흔
적이 훤히 내려다 보인다. 동쪽에서 진영 읍내를 지나 서쪽의 창원으로 달려가
던 기관차 그려보기에 십상이다. 버릇처럼 철도를 들어낸 이 인공의 공간을 어떻
게 해야 하는가를 고민하다 이내 머리를 털고 공설운동장교차로 쪽으로 내려간
다. 김해대로에 나섰다가 곧바로 김해대로334번길로 들어선다. 진영세영병원에
서 다시 태어난 진영삼성병원(2011.9, 병원장 박찬원, 150병상)을 지나 여래로20번길을 따
라 가면 오른 편에 진영고, 진영여중, 진영우체국, 진영읍사무소, 왼편에 진영중
앙교회(1993.1, 담임목사 최기동), 대한아파트(1995.6, 100세대), 그리고 많은 음식점과 상가가
줄지어 있다. 진영이 과거 김해군의 수읍이었던 흔적들이다.

　진영고등학교는 1966년 4월 사립 한얼여자고등학교로 개교해 1975년 8월에 진
영여자상업고등학교가 되었다가 1981년 3월에 공립으로 전환하여 1999년 3월부
터 일반계 고등학교가 되었다. 19학급 515(남272)명의 학생들이 이기원 교장 이하
52명의 교직원들과 함께 공부하고 있다. 정문을 들어서는데 두 녀석이 담장 앞
에서 무릎을 꿇고 손을 쳐들고 있다. 벌을 서는 모양인데 절로 터지려는 웃음을
간신히 참으며 그 앞을 지난다. 진영여자중학교도 1966년 3월에 사립 한얼여자
중학교로 개교해 1975년 8월에 진영여자중학교가 되었고 진영고와 같이 1981년
3월에 공립으로 전환했으며 1987년 5월에 현 교사로 이전했다. 12개 학급 394명
의 학생들이 김은희 교장 이하 25명의 교직원들과 소녀의 꿈을 키워가고 있다.
잔디운동장의 녹색과 붉은 타탄트랙, 벽돌색 교사와 흰색 윤곽선이 예쁜 교정
한 쪽에는 교육재단 한얼의 설립자였던 강성갑 목사의 흉상이 있다. 합창으로
풍부한 정서와 공동체의식의 함양을 도모하는 여자중학교다. 진영우체국 옆의
진영읍사무소에서는 허동규 읍장 이하 24명의 직원들이 만5천744 세대 4만천
203명의 주민들을 돌보고 있다. 사무소 한 쪽의 진영문화의 집에서는 초중고생

새
로
쓰
는
김
해
지
리
지
—
김
해
학
길
위
에
서
다

과 일반을 위한 각종의 강좌가 연중 운영되고 있다.

읍내를 남북으로 관통하는 여래로에 나서 북으로 본산로를 따라 김해대로를 건너 본산리로 향한다. 왼쪽의 신도시 진영지구개발의 후속작인 진영2지구개발이 한창이다. 20만4천평, 7천109세대, 1만9천명 규모의 신도시가 추진된다는데, 오른쪽엔 산 경사면 전체를 벌겋게 벗겨놓은 발굴조사현장이 보인다. 지난 4월 19일에 가야 배모양(舟형)토기의 출토로 화제가 됐던 그 현장이다. 수집품으론 호암미술관과 호림박물관에 한두 점 있긴 하지만, 연대와 출전이 확실한 발굴조사에서의 출토는 처음이다. 한국문화재보호재단이 지난해 8월부터 수고하고 있는 조사에서는 가야의 목곽묘 37기와 석곽묘 76기를 비롯한 205여기의 유구에서 천500여점의 유물이 출토되었다. 시내 대성동고분군이나 주촌 양동고분군과 같은 계통이면서도 토기제작이나 무덤축조방법에서 또 다른 특색을 보이고 있다. 특히 5세기대로 생각되는 24호 목곽묘에서 출토된 배모양토기(길이22.4cm, 너비10.3cm, 높이4.7cm)는 평평한 바닥으로 임진왜란 때 연안에서 뛰어난 순발력과 기동력으로 왜의 수군을 궤멸시켰던 이순신 장군의 그 배다. 더구나 이 배는 '하지키(土師器)'라는 왜 계통의 토기를 싣고 있는 것 같은 모습으로 출토되었다. 해상왕국 가야의 실체를 웅변적으로 보여주는 유물 하나가 확보된 셈이다.

본산준공업단지 서쪽 끝의 공장 몇을 지나면 주호마을이다. 본산교회(담임목사 강만부) 뒤쪽의 100여 호 정도가 따를 주(住)에 호수 호(湖)를 쓰는 주호마을로 주천강(注川江) 가에 있다. 호수는 주남저수지와 동판저수지이고 강은 낙동강이니 서쪽의 저수지가 낙동강으로 흘러드는 것에서 비롯된 이름이다. 주천강을 따라 북쪽으로 조금 올라가면 창원시 대산면과 경계가 되는 우암교가 있다. 우암교 옆에는 폐기된 주호교(1942)가 있는데, 진영 쪽 주호교 아래에 예사롭지 않은 수로가 있다. 바위를 파내 입구의 천정을 홍교처럼 만든 동굴 모양의 인공수로다. 어제 오늘에 만들어진 것 같지도 않다. 〈김해지리지〉가 이 일대에 있었다고 전하는 무라이(村井)농장과의 관련을 추정해 볼 뿐이다.

주천강을 따라 지난해 12월 준공 이후 낙동강에 맑은 물을 흘려보내는 진영 맑은물순환센터까지 갔다가 본산로219번길을 따라 용성(龍城)마을을 지나 본산로로 돌아온다. 마을을 둘러싼 산세가 엎드린 반룡이나 산성 같다는데 군데군데 깎여 나가 아무리 둘러보아도 어디가 용인지 산성인지 도무지 알 수가 없다. 100년 전 쯤에 지어진 이름이라는데, 남쪽 마을 입구 본산로에 면해 있는 용화사[주지스님 월상(月上)]에 그 이름을 남기고 있을 뿐이다. 1945년 3월 길 건너에 청해스님이 창사했고 노무현 전 대통령의 모친도 다녔다는데 2003년에 중창한 대웅전의 단청과 열을 이룬 석상의 동자승들은 좋은데 법당 앞엔 왜 일본 절처럼 잔

새
로
쓰
는
김
해
지
리
지
ㅣ
김
해
학
길
위
에
서
다

■□
노무현 전 대통령 위패가 봉안되어 있는 정토원

□■
노무현 전 대통령 묘소

디를 심었는지 알 수가 없다. 〈김해지리지〉는 근처에 노씨열녀문을 전하고 있지만 찾지 못하였다. 용화사 맞은 편 3층 건물에는 본산리회관이 있다.

찐빵가게, 폐차장, 주유소, 공장들이 어지러운 본산공단을 뚫고 봉하마을로 간다. 봉화산(140.4m) 아래라 본산이라 했고, 봉화 아래라 봉하(烽下)라 했다. 봉화산은 시내의 분산성 봉수를 받아 밀양의 남산봉수에 전하는 봉화(烽)대가 있어 그렇게 불렀다. 부산 동래에서 서울 남산에 전해지던 제2거(炬)의 일익을 담당하던 봉수였다. 조선시대에는 자암산봉수라 불렀는데, 자암산은 자암(子庵)이란 절에서 유래된 이름이다. 자암은 아들 자(子)니 아들의 절이란 뜻이다. 그러면 누가 부모인가? 부는 수로왕, 모는 허황후로 각각을 기념하는 부은암(삼랑진 안대리), 모은암(생림면 생철리)과 함께 지어졌다고 전한다. 〈김해읍지〉는 고종 3년(1866) 당시 층층바위가 무너져 기울어진 불당을 전하고 있다. 무너진 층층바위 사이에 부처님 한 분이 누워 계시니 경상남도유형문화재 제40호의 봉화산마애불이다. 누워 있다고 와불이라는 분도 있지만 가부좌를 튼 좌상이다. 바위가 무너져 위에서 떨어졌을 것인데도 깨진 데가 거의 없다. 몇 년 전인가 보살한 분이 바로 세운다고 쇠사슬을 걸다가 오른쪽 무릎이 조금 깨졌을 뿐이다. 당나라에서 밤마다 꿈에 나타나 황후를 괴롭히던 청년을 법력으로 바위틈에 가둬 신라 자암산(紫岩山)의 석불이 되게 했다고 하는데 이 마애불이 바로 그것이라는 것이다. 사실로 믿기는 어렵지만 허왕후의 아들을 기념하는 절에 있던 석불이라 생겨난 전설인 모양이다.

아들이 어머니 속을 썩이는 건 예나 제나 변함이 없는 모양이다.

노무현 전 대통령 서거 3주기 행사 후 며칠이 지난 평일 오전인데도 묘소를 참배하고 마애불을 지나 부엉이바위에 오르는 이들이 적지 않다. 고려시대 마애불의 존재는 잘 몰라도 노 전 대통령이 뛰어 내렸다는 부엉이 바위는 반드시 찾는 모양이다. 앞서 가는 등산복 무리를 따라 오르니 그렇게 시끄럽던 경상도 아지매들이 갑자기 숙연해졌다. 두어 번의 자살소동으로 새로 쳐진 나무펜스 위에는 누군가가 꼽아 놓은 노란 바람개비가 돌고 있었다. 자신이 태어난 생가와 조금 전까지 머물렀던 사저를 내려 다 보며 무슨 생각을 했을까? 집 앞에 나와 농도 하고 자랑도 하고 비난도 하면서 소탈하게 웃던 모습이 그립다.

노 전 대통령의 49재를 지냈던 정토원에 오른다. 마침 정토원을 세운 선진규 법사가 담소 중이기에 모자를 들어 꾸벅 인사를 했다가 "누구?" 하길래 길어질까 두려워 쏜살같이 법당 앞의 묘하게 생긴 배롱나무를 지나 호미든관음보살상으로 내려간다. 한국동란 후 1959년에 나라가 어려울 때 젊은 불교학도 31명이 심신·사회·경제·사상 개발을 뜻하는 호미든관음보살상을 세웠다 한다. 현생에서 민중을 돌보는 관음보살이 호미까지 들고 법의를 날리며 한 발 내딛는 모습이니 경제적 사회적 구원이 한꺼번에 이루어 질 듯하다. 태풍 등으로 몇 번의 도괴 끝에 지난 2004년 12월에 다시 세워진 것이란다. 봉화산청소년수련원을 지나 낙동강을 내려다보며 대현마을로 내려와 본산입구삼거리에서 김해대로에 나선다.

서쪽으로 부평사거리에 이르니 오른쪽에 논바닥이 천지개벽해 2만 명이 사는 30만평의 메트로시티의 진영신도시가 솟구쳐 올라 있다. 늪지가 논이 되어 부자 뜰의 부평(富坪)이 되었고, 논은 다시 거대 신도시로 변했다. 김해대로 쪽 서어지공원을 중심으로 양편의 상가지구엔 많은 음식점들이 들어차기 시작했고 뒤엔 동쪽에서부터 진영중과 금병초등학교, 중흥S클레스(2006.2, 2010세대)·진영코아루(2007.10, 953세대)·진영자이(2007.12, 977세대)의 매머드 아파트단지가 자리 잡았다. 저 많은 콘크리트상자 마다 다 사람이 살기는 하는 걸까?

41

진영읍3

■■■■ 지난 번 걸음에서 빠뜨린 데가 있다. 잊어서도 아니고 서둘러서도 아니다. 불친절한⁽⁷⁾ 예전의 기록을 따라 지금의 땅 위에서 헤맨 탐사에 시간이 걸렸기 때문이다. 〈김해읍지〉 능묘 조에 수로왕릉과 허왕후릉 뒤에 등재되었고, 조선전기의 문신이자 시인이었던 담헌⁽淡軒⁾ 김극검⁽金克儉⁾의 묘를 찾았다. 묘를 관리해 오던 담헌공파 집안 분들께선 "무슨 뜬금없는 소리냐" 하시겠지만, "신용리 용전에서 본산리로 넘어가는 마곡산⁽麻谷山⁾에 있다"고 한 〈김해지리지〉를 따라 몇 번의 발걸음 끝에 얻은 소득이었다. 용전저수지 아래 S-OIL경양주유소 바로 뒤에서 공⁽公⁾이 만년에 점필재 김종직⁽金宗直⁾과 놀던 월파정⁽月波亭⁾을 찾았고, 그 위 김해김씨 담헌공파 묘역 가장 위에 있는 묘를 찾게 되었다. 임진왜란 때 소실되었던 월파정은 1959년의 복원 후에 몇 번 수축했고 2003년 1월에 지금과 같은 모습이 되었다.

1439⁽세종21⁾년에 태어난 담헌공은 학식이 뛰어나 생원시와 진사시에 잇달아 합격하고, 1459년⁽세조5⁾에 급제해 한림이 되었으며, 시문에 능해 1469년엔 시학문⁽詩學門⁾에도 선발되었다. 〈세조실록·예종실록·성종실록〉의 편찬에 참여했고, 성종 때는 승정원 동부승지·우부승지·좌부승지·우승지를 역임하고 1491년 홍문관 부제학에 올랐다. 성종의 여진정벌을 반대하다 전라도·황해도관찰사에 제수되었고, 안동대도호부 부사를 거쳐, 동지중추부사로 명나라에 다녀왔으며, 한성부

■
김극검의 묘

우윤·호조참판·사헌부 대사헌을 역임했다. 청렴 강직한 성품으로 1499(연산군5)년 돌아가실 때 저축한 재산이 하나도 없었단다. 다할 극(克), 검소할 검(儉)의 함자에 걸 맞는 인생을 살았던 가 보다. 묘 아래의 양지마을을 가리키는 것 같은데, 공이 태어난 마을을 관찰사촌 또는 관찰동이라 불렀다고 전한다.

마산의 몽고정을 읊었던 우물(井)과 자성(自省)·자견(自見) 등의 시가 유명하나, 아내의 마음을 노래한 규정(閨情)이란 시가 마음에 들어 소개한다. "아직 한 겨울의 옷을 보내지 못해(未授三冬服), 밤늦도록 다듬이질을 재촉하는데(空催半夜砧), 은잔의 등불은 나와 같아서(銀釭還似妾), 눈물이 다 마르고 마음만 태운다(漏盡却燒心)" 이렇게 우리 고장이 낳은 인물의 사적이 전파되지 않고 묘소조차 찾기 어려웠던 것은 경남 20개 시·군 가운데 유일하게 시사(市史)를 편찬했던 적이 한 번도 없었던 우리 시의 빈곤한 역사문화의식 때문이다.

이제 겨우 지난번 발걸음으로 되돌아간다. 진영신도시 동쪽 모퉁이에 있는 진영119안전센터를 지나 은행·학원·커피숍 등의 4~5층짜리 상가건물 뒤쪽으로 진영중학교와 진영금병초등학교를 돌아본다. 진영중학교는 1930년 4월 도립의 김해공립농업보습학교로 시작해 1935년 3월부터 여래리에 터전을 잡았고 1946년 9월 진영공립초급중학교로 개편했다가 1951년 7월에 진영중학교로 개칭했다. 1979년 2월에 32회 졸업식으로 폐교되었다가 2007년 3월 지금의 자리에 다시 세워졌다. 우여곡절의 학교역사에서 끈질긴 생명력을 배우는 24학급 738명(남386)의 학생들이 20대 김동주 교장 이하 38명의 교직원들과 함께 공부하고 있다. 2006

■□□
김해문화체육센터

□■□
진영운동장

□□■
김해청소년수련관

년 3월 개교의 진영금병초등학교는 46개 학급 천119명(남746)의 학생과 2개 반 43명의 유치원생들이 최인영 교장 이하 72명의 교직원들의 가르침을 받고 있다. 학교홈페이지를 보니 학년별 현장학습에 아주 열심인 모양이다.

학교를 나와 상가지구를 지나는데 아직도 정비가 덜 되었는지 간판이 난립하고 각종의 광고물과 남은 건축자재가 인도에 널려있다. 굴러다니는 쓰레기들도 어지럽고 본산공단에서 풍겨오는 악취문제도 심각한 모양이지만, 진영자이아파트는 행안부의 '우수Green마을'로 선정되었단다. 상 값 할 수 있는 깨끗한 도시로 개선되어 가기를 기대한다. 서어지공원 한 켠에 있는 진영건강증진센터(2006.12)는 모스그린의 유리창이 커다란 2층 건물에서 체력단련실(1층)과 내과·치과·한방의 진료실(2층)을 갖추어 시민들의 건강을 돌보고 있다.

김해대로에 나서 공설운동장교차로를 지나면 조금 황량한 아스팔트 벌판 위에 김해시문화체육센터·진영운동장·김해청소년수련관이 자리하고 있다. 1994년 5월 개관의 문화체육센터는 농구·배구·배드민턴의 각종 대회도 치루지만 시민들에게 대여되는 공간이다. 평일 오전인데도 적지 않은 배드민턴동호인들이 운동으로 땀을 흘리고 있다. 1987년 1월에 공설운동장으로 준공했던 진영운동장은 2008년 7월의 리모델링을 통해 녹색 인조잔디와 붉은 벽돌색 트랙의 콘트라스트가 눈부시게 되었다. 경사진 자연잔디의 외벽을 남긴 생각은 기특한데, 축구 골대 뒤의 농구장 1면과 족구장 2면은 조금 뜬금이 없다. 1998년 3월 개관의 김해청소년수련원은 지하1층 지상6층의 공간에 숙소·대소강당·헬스장·에어로빅실·컴퓨터실 등을 갖추었다. 각종 행사와 수련회의 대여가 주를 이루지만, 별자리캠프·가야유적탐방·하수처리장견학·뗏목수상훈련 같은 50여 종 이상의 자체 프로그램도 운영하고 있다. 300대를 주차할 수 있는 너른 주차장은 가을 진영단감축제 때 메인 무대가 되기도 한다.

김해대로 양쪽으로 협성팔레스(2001.12, 445세대), 거성(1997.7, 342세대), 도남아트빌(2000.11, 137세대)을 지나는데, 대근아파트(1991.11, 197세대) 앞에서 광대현삼거리란 표지판이 눈길을 끈다. 광대에 고개 현(峴)이니, 광대들이 줄타기 하던 고개마을이었다는데 1914년에 좌곤리에 포함되었다. 고개를 넘으면서 갑자기 여러 갈비집의 입간판들이 나타나기 시작한다. 예전의 성세는 아니지만 인근에선 제법 알려진 진영갈비마을이다. 좌곤리는 북쪽 자(子)에 마을의 '말'과 같은 발음의 '맏' 곤(昆)이니, 금병산의 북쪽마을에서 비롯된 이름으로 생각되고 있다. 김해대로68번길 안에 자리한 마을회관과 100여 호 정도가 좌곤마을이다. 좌곤삼거리를 지나 좌곤교를 건너면 창원시 동읍이 되면서 길은 의창대로로 바뀌지만 우리는 삼영화학·진영국도관리사무소의 표지판이 붙은 하계로로 들어간다.

하계로 초입의 김해금산초등학교는 1949년 10월 개교 후 1953년 6월에 이리로 이전했다. 6개 학급 97명(남51)의 학생과 1개 반 22명의 유치원생들이 임일규 교장 이하 18명 교직원들의 보살핌으로 자라나고 있다. 읍내가 바로 지척인데도 학생 수에서는 그 쪽 학교와 많은 차이가 있다. 학교 뒤쪽에 새로 들어선 하우스스토리(2008.3, 325세대) 이름엔 동창원이 붙어있지만 행정구역은 분명히 김해시 진영읍이다. 대한민국 금속주조공예 변종복 명장의 작품인 황금색 우주탑(칠보탑)이 대웅전 위에서 빛나는 한마음선원(경남중부지원), 국토해양부 진영국토관리사무소(1975.6), 붉은 벽돌 은빛 첨탑의 동산교회를 지나 동산마을의 표지석과 마을회관이 있다. 1914년에 방동마을과 병합해 방동리(芳洞里)를 이루게 되었다. 동변(東邊)으로도 불렸다는데, 금병산이나 읍내에서 보아 결코 동쪽이 될 수는 없다. 조선시대 역원의 창원 동읍 자여마을에서 보았거나, 마을 서쪽의 주항천이 '샛강'으로 불리고 서쪽의 들판이 '샛들'로 불렸던 탓에 샛바람=동풍(東風)처럼 된 것이 아닌가 한다. 그래야 인접의 동읍과 동판저수지의 이름 모두가 공통된 유래를 얻을 수 있을 듯하다.

답사의 편의상 위쪽의 방동마을은 나중으로 하고, 사산교(1998.8)로 주항천을 건너 사산리로 간다. 집 사(舍)에 뫼 산(山)이다. 논 한 가운데 있는 섬 같은 산이 집처럼 생겼다 하여 그렇게 불렀단다. 노적봉으로도 불렸던 것을 보면 옛날에는 낙동강이나 동판저수지의 물이 출렁거리던 섬이었던 모양이다. 사산을 둘러싼 70여 호의 마을이 있고, 남해고속도로 가까운 쪽에 사산교회와 마을회관이 있다. 서쪽으로 논을 가로질러 단계로에 나가 창원의 자여마을을 지나 자여로115번길로 서천저수지 아래서 서천교(2008.3)로 주항천을 다시 건너면 진영읍 우동리 서천마을이다. 마을회관을 지나 산자락을 오른쪽으로 돌면 우동마을이다. 흰색 마을표지석 앞에는 운강 성종호(成宗鎬; 1890~1976) 선생의 송덕비가 있다. 일제강점기에 대신학원을 세워 초등교육에 헌신했고, 유도회(儒道會)를 설립하고(1965), 성균관장(1967)과 도산서원장(1970)을 역임하면서도 마을 일을 집안일처럼 챙겼던 덕을

■□□
우동 당산나무

■■□
태평제

□□■
단감연구소

기린다고 쓰여 있다. 삼성의 창업주 이병철 회장을 보좌해 제일모직과 삼성물산 사장 등을 지냈으며 대한화섬과 대성모방을 설립해 '섬유한국'을 일으켰던 기업인 성상영 씨가 선생의 아들이다.

버스정류장과 마을회관을 지나면 500살이 넘은 거대한 느티나무 두 그루가 있다. 한쪽은 풍성하고 한쪽은 앙상하다. 1996년에 시보호수로 지정되었건만 2008년에 한쪽이 고사해 버렸다. 삶과 죽음 사이에 있는 팽나무도 1~2백년은 족히 돼 보인다. 공장이 없는 오지라 그런지 마을풍경이 편안하다. 웬만한 서원이나 절집 크기로 자리한 창녕성씨의 재실 태평제(太平齊)가 있어 성씨의 집성촌처럼 보이지만 정작 이 느티나무의 소유자는 300년 전에 삼방동의 영운마을에서 옮겨온 함종어씨다. 150년 전에 입향한 창녕성씨보다 한참 선배로 우동이 '어(魚) 터'로도 불렸던 유래였다. 함종어씨와 사돈을 맺었던 연유로 당산나무 앞에 재실을 세울 수 있었던 모양이다. 조선 세조 때 종사관으로 대마도에 건너갔다 풍랑으로 희생된 어효선(魚孝善) 공이 입향조였다고 한다. 마을뒷산에선 이미 40년 전에 4~5세기 목곽묘와 석곽묘의 가야고분군이 확인되었지만 발굴조사 없이 도굴피해만 극심하다.

진영휴게소 옆 굴다리로 들판을 가로질러 경남농업기술원 진영단감연구소(1994.5)를 지나 하계로에 돌아오면 국가유공자를 위한 김해보훈요양원(2009.8, 원장 이회룡)이 맞은편에 말끔하다. 동쪽으로 방동마을회관을 지나 길 왼쪽에 '애국지사 안창대 묘'의 표지판이 보여 따라가다 묘는 찾지 못하고 폐허가 된 창녕성씨의 재실 금산제(錦山齊)를 돌아보았다. 1984년 5월에 세워진 운강선생의 송덕비와 성상영의 기적비가 있다. 안창대 선생은 1933년 경성에서 항일사회주의운동을 전개했던 공로로 2005년 삼일절에 건국포장이 수여되었다.

조금 동쪽의 하계리마을회관 앞뒤로 50여 호의 하계마을이 있다. 연꽃 하(荷)에 시내 계(溪)니 연꽃피던 시내가 있었던 모양이다. 하계로를 계속 오르면 내룡리의 진우원과 금병공원(본 기획 5월23일자)으로 넘어가는 용지고개가 되지만, 되돌

아 남쪽 하계로240번길로 '떡고개'를 넘어 오척마을으로 간다. 까마귀 오(鳥)에 길이 척(尺)이라 임진왜란 때 명의 진린장군이 오산으로 전사했기 때문이라고도 하고, 금 까마귀가 내리는 명당자리가 있기 때문이라하는데, 까마귀 나는 것으로 거리를 재던 오지에서 유래되었다는 말도 있다. 떡고개길 오른쪽에는 요업으로 유명한 삼영산업(1978.7, 크리스털·타일)이 있는데, 김해로 돌아올 때 언제나 남해고속도로에서 보이는 그 공장이다. 왼쪽에는 어느새 조성공사를 마치고 입주를 시작한 하계농공단지가 있다. 단지조성에 앞서 실시되었던 2009년 12월의 발굴조사에서는 '철의 왕국, 가야'의 실재를 증명해 주는 제철용광로가 처음 검출되기도 했다.

오척마을회관을 지나 구 김해터널을 통해 진례로 나섰다가 청천교를 지나 응봉산(280m) 너머의 의전리로 간다. 응봉산 동쪽 자락에 안평·의전·등리 마을 들이 늘어서 있는 의전리는 개미 의(蟻)에 밭 전(田)이니 '개미 뜰'이다. 3개 마을을 합해 150여 호 남짓의 작은 마을이었지만 진례·진영IC의 개설 이후 공장 입주의 물결이 거세다. 7073부대를 지나면 외촌·죽곡·세일·유목 마을로 이루어진 죽곡리가 된다. 신항만배후철도의 터널이 뚫리면서 5세기 대 약 100여 년 동안 조성되었던 130여기의 가야고분과 천242점의 유물들이 발굴조사되었다. 700여 점의 토기들은 창녕·함안·고성 등과 같은 다른 가야세력들과의 교류를 보여주고 있다. 고모삼거리와 진영세일아파트(2001.11, 288세대)를 지나면 김해에서 가장 일찍 조성된 진영농공단지(1997.5, 51개 업체)가 있는데 연륜만큼 굵어진 가로수들의 그늘이 시원하다. 금병산을 시계반대 방향으로 한 바퀴 돈 진영순례기는 이것으로 다 한 모양이다.

42

한림면1

한림면의 이름은 참 개성적이다. 대부분의 지명이나 행정구역명이 마을의 지리적 특징이나 좋은 뜻글자에 매달렸던 데 반해, 이 고장 출신인물 김계희(金係熙) 공의 관직명이었던 한림학사에서 마을이름의 유래를 구했던 것은 좀 유별나다. 신라 경덕왕 때부터 유행했던 중국지명의 채용과 변용이 좋은 글자 뜻에 기초해 보편적인 공(公)으로 여겨지던 전통 속에서 사(私)로 간주되던 개인의 경력에서 마을이름의 유래를 구했으니 오히려 매력적이란 생각까지 든다. 기회만 있으면 깎아 내리려 드는 통에 영웅이 탄생하기 어렵다는 우리 역사의 오래된 푸념이 한림면에선 무관했던 모양이다.

김해시 북쪽에 위치한 한림면은 시내 가까운 쪽에서 시계방향으로 신천, 명동, 퇴래, 병동, 장방, 가산, 가동, 시산, 금곡, 안하, 용덕, 안곡의 12개 리 42개 마을로 이루어져 있다. 낙동강 쪽의 서북부는 비교적 넓은 평야를 가진 들판마을이고, 시내나 생림면과 경계를 이루는 남동부는 비교적 높은 산들의 산골마을이다. 전통적으로 평야의 쌀과 산지의 단감 생산을 주업으로 삼던 마을이었으나 근년에 불어 닥친 공장건설의 열풍에 한림도 예외는 아니었다. 이미 몇 개의 공단도 세워졌고 마을 속속들이 공장이 안 들어선 곳이 없게 되었다. 오늘도 산은 벌겋게 깎여 나가고 논과 저수지를 메우는 공장건설의 굉음이 요란하다.

북부를 관통하는 화포천을 따라 경전선의 KTX가 달리고, 김해와 창원을 연

■
가까운 쪽에서부터
신천저수지
망천마을
신천초등학교
안하농공단지

결하는 김해대로가 남부의 마을들을 가로 지른다. 59.52㎢의 땅덩어리는 10만이 넘는 장유$^{(54.59㎢)}$와 4만의 진영$^{(39.73㎢)}$ 보다 넓지만, 2012년 5월말 현재 만 명이 채 안 되는 인구에 불과하며 최근 5년 사이에 1/5이나 되는 2천여 명의 인구감소를 보이고 있다. 공장과 근로자는 엄청나게 늘어나도 마을주민이 급격히 줄어드는 불균형이다. 공장유치의 방법을 고민할 때가 아니라 주민이 살고 싶은 도시 만들기를 고민해야 하는 때가 되었다. 이런 생각을 하며 시내에서 가까운 쪽부터 시계방향으로 한림면 순례의 발걸음을 시작한다.

시내 북쪽의 삼계사거리를 나서 '큰 고개'라 불렸던 제법 긴 슬로프의 망천고개를 넘으면 화려한 가구점의 대형간판들이 홍수를 이룬다. 한림면 신천리 가구거리의 시작이다. 1990년대 중반부터 북부동과 삼계동 등에 있던 점포들이 이주를 시작해 주에 3~4천여 명의 고객이 다녀가는 가구쇼핑의 명소로 발전하고 있다. 최근에는 펜션이나 카페 같은 멋쟁이 가구점들이 들어서고 있는데, 김해대로 남쪽 산비탈에 많은 가구공장들이 입주해 있는 한림신천공단과 함께 전국 유수의 가구단지로 특성화되기를 기대한다.

망천삼거리를 지나 왼쪽의 김해대로1472번길로 들어서면 망천 마을회관과 정자목이 있다. 김해대로에서 마을회관 앞으로 들어 온 반원형의 공간이 위성지도에서는 잘 보이는데, 〈김해지리지〉에 광대들이 놀았다는 '솔 놀이터'가 여기가 아닌지 모르겠다. 지금은 어느 가구백화점 하나가 자리하고 있다. 정자나무 앞에서 안쪽으로 비탈길을 따라 오르면 1967년 7월 11일에 천연기념물 제185호로 지정된 신천리 이팝나무가 얼굴을 내민다. 흰 쌀밥 같이 눈부시던 꽃들은 어느새 다 지고 말았지만 650살 나이에 걸맞지 않게 진녹색의 이파리들이 풍성하고 군데군데 혹이 나 있는 줄기와 가지의 몸통은 풍채가 참 좋다. 매년 음력 12월 그믐에 "용왕(龍王)을 먹이는" 정성스런 제사가 올려지는 데, 수신(水神)의 용왕님에게 순조로운 비를 부탁해 한해의 농사가 잘 되도록 빌던 전통이었다. 그래서 농사가 시작되는 5월에 쌀밥같은 흰 꽃이 활짝 피는 것을 용왕님의 응답으로 여겼던 모양이다. 이팝나무가 앞에 있는 우물을 지켜준다거나 꽃이 활짝 피면 풍년이 된다거나 바랄 망(望) 내 천(川)의 망천과 새 신(新)과 샘 천(泉)의 마을이름들이 다 함께 통하는 얘기들이다. 마침 계속되는 가뭄으로 바로 옆에 있는 신천저수지가 바닥을 드러낼 지경이다. 지난달에도 풍성한 꽃을 눈부시게 달았으니 이제는 용왕님이 응답하실 차례인 모양이다. 신천리의 신천은 신천초등학교 아래의 맑고 물맛이 좋은 '참 샘'이란 우물에서 비롯된 이름이다.

이팝나무에서 조금 더 오르면 흥덕사란 절 안에 도문화재자료 제262호 김해 신천망월석탑(1997.12.31 지정)이 있다. 원래는 〈김해지리지, 1991〉 편찬당시까지 망천 마을 남쪽 탑골(塔谷)의 암자 터에 있었던 3층석탑이었는데, 1984년 건립의 흥덕사에서 1~2층과 1장의 기단석, 그리고 지대석의 파편을 옮겨 지금 위치에 복원했다 한다. 그러나 원래 자리에는 기초의 기단부분이 의외로 잘 남아있을 가능성도 있다. 확인조사를 통해 보다 충실한 복원이 되도록 해야 할 것이다. 허왕후의 고향을 기리기 위해서 만들었다는 전승도 있으나 3단의 지붕돌 주름과 몸돌의 비례로 보아 고려후기의 석탑으로 추정되고 있다. 현상변경허가절차를 거쳤는지 모르겠으나 어제 오늘 석탑 앞에 솟구친 태양전지판넬이 흉물스럽다.

김해대로 건너편의 신천초등학교는 1963년 3월 개교 이래 금년 2월 48회 천141명의 졸업생을 배출했지만 35명(남18)의 학생과 5명의 유치원생이 송길성 교장 이하 15명의 교직원들과 공부하는 초 미니학교다. 전교생이 한 자리에 모여 '젓가락으로 콩나르기 대회'하는 모습이 흐뭇하다. 학교를 나서 김해대로를 조금 오르면 낙원공원묘원 표지판이 눈에 띄는 데 왼쪽의 김해대로1402번길을 따라 한참을 오르면 산꼭대기의 여기저기를 깎아 만든 공원묘지가 전혀 다른 분위기를 연출한다. 누구나 한 번은 반드시 올 곳인데 왜 이렇게 낯설고 어색한지 모르겠다. 1985년 조성 이래 2만 여기의 봉분들이 가깝게는 주촌면 덕암리 쪽, 멀게는 김해평야와 남해바다를 바라보고 앉아 있다. 새삼스레 "요즈음 나는 어떻게 살

■□
신천리 이팝나무

■□
망월석탑

■□
명동정수장

■■
낙원공원묘원

고 있는가"를 몇 번이나 되 뇌이며 김해대로에 내려선다.

고개 위에 명동정수장이 보인다. 2003년 1월에 준공해 한림, 진영, 주촌, 진례, 장유에 맑은 물을 공급하고 있으며, 2008년 준공 후 1일 천538kW, 연 209만kW의 전기를 생산해 14억 원의 수익을 올리는 대양광발전소가 자리하고 있다. 개방적 녹지공간에 붉은 벽돌건물과 수조, 펼쳐진 태양전지판에 홍보관과 작은 공원의 쏠라파크도 있어 어린이 단체관람객의 견학행렬이 심심치 않은 모양이다. 고개 를 내려가며 커다란 한림딸기가 그려진 한림면의 표지판에 눈길 한 번 주고, 길 건너 금음공단 표지판 옆으로 가면 금음마을회관이 있다. 몇 호 되지 않는 작 은 마을이지만 등 뒤에 지고 있는 금음산(350m)은 한림면의 주산이다. 〈김해지리 지〉는 주촌 쪽에서는 응달 음(陰)을 쓰고, 한림 쪽에서는 소리 음(音)을 썼다. 어느 쪽의 오기였을 수도 있겠지만 산 저쪽은 급하고 이쪽이 아늑한 것에 대한 한자 표기의 차이인지도 모르겠다. 같은 산이라도 주촌 쪽에서는 '쇠 그늘'이고, 한림 쪽에서는 '쇠 소리'인가?

김해대로 건너 명동저수지 아래의 인현마을로 간다. 왕후의 이름은 아니고 고 개 현(峴)이니 '인티'로도 불렸던 고개마을이다. 봉황이 깃든다는 서봉산(棲鳳山) 자락에 명동저수지가 키워내는 들판을 앞에 둔 작지만 아늑한 마을이다. 마을입구에 있는 200·150살짜리 2그루 의 왕버들과 작은 정자는 여느 시골마을에나 있을 법한 정겨운 풍경이다. 지금은 밝은 명(明)을 쓰는 명동리지만 원래 울 명(鳴)이었다. 서봉산 봉황이 우는 마을이라 명동리가 되었단다. 명동 본 마을은 조금 아래에 있지만 유래를 생각하면 여기가 '원조'일 법도 하다. 명동삼거리에서 한림로에 들어서 명동마을 지나면 두레마을 표지석이 나온다. 왼쪽으로 가면 한림정, 오른쪽으로 가면 안하리로 가는 갈림길이다. 한림 쪽으로 한국전력공사를 지나고 야트막한 불티고개(佛山峙)를 넘으면 이북초등학교가 있다. 1929년 9월 개교 이래 지난 2월 모드 80회 4천890명의 졸업생을 배출했지만, 지금은 1개 학년에 1개 학급의 모두 65명(남37)인 학생들이 문준철 교장 이하 15명 교직원들과 공부하는 가족적인 학교. 김해 북쪽의 2개 면을 합해 이북면이라 했던 한림면의 원래 이름을 아직도 간직하고 있는 학교다. 제발 북한과 혼동하지 마시기를.

한림로 왼쪽의 낙산마을회관과 건너편에 흰색 사각형 첨탑이 고색창연한 명동교회(담임목사 반성호)에 들렀다가, 임진왜란 때 김해성을 사수하다 순절한 김득기(金得器) 공의 낙산재(洛山齋)로 간다. 1925년에 영모재(永慕齋)로 창건되었고 1955년에 개축되었다는데 많이 쇠락해 있다. 갈라지는 길에서 한림 쪽을 버리고 왼쪽의 퇴래교로 퇴래천을 건너 퇴래리로 간다. 퇴래교 좌우에는 막 모내기를 끝낸 낙산뜰이 이발소라도 다녀온 듯이 깔끔하다. 공장 몇을 지나 퇴래못[퇴은지(退隱池)]을 끼고 도니 퇴은마을이다. 물러날 퇴(退), 올 래(來), 숨을 은(隱)이니 단종 퇴위(1455년)를 참지 못한 서강(西岡) 김계금(金係錦) 공과 인조와 효종 때 회령부사를 지낸 김영준 공이 벼슬에서 물러나 살았던 데서 비롯된 이름으로 한림의 유래가 된 김계희 공의 호도 퇴은이었다. 김해김씨 서강파의 중시조인 김계금 관련의 목판들이 도문화재 352호(1850년 제작, 26장)로 지정돼 진영 신용리 미양서원에 보관돼 있다.

퇴은마을 뒷산의 오서산(吾西山, 151m)이 퇴래천 쪽으로 내려간 동남쪽 산자락에서 대규모의 가야 고분군과 생활유적이 발굴되었다. 1984년에 성균관대박물관은 4~5세기경의 목곽묘(11기)·석곽묘(2기)·옹관묘(14기)의 고분군을 발굴했고, 2008년 동아세아문화재연구원은 고상가옥(19동)·도랑(4기)·집석유구(1기) 등 퇴래리고분군을 조성한 가야마을의 생활유적을 조사했다. 모두 중소형의 고분이었지만 국립김해박물관에 전시돼 있는 화려한 태양문장식의 철갑옷도 여기서 출토된 것이란다. 지배층의 대형고분도 있을 것이고 60cm 이상되는 큰 독의 옹관묘가 많은 특징도 보이고 있다. 다만 첫 발굴 이후 30년이 지나도록 추가 발굴조사도 없었고 문화재지정도 없었다. 발길에 차이는 무수한 토기파편과 산란된 많은 돌들은 도굴과 경작으로 인한 파괴에 신음하는 우리 김해의 자산이다.

신촌(新村)의 '새마을' 마을회관 옆으로 내려와 신촌못을 건너고 떡고개를 넘어 김해대로에 나서니 바로 위에 한림민속박물관이 보인다. 2006년 3월에 개관한 '추억의 박물관'에선 마상태 관장이 전 재산을 들여 평생 수집한 2만여 점의 근현대 민속품들을 무료로 구경할 수 있다. 전통 민속품을 주로 전시하는 제1전시관과 근현대의 향수를 자극하는 테마전시관에는 60~70년대 교실도 있고, 만화방도 있고, 미용실도 있다. 바깥에도 농사와 민속놀이의 전시체험관과 우물이랑 물레방아도 있고, 기찻길과 곤충 채집장에 공룡박물관까지 있다. 박물관 공간을 활용한 다양한 체험학습프로그램도 운영되고 있는데, 입구에 있는 박물관가든에는 회식이나 차와 식사만을 위해 찾는 손님도 적지 않다고 한다.

박물관을 나와 소업마을회관과 순복음소업교회(2003, 담임목사 정정건)를 돌아 병동삼거리와 동서대로가 시작하는 소업삼거리를 지나 신기삼거리에서 병동리(屛洞里)에 들어선다. 무릉천을 따라 가달마을에 들렸다가 범곡마을을 지나 병동농공단지(2003년 9월, 17개 업체) 아래서 동서대로 밑 굴다리로 어병마을을 향한다. 김해대로1022번길을 동쪽 끝까지 가면 2층 붉은 벽돌 건물의 어병 마을회관이 있다. 임금 어(御)에 병풍 병(屛)이다. 고려 말에 왕실의 총애를 한 몸에 받았던 김관(金管) 공이 물러나 은거하자 왕이 병풍을 내렸고, 여기에서 비롯된 마을이름은 다시 병동리의 유래가 되었다. 조선시대 탁영 김일손(1479-1551) 공의 선조이면서 김해김씨 삼현파의 중시조이기도 한 그는 성리학의 안향과 교유하면서 3차례나 충선왕을 모시고 원나라에 다녀왔고, 도성 화재 때는 충렬왕을 구출하기도 했던 고려말 6대(원종~충목왕)에 걸치는 충신이었다. 마을회관 조금 위에는 숲처럼 보이는 한 그루의 느티나무가 있다. 400살에 너비 150cm, 높이 22m의 거목이다. 마을의 모든 사연을 다 기억하고 있을 것 같은 김해의 노거수다.

43

한림면2

한림면 면소재지 한림정으로 가는 길은 낙동강에 막힌 북쪽을 제외하고 동·서·남쪽의 세 갈래 길이 있다. 남쪽 김해대로의 명동삼거리에서 한림로를 따라 화포교를 건너가는 길, 서쪽 진영 본산의 봉하마을에서 봉화산 아래 봉하로와 한림로343번길로 화포천을 따라 가는 길, 동쪽 생림면에서 장재로를 따라 장재교에서 화포천을 건너가는 길 등이 있지만, 남쪽에서 화포교를 건너가는 한림로의 이용이 가장 빈번한 모양이다.

2007년 1월에 새로 놓인 화포교와 1940년의 화포교 어느 쪽을 건너도 좋겠지만, 넓은 새 다리와 달리 오래된 쪽은 다리 앞의 '메기국' 집들과 함께 옛스런 정취가 있다. 화포교와 화포2교(2004.12)를 건너 다 보면 왼쪽에 화포천습지생태공원과 오른쪽에 화포천체육공원이 있다. 화포천습지생태공원은 시간을 들여 천천히 여유롭게 걸어보기에 좋은 곳이지만, 시간이 없다면 어느 다리 위에서라도 습지와 숲 내려 다 보기를 권하고 싶다. 십 여 년 전 만해도 각종 쓰레기가 넘쳐나던 곳이었지만, 람사르총회와 고 노무현 대통령의 참여를 계기로 7월까지 산책로, 나무다리, 탐방데크, 생태학습관 등의 정비를 마무리하고 9월의 일반개방을 준비하고 있다. 얼마 전엔 '한국의 아름다운 하천 100선'에도 들었다는데, 우포늪이 아니라도, 탐방이 아니라도, 다리 위에 서 있기만 해도 '원시의 냄새'가 난다. 겨울손님으로 많은 철새들이 날아드는데, 3년 전엔 천연기념물인 노랑부

화포천 습지생태공원

리저어새가 발견되기도 했단다.

화포천 건너 한림면 유일의 아파트인 청원한마을아파트(1998.01, 150세대)의 버스 정류장에서 경전선 철로 밑을 지나면 오른쪽의 한림정과 왼쪽의 장방리갈대집을 가리키는 표지판의 갈림길이다. 한림정 마을 순례에 앞서 경상남도 문화재 자료 제421호 김해장방리갈대집을 찾아 나선다. 자암산(子岩山)으로도 불리는 봉화산 동쪽 끝자락에 동그랗게 갈대지붕을 얹은 세 채의 전통가옥이 도문화재 자료(2007.3)로 지정되었다. 지금 집은 일제강점기에 지어진 것이지만 건축수법과 수축증언을 통해 1900년 이전의 초축으로 생각되고 있다. 임진왜란을 피해 낙동강 지류의 화포천에 살게 된 사람들이 강변의 갈대로 지붕을 이은 초막집을 지었다 한다. 갈대집의 전통이 조선 후기까지 올라갈 수 있음을 알겠다. 동리에선 '새 풀 집' 또는 '새 집'으로도 불렀는데, 1970년대의 새마을운동 전까지는 마을을 이룰 만큼 흔했단다. 강물이 출렁거리고 갈대가 무성했던 예전의 환경을 보여주는 증인도 되었기에 문화재로 지정되었던 모양이다. 안쪽의 큰 갈대 집에는 영강정(永江亭)이란 편액이 붙어 있다. 위에 영강사가 자리하면서 절의 요사채로 사용되면서 부터이다.

지난번 소개처럼 한림면의 유래가 되었던 한림정(翰林亭)은 한림학사를 지낸 김계희(金係熙) 공이 만년에 벼슬에서 물러 나 지은 정자였다. 공의 호를 따라 퇴은정(退隱亭)으로도 불렸다는 정자는 임진왜란 때 불타버렸다지만 그 이름은 한림면·한림정역·한림초중학교·한림교회 등으로 남았다. 공은 김해김씨 김순생(金筍生)의 차남으로 세종 을묘년(1435) 생원과 신유년(1441) 문과에 각각 급제해 예문관

검열이 되었으나 부모가 연로해 낙향했다가 홍문관교리·사헌부감찰·경상도도사를 거쳐 나주목사가 되어서는 은혜의 목민과 정성스런 학교수리로 백성의 존경을 받았다. 세조 8년(1462)에 이조참판으로 명나라에 다녀왔고 한성판윤도 지냈다. 공의 손자 김극검(金克儉, 본보 6월 20일자 참조), 증손 김관(金寬), 현손 김유신(金庾信) 모두 한림학사를 역임했던 인연도 있다. 근년 김해시는 마을회관에 산꼭대기까지 많은 정자를 세웠건만 한림정 복원의 소식은 듣지 못하였다. 뿌리를 기억하는 전통이야말로 우리를 바르고 당당하게 살아가게 한다는 말은 입버릇처럼 하면서 우리의 의지는 거기까지 미치지 못하는 모양이다.

1968년에 이북면 청사로 지어졌던 한림면사무소에 들어선다. 여느 읍면동사무소처럼 흰 칠 단장의 2층 건물이다. 동그랗게 웅크린 1982년 12월 31일 자의 한림도읍기념비(翰林都邑紀念碑)가 있다. 1983년 2월 3일 준공의 '소도읍가꾸기' 사업의 기념비인 모양이다. 1983년 2월 15일에 생림면의 금곡리와 장재마을을 편입해 12리 42마을이 되었고, 1984년부터 '북한 같은 이북'을 버리고 한림면이 되었다는데, 한림면 홈페이지는 1987년의 개명을 주장하고 있다. 어느 쪽이 옳은지 모르겠다. 류승수 면장 이하 18명의 직원들이 4,492세대, 9,678(남 5,208)명의 주민을 돌보고 있다. 맞은편의 김해한림우체국에서 한림농협, 한림파출소, 한약방, '중국집', 떡방앗간, 농약사, 다방 등을 지나 한림정역에 이르는 '한림의 메인스트리트'를 걷는다. 적은 인구 때문이겠지만 조금은 어둡고 한산한 상가 분위기다.

1905년 10월 마산선(경전선) 개통 후 1918년 11월에 영업을 시작했던 한림정역은 일본인이 유림(楡林)역이라 했던 것을 광복 후에 고친 이름이다. 여객보다 양회(시멘트) 수송의 수요가 월등히 많은 것은 여전해, 현대시멘트와 성신양회의 높다란 원통 시멘트사일로는 한림의 상징처럼 되었다. 경전선복선화와 KTX통과에 맞춰 2010년 8월에 모던한 역사가 되었지만 일평균 100명도 못되는 승객이 단 15회(상행 7, 하행 9)의 무궁화를 이용하고 있을 뿐이다. 옆에 있었던 예쁘장한 예전 역사로도 충분했을 것 같은데 아쉽게도 쓸어 버렸다.

역 건너편에는 오래된 동네 같지 않게 반듯하게 구획된 전원주택풍의 단독주택단지가 있다. 다양한 집 모양과 알록달록한 색채가 평화롭지만 참 아픈 기억이 있다. 2002년 8월 집중호우로 화포천이 범람하면서 철도가 끊기고 한림면 일대가 잠기는 수해를 입었을 때 이재민의 이주단지로 조성된 곳이었기 때문이다. 세련된 집들 사이에 보이는 농가풍의 집들이 그 때 지어진 것 같은데, 10년의 세월이 지나면서 아픈 기억 대신에 예쁜 전원주택들이 들어선 모양이다. 아픈 기억이 좋은 마을로 바뀌어 가는 것 같아 안쪽의 한림체육관과 한림보건지소를 지나는 마음이 가볍다.

마을 뒤쪽 산자락에는 면사무소 뒤로 한림교회, 한림중학교, 새한림교회, 한림성당, 한림초등학교가 자리하고 있다. 한림중학교는 한국동란 중의 1952년 2월에 이북중등강습소로 시작해 1961년에 이북중학교를 거쳐 1968년 2월부터 지금 학교이름이 되었다. 지난 2월까지 총 9천133명의 졸업생을 배출했다. 6개 학급 144명(남 76)의 학생들이 김봉원 교장 이하 22명의 교직원들과 함께 꿈을 키우고 있다. 3층짜리 건물 한 동에 운동장 하나의 단출한 교사지만 사립학교답게 말끔하고 단아한 교정에 자암산의 풍부한 녹색이 인성 좋은 학생을 기르고 있다. 한림초등학교는 1942년 4월에 이북국민학교 장방분교로 설립되었다가 1997년 3월부터 지금 이름이 되었으며, 1999년 9월에 금곡초등학교, 2009년 3월에 한림초등학교 가산 분교장을 각각 통합했다. 금년 2월의 66회 졸업식으로 총 6천520명의 졸업생을 배출했으며, 6개 학급 134명의 학생과 1개 반 14명의 유치원생들이 제27대 이윤옥 교장 이하 27명 교직원들의 가르침을 받고 있다. 화포천 연계의 환경체험활동을 통해 생태감수성의 함양을 학교특성화 목표로 설정하고 있음이 특별하다.

교문을 나서 왼쪽으로 한림로를 따라 가다 대항(大項)마을 끝에서 산자락을 따라 굽이굽이 나가다 보면 안쪽 깊숙한 곳에 장방마을회관이 있다. 행정구역상으로는 지금까지 돌아본 한림정1·2·3구와 대항마을에 장방, 진말, 부평이 장방리에 속하지만, 자암산이 동쪽으로 길게 뻗어 길 장(長)에 방위 방(方)을 쓰는 장방마을이야말로 장방리의 본 마을이다. 소를 키우는 농장과 공장들이 나름대로 적당한 공간을 차지하고 있는 듯한 마을로 퍼붓는 빗속에서도 마을회관 정자에서 노선버스를 기다리는 젊은이가 여유롭다.

낮은 구릉이 동쪽으로 더 뻗어 나간 곳에 장동(長洞)으로도 불리는 '긴 마을'의 진말(鎭末)이 있고, 반대로 서북쪽으로 가면 낙동강 제방까지 진영면 본산과 경계를 이루는 가산리와 가동리가 있다. 모두 아름다울 가(佳)를 쓰는 '아름다운 산과 동네'인데, 낙동강 물이 넘어들 때 따로 떨어진 동산들이 섬처럼 아름답다 해서 붙여진 이름이다. 낙동강 물은 논으로 변했고, 논은 다시 공장으로 변하고 있다. 가동버스정류장 앞에서 낙동강제방에 올라보니 한창 열 올리던 4대강사업이 마무리에 접어든 모양이다. 제방 위는 아스팔트포장의 자전거길이 되었고, 광활하던 모래사장은 무슨 공원처럼 말끔해졌다. 얼마나 많은 이들이 이 외진 곳에서 자전거를 타고 수변공간을 즐길지는 모르겠으나 엄청났던 쓰레기가 치워진 것만도 우선 다행이다. 참, 맞은편 밀양 하남의 명례리로 건너가던 명례나루(明禮津)가 있었는데 그 복원여부가 궁금해지지만 퍼붓는 비 때문에 확인은 다음으로 미뤄야겠다.

제방을 따라 동쪽으로 가다보면 섬처럼 보이는 낮은 언덕이 있다. 강 쪽에 동그랗게 솟은 언덕이 길게 들판 쪽으로 내려가는 모양이 숟가락을 닮았다고 시산리가 되었단다. 숟가락 시(匙)에 뫼 산(山)이다. 우리말의 '술뫼'가 한자로 시산이 되었다. 마시는 술이 아니라, "한 술 떠라"의 술이지만, 한자 모르는 세대가 혹시나 '시체 산'으로 오해할까 두렵다. 한림배수장의 설치로 이주한 신촌마을을 지나 모정교(1991.2)에서 화포천을 건너다 낙동강 쪽을 바라본다. 폭우에 열어 제친 3개의 수문 아래로 거친 흙탕물이 떼 지어 몰려 나가고 있다.

모정교를 건너면 금곡리 모정마을이다. 다리 끝에서 오른쪽을 보니 배롱나무 몇 그루와 잘 어울린 비각과 정자가 화포천 위에 떠 있다. 병자호란 때 인조가 청 태조 앞에서 세 번 절하며 아홉 번 머리를 찧는 삼배구고두례(三拜九鼓頭禮)의 굴욕을 참지 못한 광주노씨 해은 노한석(盧漢錫) 공이 은거하며 세웠던 해은정(海隱亭)과 그 내력을 적은 유허비. 1909년에 세워진 유허비는 용과 연꽃으로 단장한 모정비각(慕楨碑閣) 안에 있고, 1962년에 복원된 해은정은 1995년에 다시 정비되었다 한다. 창녕에서 여기 작약산(芍藥山, 377m) 아래로 옮겨와 살면서 청을 미워하고 명을 그리는 마음에 그리워 할 모(慕)에 명의 마지막 연호인 숭정의 정(禎)을 더해 모정(慕禎)마을이라 했다. 아래 쪽 금곡마을에 이르기까지 이조판서로 추증되었던 공의 후손들이 광주노씨의 집성촌을 이루고 있다. 원래 고려시대까지 있었던 금곡역(金谷驛)이 해은 공의 장인인 의성김씨의 주장으로 산 넘어 생림면의 봉림으로 옮겼다 하는데 은거의 뜻이 그만큼 중시되었나 보다.

1999년 9월 폐교의 금곡초등학교에 들어선 김해체험시골학교와 열녀 최씨의 정려가 있었다는 정촌마을을 지나 금곡마을로 접어드니 400년 이상 된 아름드

노공유허비

장방리갈대집

금곡마을 동구

리나무들이 작은 숲처럼 마을입구를 지키고 있다. 쇠실, 곧 금곡(金谷) 마을의 역사를 보아 온 울창한 나무그늘 아래 버스정류장에서 일본 애니메이션 '토토로'가 먼저 생각나는 것은 무슨 까닭일까? 내가 문제인지, 이런 노거수에 얽힌 아름다운 이야기를 스토리텔링과 대중작품으로 살려내지 못했던 우리 문화의 척박함 때문인지는 모르겠으나, 우선 마음이 편하고 이유모를 그리움이 왈칵 솟구치는 마을풍경이다. 봉림에서 넘어오는 쇠실고개를 따라 흐르는 금곡천이 있고, 최근 낙동강 건너편 밀양의 같은 이름 금곡에서 '고대제철콤비나트'라 부를 만한 대규모 제철유적의 발견 등으로 보아 마을의 전승대로 '철이 나던 마을'이었던 모양이다. 마을을 나서는데 400살 넘은 팽나무와 상수리나무에게 "다녀오겠습니다" 라는 인사가 절로 목구멍을 넘을 뻔했다. 보호재로 때웠던 당산목의 상수리나무 한 쪽 줄기가 찢겨져 땅에 누워 있다. 드러난 붉은 살이 단단하게 보여 애절한 마음이 더 하다. 수명연장의 노력도 중요하겠지만 같은 DNA의 젊은 나무로 세대를 이어가는 대책이 필요할 것 같다. 동구 밖에서 소눌(小訥) 노상직(盧相稷) 선생의 묘비를 돌아보는데 괭이 메고 들로 나가던 어르신 한 분이 까닭을 물으신다. 마침 선생의 후손으로 마을 이장을 역임했던 노좌현(盧佐鉉)씨다. 전해들은 대눌과 소눌 형제학자 이야기는 다음으로 미뤄야겠다.

44

한림면3

■■■■ 지난번에 숙제로 남겼던 대눌과 소눌 선생의 이야기로 오늘의 발걸음을 시작하려 한다. 지금 한림면의 금곡마을에 형제학자로 이름을 남겼던 두 분이 사셨다. 금곡리의 근본 되는 마을이라 '본금곡'이라고도 했다. 북은 낙동강, 동은 작약산, 서는 화포천에 막혀 남쪽의 좁은 길만이 겨우 트여 있을 뿐이다. 세상의 기(氣)가 다 모일 것 같은 마을에서 학문과 지조를 아울렀던 두 분이 나셨다. 대눌 노상익(盧相益 1849~1941)과 소눌 노상직(盧相稷 1855~1931) 선생이다. 호에 말 더듬을 눌(訥)이 있어, "말씀이 좀 어눌해서 그랬다"는 후손 조좌현 씨 같은 이해도 있는 모양이지만, "달변보다는 더듬는 게 낫다"며 말을 아끼고 실천은 중시하려 했던 다짐이 들어 있다. 공자가 말했다. "군자는 말을 어눌하게 하며 실행에 민첩하고자 한다(君子欲訥於言而敏於行)" 라고. 말과 표정을 꾸미는 교언영색(巧言令色) 보다 오히려 어눌함에 참을 인(忍)과 어질 인(仁)이 있다는 가르침 때문이다.

두 분에 대해서는 〈김해뉴스〉 2012년 12월 20·27일자에 꼼꼼한 취재와 상세한 소개가 있었다. 약간의 손만 보아 몇 줄을 옮기려 한다. 대눌 선생은 극재 노필연 공의 장자로 태어났다. 1882년(고종19) 34세 때 부터 과거로 벼슬길에 나섰다가 1910년 경술국치를 당하면서 63세의 고령에 압록강을 건너 서간도에서 유민을 가르치고 인재를 키웠다. 전통의 향약(鄕約)에 기초한 민족공동체를 지향하고 백성의 이익을 대변했다. 74세에 마을로 돌아와 천산재(天山齋)를 짓고 두문불출

안하천 왕버들

하다 93세인 1941년 11월 12일에 돌아가 천산재 뒤 산비탈에 묻혔다. 9권의 문집, 압록강 도강록(渡江錄), 아픈 민족사의 통사절요(痛史節要) 등을 저술했다. 엄동의 압록강을 건너며, "예순 셋에 멀리 떨어진 곳으로 가자니 / 변경의 눈보라가 머릿속까지 파고드는 듯 / 우리나라와 중국 모두가 임금이 없으니 / 방울진 눈물로 압록강도 목메어 흐르지 않는 듯"하다 고 울었다. 나라 사랑의 지조와 절개가 뼈저리게 전해 온다.

아우 소눌 선생은 5세에 효경, 10세에 대학과 중용, 11세에 논어와 맹자, 13세에 주역을 읽고, 11세에 형과 함께 김해부사로 부임한 성재 허전 공에게 수학을 시작한 후 21년 동안 문하를 떠나지 않았다. 향시와 한성시도 치렀으나 31세 때 부친과 사부의 상복을 입은 후엔 독서와 강학에만 전념했다. 산청·밀양·창녕·창원·김해 등지의 강학에서 키웠던 제자가 천명을 넘었고, 목판으로 방대한 성호문집과 강역고 등을 간행했으며, 향토사의 가락국사실고(駕洛國事實攷)·인명사전의 동국씨족고(東國氏族攷)·여성교육서의 여사수지(女士須知)·역사지리의 역대국계고(歷代國界攷) 등을 저술했다. 소눌문집책판으로 모아진 저술은 도유형문화재 제176호로 지정돼 밀양시립박물관에 보존 전시되고 있다. 목판의 고전간행에 대해 "책 가운데 천고의 마음을 전하노라(方冊中傳千古心) / 노년에 곱씹으니 맛이 더욱 깊

어진다(老年咀嚼味增深) / 돌이켜보니 시대가 지나며 말이 사라진지 오래됨을 근심한다(卻愁世降言湮久) / 날마다 책 새기는 걸로 나의 임무로 삼는다(日以錄書作己任)"라 했음을 보니, 옛 것을 익혀 새 것을 알게 했던 온고지신(溫故知新)의 마음이 소중하게 전해온다.

또 선생은 1919년에 3.1만세운동의 주동에서 소외됐던 전국 유림이 파리강화회의에 제출한 독립청원서의 '파리장서'에 서명해 제자 14명과 함께 옥고를 치루기도 했다. 1931년 1월 30일에 돌아가신 후 한참 세월이 지난 2003년 8월에 건국포장을 받았고, 2009년 6월 23일에 국립대전현충원으로 이장 안치되었다. 자기 학문을 굽혀 세상에 아부하는 곡학아세(曲學阿世)가 횡행하는 마당에 "나라 어려운 시절에 무슨 벼슬이냐"며 학문에 몰두하고 인재를 가르치며 독립운동으로 실천했던 선생의 모습을 그리다 가슴이 뭉클해진다. 밀양에는 선생이 강학하던 자암서당도 있고 저술의 목판도 있으며 학술대회가 개최되기도 하지만, 정작 고향인 김해엔 마을입구의 노거수들과 동구 밖에 혼자 남은 묘비 밖에 없다.

지난번 숙제에 시간이 너무 많이 걸렸다. 두 분 형제학자의 모든 것을 기억하는 400살 노거수들과 소눌 선생의 묘비를 뒤로 하고 화포천까지 펼쳐진 싱싱한 뜰을 바라보며 금곡천을 건넌다. 길가의 외오서와 안쪽의 내오서 마을을 지나는데, 까마귀 오(烏)에 깃들 서(棲), 또는 나 오(吾)에 서쪽 서(西)를 쓴단다. 까마귀가 알을 품는 좋은 형세라고도 하고, 단종 폐위에 반대한 서강(西岡) 김계금(金係錦) 공이 벼슬을 버리고 여기 살면서 단종이 계신 서쪽의 영월만 바라보았다는 데서 유래된 이름이라고도 한다. 옛날에 큰 부자가 살아 장자골로도 불렸다는 장재마을에서 '상꾼모롱이' 이라는 장재고개를 넘는다. 생림면 분절마을 조금 앞에서 경동교(2003.6)를 서쪽으로 건너고 다시 독점교로 사촌천을 건너 독점마을을

지난다. 일제강점기에 구리와 주석을 캐던 독점광산이 있었던 곳이다. 홀로 독(獨)에 토기나 철기를 만들던 점(店)이니 외딴 금속공방이라도 있었던 모양이다. 길가에 늘어선 '고철·금속' 등의 간판이 허투루 보이지 않는다.

안하리의 '큰 밑천'이란 뜻인지 너른 '화주(化主)들'을 가로질러 어은교(1999.4) 건너 어은마을로 간다. 화포천 습지를 사이에 두고 한림정과 마주한 작은 마을이지만 독립운동가 배치문(裵致文) 의사가 난 곳이다. 물고기 어(魚)에 숨을 은(隱)이라 북쪽에 물고기가 숨은 형세니 자손이 많겠고, 마을 앞이 '어령(魚龍)들'이라 부자가 날 곳이라고도 했지만, 배고프고 고달픈 혁명가가 태어났다. 1890년 출생의 배 의사는 1906년에 김해보통학교를 졸업하고, 1919년 4월 8일에 목포의 만세운동을 주도해 1년 6개월의 옥고를 치렀다. 중국에 망명해 의열단으로서 비밀결사운동을 펼치다 1927년에 체포돼 1년 6개월 형을 언도받았다. 1930년부터 호남평론에서 집필활동을 전개하다, 1941년 3월 10일에 출판보안법으로 투옥되었다. 53세 되던 1942년 5월 20일에 옥중 사망했다. 영남사람으론 보기 드물게 호남의 목포에서 사회주의노동운동을 전개했던 때문인지, 국가보훈처의 독립유공자 공훈록에는 전남 목포 출신으로 기재돼 있다 한다. 1982년에 건국포장이 추서되자 1983년 5월에 공적을 기리는 기적비가 한림면사무소에 세워졌다. 2000년 8월에 명동리 통일동산으로 옮겼다가 2007년 2월부터 삼계동의 화정공원에 자리하게 되었다. 매년 3월 1일 의사를 기리는 추모식과 3.1절기념식이 거행되고 있다.

오던 길을 되돌아 용덕천을 거슬러 오르면 산 너머에 장원마을이 있다. 용덕리 북쪽 끝에 위치한 이 마을의 이름은 세조 12년(1466)에 마을출신의 김극검이 문과중시에서 장원급제한데서 유래한 것이란다. 마을입구에 서 있는 정자나무가 김해김씨 서강파 여천종친회관과 잘 어울려 맞은편의 공장단지와는 다른 세

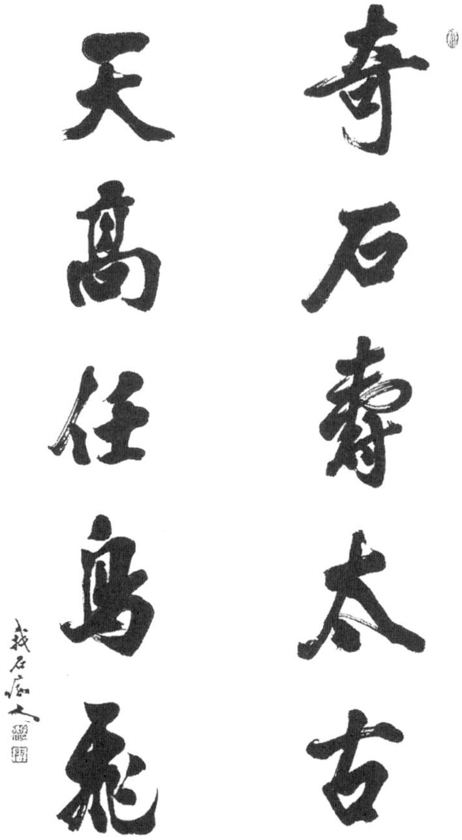

奇石壽太古
天高任鳥飛

새로 쓰는 김해지리지 ― 김해학 길 위에 서다

아석선생 글과 매화도

계처럼 보인다. 동쪽의 어용교(2001.4)로 용덕천을 건너 오항마을 입구에서 순대국밥 한 그릇으로 허기를 채우고 안명초등학교로 간다. 1940년 4월에 안하사설강습소로 시작해 1948년 3월에 개교하고 이듬해부터 여기에 자리했다. 지난 2월의 64회 졸업식까지 총 2천370여명의 졸업생을 배출했다. 69명의 학생(남 38)과 10명의 유치원생이 29대 서점선 교장 이하 22명 교직원들의 사랑으로 자라나고 있다. 가족적인 분위기 때문인지 학교홈페이지에 칭찬릴레이가 꾸준하다.

학교 남동쪽 모퉁이엔 높다란 메타세콰이어와 두 그루의 커다란 버드나무가 치렁치렁하고 윤기 나는 생머리로 짙은 그늘을 내려 주고 있다. 그늘 아래 정자와 평상에서 신문도 펴고 발톱도 깎는 주민들은 폭염 속에서도 여유롭다. 길 건너 맞은편 버스정류장 위에 높게 치솟은 은행나무와 느티나무 그늘이 있고 안하천 건너는 안하교 앞에도 보호수로 지정된 4그루의 팽나무와 왕버들의 그늘이 차라리 어둡다. 안하천 제방위에 늘어선 나무들까지 합하면 '숲골'이라 불렸던 유래를 알 듯하다. 학교이름으로 남았듯이 원래는 편안할 안(安)에 밝을 명(明)이었는데, 홍수 때마다 물이 들어 내 하(河)로 바꾸었다가 아래 하(下)의 안하리가 되었단다.

안하교 건너 용덕리 가영마을버스정류장을 지나 수조마을로 들어서면 마을회관 뒤편에 한말의 명필이자 문인화의 대가였던 아석(我石) 김종대(金鍾大 1873~1949)공의 거연정(居然亭)이 있다. 상동면 대감리 출생으로 대눌과 소눌에 수학하고, 19·20세 때 두 차례의 과거에 낙방했지만, 서화에 끌린 홍선대원군에게 손자 이준용의 서예 스승으로 초빙되었다. 법부주사로 재직하던 31세 때의 단발령에 항거해 낙향하면서 "강호에서 십년 동안 가난한 옛 선비의 본분을 지켰는데 / 엉성한 재주가 어찌 감히 관직에 어울릴까마는 / 어버이 뜻을 어기고 녹을 훔친 것은 내 뜻이 아니었다 / 의복과 머리는 아직도 온전하니 다시 마음이 트이네" 라는 시를 남겼다. 단발령 거부와 홀로 사직했던 일은 당시 관보에 크게 보도되었다. 이후 영남선비들과 시·서·화로 교유하며 이름을 알리고 거연정에서 제자를 길렀다. 서예에 대해서는 선인의 법에 기초할 것과 획과 자의 뼈와 살, 그리고 기이함과 단아함 사이의 중용을 가르쳤는데, 그 예맥이 수암 안병목을 거쳐 전 김해문화원장 운정 류필현과 한산당 화엄선사로 이어졌다.(김해뉴스 2012년 4월 12일자 참조)

수조마을을 서쪽으로 나서면 신천리 경계의 덕촌마을이 용덕리 북쪽 끝에 있다. 신천리 금음산에서 내려오는 시내가 한림 쪽으로 용처럼 흘러 용덕리가 되었단다. 50~60년대의 향수를 자극하는 단층 타일건물의 덕촌의원과 붉은 벽돌의 첨탑이 예쁜 '꿈이있는교회'(담임목사 황선일)가 있다. 누구와 착각한 건지 노동자처럼 보이는 외국인이 손을 흔든다. 같이 손을 흔들다 차를 돌려 안하교로 돌아온다.

■□
신선대

□■
감분마을 노거수

2007년 2월 조성의 안하농공단지에는 현재 28개의 중소기업이 입주해 있다. 안하천을 따라 오르다 안곡교(2003.3) 앞의 버스정류장에서 '안골'의 안곡(安谷)마을로 들어선다. 마을회관을 지나 느슨한 산길을 오르다 보면 막다른 곳에 좀 특별하게 생긴 제석궁이란 사찰이 나오는데, 그 안쪽에 1972년 2월에 도유형문화재 제24호로 지정된 안곡리삼층석탑이 있다. 폐사지에 나뒹굴던 3장의 지붕돌과 1장의 몸돌에 새 부재를 보태 매몰돼 있던 기단 위에 삼층석탑으로 복원했다. 1층 몸돌의 4면에는 얕은 부조의 문비(門扉)가 새겨져 있다. 3층 지붕돌의 체감비율이나 넓은 기단에 비해 아주 좁은 몸돌과 지붕돌 때문에 고려석탑으로 추정되고 있으나, 지붕돌의 주름은 통일신라의 5줄로 표현되었다. 찾아가기가 쉽지 않은 탓에 크지도 화려하지도 않지만 '나만의 보물'로 여기는 '팬'들도 적지 않은 모양이다. 역시 '안쪽 골짜기'의 안골인 모양이다.

안곡교 앞 버스정류장까지 내려와 안하천을 따라 안곡로로 삼계고개를 넘는다. 지난 번 폭우 때는 안하천에서 무서울 정도의 악취가 나더니 폭염의 오늘은 오히려 깨끗하다. 탑골로도 불리는 중리(中里)와 저수지가 있는 안덕(安德)마을을 지난다. 산꼭대기의 상리마을이 보일 즈음 예고편처럼 예쁘지만 키 큰 반송 한그루가 나타나고, 곧 이어 신선대에 무리를 이룬 멋진 적송들이 등장한다. 100살 이상의 소나무 몇 그루지만 혼자 보기가 아깝다. 마을의 당산나무로 모셔져 매년 정월 14일엔 산신제·당산할매제·거리제를 함께 받는단다. 마을회관을 지나 동쪽 용당산(龍堂山)과 서쪽 봉산(鳳山) 사이의 삼계고개를 넘는다. 여기부터 시내 삼계동이니 한림면 순례는 막을 내려야겠지만, 고갯길 끝자락에 있는 감분마을의 은행나무와 회화나무는 소개해야겠다. 1973년 입추에 은행나무를 기리기 위해 세워진 행단송비(杏壇頌碑)에 따르면, 약 300년 전에 들어와 살던 남평문씨 집안이 약 200년 전쯤에 선조 문익점이 산청군 단성면에 목화씨를 시배하며 심었던 600살 나무에서 묘목을 얻어 옮겨 심었단다. 옆의 회화나무도 비슷한 나이로 생각되는데, '한국을 빛낸 100명의 위인들'의 문익점과 우리지역이 이렇게 이어지는 게 신기하다.

생림면1

새로 쓰는 김해지리지 ― 김해학 길 위에 서다

■■■ '生林洞天'(생림동천). 생림면으로 들어가는 입구마다의 마을표지석에는 이런 글귀가 새겨져 있다. 앞의 '생림'은 쉽게 읽히지만, 뒤의 '동천'을 제대로 읽어내는 사람은 드물다. 흘려 서도 그렇지만 뜻 또한 얼른 새겨지지도 않는다. 옛 삼랑진교에서 들어오는 북쪽의 표지석(1993.9.25)에는 '산천으로 둘러싸인 경치 좋은 생림'이란 설명문이 붙어 있다. 날 생(生), 수풀 림(林), 빌 또는 통할 동(洞), 하늘 천(天)이니, 직역하자면 '숲은 우거지고 하늘이 뚫렸다'는 뜻이다. 비슷한 형용은 〈토지〉의 무대로 유명한 지리산 자락 악양마을의 '악양동천'이나, 최치원이 화개의 가을을 노래했다는 '화개동천'이 있다. 지리산을 남쪽에 두고 섬진강을 북쪽에 두른 산남강북(山南江北)이라 땅은 양기가 모인 명당으로 꼽혔고, 솟구친 산은 푸른 가을 하늘을 열어 제친 것 같다 해서 붙여진 이름이다. 마침 생림의 땅 모양이 악양과 흡사하다. 북쪽에 낙동강을 두르고 남쪽에선 김해 제일의 무척산 (702.5m)이 솟아올랐다. 가을단풍의 무척산에서 낙동강 쪽으로 펼쳐진 금빛 들판을 내려 다 보면 '생림동천'이란 형용이 저절로 떠오른다. 새겨진 글씨는 무척산 모은암의 송원스님이 쓴 것이라 하니 그 작명의 내력 또한 짐작하기 어렵지 않다. 원래 '동천'은 도교에서 신선이 사는 별천지를 뜻하는 말로, 서울 인왕산의 백운동천, 강화 마니산의 함허동천, 강원 삼척의 두타동천, 충북 청풍의 도화동천, 경북 금오산의 금오동천, 합천 가야산의 홍류동천, 보길도 윤선도의 동천

나밭고개 생림동천비

석실 등이 유명하다. 무척산 서쪽 자락을 따라 남에서 북으로 펼쳐진 생림도 이런 경승의 대열에 빠지지 않는데, 마을이름 자체는 생철리와 봉림리가 합해 생림이 되었다고도 한다.

삼계사거리에서 생림대로를 따라 경전철기지와 삼계정수장을 지나 나밭고개(羅田峴)를 넘으면 나밭사거리부터 생림면이다. 낙동강까지 4차선으로 시원스럽게 달리는 생림대로는 구간의 대부분이 생림면을 지나기에 붙여진 이름이지만, 김해대로나 금관대로와 같이 김해를 관통하는 3대 '대로'에 걸 맞는 이름이 붙여졌더라면 하는 아쉬움이 있다. 나밭고개는 나전마을로 넘어가는 고개지만 전(田)의 음이 아닌 '밭'의 훈으로 표기되었다. 노현(露峴)으로도 불렸다는데, 이슬 로(露)라면 '이슬고개' 같은 로맨틱한 이름이 되겠지만, 그런 어원은 없는 모양이다. 〈신증동국여지승람〉의 기록처럼 김해도호부의 북쪽고개로서 '드러날' 노(露)의 훈이 '달'이나 '다라'와 같이 북쪽을 뜻하는 우리말과 통한단다. '북쪽고개' 또는 김해도호부에서 '나가는 고개' 등의 어원이 생각되는 모양이다.

나밭사거리 왼쪽의 생림대로259번길로 들어선다. 제법 울창한 산길을 내려가면 몇몇 공장들 사이에 예전의 마을모습이 남아있는 상나전마을이다. 마을 주위에는 개간한 밭들이 적지 않게 널려 있어 나열 할 나(羅)에 밭 전(田)에서 유래를 찾고 싶은 억측이 간절해진다. 마을회관 바로 아래엔 지금의 서기관 급인 교리(校理) 양재팔(梁在八)을 기리는 회산재(晦山齋)가 있었는데 지금은 금색 글자의 비석만 남아 있다. 김해부사 성재(性齋) 허전(許傳)의 문인으로 고종29년(1892) 별시에 급제했고,

〈김해지리지〉는 정5품의 교리를 전하고 있으나 , 비문에는 종5품의 현감과 찰방(역장)을 역임한 것으로 되어 있다. 1976년의 몬트리올올림픽에서 광복 후 첫 금메달리스트의 위업을 세웠던 부산 출신 양정모(레슬링) 선수의 증조부이기도 하다. 1953년에 세워진 비문은 52년간 교유했던 소눌 노상직 선생이 썼다.

비탈길을 조금 더 내려가면 경남애니메이션고등학교가 있다. 옛 나전초등학교(1963.3 ~ 1999.3) 자리에 2001년 3월에 개교한 '애니고'는 애니메이션를 비롯한 영상산업의 인재를 기르는 디자인전문고등학교다. 김재호 교장 이하 28명의 교직원의 지도로 334명의 학생들이 전문교육에 열정을 쏟고 있다. 흰색 바탕 학교 건물에 알록달록하게 만화 풍으로 그린 것이 특별하기는 하지만, 맨 땅 운동장과 잘 조화되는 느낌은 없다. 일본 토쿄의 타마예술대학, 교토조형예술대학 등과의 결연을 통해 교류와 진학을 모색하고 있는데, 전국의 실기대회와 공모전에 다수 입상하여 전국기능경기대회의 디자인부분에서는 10년 연속 경남의 대표선수를 배출하고 있다. 학교 아래쪽엔 1939년 창건의 기봉산 약수암(藥水菴, 주지 의정)이 있다. 〈김해지리지〉에 따르면 관세음보살(觀世音菩薩)이라 새긴 염불암(念佛岩), 학사대(學士臺) 각석의 넙적바위가 있는 불선곡(佛仙谷), 백사(白寺) 절터가 있는 백절골(白寺谷)처럼 불교관련 지명이 적지 않다. 관세음보살의 생명수가 약수로 솟구친 모양이다.

생림대로 밑을 통해 나전농공단지로 들어선다. 1995년 6월에 입주를 시작한 금속·전기·자동차부품의 20여 업체가 폭염에도 씩씩하게 돌아간다. 맞은편의 안산(252m) 자락에는 송정마을이 있다. 길가의 마을회관 뒤로 예전 모습의 40여 가구가 있다. 마을이름의 유래가 되었다는 소나무(松) 정자(亭)는 어디로 갔는지 모르겠다. 나전로를 따라 남쪽으로 가면 나전교(1988.12)가 있는 나전삼거리다. 길 왼쪽에는 나전교회(1975.5, 담임목사 임동훈)와 김해참숯가마찜질방이 있고, 구 나전교 건너 산속에는 김해예비군훈련장이 있다. 여기부터 길은 상동로로 바뀌는데 언덕이 시작되는 삼거리에서 동쪽으로 마당같이 넓은 마당재를 넘으면 상동면이 되고, 남쪽의 인제로를 따라 내려가면 안금마을이 된다. 편안할 안(安), 거문고 금(琴)의 거문고 같은 편안한 동네라는데 나전일반산업단지의 조성으로 산 전체를 허물어 내리고 있다. 시내 어방동으로 넘어가는 '영운고개'까지 생림정신신요양원(1985.12, 원장 김을태)이 있고, 위쪽의 윗안금마을에는 유치원을 개조한 실버캐슬요양병원(원장 김대진), 첨성대찜질방, 자동차극장, 음식점과 카페들이 성업 중이다. 동쪽으로 상동면 묵방리로 넘어가는 '도적고개'가 있다.

발길을 되돌려 나전농공단지 북쪽 끝에 있는 하(下)나전마을로 간다. 마을회관 지붕 위로 보이는 작은 봉우리 하나가 시뻘겋게 깨져 나가고 있다. 2009년 1~3

월에 발굴되었던 나전리유적이다. 산 정상부에 원형의 토축을 돌려 옴폭 패인 접시 같은 공간에서 그을려져 폐기된 가야토기와 철마(鐵馬)처럼 제사행위를 보여주는 유물들이 출토되었다. 소형 산성인 보루(堡壘)나 하늘에 기원하던 제사장으로 추정되는 유적이다. 가야왕궁에서 낙동강 방면으로 왕래하는 길목을 통제하고 통신도 유지하던 최초 발견의 유일한 관방유적이 될 수도 있었고, 가락국의 중요 제사유적이 될 수도 있었던 곳이었는데도 원래 계획대로 토취장 사업을 밀어붙이는 모양이다. "아차!"하는 사이에 모두 깎아 치우고 말았다. 정말 이래도 되는 건지, 세계문화유산등재에 중요한 유적이 될 수도 있었는데, 이런 파괴를 허용하면서도 등재추진단에 참여하고 있는 자신에게 화가 치민다. 더구나 토취장 허가과정에서 시의회의장의 비리가 드러났는데도 정작 유적은 보존될 수 없었던 모양이다.

　부끄럽고 처참한 마음 그대로 사촌천을 건너 사촌리로 간다. 사기점(沙器店)이 있어 사기마을의 사촌(砂村)이 되었는지, 개천에 모래가 많아 모래마을의 사촌(沙村)이 되었는지는 모르겠으나, 신어산 영운고개에서 발원해 마을을 지나는 내가 사촌천이다. 사촌천 동쪽의 시루봉(233m) 자락에는 상사촌과 하사촌이 있다. 지대가 높은 나전 쪽이 상사촌이고, 낮은 봉림 쪽이 하사촌이다. 상사촌 위쪽에는 상동면 여차리로 넘어가는 여차로의 오르막길이 시작되고, 하사촌에 있다는 노씨 열녀비는 찾지 못하였다. 하사촌삼거리 앞에 펼쳐진 세정들(洗井坪)을 지나 봉림리로 간다. 여기서 사촌천은 서쪽으로 거의 90도를 꺾어 생림리를 거쳐 한림면으로 흘러나가는데, 사촌천이 싸고도는 동네가 봉림리 남단의 학산마을이다. 뒷산이 학처럼 생겼거나 학이 많이 살았기 때문에 생긴 이름이란다. 학산마을 버스정류장을 지나 '생림동천'의 표지석에서 사촌천을 건너면 학산마을이다. 공장들

■□□
구천재

□■□
양재팔비석

□□■
약수암

에 포위 된 아담한 30여 가구의 전원마을과 생림선교성당이 있다. 110여 년 전부터 미사를 시작한 봉림성당이 1980년의 초축을 거쳐 2004년 9월에 지금의 성당을 세우면서 생림성당으로 개칭했다. 개축이 한창인 학산교(1999.1) 앞 마을회관에서 제방 길을 따라 가다 학산2교(2010.10)를 건너 장재로에 나선다.

경동천과 나란히 가는 장재로를 따라 한림면과 경계인 생림리 분절마을까지 갔다가 발길을 되돌린다. 경동마을과 하봉마을을 지나는데 '하봉들'이 마을 앞에 드넓게 펼쳐 있다. 조선 선조 때 한성부 판윤을 지낸 구천(龜川) 윤종(尹鍾) 또는 손자인 동토(東土)가 합천에서 이주해 와 스스로 경작했다 하여 스스로 자(自), 논밭 갈 경(耕), 동네 동(洞)의 '자경동'이라 했다. '자'가 탈락한 경동마을에는 윤종을 기리는 구천재가 있다. 마을 안쪽 깊숙한 곳에 대안학교 신영중고등학교(이사장 박인근 장로, 교장 김태중 목사)가 있다. 일반학교에서 적응이 어려웠던 학생들이 함께 기숙하며 수업 외에도 미용, 자동차정비, 제빵 등의 기술습득에 열중하고 전교생이 함께 하는 태권도를 통해 체력단련과 공동체의 적응력을 키워가고 있다. 학생들이 만드는 빵은 일반 고객들에게도 인기가 좋은 편이란다.

봉림리의 아래쪽이라 하봉림이 되었고, 하봉림은 다시 하봉이 되었다. 하봉들을 가로질러 하봉교(1998.5)를 건너면 생림리고분으로 불리는 1기의 고총고분이 있다. 지름 10m, 높이 2.5m의 대형봉토분으로 조사된 적은 없지만 입지와 봉분의 규모가 구산동고분군이나 장유의 전 유하리왕릉과 닮아있다. 늦은 시기의 가야고분이나 신라지방관의 횡혈식 석실분 같은 느낌이다. 사슴 키우는 녹용건강원 안에 있는 비등록문화재다. 누군가의 정성스런 벌초가 고맙지만, 바로 앞에선 2013년 완공예정의 한림~생림 간 도로개설공사가 한창이다. 시급한 문화재지정과 보호대책이 필요하다.

다시 장재로에서 '돌담밖모롱(통)이'를 지나 봉림로21번길로 봉림마을에 들어선다. 1928년에 생림리에 있던 면사무소가 이전해 온 뒤 생림면의 중심마을이 되어 본봉림으로도 불리며, 조선후기에 금곡역이 옮겨왔기 때문에 역촌(驛村)으

■□□
돌창고

□■□
생림리고분

□□■
생림성결교회

로도 불렸다. 마을회관에서 생림파출소 앞 봉림로에 나서기 까지 낡은 집과 상가들이 뒤섞인 좁은 길 양쪽에 170여 가구가 빼곡히 들어차 있는데, 마침 삼일운동 때 세워진 전통의 생림성결교회(1919.3, 담임목사 이병기)에서 주일예배가 시작될 모양이다.

2010년 2월에 승격 개소한 생림파출소는 과거의 지서에서 치안센터(2003.7)를 거쳐 인력과 건물을 확충했다. 조유복 소장 이하 8명의 경찰관이 상주하며 면민의 안전을 책임지고 있다. 보통 시내에서 오다 보면 봉림로와 장재로가 만나는 봉림삼거리에서 비로소 생림이라 느끼는 법이다. 파출소와 농협, '생림'을 붙인 상가들과 면사무소로 이어지는 생림의 메인스트리트라 그렇겠지만, 개인적으로는 냇돌 벽에 슬레이트지붕을 얹은 창고 같은 구 농협건물에서 생림면을 인지한다. 삼거리에서 처음 만나는 건물이라 그런지, 타지 사람의 터무니없는 인상인지는 모르겠지만, 근대문화유산 같은 느낌이 있다. 부디 없애지 말고 생림을 소개하는 관광안내소나 쉼터, 또는 생림 유일의 예술갤러리로 다시 태어났으면 하는 바람이다.

'메인스트리트' 끝 부분에 있는 백색의 면사무소에선 조준현 면장 이하 14명의 직원들이 2천226세대, 4천615명(남 2391)의 주민을 돌보고 있다. 생림대로의 개통으로 지역경제발전의 기대도 크지만 인구감소의 추세는 여전하다. 무척산 중심의 '생철권역 농촌마을 종합개발사업'이 마을별로 추진되고, 2008년 6월부터 면민과 함께 하는 '숨은 명소 찾기 운동'은 '무척산 연리지 부부소나무, 무척산 흔들바위, 작약산 풍혈'의 발견으로 뉴스도 타고 새로운 관광자원도 확보하게 되었다. 첫머리에선 '생림동천'이라 침을 튀겨 놓고, 막상 그럴듯한 풍광은 소개하지 못하였다. 다음번엔 무척산과 '도빙기들', 그리고 낙동강에 걸쳐진 다리들과 강변풍경이 아름다운 생림을 즐겨보리라 다짐한다.

303

45
생림면-1

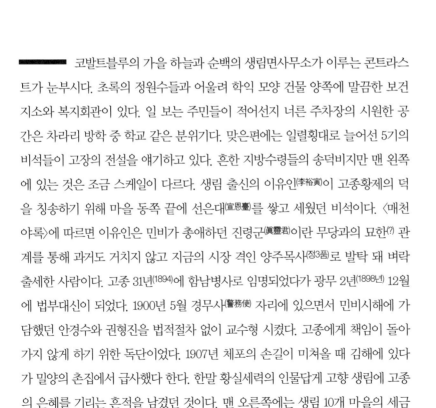

46

생림면2

■■■■ 코발트블루의 가을 하늘과 순백의 생림면사무소가 이루는 콘트라스트가 눈부시다. 초록의 정원수들과 어울려 학익 모양 건물 양쪽에 말끔한 보건지소와 복지회관이 있다. 일 보는 주민들이 적어선지 너른 주차장의 시원한 공간은 차라리 방학 중 학교 같은 분위기다. 맞은편에는 일렬횡대로 늘어선 5기의 비석들이 고장의 전설을 얘기하고 있다. 흔한 지방수령들의 송덕비지만 맨 왼쪽에 있는 것은 조금 스케일이 다르다. 생림 출신의 이유인(李裕寅)이 고종황제의 덕을 칭송하기 위해 마을 동쪽 끝에 선은대(宣恩臺)를 쌓고 세웠던 비석이다. 〈매천야록〉에 따르면 이유인은 민비가 총애하던 진령군(眞靈君)이란 무당과의 묘한⑺ 관계를 통해 과거도 거치지 않고 지금의 시장 격인 양주목사(정3품)로 발탁 돼 벼락출세한 사람이다. 고종 31년(1894)에 함남병사로 임명되었다가 광무 2년(1898년) 12월에 법부대신이 되었다. 1900년 5월 경무사(警務使) 자리에 있으면서 민비시해에 가담했던 안경수와 권형진을 법적절차 없이 교수형 시켰다. 고종에게 책임이 돌아가지 않게 하기 위한 독단이었다. 1907년 체포의 손길이 미쳐올 때 김해에 있다가 밀양의 촌집에서 급사했다 한다. 한말 황실세력의 인물답게 고향 생림에 고종의 은혜를 기리는 흔적을 남겼던 것이다. 맨 오른쪽에는 생림 10개 마을의 세금 감면 치적을 칭송하는 송덕비가 있다. 그의 출세와 충성의 이야기는 임기응변에 뛰어나며 박력 있고 의리가 굳은 김해인의 기질과 통하는 바가 있다.

마현산성(생림들 방면)

　면사무소 맞은편에 이제 막 개원한 듯한 생림공원이 있다. 바닥분수가 있고, 어린이놀이터와 농구장이 있는데, 과연 놀아줄 아이들이 얼마나 있을 지 걱정이다. 조금 위에 있는 생림초등학교 역시 1923년 12월 개교 이래 4천5백명의 졸업생을 배출한 전통이 있지만, 지금은 학생 63명(남37)과 유치원생 14명이 재학하는 작은 농촌학교다. 제40대 정상률 교장 이하 20명의 교직원들이 1대1맞춤형교육과 지역사회 연계의 다양한 체험활동을 통해 '찾아오는 학교' 만들기에 노력하고 있다. 지난해에는 경상남도의 교육과정과 특색과제추진 우수학교로 선정되기도 했다. 생림교(1965.1) 건너에 산성마을회관이 있다. 생림대로의 개설로 동서로 나뉘게 되었지만, 동쪽 뒷산에 있는 마현산성(馬峴山城)에서 마을이름이 비롯되었다.

　도기념물 제150호의 마현산성은 〈신증동국여지승람〉 김해도호부 조에 '과녀산성(寡女山城)으로도 부르며 둘레 천300척에 우물 하나가 있다'고 전한다. 2010년과 2011년의 발굴조사를 거쳐 보존이 좋은 서쪽 성벽, 북문과 서문을 복원하고 있다. 수로왕 축조의 전승도 있지만 정상부를 머리띠 두르듯이 축조한 소규모의 테뫼식 산성으로 서문 안쪽에는 집수지가 있다. 낙동강 방면 길목 통제의 목적으로 쌓은 성으로 고대로 소급될 가능성도 있다. 하필이면 '과부산성'이란 별명이 붙었을까? 과부가 많이 생긴 격렬한 전쟁이라도 있었던 걸까?

　산성마을회관에서 생림대로 밑을 지나 오르는 길 끝에 김해찻사발 재현에 공을 들이고 있는 안홍관의 지암요(志岩窯)가 있다. 시에서도 장려하고 전통문화예술진흥협회 선정의 '대한민국 차사발 명장'지만, 생림초등학교 아이들의 체험활동에도 손을 빌려 주시는 모양이다. 다시 봉림로로 돌아오다 보면 생림119안전센터

조금 위에 설도예공방이 있다. 최기영 신라대 겸임교수와 염경희 부산디자인고 교사 부부의 도자공방이다. 최 작가는 주로 파란 수국이나 민들레, 그리고 초록의 이파리가 깨끗하게 그려지는 담백한 생활자기를 잘 만들고, 염 작가는 심플한 선에 얼굴도 몸도 동글동글한 토제인형을 자주 굽는다. 부부작가의 깨끗한 품성과 온화함이 그대로가 전해지는 것 같다.

1997년 8월부터 입주한 4개의 자동차부품업체가 있는 봉림농공단지를 지나, 봉림로가 생림대로에 합쳐지는 삼거리 오른쪽에는 부산기독공원묘원과 마현산성으로 올라가는 길이 있다. 1990년대 초부터 조성되기 시작한 부산기독공원묘원과 이후의 공장들이 산성의 문화적 경관을 심하게 훼손하고 있는데, 산성 바로 아래를 두꺼운 띠처럼 두르고 있는 공원묘원은 그 정도가 심하다. 산성과 영혼들 모두 편치 않은 관계를 만들어 낸 건 1996년 3월의 때늦은 문화재지정이었다. 산성 아래 생림대로 건너편에는 40여 가구의 마현마을이 있다. 서쪽의 마현고개는 한림면의 금곡리로 넘어가고, 북쪽의 마현(말티고개)을 넘어 생철리로 가는 고개마을이다. 좀 전에 지나 온 산성마을과 마현산성의 이름을 반씩 나눠 가진 모양이다.

말티고개를 넘으면 생철리다. 날 생(生), 쇠 철(鐵), 마을 리(里)니 '철이 나는 마을'이다. 1970년대까지 '쇠부리' 일을 했다는 증언이 채록돼 있고, 무척산 천지에서 생철1교(2008.1) 아래로 흐르는 냇가에서는 지금도 철광석과 쇠똥(슬래그)이 채집된다고 한다. 동네 어른들이 생철리를 '쇠뿌리'라 부르는 것도 제철을 뜻하는 우리말의 '쇠부리'를 세게 발음한 것인 모양이다. 뒷산의 무척산을 먹을 식(食)의 '식산'이라 부르는 것을 밥상을 받은 형국으로 풀이하는 전승도 있지만, 귀한 먹거리가 되는 철광석이 나기 때문이었다. '철의 왕국, 가야'를 뒷받침해 줄 수 있는 강력한 지명전승자료가 되고 있다.

생철마을에 들어가기 전에 말티고개를 내려가기 시작하면서 무척산을 가리키는 커다란 도로 표지판이 눈에 들어온다. 모은암을 찾고 천지를 거쳐 무척산

모은암에서 바라본
생철마을과 생림들판

정상으로 오르는 길이다. 길 입구의 공장들을 뚫고 나가면 넓은 무척산주차장이 나타나지만, 등산이 아니라는 핑계로 차에서 내리길 거부한다. 석굴암의 절 표지판을 지나 급경사의 임도를 끝까지 오르면 바로 모은암의 턱 밑이 된다. 등산 철에 차로 여기까지 오르는 건 쉽지 않겠지만 아직은 괜찮은 모양이다. 지난 해까지의 공사로 말끔해진 돌계단과 박석이 깔린 길을 편안하게 오른다. 제 몸이 힘들어서 느끼는 감동은 없지만, 마지막 계단쯤에 걸음을 멈추고 뒤 돌아 보면 한 것도 없는데 어느새 세상이 발아래다. 멀리 낙동강과 들판을 내려 다 보는 느낌은 청량감 그 자체다. 좌우의 단풍을 의식하며 내려 다 보는 황금들판은 말할 것도 없겠지만, 푸른 하늘과 아스라한 낙동강 강물 사이를 물들이는 초록의 향연도 가슴 설레긴 마찬가지다. 이쯤 되면 굳이 모은암의 유래를 말하지 않아도 우리는 이미 구원을 얻는다. 그래서 없을 무(無)에 짝 척(隻)의 '견줄 데가 없는 산'이란 이름이 붙었던 모양이다. 절에서는 붙을 착(着)을 써서 '애착을 버리는 산'의 무착산의 이름도 즐겨 쓰긴 하지만.

어미 모(毋)에 은혜 은(恩)이다. 가락국 2대 거등왕이 어머니 허왕후의 은혜를 기리기 위해 세운 절이란다. 오르던 길 중간의 무척산모은암중창기적비(1984.4, 금정산 光德 지음)에도 그렇게 적혀 있지만, 우리는 불행히도 건국기 가야불교에 대한 물증을 가지고 있지 못하다. 고려 공민왕 13년(1364) 명문의 작은 종 하나가 출토되었다는 기록이 있을 뿐이다. 452년 경 질지왕 대의 가락불교를 인정할만한 자료는 있지만, 400년이나 빠른 1세기경의 불교전파를 증명할 객관적인 증거는 아직 없다. 극락전(대웅전)에는 도문화재자료 제475호로 지정된 조선시대의 석조아미타

여래좌상이 모셔져 있고, 뒤쪽의 바위 틈새로 올라가 머리를 더 밀면 작지만 눈에 가득 들어오는 산신 한 분이 있다. 바위 위의 비좁은 공간이라 보통 높이의 1/3에 불과한 산신각이지만, 오르는 이의 시선이 건물바닥에 멈추기 때문에 낮다는 느낌이 전혀 없는 재미난 건축물이다. 모은암 뒤쪽의 동굴에는 흰색의 아이를 안은 흰색의 관음상이 앉아있다. 약수가 나는 모은암의 관음보살에는 생명수의 정병 대신 아이를 돌보는 어머니의 모습이 더 어울렸던 모양이다. 아슬아슬하게 쌓여 있는 것 같은 거대 바위들의 천정이 신기하다. 관음상 아래엔 길쭉한 바위 둘이 바쳐져 있는데, 우리 민속의 남근석이라고도 하고 인도의 링가라고도 한다. 극락전 지붕 위로도 또 하나의 남근석(또는 부부암)이 보이는데 등산객들의 관심이 많은 모양이다. 생산에 효험이 있는 '어머니 절'이라고나 할까. 30분 정도면 시내에서 왕릉을 파는 데 물이 솟아올라 여기를 파서 멈추게 했다는 천지(天池)에 오르고, 조금 더 고생하면 정상의 신선봉에도 오를 수 있지만, 산을 찾는 다른 기획에 양보하고 나는 발걸음도 가볍게 산을 내려간다. 무척산 정상부에 '하늘공원'을 조성한다는 얘기는 어떻게 되었는지 모르겠다.

생림우체국 앞에서 생림1교(1991.8)를 건너는데, 왜 여기 우체국은 면사무소나 파출소와 같이 있지 않은지가 궁금해 졌다. 그래 물었더니 일찍부터 생림의 균형발전을 위해 분산시켰다는 아주 선구적인 대답이 돌아왔다. 일찍부터 면소재지 봉림에 뒤지지 않는 생철마을이었기에 우체국은 물론, 2009년 12월 개관의 생림체육관과 생철권역개발사업의 중심인 무척사랑센터도 세워진 모양이다. 이름이 '무척' 재미있는 이 센터는 무척산 아래 생철, 성포, 창암, 도요의 4개 마을에서 나는 우렁이농법쌀, 가지, 딸기, 한우, 감자, 고구마 등을 이용한 체험관광사업과 판매촉진사업을 전개하고 있다. 1949년 9월에 사학으로 개교했던 생림중학교는 앞마당 정원이 인상적인 학교인데, 특히 앞마당 전체를 짙은 그늘을 덮고 있는 350살짜리 팽나무는 참 감동적이다. 나이에 어울리지 않게 빽빽한 가지와 푸른 이파리들이 무성하고, 대형 양송이 같이 풍성하고 원만하게 균형 잡힌 몸매는 '학교의 무궁한 발전을 상징하고 용기와 희망과 안정을 준다'는 학교안내판 문구에 고개를 끄덕일 수밖에 없게 한다. 1993년에 조건 없는 교육부 헌납을 통해 공립으로 전환한 학교에서는 3개 학급 70명(남 32)의 학생들이 제20대 손영순 교장이하 15명 교직원들의 가르침으로 거목의 꿈을 키우고 있다. 동쪽 담장너머엔 또 한 그루의 노거수가 있다. 태풍에 한쪽 둥치가 부러져 나가 정자나무의 위엄도 잃었고, 마을스피커 여러 대를 얹은 품이 좀 우스꽝스럽지만 보호수로 지정된 300살의 회화나무로 학교 안 팽나무의 오랜 친구가 되고 있다.

생철마을에서 안양로를 따라 가면 오른쪽 무척산 자락에 낙동강학생수련원

■□□
모은암 극락전

□■□
생림중 팽나무

□□■
구천암

이 있다. 경상남도의 지원으로 2009년 3월에 개원한 수련원에선 정준영 원장 이하 28명의 교직원들이 고등학생들의 체험캠프를 지도하고 있다. 올해만도 48개 고교, 7천847명의 1학년생들이 2박3일 일정의 교육에 참여하고 있다. 공동생활·장애체험·통일교육을 통해 공동체의식을 함양하고, 명상·미래설계를 통해 나를 발견하며, 전통예절과 사물놀이를 배우고, 달리기·양궁·심폐소생술 등의 건강과 안전교육이 진행된다. 낙동강까지 드넓게 펼쳐진 '도빙기들'을 가로질러 성포마을로 간다. '도빙'이란 일제강점기에 낙동강 제방을 쌓아 논을 만들었던 일본인 와타나베(渡辺)의 한자 음 '도변'을 김해식으로 발음한 것이다. 성포마을에선 '이작들'이라 하고, 건너편 안양마을에선 '모덩개벌'이라 불렀고, '생철들판'이라고도 부른다.

성포(省浦)는 이름대로 낙동강의 배가 드나들던 포구마을이었다. '이작들'이 되기 전에는 신포리라고도 했다. 우리말 이름 '섶개'를 섶나무 신(薪), 갯가 포(浦)로 표기했다. 이후 농사도 짓고 소를 키우면서 백화점지정목장의 간판처럼 양질의 한우특화마을을 추진하고 있다. 북쪽 끝의 이작초등학교는 1936년 4월에 안양간이학교로 시작해 1948년 4월에 개교했다. 학생 64명(남 28, 유치원 10)이 이기충 교장 이하 20명의 교직원들과 공부하고 있다. 교명이 특이해 마을서 소를 키우는 조갑제 씨께 물었더니, 마현을 기준으로 남쪽을 '일작(一作)', 북쪽을 '이작(二作)'으로 나누던 전통에 따른 것이란다. 〈김해지리지〉는 조선후기의 농지생산력에 의한 구분을 말하나, 같은 때 '도맥이작(稻麥二作)'이란 말도 보인다. 쌀과 보리가 다 되는 마을이다. 서쪽 작약산 중턱에는 범어사 말사의 구천암(龜泉庵, 1931년, 주지스님 覺明)이 오붓하고, 그 위엔 겨울에 더운 바람이 나오는 것으로 유명한 풍혈(風穴)이 있다. 마을의 품안이 꽤 깊은데도 아직까지 공장 하나 없는 청정마을이다. 지난번에 약속했던 낙동강변 산책은 다음으로 미뤄야겠다.

47

생림면3

황금빛으로 변해가는 이작들판이 아름답고, 들판의 북쪽 가장자리를 휘감아 도는 낙동강은 모처럼의 볼륨으로 넘실거린다. 김해 생림과 밀양 삼랑진 사이의 낙동강에는 5개나 되는 각양각색의 다리들이 걸쳐 있다. 생림 북부의 마사리, 안양리, 도요리를 돌아보는 생림순례의 마지막 발걸음은 낙동강에 얽힌 사연과 다리의 역사를 되돌아보는 시간이 될 모양이다.

지난번에 걸음을 멈추었던 성포마을의 이작초등학교에서 북으로 '사깍창모롱이'를 지나면 마사리의 송촌마을이다. 원래는 말 마(馬)에 쉴 휴(休)라 낙동강 건너는 나루에서 말이 쉬는 마을이라 마휴촌이라 불리다가, 제방에 모래가 쌓이면서 모래 사(沙)를 붙여 마사리가 되었단다. '솔말'이라 불렸던 송촌마을은 작약산 아래 소나무 마을로 알기 쉽지만 그렇지 않다. 현풍 '솔(率)리'의 곽씨가 입주하면서 마사리의 마(馬)를 붙여 '솔마(率馬)'가 되었다가, '솔'이 소나무 송(松)으로 표기되면서 송촌(松村)이 되었던 모양이다. 마을 입구에 서 있는 한 두 그루의 젊은 소나무를 제외하면 소나무가 그다지 보이지 않는 이유를 알 것 같다. 70여 가구에 두서너 채의 전원주택이 새로 보이는데, 구봉사 오르는 길을 오르고 또 오르면 산중턱에 고라니골(高鞍谷)이라 불리는 작은 마을이 숨어 있다.

마사로를 따라 북으로 가면 북곡마을 표지석이 있다. 서쪽으로 꺾어 만나는 작약산 자락에는 가야시대로 추정되는 북곡고분군이 있고, 북쪽으로 마을입구

낙동철교

를 연 북쪽 골짜기엔 70여 가구가 산다. 북곡마을 위의 낙동강 변에는 '독뫼'의 독산마을이 있다. '콰이강의 다리'로도 불렸던 낙동철교를 생림 쪽에 앉힌 언덕이 '독뫼'고, 동쪽에 또 하나의 작은 언덕이 '아래 독뫼'의 하독산마을이다. 이 두 언덕이 비록 작고 낮긴 하지만, 생림수리제방을 쌓아 100만평의 이작들판을 만들어 내는 데는 아주 든든한 버팀목이 돼주었다 한다. 경전선의 이설로 철교폐쇄 3년이 지났지만 아직도 철도건널목의 표지판이 남아있는 낙동철교 앞에 선다. 가까이 다가가 기하학적 철근골조의 아름다움을 탐닉하다 일제강점기 1940년 4월의 개설을 떠올렸다. 무슨 까닭에선지 불현듯 중국에서 압록강철교 너머로 북한 땅을 바라보던 생각에 갑자기 가슴이 먹먹해졌다. 철교 오른쪽의 사각형 통제소와 아래 쪽 원통형 벙커의 이끼 끼고 색 바랜 콘크리트가 그런 감상을 부채질하는 모양이다. 서쪽으로 향하던 구 경전선의 녹슨 철로를 잠시 따라 걷다 저 앞에 막혀 있는 마사굴^(새 굴, 1.5km)을 보고 발걸음을 돌린다. 레일바이크 등의 관광자원으로 활용하겠다던 계획은 어떻게 되었는지 모르겠다.

낙동철교 앞 건널목에서 강 쪽으로 내려가면 1905년 5월에 철교로 가설되어 1962년부터 인도로 변한 낙동강의 첫 번째 다리 구 삼랑진교에 이른다. 구 삼랑진교 앞에는 김해시의 도로표지판과 생림면의 '생림동천^(生林洞天)'이 함께 서 있는 삼거리가 있다. 구 삼랑진교와 그 앞의 마사교^(1996.9)를 오가며 사진을 찍는데 과

일노점상을 편 아주머니 한 분이 뭐하느냐고 묻는다. 이 연재를 위한 취재 내내 이럴 때가 제일 곤란했지만, 어느새 김해뉴스의 기자 사칭에 익숙해 있음에 놀란다. 20년 전 쯤 김해에 온 지도 얼마 되지 않았고 운전도 서툰데 이 다리를 건너다 대항차를 만나 사이드밀러를 접어가며 진땀 흘리던 기억이 아직도 생생하다. 너비가 4.3m 밖에 되지 않는 이 다리에서 재수 없게^(?) 다른 차라도 만날라 치면 아예 울어버리고 말았다는 '아지메' 운전자들의 회상도 이제는 우스개가 되었다. 동쪽 낙동철교 너머에 넓고 시원한 삼랑진교^(2008.12)가 새로 개통되었기 때문이다. 모두 생림대로에서 곧장 이어지는 새 다리를 애용하게 되었지만, 한림에서 마사리를 거쳐 삼랑진과 밀양으로 가는 차들은 여전히 '용맹스럽게' 이 다리를 건너다니는 모양이다.

7개의 철근아치가 그려내는 금속성의 곡선과 사선이 아름다운데, 다리 아래 모래밭에서 키다리 미루나무를 등지고 비스듬히 바라보는 철근아치와 콘크리트교각의 조화도 아름답다. 빛나는 아침햇살에도 좋지만 저녁노을엔 더욱 아름답다고 우기는 매니아도 있다. 다리 구경으로 내려선 이곳에는 김해부와 밀양부를 잇던 중요한 나루터의 해양진(海陽津)과 해양원(海陽院)이 있었다. 〈김해읍지〉에는 서애 유성룡의 부친 중영(仲郢)이 여기서 지었다는 '뢰진(磊津)'이란 시가 실려 있다. '금관은 천고의 옛 땅이니(金官千古地), 마땅하겠구나 또 한 아이에게(可矣一又童), 말없이 맑은 강물을 바라보다(默對淸江水), 정감만 가득 품고 동쪽으로 향한다(含情向我東)'. 금관은 김해의 옛 이름이고, 동쪽은 밀양을 가리키는 모양이다.

다시 마사교 앞 삼거리에 올라 제방 위의 금곡로를 따라 서쪽의 마사1구로 간다. 얼마 안돼 KTX가 달리는 신품의 연보랏빛 낙동강교 아래에 선다. 서쪽의 한림정역에서 생림터널을 빠져 나온 뒤에도 한참동안이나 강변을 달려야 비로소 강을 건너게 되는 참 길고 긴 우리나라에서 두 번째 다리란다. 2009년 9월에 개통한 이 다리는 맞은 편 강가에 있는 도문화재 제306호 삼강사비(三江祠碑)에 대한 영향 때문에 문제가 된 적이 있다. 건설사가 처음 제시했던 철근트러스트는 아

■□□
송촌마을

□■□
북곡마을

□□■
독산마을

주 짙은 보랏빛이었다. 강기슭 양쪽의 녹색과 푸른 강물, 그리고 하얀 모래에 어떻게 진보라가 어울릴 거라 생각했는지는 모르겠지만 여러 위원들과 함께 한심해 했던 기억이 새롭다. 결국 좀 연해지긴 했지만 보라를 바꾸지는 못했고, 환경이나 문화재와의 위화감도 해결하지 못한 채, 저 혼자만 예쁜 다리가 되었다. 강을 건너는 교량에서 는 드물게 보이는 곡선과 함께 색채도 아름답다는 철도매니아도 있는 모양이다.

오른쪽으로 아득한 강변습지를 감상하며 달리다 보면 제법 넓은 '마사뜰'을 마을 앞쪽에 펼쳐놓은 마사1구에 이른다. 마을신의 당집이 있어 '당골'로도 불렸는데, 마을회관 뒤쪽 철로 건너에 당집과 당산나무가 있다. 철도와 건물 때문에 밖에서는 보이지 않게 되었지만, 320살짜리 주엽나무의 당산은 두 배나 되는 400살짜리 느티나무 두 그루를 좌우에 거느리고 있다. 황금빛 추수를 기다리는 마사뜰 역시 예전엔 낙동강 물 출렁거리던 고성진(古城津)이란 나루터였다. 오래된 고성이란 한 마리의 용이 낙동강으로 뻗어나가는 것 같이 생긴 산정상에 축조된 마사왜성(馬沙倭城)을 가리킨다. 1916년 2월의 측량도면에는 정상부를 따라 길게 뻗은 토축이 그려져 있다. 김해평야 한 가운데에 있는 죽도왜성(竹島倭城)의 지성으로 임진·정유왜란 때 나베시마나오시게(鍋島直茂)가 밀양강과 낙동강이 합류하는 여기에 수운 감시의 목적으로 '반시로(番城)'로 축조한 것이라 한다. 둘레 500m, 높이 3m 정도의 토축을 2단으로 쌓아 올렸다는데, 풀이 많고 시간도 없어 확신은 어려웠지만 그럴싸한 구조는 확인했다. 답사는 제대로 못 되었지만, 아래로 내려다 보이는 마사뜰과 낙동강, 생림터널과 마사마을의 아름다운 그림은 좀처럼 만나기 어려운 호사가 되었다. 마사왜성의 동쪽 끝에선 한림면 모정마을로 넘어가는 금곡로가 구불구불 오르고 있다. 금곡로를 되돌아 내려오다 보니 구 경전선의 '모정굴'이 선로를 잃은 채 남아있다. 막힌 터널입구에 어느 경비회사의 표지가 붙어 있는 걸로 보니 저장고 같은 시설로 이용되고 있는 모양이다.

발길을 되돌려 다시 독산에서 생림제방길을 따라 하독산에서 삼랑진교 밑을 지나 창암취수장에 이른다. 1일 12만t의 낙동강 물을 퍼 올려 삼계·명동정수장으로 보내 50만 김해시민에게 수돗물을 공급하는 출발점이다. 가동 중의 취수장 맞은편에는 예전의 취수장(1984.8) 건물이 흉물스럽게 방치되어 있다. 조금만 손보면 훌륭한 공연장이나 갤러리로 변신하기에 충분한 시설이다. 크고 푸른 바위 창암(蒼岩)이 낙동강으로 뻗어나간 모양이나 강변공원으로 정비된 아름다운 수변공간, 삼랑진으로 건너가던 창암나루의 주막과 사연은 더 할 나위 없이 훌륭한 문화인프라다. 이웃 도요마을에 뿌리를 내린 연출가 이윤택 선생과 중국 계림의 이강과 서안의 화청지에서 한참 흥행 중인 장예모 감독의 대형 야외오페

라가 오버 랩 되어 생각나는 건 아마도 필자 혼자만의 생각은 아닐 것이다.

취수장 바로 아래 길가에 공덕비 2기가 나란히 서 있다. 1932~1937년 사이에 두 번이나 둑이 터지는 고난을 이겨내고 100만평의 이작들판을 일구어 냈던 두 분의 공덕비다. 왼쪽이 공사비를 댔던 정영태(鄭永泰) 공의 공덕비이고, 오른쪽은 당시 조중환(曺重煥) 조합장의 기념비다. 창암마을 입구에는 정영태 공의 외손 노영환 씨가 운영하는 무척산관광예술원이 있다. 관광예술원에는 간척당시의 사진도 있고, 대구 김천 등지에서 옮겨 온 60~200년 된 고택들도 있는데, 각각 상량문이 있어 영남지방 전통건축의 시기적 특징 살피기에 좋다. 방안에 있는 우물로 화제가 되기도 했고, 2008년부터 2년간 한국팜스테이회장을 지내기도 했던 노영환 씨는 15년 전부터 감자와 고구마도 캐고, 딸기와 단감도 따는 수확체험과 모내기, 연날리기, 달집태우기, 도예 같은 문화체험의 농촌체험관광사업을 펼치고 있다. 1년에 3만5천 내지 4만 명의 체험활동객이 다녀간다는데, 오늘도 자기가 태어난 방에서 잠자리에 드는 '진짜토백이'의 마을 일구기 성공담이다. 뒷산에 올라 낙동강을 내려 다 보면 가랑이 사이에서 빠져나온 생림2터널이 낙동대교를 건너 대구부산고속도로로 달려 올라가고, 서쪽에선 석양에 붉게 물드는 4개의 다리가 아름답다. 남쪽으로는 멀리 생림대로 중앙에 말 귀처럼 솟아 오른 마현까지 황금빛 생림 들녘이 따뜻하게 펼쳐 있다.

창암마을을 돌아 안양로에 나서면 들판으로 뻗은 작은 봉우리의 불미산(34m)이 있고, 맞은편 산에 오르면 대구부산고속도로가 지나고 있다. 원래 가야고분의 존재가 알려져 있었지만 2002년의 발굴조사에서 5세기 경 수혈식석곽묘(71기)의 가야고분군이 확인되었다. 최고지배층은 아니지만 적지 않은 창녕스타일 토기의 출토로 낙동강을 통한 활발한 교류도 확인되었다. 안양리고분군으로 명명되었지만 이미 심한 경작과 도굴에 의한 파괴도 있었고 고속도로 때문에 기록으로만 남게 되었다. 남쪽으로 안양리의 본 마을인 안양마을을 지나, 신안마을과 선곡마을을 돌아보는데, 신안마을회관 옆의 300살 넘은 회화나무 두 그루가

■□□
당골(느티나무, 생림터널, 당집, 당산)

□■□
무척산관광예술원 고택

□□■
도요교회

마사왜성에서 내려다 본
마사뜰

'킥'하는 웃음을 자아낸다. 회관 쪽 나무에서 땅위로 뻗은 뿌리가 다른 나무줄
기를 반원형으로 두르고 있기 때문이다. 마누라 허리를 은근히 감싸는 엉큼한
영감님처럼 보였기 때문이다.

발길을 되돌려 안양마을에서 동쪽으로 양지마을을 내려 다 보며 도요고개를
넘는다. 산을 끼고 강변길을 따라 돌면 도요보건진료소가 도요마을에 들어섰음
을 알린다. 원래는 도요새가 많은 물가의 모래섬이라 도요저(都要渚)라 불렸던 어
촌마을이었다. 지금은 70여 호에 불과하지만 조선 초만 해도 수백호였고 가야시
대에는 3천 여 호나 되었다는 전승도 있다. 삼랑진으로 건너가는 깡충나루와 양
산의 작원관으로 건너가는 작원진이 있었던 수운의 요지였다. 조선 성종 때 점
필재 선생의 도요진이란 시가 이런 마을의 역사를 대변하고 있다. '동쪽 마을의
딸은 강 건너 서쪽 이웃집에 시집가고, 남쪽 배의 고기가 오면 북쪽 배에 나누며,
한 조각의 언덕이라도 살아가기 간단하니, 자손들이 밭 갈고 김매는 건 꿈도 꾸
지 않는다'. 나루 대신 도요감자가 유명해졌으니 시대는 변하였다. 가운데 마을
회관에서 돌아보면 서쪽 산 중턱엔 고풍스런 도요교회가 있고, 맞은편에는 이작
초등학교 도요분교를 리모델링한 도요창작예술촌이 있다. 한 동안 화가와 조각
가들의 공방으로 활용되다가 2009년부터 연출자 이윤택의 극단이 둥지를 틀고
출판과 공연의 판을 벌이고 있다. 매월 둘째 토요일 2시 30분에 시작되는 토요
가족극장이 어느새 성황을 이루는데, 여기서 초연된 연극이 밀양에 가고, 서울
연희단 공연으로 올리기 때문에 초연을 즐기려는 매니아도 적지 않다는 게 촌장
최영철 시인의 귀띔이다. 남쪽 이웃 상동면의 여차마을로 통하는 길도 없고 더
나갈 곳도 없다. 100여 객석을 가득채운 관람객들과 함께 로맨틱뮤지컬 '사랑을
지껄이다'의 감상으로 생림면 순례의 발걸음을 마감한다.

48

상동면1

■■■■■ 김해 동쪽의 윗동네라 상동(上東)이라 했다. 금년 8월 현재 천666가구, 3천661명(남 1981)의 주민은 김해에서 가장 적지만, 무척산 남쪽에서 신어산 북쪽에 걸쳐 있는 70.58㎢의 면적은 김해에서 가장 넓다. 그만큼 인구가 희박하다는 얘기인데, 입주공장은 무려 910여개에 이르고 있다. 1개 공장에 최소한 10명의 근로자만 셈하더라도 9천명이 훨씬 넘을 것 같지만, 주민의 숫자는 전혀 그렇지 못하다. 일은 상동에서 하되, 살지는 않는다는 얘기다. 청정마을을 기대하고 시작한 상동순례이건만 산골짜기마다 들어찬 엄청난 공장에 놀란다. '기업하기 좋은 김해 만들기'가 아니라, '살기 좋은 김해 만들기'의 고민이 필요한 것 같다. 공장은 늘어도 인구는 줄어드는 모양이다. 우리 시가 크고 풍요로워지는데, 우리가 치른 희생이 결코 적지 않았음을 절실하게 느낀다. 세상에 공짜는 없는 모양이다.

시내에서 면소재지로 가는 통로는 삼계동에서 나전까지 갔다가 상동로를 따라 가는 길, 어방동 인제대에서 도둑고개를 넘고 묵방을 지나 장척로를 내려가는 길, 대동에서 낙동강 가의 동북로를 따라 북쪽으로 거슬러 오르는 세 갈래 길이 있다. 북쪽에서부터 여차리, 감로리, 매리, 대감리, 우계리, 묵방리의 6개 마을이 있는데, 지역의 동쪽을 대구부산고속도로가 남북으로 관통하게 되었지만, 마을 간의 소통에 도움이 되는 것은 아니다. 주로 무척산 남동쪽과 신어산 북동쪽

용당나루(김해~양산)

의 산자락과 골짜기에 자리한 마을들은 원래 서로 떨어져 있는 산골마을들이었다. 가장 위쪽에 있는 여차리에서 부터 상동순례의 걸음을 시작하려 한다.

여차리로 가기에는 생림의 나전공단 끝에서 상사촌 뒤로 여차로를 타고 오르는 길이 편하다. 가장 높은 여덟막고개에 서서 멀리 대구부산고속도로 너머의 낙동강과 여차~백학~용산의 3개마을을 한 눈에 볼 수 있는 보너스도 있다. 1980년대 중반까지만 해도 차가 지날 수 없는 길이라, 낙동강 쪽의 용산으로 나가, 매리를 거쳐 대동면을 다 지나고, 선암다리 앞에서 불암을 지나, 부원동으로 들어가야 하는 참으로 멀고 먼 길을 돌아 다녀야 했다. 여차고개로도 불리는 여덟막고개는 어떤 이가 명당을 얻기 위해 여덟 번이나 이장하며 초막을 쳤던 데서 비롯되었다 한다. 여차리의 본 마을인 여차마을은 배 여(艅), 이을 차(次)라 배가 닿는 마을이었다는 전승이 지배적이지만, 여(艅)의 뜻 '남을'이 '넘을'과 통하고, 서쪽의 여덟막고개와 남쪽의 아홉살고개(九曲嶺)를 넘어야만 들어갈 수 있는 '고개너머마을'에서 유래되었을 것이라는 풀이도 있다. 그러나 낙동강이 여차천

■□□
여차마을 당산나무

□■□
백학마을

□□■
백운암

을 따라 만입해 있었던 과거의 지형과 조선 예종 때 〈경상도속찬지리지〉에 여차 저(余次渚)로 기록된 것을 보면 전자의 설득력이 높다. 저(渚)가 강 하구의 삼각주를 뜻하기 때문이다.

마을은 용성천(龍城川)으로도 불리는 여차천을 중심으로 무척산 기슭의 서용성과 여차로 변의 동용성으로 나뉜다. 동용성에는 도기소(陶器所)가 있었다 하고, 마을회관 뒤쪽의 여차교(2002.1)를 건너면 서용성 입구엔 마을의 간판마담과 수호신이 있다. 이제 곧 화려한 변신을 준비하는 간판마담의 은행나무는 유달리 빛나는 노란색을 자랑하고, 그 뒤에 넉넉하게 자리한 400살의 당산나무는 나이에 어울리지 않게 크고 당당한 시 보호수의 팽나무다. 청정 환경 속에서 더욱 씩씩하게 보이는데, 만삭의 임산부 배처럼 튀어나온 크고 둥근 유종은 만지면 아들을 낳는다는 속설로도 유명했던 모양이다. 풍만해서 편안한 당산나무도 좋지만, 녹색의 무척산을 배경으로 혼자만 노란색으로 물드는 은행나무순례는 필자의 가을앓이가 되었다. 지난해는 가물어서 그렇지도 못했지만 강수량이 많다는 올해는 혼자만의 노란색 축제에 대한 기대가 자못 크다.

동쪽 이웃의 백학(白鶴)마을은 아래쪽의 백운동(白雲洞)과 위쪽의 학운동(鶴雲洞)이 합쳐진 이름이다. 쇠 소리를 내면 학이 날아간다고 풍물도 하지 않는 조용한 마을이다. 무척산의 동남쪽 사면에 의지해 여차천을 앞에 둔 수려한 경관으로 전원주택지로서 인기가 높다. 20년 전부터 시작된 전원주택지 조성사업의 결실이 이제 나타나는지, 몇 년 사이에 갑자기 다양한 스타일의 전원주택이 늘어나 남해의 독일마을 등을 연상케 하고 있다.

마을입구의 백운암 안내판을 따라 무척산에 오른다. 2.8㎞나 되는 산길은 겁이 날 정도로 경사가 급하고 멀다. 마음을 가다듬고 좁고 가파른 임도를 오르고 또 오르면 정상 가까운 8부 능선쯤에서 이제 막 세워져 단아하게 생긴 일주문을 만난다. '무척산백운암(無隻山白雲庵)'이란 편액을 달고 있다. 가락국의 무척대사(?)나 장유화상 관련의 연기나 전승도 있는 모양이지만, 유지 김두영(金斗榮)과 송유철(宋

有轍)의 지원으로 된 1801년의 중수가 가장 확실한 기록이다. 개산(開山)이 곧 창사(創寺)를 뜻하듯이 아래의 백운동도 이 절의 이름에서 비롯된 것으로 생각된다. 백운동의 유래도 그렇거니와, 여기서 아래를 내려 다 보아야 비로소 여차~백학~용산의 모든 지명이 왜 용(龍)과 연결되는지를 알게 된다.

발 아래로 펼쳐지는 산들과 낙동강의 절경은 절로 탄성을 지르게 하지만, 낙동강으로 머리를 내민 용 한 마리가 누구에게나 그럴 듯하게 보이기 때문이다. 뾰족한 입과 튀어 오른 머리, 구불구불한 등줄기와 가늘어 지는 꼬리는 누가 봐도 용 그 자체다. 대구부산고속도로의 용산터널로 꼬리 쪽엔 제법 큰 흠집이 생겼지만, 강 이쪽 여차리의 용 관련 지명과 강 저쪽 가야진사의 용신제, 심지어는 4대강사업에서 용산과 가야진사 사이의 하도확장이 왜 문제가 되었는지 까지도 비로소 이해가 된다. 명부전에서 극락왕생을 비는 스님의 독경소리를 뒤로, 브레이크 밟은 발에 신경을 곤두세우며 아슬아슬한 산길을 내려온다.

어른 열사람의 팔도 모자랐다는 포구나무(팽나무)가 있어 포구정 이라 했다는 마을을 지나, 확성기와 아이들 떠드는 소리가 요란한 용산초등학교에 이른다. 여느 면지역의 초미니학교와는 분위기가 사뭇 다르다. 1938년 5월에 설성갑 교장이 여차간이학교로 시작했다가 1948년 3월에 용산초등학교가 되었다. 학생의 감소로 폐교직전까지 갔으나, 2003년부터 전원학교의 특성을 살리면서 영어·중국어의 외국어교육강화, 국악·골프·피아노·미술 등 방과후학교의 내실화 등을 통해 멀리 시내에서 통학하는 아이가 다수 생기게 되면서, 어느새 '명문초등학교'의 소문이 퍼지게 되었다. 왠지 자신감 있어 보이는 아이들 148명(남 73, 유치원 17명)이 이경희 교감 이하 26명의 교직원들과 신나게 뛰놀며 공부하는 모습이 흐뭇하다.

학교 뒷산을 온통 깎아 내리고 있는 4대강사업 이주민정착촌조성현장을 지나 고속도로 밑을 지나면 용산마을이다. 마을회관과 경로당을 지나 얼마 되지 않아 길은 여차제방으로 막히는데 바로 여기가 용당나루터다. 일제강점기에 여차제(余次堤)를 쌓은 뒤 제방 당(塘)의 용당(龍塘)으로 표기하게 되었으나, 원래는 용신을 모시는 당집의 용당(龍堂)에서 유래된 이름이다. 맞은 편 강가의 모래언덕을 엄청 깎아낸 탓에 이제는 손에 잡힐 듯 가까워진 양산 원동의 가야진사에도 용당나루가 있다. 양산이 숫룡, 김해가 암룡이란 전승처럼 이 낙동강의 용은 비 내리는 용한 재주로 섬겨졌고, 그래서 양쪽 모두에 용당이 있었던 것이다. 이쪽에도 조선말까지는 기우단도 있었고, 1955년의 심한 가뭄에는 김해군수가 여기서 기우제를 지내기도 했다지만, 보다 확실한 역사는 저쪽에 남아있다.

원래 가야진사(加耶津祠, 도민속자료 제7호)는 신라의 내물왕이 가야를 치러가면서 무

■□□
용산 용소 가야진사

□■□
감로리석조여래좌상
(양산용화사)

□□■
개서어나무

운을 빌었던 사당에서 비롯되었다. 용신제(도민속자료 제19호)의 기원은 신라가 강에 제사를 지내던 4독(瀆)의 국가제사(中祀)로 경주에서 특별히 파견되는 칙사가 제물로 돼지를 용산 앞의 용소에 빠뜨리던 전통이다. 백운암에서 보면 잠긴 용머리의 위치가 용소에 해당하는 것이 너무나 그럴싸하게 보인다. 같은 용당나루였건만 보다 확실한 형태로 역사에 남은 것은 승자 신라의 양산 쪽이었던 모양이다.

용산마을에서 동북로로 남하하니 곧 감로마을의 표지석이 나타난다. 감로리의 시작이다. 1914년까지 소감마을이었던 것을 감로로 고쳤단다. 이후 맞은편 원동의 원리로 건너가던 감로나루마을이 되었고, 함께 아랫마을의 감로는 신곡으로 고쳤던 탓에 이 감로마을을 감로사가 있었던 동리로 착각하는 이들이 적지 않다. 마을입구의 감로교회(담임목사 이상돈)와 마을회관(2005)을 지나면 마을을 독차지 한 큰 공장 뒤에 마을의 역사를 지켜 본 증인이 있다. 300살에 14m나 되는 당산의 개서어나무는 줄기와 가지가 근육처럼 울퉁불퉁한데, 속명 '카피너스'는 '나무의 우두머리'란 뜻이란다. 우리나라가 세계분포의 중심이라는데, 태풍 때문인지 군데군데 잎이 바래고 가지가 부러졌다. 입향조였던 남양방씨의 선조가 심었다고 전해지는 세계적인 나무인데 우리가 너무 천대하는 것 같아 미안스럽다.

아래의 신곡마을 역시 골짜기 전체가 공장들로 변해버린 건 마찬가지지만, 고려시대의 대찰 감로사(甘露寺)가 있었던 곳이다. 고종 24년(1237)에 해안(海安)이 창건한 감로사는 충렬왕 때 원감국사(圓鑑國師)의 시호를 받는 충지(冲止)가 주석할 정도였고, 안유(安裕)·안향(安珦)·박인량(朴寅亮)·이견간(李堅幹) 등 당대의 명유들이 시를 남길 정도의 명찰이었다. 조선전기에도 국가의 번영과 왕실의 안녕을 기원하는 전국

자복사찰 중 하나였고, 〈경상도지리지〉는 선종사찰의 신어산 감로사를 기록하고 있다. 임진왜란 때 상당한 피해를 입었던 것 같지만, 영조 7년⁽¹⁷³¹⁾에 부속 건물로 24개의 돌기둥을 가진 진남루^(鎭南樓)가 확인되는 것으로 보아 여전히 만만치 않은 사세를 유지하고 있었던 모양이다.

임진왜란 때의 사연은 바로 여말 성리학의 시조 안향이 읊었던 '감로사'란 시에서 비롯되었다. 선조 24년⁽¹⁵⁹¹⁾에 사헌부 감찰로 임명된 함안 사람 안민^{(安□,} ^{1539~1592)}은 마모된 선조 안향의 시판^(詩板)을 복구하고자 휴가를 내어 감로사를 찾았다. 그런데 마침 왜적들이 김해성을 함락시키고 양민들을 도륙한다는 소식을 접하고, 승려와 장정 100여 명을 이끌고 김해성으로 향하다 지금의 불암동인 입석강^(立石江)에서 왜의 대군과 마주쳐 전사하였다. 비록 전과는 없었으나 임진왜란 최초의 의병활동으로 기록되는 사건이다. "거울 같은 강물 위로 잎사귀 하나 날아드니, 찬란한 황금빛으로 빛나는 빈 하늘은 부처의 왕성이라, 푸르고 푸른 고갯마루에 아지랑이 피고, 돌 위에 흐르는 잔잔한 물은 빗소리 같구나. 볕이 따뜻한 정원의 꽃은 연녹색을 갈무리하는데, 선선한 밤 산 위의 달빛은 옅은 빛을 보낸다. 백성 걱정한다면서 도탄에서 구하지를 못하니, 부들방석^(蒲團)에 내 반생을 맡기고 싶구나." 안민 공이 다시 새겨 부치고자 했던 안향의 '감로사'란 시다.

감로사는 폐사되고 세월은 흘러 마을 이름마저 '새 골짜기'의 신곡^(新谷)으로 바뀌었어도 한말까지는 양산 물금의 용화사로 팔려간 보물 제491호의 석조여래좌상도 있었고, 1975년 11월의 동아대박물관 조사 때만 해도 석탑은 남아 있어 탑골^(塔谷)이라 불리기도 했었다. 부산 부민동의 동아대박물관 앞 화단에 옮겨져 혼자 외롭게 서있는 감로리 석탑은 우리 김해의 부끄러운 얼굴이다. 감로사지의 석축과 탑재 등은 아직도 밭이나 민가 등에 흩어져 있지만 제대로 조사된 적도 없이 참으로 따뜻한 골짜기에는 어울리지 않는 공장들만 가득 들어차게 되었다. 4대강사업으로 강변부지의 농사가 불가능해진 마을주민들은 이주단지 등으로 떠날 예정이라 어쩌면 마을 자체가 없어질지도 모르겠다. 2년 전까지도 마을 가운데에 있었다는 지석묘 1기와 상석 1개 역시 어디로 사라졌는지 모르게 되었는데, 오늘 보니 어떤 회사 표석의 받침돌로 둔갑한 모양이다. 〈김해읍지〉는 감로사의 암자로 남^(南)·중^(中)·서^(西)·도솔·백련·석영암 등을 전하고 있으나 모두 사라져 버리고 말았다. 다 없어진 빈자리만 붙들고 나는 도대체 무얼 하고 있는지 모르겠다.

49

상동면2

■■■■ 이른 아침 KTX로 서울을 가다 보니 지난번에 한탄만 거듭했던 감로사 터가 낙동강 너머로 따스하게 보였다. 아침 햇살 가득한 배산임수의 작은 마을이 그렇게 예쁘고 편안해 보일 수가 없었다. 고려·조선시대의 명찰 감로사가 자리했던 이유가 새삼스러워지면서도, 절 대신에 가득 들어찬 공장들을 보며 "우리가 무언가 잘못하고 있는 건 아닌지?" 하는 생각을 뿌리치기가 참 어려웠다.

이제 탄식은 접어두고 상동순례의 걸음을 계속한다. 달 감(甘), 이슬 로(露), 감로리의 끝 마을인 화현마을을 지난다. 꽃 화(花), 고개 현(峴)'의 '꽃 고개' 마을이다. 낙동강변의 도로가 없었을 때, 남쪽 대감리 봉암마을로 넘어가던 유일한 고갯길이었다. 꽃이 많이 피어 그랬다고도 하고, 마을 앞 늪에 연꽃이 많아 그렇게 불렸다고도 했다. 고개이름이 화현이니 산 이름도 화현산이다. 〈경상도읍지〉는 화현산에 감로사가 있다고 했지만, 많은 기록은 신어산의 감로사라 했다. 신어산의 동쪽 끝이 화현산이라 그렇게 불렸던 모양이다.

남쪽으로 매리를 향하는데 거대한 바위산 하나가 앞길을 가로 막듯이 높게 솟아 있다. 도로를 내면서 앞부분이 깨져 나갔다는 '고바우'다. "고(ㄱ) 바우(바위)에 막혀 하룻밤 사랑을 이루지 못했다"는 전설도 있지만, 높을 고(高)의 '높은 바위'일 수도 있겠다. 김해 표준말로는 '고방구'라고도 한다. 김해의 동쪽 끝에서 서쪽

정비된 대포천

끝 진영 출신의 고바우 김용환 화백이 생각났다. 바위 끝에 매달린 길을 돌아 나오다 보니 매리취수장 정문이 있다. 부산시민의 식수원이지만 행정구역은 김해시 상동면 매리에 속해 있다. 2006년부터 김해시의 공단조성계획과 부산식수원의 안전이 법원까지 가는 '환경갈등'을 불러 일으켰고, 2년 만에 양보와 타협으로 봉합되기도 했다. 1986년 6월 개장 이후, 하루 172만 톤의 낙동강 물을 취수해서 아래 쪽의 덕산정수장으로 보낸다. 여기서 공급되는 수돗물이 부산은 물론, 김해시 대동면의 덕산과 월촌, 그리고 진해의 웅동까지 보내지고 있다.

몇 가구 남지 않은 윗매리와 아랫매리를 지나는데, 강 쪽은 4대강사업으로, 산 쪽은 택지개발로 어수선하다. 산 쪽에 강쪽 주민들의 이주단지가 조성되고 있지만, 결국 임자는 바뀌어 전원주택단지가 될 모양이다. 구 매리교(1970.2) 안쪽에 놓인 매리1교(2007.2)로 대포천을 건넌다. 급조된 듯한 온갖 메뉴의 식당들이 어수선하게 늘어서 있다. 남쪽의 소감천 계곡을 가득 채운 매리공단 노동자들의 에너지원이 되는 모양이다. 어지러운 간판과 제멋대로 주차해 있는 차들, 공사판의 대형트럭이 날리는 먼지가 희뿌연 혼돈 속에서도 밥은 맛있고 사람들의 활력은 넘쳐난다. 이 어수선한 동네가 매리의 중심이 된 포산(浦山)마을이다.

대포천(大浦川) 하구의 매리1교에서 낙동강 쪽을 내려 다 본다. 옛날에 산림경비원의 눈을 피해 벌목해 만든 장작을 구포와 하단까지 실어 날랐다는 포구가 있

■□□
소감마을 동구

□■□
매리공단

□□■
동철골

고, 신어산의 끝줄기는 포구까지 내려 와 있다. 포구의 우리말 '개'에 입구의 우리말 '목'이라 '개목'이라 불렀는데, 개 포(浦)에 목 항(項)의 한자가 붙어 포항(浦項)이 되었다. 좀 작긴 해도 김해에도 포항이 있다. 매화마을이라 매리(梅里)라 했고, 매화꽃이 땅에 떨어져 자손이 번창할 명당이라 매화마을이라 했다는데, 무슨 인연으로 이렇게 변해 가는지 모르겠다. 강 건너의 원동마을에서는 봄마다 원동역 뒷산을 하얗게 뒤덮은 매화들이 축제로 손님을 맞이하는데, 이쪽의 매화마을은 전혀 다른 팔자가 되었나보다. 이름이 포항(浦項)이라서 그럴지도 모르겠다.

식당거리 남쪽에서 소감천을 따라 오르면 골재나 시멘트회사들의 높은 사일로가 나타나는데 매리공단의 시작이다. 공장으로 마을은 없어지고 다리에 이름만 남은 양달교에서 소감천을 건너 소감마을로 들어선다. 소감천과 만나는 서물천 가에 나란히 선 몇 그루의 고목들이 새로 지어 단아한 마을회관과 어울려 옛 마을의 전경을 전하고 있다. 이번엔 신촌교로 소감천을 건너 골짜기를 오르고 또 오르는데도 공장들의 행렬은 끝날 줄을 모른다. 마을회관과 교회(1963.1, 담임목사 정순길) 외엔 모두가 공장들뿐이다. 신촌(新村)마을은 원래 1963년 1월에 소록도에 있던 음성 한센병 환자들 30가구의 이주로 새로 생긴 '새마을'이었다. 육영수 여사가 박정희대통령·박근혜와 함께 세 차례나 다녀갈 만큼 관심을 보였단다. 요양하기 좋았던 깊고 깨끗한 골짜기는 옛말이 되었고, 꼭대기에 뜬금없이 나타나는 운동장에서 아래를 내려 다 보니 250개 업체의 파란지붕들이 차라리 장관이다. 산골짜기의 경관에 맞춘다고 파란지붕으로 통일한 모양이지만, "녹색이면 어땠을까?" 하고 생각하다, 부질없음에 이내 머리를 털고 탈출하듯 산을 내려온다.

다시 매리1교까지 나왔다가 상동농협을 지나 대포천과 나란히 가는 상동로를 따라 대감리로 향한다. 마을과 동떨어져 상동로 변에 혼자 있는 묘한 입지의 은행 2개를 지나, 길가의 먼지를 다 뒤집어쓰고 있는 포산경로당을 지난다. 부산대구고속도로의 교각 앞에서 대포천과 황금들판을 건너면, 금동산(琴洞山) 기슭에서 철과 구리를 생산하던 동철골(銅鐵谷)이 있다. 50년 전까지도 철광석을 채취했는데, 마을 뒤 산 중턱에는 철광석이 산처럼 쌓여 있다고 한다. 임진왜란 때 구리와 쇠를 캐면서 마을이 생겼다는데, 일제강점기에도 철광산으로 경영되었단다. 여기서 대포천을 조금 거슬러 오르면 2010년 10월에 슬래그(쇠똥), 목탄, 소토, 철광석, 숯가마 등이 발견되었던 우계리제철유적이 있다. 발견 당시 이곳 동철골에서 철광석의 공급가능성이 주목될 정도였다. 근처의 철 생산 관련 유적과 구전들은 대감리(大甘里)의 옛 이름인 감물야향(甘勿也鄕)과 잘 통하는 것이다. 고려시대의 향(鄕)은 제철 등 수공업 천민집단의 거주지로 유명하고, 달 감(甘)은 담금질, 물(勿)은 담금질에 사용되던 '워터'에서 비롯되었다. 제철에 관련된 많은 지명에 '달 감(甘)'이 포함되는 것은 이런 이유였다. '달 감(甘)'이라고 '물맛이 좋은 동네'라거나, '북쪽에 있는 동네'나 '달무리 마을'에서 유래되었다는 속설도 있지만, 김

■□
우계리 철생산 유적

□■
우계리 제철유적 출토품
슬래그 철광석(중앙)

해의 상동과 대동에 '감(甘)' 자가 붙는 대부분은 철 생산 관련의 지명이다. 상동의 감로(甘露)·소감(小甘)·대감(大甘)이 그렇고, 대동의 감천(甘泉)도 그럴 것이다. 조선초의 〈세종실록지리지〉는 대감리를 감물야촌(甘勿也村)으로 전하면서 제철과 세트 관계에 있는 자기소(磁器所)의 존재를 전하고, 예종 원년(1469)의 〈경상도지리지〉는 정철(正鐵) 479근을 김해부 동쪽의 감물야촌이 세공(歲貢)으로 바쳤다고 하였다. 동철골의 금동산이 지금은 거문고 금(琴)에 마을골짜기 동(洞)을 쓰지만, 원래는 구리 동(銅)에 쇠 금(金)이었을 것이다. 이 언저리에서 '철의 왕국 가야'를 증명하는 제철유적이 발굴될 것이다.

동철골에서 금동산 자락을 따라 돌아 '팜스테이 청사초롱'을 지나면 봉암마을이다. 비만 오면 물에 잠기던 뜰이 대구부산고속도로와 상동나들목이 생기면서 홍수를 막아 부자마을이 되었단다. 원래 풍수에 말 만 마리가 지나는 부촌이 될 거라는 예언이 있었다는데 그 말이 맞았단다. 믿거나 말거나지만, 이 마을을 두 번씩이나 찾은 이유는 임진왜란의 4충신 중 한 분인 이대형(李大亨) 공의 묘소를 찾기 위함이었다. 이번 상동순례는 2010년 12월에 김해문화원이 공들여 간행한 〈상동면(上東面) 마을사료집〉에 크게 의지하고 있던 터라, 지난 추석 때 못 찾았던 묘소를 허모영 전 사무국장의 도움으로 찾을 수 있었기 때문이다.

마을회관 뒷길 오른편에 쓰러져 가는 사당 뒤의 산길을 오르다 보면 10분 정도의 거리에 개들이 시끄럽게 짖어대는 개활지가 나타나는데, 그 위쪽의 왼편 숲

속에 두 아들 우두(友杜)와 사두(思杜)의 묘를 거느린 공의 묘소가 있다. 묘비에는 '증(贈) 가선대부(嘉善大夫) 호조참판(戶曹參判) 관천(觀川) 이선생(李先生)의 묘(墓)'와 '부인 고창 오씨(吳氏)의 합사(祔)'가 새겨 있다. '증(贈)' 이하는 사후에 받은 벼슬이고, 관천(觀川)은 삼방동의 신어천을 바라본다는 뜻으로 냇가의 정자에서 책을 읽던 관천거사의 호를 가리킨다. 임진왜란 때 목숨을 바쳐 김해성을 사수하던 공로는 잘 알려진 사실이나, 공의 묘소를 아는 사람은 그리 많지 않다. 마을회관 근처에라도 안내판을 세워야겠다. 아래 우두 공의 묘소에는 봉분이 없다. 김해성에서 분사한 부친을 찾아 나섰다가 왜병에게 살해돼 시신을 찾지 못했던 모양이다.

상동나들목과 상동119안전센터를 지나, 농협·대감마을회관·우체국·파출소(소장 박정석)·면사무소·보건지소·대포천작은도서관·상동교회(1948, 담임목사 김옥동)가 모여 있는 상동면소재지 대감리에 이른다. 1980년대에 기부로 1층을 짓고 시가 2층을 지었다는 면사무소에서는 방성술 면장 이하 12명의 직원들이 천670세대 3천680명(남 1,995)의 주민들을 돌보고 있다. 동쪽 담장 앞에 있는 2기의 공덕비는 면사무소 1층의 건축비를 희사했던 재일교포 송태헌 씨와 금동초등학교의 부지와 실습전답, 상동로의 대감리~매리 구간의 도로부지를 기부했던 김복태(金福泰) 공에게 감사하는 비다.

면사무소 건너편에 있는 금동초등학교에서는 늦은 시간인데도 몇몇 아이들이 교문 근처에서 놀고 있다. 1932년 8월에 4년제 공립보통학교로 시작해 80주년이 되는 올해 4천174명의 졸업생을 배출했다. 현 김맹곤 시장도 이 학교 출신이

다. 학생 81명과 유치원생 18명이 전창익 교장 이하 34명의 교직원들과 놀며 공부하고 있는데, '강변의 작은 영화학교'란 교육프로그램이 독특하다. 1~3학년은 영화감상, 4~6학년은 영화제작에 참가하는데, 지난 16일에는 여섯 번째의 영화제를 열었다. 초등학생이 영화를 만든다? 전국에서 유일한 교육프로그램이 아닐까 한다. 사진 찍으며 돌아보는 필자를 스스럼없이 반기는 아이들은 이런 교육으로 크는가 보다. 금동산을 배경으로 앉아 커다란 팽나무와 오래된 벗나무가 둘러싼 녹색의 전원학교로, 매년 상동면민체육대회가 열리는 날이면 모든 면민들의 놀이터가 된다.

　대포천을 넘어 들어가면 동구나무와 세트를 이룬 용전마을회관이 있다. 금동산에 기댄 북쪽골짜기의 굴바위골에서도 쇠를 캐었다 하는데, 산 넘어 용산의 여차천에서 대포천으로 용이 다닌다 하여 용전(龍田)이 되었다 한다. 나오는 길에 용전교에서 바라보는 대포천의 풍경이 아름다워 제방 위로 난 코스모스 길을 따라 걸어 본다. 목재데크의 산책로도 있고, 물가엔 아담한 정자들도 있다. 2008년부터 은어방류의 대포천축제가 시작된 무대가 되었다. 공장단지로 삭막해진 상동마을의 안식처로 되살아나는 모양이다. 면사무소 쪽으로 돌아오는데 내동천 너머로 금동초등학교 앞에 있는 상동탁주(사장 박대흠)가 보인다. '노통'이 귀향 후에 즐겨 마시던 막걸리다. 인제대 동료 교수 중에도 깊은(?) 관심을 가지고 있는 이들이 많다. 좋은 지하수에 밀가루를 조금 섞어 톡 쏘는 맛이 일품이라나 뭐라나? 상동막걸리 한 잔에 다리도 쉬고 답사도 접고 싶지만, 정신 나갔던 지난여름의 오류(8.22일자, 45 생림면1)를 바로 잡기 위해 입맛만 다시며 지날 수밖에 없다.

새로 쓰는 김해지리지 ― 김해학 길 위에 서다

■◦□
매리취수장

□■
대포천 하류 개목

■□
이대형 묘소
□■
롯데상동야구장

　지난여름 더위를 먹었던지, 상동면사무소 뒤편의 장척로 변에 있는 롯데자이언츠야구연습장과 상동에 있어야 할 상동요를 생림의 나전에서 인제대로 넘어가는 인제로 변에 있다고 했다. 참 턱없는 실수였다. 이제 바로 잡는다. 2007년 11월에 오픈한 롯데자이언츠상동야구장과 경성대에 출강하며 김해미협회장도 지냈고 올 4월에 제8회 김해시공예품대전의 금상도 수상했던 김영성 작가의 상동요(上東窯)는 대감리 면사무소에서 장척유원지로 올라가는 길 가에 있다. 사과도 할 겸 상동요에 들렀더니 마침 김영성 작가와 부인, 그리고 제자 한 분이 흙을 만지며 전어회를 펴 놓고 있었다. 사과는 커녕 도리어 얻어먹는 꼴이 되었다. 위쪽 장척 자기소(磁器所) 자리의 가마터 얘기를 하다 깜깜해져 돌아오는데, 묵방고개 언저리에서 헤드라이트에 놀랐는지 어린 노루 한 마리가 얼음이 되어 움직일 줄을 모른다. 그대는 매우 놀랐겠지만, 나에게는 큰 위로가 되었다.

50

상동면~대동면

지난 두 차례의 상동순례에서 돌아보지 못한 마을이 있다. 서쪽의 우계리와 남쪽의 묵방리다. 먼저 이 마을들을 돌아본 후에 김해순례의 마지막 발걸음이 될 대동면을 찾아보려 한다. 상동면소재지에서 대포천을 따라 오르며 시내 좌우에 늘어서 있는 우계, 소락, 광재의 3개 마을이 우계리다. 소락교 서쪽 끝에서 오른쪽으로 접어들어 소락2교⑳⑳.⑥로 대포천을 건넌다. 오른 우(右)에 시내 계(溪)라는 '냇가마을'에 어울리지 않게 대포천의 위아래가 모두 어수선하다. 서쪽 생림의 나전에서 동쪽 상동의 매리로 가는 도로개설공사가 시간을 끌고 있다. 잘려 나간 산자락과 논 위를 덮어 가는 마사토의 붉은 속살이 살풍경스럽다.

구 소락교를 건너는데 상류 쪽으로 산자락을 잘라 낸 붉은 황토의 도로포장 구간이 보인다. 매리의 동철골에서 얘기했던 것처럼, 도로공사에 앞선 2010년의 발굴조사에서 6~7세기의 제철유적이 발견된 곳이다. 원래 우계리고분군으로 알려지던 곳이어서 같은 시기의 석실묘와 공방지도 발견되었다. 신라의 가야통합 후 김해 외곽에서 가야제철의 전통이 이어지던 모습이다. '철의 왕국(國)' 가야를 병합한 신라가 쇠 금(金)에 관리 관(官)을 부쳐 '금관군(郡)'으로 편성하던 역사의 전환을 보여 주는 유적이다. 그러나 고대의 유적은 현대의 도로로 바뀌어 가고, 우리 지역사의 중요한 장면은 발굴보고서란 기록으로만 남게 되었다.

우계마을 당산나무

　상동로375번길로 공장단지를 뚫고 비탈길을 올라 차 2대가 교행하기조차 힘
든 좁은 길을 지나면, 갑자기 작은 광장 같은 공간이 열리면서 거대한 느티나무
한 그루가 얼굴을 내민다. 500살이 넘어 보호수로 지정되어 있는 우계마을의 당
산나무다. 아래쪽 군데군데에 상처를 메운 흔적도 있지만, 위로 뻗어 오른 힘
찬 줄기와 하늘 가득하게 펼쳐진 이파리들이 천년도 끄떡없을 것 같다. 매년 1
월의 첫 일요일에 당제를 지낸다는데, 무언지 모르게 그냥 대견하고 고마운 마
음에 절로 몸뚱이를 쓰다듬는다. 당산나무에 어울리는 마을회관과 옹기종기 모
여 앉은 70여 세대가 평화롭고 따뜻한데, 조금 과장하자면 무릉도원이라도 만
난 듯하다. 우계리의 본 마을인 우계마을의 원래 모습이 이랬을 것이다. 좀 아
래 냇가 쪽이긴 하겠지만, 조선시대 수도경비사령부 격인 수어청(守禦廳)의 물품
을 모아 조달하던 낙동강 수로의 창고인 수어창(守禦倉)이 있었다 한다. 당제를 지
낼 때 용왕제를 함께 지냈다는 구전은 낙동강의 조운선이 여기까지 올라 왔었
음을 말하는 모양이다.
　상동로로 내려오니 맞은편에 위 아래로 나뉜 소락마을이 있다. 공구상가 위
에 올라앉은 마을회관과 옆에 세워진 '소락2호'의 공단표지판이 오늘의 소락마
을을 말해 준다. 동쪽의 새가 숲에 사는 모양이라거나, 북쪽 시내에 반월이 잠
기는 모양이라, 자손이 많이 날 명당이라 했다는데, 사람은 줄어가고 공산품을
생산하는 공장만 늘어간다. 장소 소(所)에 즐길 락(樂)이라는데, 그렇게 즐길 게 있

을 것 같은 동네는 아니다. 다만 윗소락교 서쪽 끝에서 만나는 구천서원(龜川書院)이 구원의 피안처럼 보일 뿐이다. 잘 생긴 소나무 두 그루와 재실 전각들의 기와 지붕이 이루는 조화에서 위로를 얻는다. 죽암 허경윤(許景胤, 1573~1646년) 공을 기리는 이 서원은 원래 1822년에 지금의 외동 거인리에서 창건되었다가, 허왕후릉 동편으로 옮겼었는데, 서원철폐령으로 훼철되었던 것을 1996년에 여기에 복원하였다. 임진왜란 때 왜적에게 도굴되고 훼손되었던 수로왕릉과 남명 선생의 신산서원(대동면 주동리)을 복구 재건하고, 병자호란 때 통고일향창의여부토로적문(通告一鄕倡義旅赴討虜賊文)이란 격문을 지어 의병이 일어나게 했으며, 평생 학문 예절 효성에 지극해 향리의 본보기가 되었던 죽암 선생을 기리는 서원이다.

생림의 나전과 경계를 이루는 '마당재' 조금 아래에서 광재마을정류장 쪽으로 들어서, 제법 긴 언덕길을 올라가면 우계리의 가장 위쪽 마을인 광재마을이다. 빛 광(光)에 있을 재(在)라, '빛이 좋은 마을'이다. 상동터널로 들어갈 고가도로가 걸쳐지고 있는 아래쪽은 좀 그렇지만, 석룡산(石龍山, 512m)에 의지해 아늑하게 자리 잡은 양지바른 마을이다. 마을회관 앞 팽나무도 좋지만, 노란 은행잎이 빛나는 마을 당산의 커다란 은행나무와 그 아래 주칠기둥과 황토 칠 벽에 회색 기와를 얹은 당집의 조화가 한 장의 그림엽서 같다. 사진찍고 있는 내게 마을회관 앞에 앉아 옆 자리 친구를 떠밀면서 "이 할매도 찍어가소!" 하고 농담을 청하는 할매들을 뒤로 하고 다시 상동로에 내려선다. 맞은편 언덕 위의 불조사(佛祖寺)는 수로왕릉 참봉을 지냈던 김용채 씨가 장유화상을 기려 1995년에 세운 절이라는데, 대웅전의 현판 글씨를 김해김씨의 김종필 전 국무총리가 썼다고 한다. 불조사 맞은편에는 경남여성경제인협회 정경자 회장이 운영하는 삼전비료(1987)가 오래되었는데, 김해자원봉사회장도 역임했던 정 회장은 지난해 11월 창원에서 제1회 아시아여성기업인축제를 개최하기도 했다.

■□□
구천서원

□■□
광재마을 은행당산목

□□■
불조사

■□□
신어추모공원탑

■■□
열녀바위

□□■
고암나루

구천서원 옆 소락로를 따라 신어산 위의 묵방마을로 간다. 신어산에서 발원해 구천서원 앞에서 동쪽으로 방향을 트는 대포천 상류를 거슬러 오른다. 윗소락마을의 공장단지를 벗어나면 이내 묵방리가 된다. 팔봉암(1979, 주지 송하스님)과 성화사(1981, 주지 보관스님)를 지나니 길 오른쪽 아래에 경남영묘원(신어공원추모관)이 있다. 2001년에 준공해 6천여의 분묘가 자리하는 사설 묘원인데, 묘원 한쪽에 2002년 4월 15일에 신어산 남쪽 돗대산에 추락했던 중국항공 CA-129편의 사망자를 기리는 추모탑이 2004년 11월에 세워졌다. 비행기 꼬리날개를 형상화한 탑 앞에는 이해인 수녀의 추모시비가 있고, 탑 뒤에는 한국과 중국의 희생자명단을 적은 석판들이 나란히 서 있다. 탑 아래에는 가족과 친구들이 아쉽고 그리운 마음들을 자필로 적어 붙인 타일들이 있다. "보고 싶은 둘써나! 네가 중국 가는 날 아침 좋아하는 미역국 한 그릇 못 끓여 준 것이 못내 마음에 걸리는 구나"라고 적은 어머니의 글에서 차마 눈을 떼기가 어려웠다.

소락로를 조금 더 오르면 장척로와 만나는 갈래 길이 된다. 왼쪽 위로 가면 윗묵방을 지나 장척마을로 가게 되고, 오른쪽 아래로 가면 아래묵방이 된다. 마을회관이 있는 아래묵방을 향하다보면 갈래 길 바로 앞에 '예원찻집'이 있는데, 그아래 도롯가 계곡에 커다란 글씨의 명문이 새겨진 '열녀바위'가 있다. 신혼의 남편이 나병으로 소록도에 격리 수용되기를 꺼려 해 목을 매자, 문화유씨의 아내가 그 시신을 안고 함께 감나무에 목을 맸다는 얘기다. 1937년에 그런 일이 있었고, 1940년에 명문을 새겼는데, 윗묵방 쪽 대나무식당 근처에 있었던 사연인 모양이다. 이런 사연을 아는지 모르는지 근처에는 예쁘장한 전원주택이 제법 많이 들어섰고, 제일 위쪽에는 김상자 씨가 운영하는 작은 박물관 '묵서재'도 있다.

윗묵방을 넘어 동쪽으로 굽이굽이 2km정도의 산길을 넘으면 장곡사(1991, 주지 도영스님)가 있고, 조금 더 가면 고갯마루에 장척저수지(1944)가 있는데, 이 언저리에 철제 슬래그가 무덤처럼 쌓여 있었다는 신라대(1990)의 보고가 있다. 『김해지리지(1991)』는 장곡사 옆 대밭이라 하고, 『상동면사료집(2011)』은 장척저수지 서쪽 70m

■□
선무암에서 내려다 본
낙동강

□■
덕산정수장

라 하나 찾지 못하였다. 가야제철유적일 수도 있어 따로 계획을 세워 조사해 보아야 할 유적이다. 저수지 아래에 장척마을회관이 있고, 장척로를 1㎞ 정도 내려가면 여름철에 많은 이들이 찾는 장척계곡이 있다. 신어산 뒤쪽 마을로 어둡기 때문에 먹 묵(墨)에 방위 방(方)이 되었다하나, 슬래그, 철광석, 도요지 등의 유적분포를 보면, 벌목해서 숯을 굽고, 숯으로 제철하고, 가마에서 자기를 구우며, 그을음을 모아 먹을 만들던 수공업 집단의 마을이었을 가능성이 크다. 인동 장씨의 집성촌이었던 장척의 척(尺)이 그렇고, 묵방의 방이 공방(房)이라면 더욱 그럴 듯한 해석이라는 생각이 든다.

김해 동쪽의 큰 마을 대동면(大東面)에겐 조금 면목 없는 일이 되었다. 지난번에 마무리 짓지 못한 상동면의 마을들 때문에 새로운 꼭지로 대동순례를 시작하지 못하는 죄송스러움이 있다. 대동 면민들과 김해뉴스 독자들의 이해를 구하고 싶다. 지금은 '동(東)쪽의 큰(大) 마을'이 되었지만, 원래는 '동쪽의 아랫마을'이라 하동면(下東面)으로 불리던 것을, 어감이 좋지 않다 하여, 1944년 10월 1일부터 대동면으로 고쳐 부르게 되었다. 신어산 줄기에 막혀 시내를 향해 동→서의 이동은 어렵지만, 불암동에서 남북으로 대동면을 관통해 상동으로 넘어가는 지금의 동북로가 1984년에 포장된 뒤부터 통행이 쉽게 되었다. 어찌 보면 동북로란 줄기에 매달린 가지와 잎들의 마을들이 대동면이라 할 수도 있을 것 같다. 북쪽에서부터 덕산리(德山里), 월촌리(月村里), 조눌리(鳥訥里), 대감리(大甘里), 괴정리(槐井里), 초정리(草亭里), 예안리(禮安里), 주동리(酒同里), 주중리(酒中里), 수안리(水安里)의 10개 마을로 이루어져 있는데, 대부분의 마을들이 신어산을 등지고 낙동강을 앞에 둔 경관을 자랑한다.

위쪽 덕산리부터 대동순례를 시작한다. 불암동에서 동북로를 달리기 시작해

상동면의 매리와 경계를 이루는 매리2교 앞에 선다. 다리 쪽 건너로 보이는 공장 단지의 상동과 지나온 동북로 변의 아름다운 풍경의 대조가 너무 확연하다. 대동에만은 건설경기나 공장입주의 바람이 안 불었으면 좋겠다는 생각이 절실하다. 맑은 가을날 동북로를 따라 달리는 도로변의 풍경이 아직은 자연스럽고 깨끗하다. 이미 김해에서는 드물어진 구간이 아닐까 한다. 대동 분들에겐 개발제한에 대한 불만도 적지 않겠지만, 달라진 시대와 달라져야 할 김해를 생각할 때, 지금까지와는 다른 방향의 발전을 모색해야 하지 않을까? 이제 막 개통한 대동화명대교가 지나는 부산 강서구와 경계에 대동면이 오래 전에 세워 두었던 표지석의 '대동약진(大東躍進)'의 의미도 이젠 달라져야 할 때가 왔다.

상동의 매리공단을 등지고 남쪽으로 첫걸음을 옮기자 바로 고암마을이 있다. 물금으로 건너다니던 배가 닿을 때, '고딧줄(밧줄)'을 묶었던 '고디바위'가 있어, 고암(高岩)이라 했단다. 지금도 배가 대어 있는 고암나루에는 새로 선착장을 만들며 깨쳐나간 것 같은 바위가 있다. 고둥처럼 생겼다고 전해지는 '고디바위'인 모양이다. 건너편 물금의 선착장이 손에 잡힐 듯하다. 낙동강의 폭이 가장 좁은 곳이 아닌지 모르겠다. 고암마을을 벗어나자 바로 오른쪽에 선무암(仙舞庵)의 표지석이 있다. 대구부산고속도로 밑을 지나 한참을 오르는데, 2년 전에 극락보전이 앉혀졌다고 하니, 그리 오래되지는 않은 모양이다. 다만 학이 춤추는 모양이라는 선무봉에서 낙동강과 양산, 그리고 고속도로를 내려 다 보는 경치가 시원하다.

덕산으로 넘는 당고개(堂峴)를 향해 오르다 보면 오른쪽 산비탈에 신촌마을이 있다. 40여 가구의 마을이 공장단지로 변해버렸다. 한 가운데 작은 녹지 속에 자리한 은빛 첨탑과 붉은 벽돌 고암교회(담임목사 최현규)의 예배당(1980.4)이 엔티크하다. 위쪽 도로 왼쪽에는 30여 가구의 신암마을에 마을회관과 신암교회가 함께 있다. 당고개를 내려가는 길 오른쪽에는 부산시민의 상수도를 공급하는 덕산정수장의 기나 긴 철조망의 블록담이 늘어서 있다. 지난번 매리취수장에서 함께 소개도 했기에, 정문사진 하나만 찍으려는데, 쏜살같이 달려 나온 수위가 카메라를 제지한다. 보안상 이유란다. 남들 다 보고 지나는 정문 하나 찍자는데…. 클릭 한 번이면 모든 게 내려 다 보이는 세상에 참 황당하고 한심스럽기 그지없다. 정수장 뒤편에 솟은 덕산(德山) 아래의 덕산마을은 고려시대부터 조선 말기까지 김해에서 양산으로 가는 황산도(黃山道)의 덕산역(驛)과 덕산원(院)이 있었던 곳이다. 김해부의 남역인 삼정동에서 나와 이곳을 지나, 동쪽 월촌의 월당나루에서 양산으로 건너가던 교통의 요지였다. 그래서인지 오늘날에도 중앙고속(대구부산고속)도로와 중앙고속도로지선이 갈라지는 대동JC가 만들어지게 되었던 모양이다.

51

대동면2

새
로
쓰
는
김
해
지
리
지
―
김
해
학
길
위
에
서
다

　　　　　고려~조선시대에는 김해에서 양산으로 가는 길을 황산도(黃山道)라 했다. 김해부의 남역(南驛, 김해시 삼정동)을 나서, 덕산역(德山驛, 대동면 덕산리)을 지나고, 월당나루(대동면 월산리)에서 낙동강을 건너, 양산군의 황산역(黃山驛, 양산시 물금리)까지 가는 길이라 황산도라 했다. 그러나 『삼국사기』는 이미 가야와 신라가 군사적으로 충돌하던 전장을 황산진구(黃山津口)라 기록했고, 근처의 낙동강을 황산하(黃山河)라 불렀다. 고대에 황산강과 황산나루가 먼저 있었고, 고려 이후에 역원제가 정비되는 과정에서 황산하를 건너는 길이라 황산도라 부르게 되었던 모양이다. 오늘의 발걸음을 시작하는 대동면 월촌리는 바로 양산의 황산나루로 건너가던 김해의 월당나루가 있었던 곳이다.

　　덕산역이 있었던 덕산삼거리에서 동쪽으로 대구부산고속도로 밑을 지나 월촌리로 간다. '물속의 달 섬'이라 불렸었고, 꼭대기에 각성(閣城) 성터가 남아 있다는 각성산(137m)의 남쪽 자락 길을 간다. 다시 만난 고속도로 교각 아래의 표지판에는 문수암이라 쓰여 있다. 1900년대 초에 창건했다는 문수암(文殊庵)도 돌아보고, 대동JC도 한 눈에 내려 다 보고 싶었지만, 지정(智正) 주지스님은 염불중이었고, 조금 더 산을 올랐건만 원하는 그림은 얻지 못하였다. 아침 햇살에 반짝이는 낙동강과 비닐하우스가 숲을 이룬 월촌과 평촌마을을 내려 다 보고 내려온다. 동쪽 끝 막다른 길 같은 곳에 이르자, 길은 오른쪽으로 U턴을 하듯 급하게

남쪽으로 꺾여 내려간다. 남쪽으로 내려가는 동남로를 버리고 맞은편의 좁은 시멘트포장길을 오르자 갑자기 탁 시야가 터진다. 답답했던 가슴이 한 번에 뚫리는 느낌이다. 1931~1933년에 낙동강제방을 쌓아 비로소 안정된 김해평야가 되게 했던 대동제(大東堤)의 시작이고, 7년 3개월의 대역사로 1967년 3월에 1만3천 정보의 농토를 얻게 된 대동운하(大東運河)의 시발점이기도 하다.

제방 아래쪽에 낙동강과 대동운하가 만나는 곳이 황산도의 월당나루터다. 나루터 조금 안쪽에 서 있는 200살 넘은 팽나무와 푸조나무는 월당나루의 서낭목으로서 또는 월당마을의 정자나무로서 나루와 마을의 역사를 전하고 있다. 뒤쪽의 각성산은 '달섬'이었고, 마을과 나루의 이름은 달 월(月), 집 당(堂)의 '달집'이었으며, 고려시대에는 '달'음포향(達音浦鄕)이라 불렸다. 강물과 나루에 비치는 달빛이 그렇게 아름다웠던 모양이다. 강 건너 산에 보름달이 떠오르고, 그 달빛이 강물 위에 은빛으로 가득할 때, 검은 꼬리를 끌며 황산나루로 가던 배 한 척의 실루엣은 저절로 '달집나루'란 이름이 붙게 했던 모양이다.

월당나루 바로 아래에 월촌리의 본 마을 월촌마을이 있다. 길 가 마을회관 옆의 농로를 조금 들어가면 150살이 넘은 든든한 당산나무(팽나무)와 마을사람들이 당제를 지내는 시멘트벽과 플라스틱기와의 당집이 있다. 월촌마을 남쪽에는 이름 그대로 평평하기만 한 평촌마을이 있다. 낙동강제방으로 강가의 모래밭이 큰 마을로 변했단다. 1949년 11월 23일에는 마을 전부가 타는 대화재를 겪기도 했다는데, 동쪽은 낙동강, 서쪽은 비닐하우스에 둘러싸인 마을이다. 평촌마을에

서 1.5㎞ 정도 내려가 아래 하(下), 모래판 사(沙)의 하사마을을 지나고, 많은 철새가 날아들어 '새누리' 또는 '새눌'로 불렸다는 새 조(鳥)의 조눌마을에 이르는데, 그 아래에는 1947년에 새로 생긴 신동(新洞)마을이 있다. 조눌리의 본 마을 조눌마을에는 강 건너 부산의 부곡동으로 건너다니던 조눌나루가 있었다는데, 4대강사업으로 도회적인 광장과 운동장으로 바뀐 경관에서 옛 나루의 모습은 눈 씻고도 찾아볼 수 없게 되었다. 마을회관 앞 제방위에 새로 지어진 정자 아래쪽쯤 되는 모양이다. 이제 막 세워진 듯한 조눌교회(2007, 담임목사 이성우)가 마을에선 가장 큰 건물인 모양이다.

발길을 되돌려 평촌 쪽으로 돌아오다 보면, 서쪽 대감리의 감천마을을 가리키는 커다란 표지판이 보인다. 화살표를 따라 비닐하우스의 바다를 지나, 감천교(2008.2)로 대동운하를 건너면, 달 감(甘), 샘 천(泉)의 감천마을이 있다. 여름에 시원하고 겨울에는 따뜻한 '단샘'이 있어 그렇게 불렀단다. 야트막한 산을 등지고 남향으로 앉은 참 평화로운 양지마을이다. 마을에 들어서기 전에 저쪽 언덕위에 있는 벽돌색 예배당(1991.10)과 첨탑에 달린 흰색 십자가가 눈에 들어온다. 1904년 4월부터 예배를 시작했다는 감천교회(담임목사 김성권)의 단아함이 마을과 잘 어울린다. 지난번 답사 때는 보이지 않았던 '산업단지입주반대'의 플랜카드가 마을입구에 내 걸려 있다. 여기까지 공장을 세워야 하나 하는 생각이 든다.

서쪽 대감리의 감내마을로 가는 대동로962번길의 돼지고개를 넘지 않고, 진녹색의 대파들이 싱싱함을 자랑하는 비닐하우스 들을 들여 다 보며, 북쪽으로 대동운하를 조금 거슬러 오른다. 시루봉과 용머리의 산자락에 소감마을이 있다. 마을 가운데를 가로지르는 길을 따라 낮은 언덕을 넘어 서쪽으로 1㎞ 정도를 간다. 대구부산고속도로 밑을 지나 대동로에 서너 맞은편에 감내마을로 가는 대동로983번길이 보이고, 오른쪽 위로 대감초등학교가 보인다. 1944년 4월 개교의 대감초등학교에서는 47명(남 22)의 학생과 유치원생들이 성위경 교장 이하 23명의 교직원들과 함께 공부하고 있다. '자립형영어체험학교운영' 축하의 플랜카

□□□
문수암에서 내려다 본 월촌마을

□■□
월당나루 서낭목

□□■
감천교에서 북으로 본 대동운하

감내리지석묘

드를 보니 학생 감소의 어려움을 이겨내려는 노력이 눈에 선하다. 교문 쪽 굵은 벚나무 아래로 보이는 선무산 배경의 교정은 아늑하고 정답기만 한데, 줄어드는 주민은 어쩔 수 없는 모양이다. 살고 싶은 도시 만들기의 첫 번째는 역시 교육인 모양이다.

학교 아래 쪽 대동로983번길에 들어서면 100m도 못 가 커다란 바위 하나를 만나는데, 예전부터 감내리지석묘로 보고되고 있는 고인돌이다. 얼마 전까지는 부추 밭이었는데, 어느 새 산딸기 밭으로 변했다. 잔디 같은 초록색 부추 위에 잘 드러나 보이던 고인돌이었는데, 이제는 키 큰 산딸기 덤불로 잘 보이지 않게 되었다. 비지정 문화재가 겪는 서러움이다. 조금 더 가면 대감리의 본 마을인 감내의 마을회관이 있고, 뒤로 감내저수지까지 군데군데 몇 개의 무리를 이룬 집들이 비교적 여유롭게 앉아 있지만, 저수지 뒤쪽에서는 부산외곽순환고속도로 공사가 한창이다. 시내 불암동의 양장골에서 부터 여러 개의 터널을 뚫고 또 뚫어, 수안리−주중리−예안리의 산속을 지나 남해고속도로를 대동JC에 곧바로 갖다 대는 노선이다. 그래서 마을회관에는 대책위원회의 연락처를 알리는 플랜카드가 걸려있었나 보다.

대동로에 나와 남쪽으로 내려가며 괴정리의 지라마을과 괴정마을을 차례로 만난다. 고속도로 건너에 있는 낚시터의 연못이 마을 앞에 있다 해서 못 지(池)에 땅 라(羅)를 썼고, 회화나무 아래 우물이 있다 해서 회화나무 괴(槐)에 우물 정(井)을 부쳤다. 원래는 회화나무 정자의 괴정(槐亭)이었는데, 1914년에 지라리를 합하면서 우물 정의 괴정(槐井)이 되었다. 대동로 쪽에 몇 개의 공장이 들어서기는 했지만, 할머니와 손자가 손을 잡고 걸어가는 괴정마을 입구의 동구나무 길은 아직도 그림이 된다. 안쪽 언덕 위에는 나이 190살에 키가 20m가 넘는 건장한 팽나무 한 그루가 서 있는데, 그 아래로 내려 다 보이는 마을이 제법 안락하다. 지라마을과 괴정마을 사이 고속도로에는 대동 나들목과 요금소가 있다.

　신어산의 동남쪽 끝 봉우리인 백두산(白頭山)이 낙동강으로 뻗어 나간 끝자락에 대동면 면소재지의 초정리 원지마을이 있다. 남부역과 덕산역을 연결하던 황산도의 초령원(草嶺院)이 있었던 마을이라, 역원의 원(院)에 터 지(址)를 부쳐 마을 이름으로 삼았다. 1924년 4월에 대동초등학교의 전신인 하동공립보통학교가 열리고, 1931년 1월에는 조눌리에 있었던 주재소가 옮겨왔으며, 1962년에 대동우체국이 개설되고, 1988년 11월에 아래쪽 초정마을에 있던 면사무소가 옮겨오면서 대동면의 중심마을이 되었다. 면사무소에서는 강인호 면장 이하 15명의 동 직원들이 3천485세대, 7천895명(남 4,134)의 주민들 돌보기에 여념이 없다. 면사무소 맞은편의 대동초등학교에서는 98명(남 56)의 학생들과 13명의 유치원생들이 김남조 교장 이하 24명의 교직원들과 뛰놀며 공부하고 있다. 극기훈련으로 백두산에 오르고, 교가로도 백두산을 부르니 애국가의 백두산과 혼동하지 않을까 하는 농담을 떠올리곤 혼자 실소를 금치 못한다. 〈대동여지도〉를 펴 놓고 저기 북쪽의 백두산(2,750m)에서 수직선을 그어 내리면 마지막에 만나는 곳이 여기 대동의 백두산(353m)이라 하고, 백두대간의 끝이라고도 한다. 근처 산악인들에게는 가벼운 등산코스로도 잘 알려져 있다는데, 이름 때문에 모 TV프로그램에도 소개되었다지만, 정작 전해지는 이름의 유래에는 그럴듯한 게 없다. 북쪽의 백두산이야 근처에서 가장 높은 산이라 '하늘 아래 가장 빛나는 산'으로 빛날 백(白)에 머리 두(頭)를 썼고, '머리가 빛나는 산'은 한민족 태양숭배의 본향과 같이 받들어졌으며, 만주에서 일본열도까지 동아시아를 관통하는 백산(白山)신앙의 본 고장으로 해석되기도 했다. 그러나 여기 대동의 백두산에는 그런 유래가 없다. 오히려 배 방(舫)의 방산(舫山)으로 낙동강하구에 떠 있는 배와 같다는 또 다른 지명유래가 있을 따름이다. 부산에서 서낙동강을 건너오다 보면 삼각형 산으로 두드러져 보여, '배처럼 생긴 산'이란 유래에 고개가 끄덕여질 뿐이다. 혹시 고구려 건국신화의 변신경쟁 모티프가 가야의 수로왕과 탈해의 그것으로 채용되었고, 일본열도로 건너가 오카야마(岡山)의 키비츠히코와 우라의 변신술 경쟁담으로 남았던 것처럼, 북쪽 백두산의 백산신앙이 일본열도로 건너가기 전에 여기 김해에 머물렀을 때의 흔적이 아닐까 하는 망상만이 머리를 맴돌 뿐이다.

　'불타는 짜장면'으로 방송에도 여러 번 소개되었다는 대동파출소 앞의 '오복

■□□
대동초등학교

■■□
대동로변 은행나무 가로수

□□■
원명사 장독대

반점'에서 허기를 채우고 다시 남쪽으로 길을 재촉한다. 배를 채운 때문인지 이제야 대동로 변 은행나무 가로수의 노란 단풍이 눈에 들어온다. 미니체험동물원으로 인기를 모으고 있는 '드림주'를 지나자, 금방 세운 듯한 늘푸른전원교회 (2007.11, 담임목사 정성재)의 높고 커다란 예배당이 초정마을을 대표하는 듯하다. 초정리의 본 마을 초정마을 회관을 지나자 오른쪽으로 원명사를 가리키는 화살표가 보인다. 화살표 반대로 왼쪽 개천가의 농로를 따라 가니 알록달록한 어린이놀이터에 풍성한 그늘을 내리고 있는 세 그루의 거목이 보인다. 270살이 넘은 보호수의 팽나무가 오른쪽에 있고, 그에는 못 미치겠지만 옆의 느티나무와 은행나무도 만만치 않은 크기를 자랑하고 있다.

　초정마을을 헤치고 백두산을 향해 1㎞ 조금 못되는 산길을 오르면, 김해시의 유일한 보물 문화재인 묘법연화경(妙法蓮華經) 소장의 원명사(圓明寺)에 이른다. 묘법연화경은 천태종의 근본경전으로 줄여 법화경이라고도 하는데, 누구나 부처가 될 수 있다고 가르치는 경전으로, 화엄경과 함께 우리 불교사상에 큰 영향을 끼친 경전이다. 목판의 경전을 닥종이에 찍은 것으로, 묘법연화경 4~7권을 1권의 책(가로 16㎝, 세로26.8㎝)으로 묶었다. 조선 태종 5년(1405)에 성달생과 성개의 형제가 아버지의 명복을 빌기 위해 사경한 것을 신문(信文)이 목판에 새겨 찍은 것이란다. 청색 비단의 표지가 남아 있고, 주홍색 바탕 위에 금색으로 제목을 썼다. 1988년 12월 28일에 보물 제961호로 지정되었다. 1920년대에 불사를 시작해, 1950년대에 원명사가 되었던 절에 어떻게 이런 보물이 소장되었는지를 묻지는 못했지만, 김해의 자랑거리 중 하나임에는 틀림없다. 마침 절에서는 국난 때마다 눈물을 흘린다는 자모지장보살상을 옮길 정도로 큰 불사를 벌이고 있었는데, 언젠가 요사채 뒤편에서 1392년의 '登福寺'라 기록된 기와편이 출토되었다는 얘기가 생각났다. 원명사를 내려오며 석양에 더욱 붉어진 가로수들을 바라보다가, '새로 쓰는 김해지리지' 2년 연재의 마무리를 생각한다. 이제 단 한 번의 김해순례가 남았을 뿐이다.

대동면3

2010년 12월 1일의 창간호부터 만 2년을 계속해 온 김해순례의 발걸음이 드디어 오늘 마침표를 찍는다. 시간에 쫓기던 자료찾기와 마을답사, 글짓기와 분량조절에 손톱을 깨물며 머리를 싸맸던 길고 힘든 시간이었지만, 시내 9개 동과 시외 1읍·7개면의 역사와 사연 모두를 담아내기에는 턱없이 짧은 시간이었다. 그렇더라도 시내의 중심 분산에서 시작했던 발걸음이 중단 없이 동쪽 끝 서낙동강 가의 선암마을까지 이어질 수 있었던 것은 행운이었다. 글을 읽어 주시고 독려까지 해주신 독자 여러분께 감사드리며, 이 기획을 끝까지 수행하게 해주신 이광우 사장 이하 김해신문 여러분께도 감사의 뜻을 표하고 싶다.

어느 기자 분 말씀대로 2년 동안의 답사와 글쓰기에 얽힌 뒷얘기로 모처럼 푸근하게 에필로그를 장식할 수 있으면 좋으련만, 필자의 사정이 그렇지 못하다. 지난번에 걸음을 멈추었던 초정리의 사연도 다하지 못하였고, 예안리→주중리→주동리를 거쳐, 수안리의 선암까지 가려면 아직도 적지 않은 발품을 팔아야 한다. 점잖게, 그리고 우아하게 매듭지을 수 있는 필자가 아닌가 보다. 오늘 걸음을 시작하는 안막마을은 행정구역상 대동면사무소가 있는 초정리에 속하지만, 동쪽 낙동강 가에 따로 떨어져 있어 원지나 초정과는 분위기가 사뭇 다르다. 기러기 안(雁)에 천막 막(幕)을 쓴다. 많은 기러기가 날아들던 모래톱과 갈대밭이 1920년대의 간척과 1934년 대동수문의 완공 후 부산에 통하는 길목으로 발전한 마

대동화명대교

을이다. 면소재지 보다 더 번창하는 것 같은 느낌도 있다.

대동면사무소 동쪽의 원지네거리에서 마을회관을 끼고 돌아, 동남로49번길을 따라 남쪽으로 간다. 중앙고속도로의 대동육교 밑을 지나, 운하교(運河橋, 1993.2)로 대동운하를 건너 안막1구에 이른다. 다리 위에서 보니 월촌의 월당나루에서 시작해 면사무소 앞을 지나 7.5㎞를 달려 온 대동운하가 이제 서낙동강으로 들어가려 한다. 대동농협유류취급소를 지나면 왼쪽 안에 안막1구 마을회관이 보이고, 조금 더 가면 붉은 벽돌에 은색 첨탑이 빛나는 대동중앙교회(1967.3, 담임목사 윤명근)가 있다. 조금 엉성하긴 해도 부동산·카센터·중국집·대동탕·대동의원·대동농협·할인마트 등이 상가마을 풍경을 연출하고 있다. 상가가 끝나는 곳에 대동중학교가 있고, 학교 뒤로 안막2구 마을회관과 대동제와 대동수문을 관리하는 한국농어촌공사 대동지소가 있다.

1953년 4월에 김해대동고등공민학교로 개교한 대동중학교는 대동면 유일의 중학교로, 7개 학급, 154명(남 74)의 학생들이 정영권 교장 이하 29명의 교직원들과 공부하고 있다. 대동초등학교와 마찬가지로 교가에 백두산이 등장하고, 지난해부터 일본의 교토국제중고등학교와의 자매교류활동도 시작했다. 동남로에 나가 남쪽으로 내려가면, 오른쪽 아래에 대동어린이집과 대동면종합복지회관, 대동면운동장 옆에는 119안전센터와 대동면노인회관, 대동화명대교 밑을 지나면 대

동보건지소가 있다. 지난 7월 10일 개통의 대동화명대교는 명칭 때문에 김해와 부산이 옥신각신도 했으나, 5년 5개월의 공사 끝에 1.5㎞의 위용을 자랑하게 되었다. 다리 상판을 경사케이블로 끌어당기는 사장교(斜張橋)로, 2개의 교각에서 뻗어 내린 초대형 부챗살이 수직케이블로 당기는 현수교(懸垂橋)의 광안대교에 비해 훨씬 아름답다. 다리의 개통으로 부산의 북구와 강서구, 부산의 화명동과 김해의 대동면 간의 왕래가 더욱 빈번해질 것이지만, 초정IC로 연결되는 김해 쪽의 도로개설이 늦어지고 있다. 천2백억원의 예산이 필요하다는데, 경전철적자로 허덕이는 김해시의 재정마련이 만만치 않은 모양이다.

대동화명대교 밑을 빠져 나오면 대동면의 경계석과 김해와 부산, 부산과 경남의 경계표지판이 서 있는데도, 조금 앞의 대저수문과 그 위의 대저교를 경계로 인식하는 것이 보통이다. 낙동강이 서낙동강으로 흘러드는 대저수문은 1934년의 건설당시는 대동수문이었다. 1978년 2월에 낙동강에서 서낙동강 사이가 부산시 강서구로 편입되면서 수문의 이름도 대저수문으로 바뀌게 되었다. 원래는 서낙동강을 건너다니는 배나루가 있었다 한다. 밝은 옥색으로 칠해진 수문 아래에는 적지 않은 강태공들이 붐비고 있다.

수문 아래서 서낙동강을 따라 가다 신정교에서 대동운하를 건너면 초정리의 남서쪽 끝 마을인 신정(新亭)마을이 있다. 초정IC 밑에서 예안천과 만나, 북으로 거슬러 오르면, 마산교(2009.3) 앞에 마산마을이 있다. 예안리의 동남쪽 끝 마을이다. 뒷산이 마늘처럼 생겼다고 '마늘산(蒜山)'이라 했던 것이 '말산(馬山)'으로 변했단다. 마산교 앞에 봉긋하게 솟은 봉우리 위에는 사상의 강선대, 녹산의 범방대와 함께, 낙동강 3대 명승으로 유명하던 산산대(蒜山臺)가 있었다. 산산대와 마산 사이에 마을이 앉아 있는데, 영조 20년(1744)에 명지도의 소금을 모아 보관하기 위해 산산창(蒜山倉)이 설치된 곳이라 한다. 마을회관 앞을 지나 대동로480번길을 따라 서쪽으로 나가면 마산마을 버스정류장이 나온다. 길은 여기서 좌우로 갈라지는데, 왼쪽으로 가면 80여 가구의 신안(新安)마을이 있고, 오른쪽으로 가면 마산 서

시례마을 당산 푸조나무

쪽 끝자락이 대동로와 만나는 곳에 예안리고분군이 있다.

사적 제261호의 예안리고분군은 1976년~1980년 부산대박물관의 발굴조사에서 300여기의 목곽묘, 석곽묘, 석실묘, 옹관묘 등의 다양한 가야 무덤이 발견되었다. 우리나라에서는 드물게 200개체의 인골도 발견되었는데, 가야인의 형질을 연구하는 중요자료가 되고 있다. 인골들 중에는 앞이마가 심하게 후퇴한 10개체의 두개골도 있어, 당시 가야사회에서 '짱구'를 만드는 두개골성형의 풍습이 확인되었다. 『삼국지』는 가야에서 아이가 태어나면 돌로 머리를 눌러 치우칠 편(偏), 머리 두(頭)의 '편두'를 만들었다고 전하는데, 예안리의 발굴조사에서 같은 사실이 확인되었다. 두개골 중에는 머리에 원형구멍이 뚫린 것도 있어 가야시대의 두개골수술의 흔적을 보여주기도 했고, 뒷골이 열린 채로 숨진 것으로 보이는 5~6세 어린이 두개골은 두개골성형의 실패를 보여주는 것으로 생각되고 있다. 다만 고분군이라 해도 높은 봉토가 남아있는 것은 아니고, 지하유구의 보존을 위해 낮은 철책을 두르고 잔디를 덮은 평평한 사각형 땅이 있을 뿐이다. 노출전시관이나 '편두' 관련의 박물관 조성 같은 정책이 강구되어야 할 것으로 생각된다.

고분군 서쪽의 장시(長詩)마을을 지나, 시루골짜기의 시렛골에서 비롯되었다는 시례마을을 향해 대동로417번길로 접어든다. 동광육아원를 지나 예안리의 본마을인 시례마을회관에 이른다. 원래 시례리였는데 일제가 1914년에 초정리 일부를 합하면서 예안리로 고쳤단다. 서쪽 끝 시례마을의 '예(禮)'와 동쪽 끝 신안마을의 '안(安)'을 합쳤나보다. 시례장로교회(1903, 담임목사 엄양섭)를 지나 경로당 앞에서

새로 쓰는 김해지리지 ― 김해학 길 위에 서다

■□
주중천
□■
산해정

예안교로 예안천을 건너 다 보니, 시례마을 어귀에 예사롭지 않은 노거수 세 그
루가 열을 짓고 있다. 다가가 보니 안쪽에 있는 나무가 예사롭지 않다. 다른 나
무와 가지가 들러붙는 연리지(連理枝)가 아니라, 몸통의 위쪽이 서로 엉켜 한 몸이
되었다. 당나라 시인 백낙천이 현종과 양귀비의 사랑맹세를 '하늘에선 비익조가
되고, 땅에선 연리지가 되자' 고 노래했던 장한가의 한 대목이 중국 서안의 화청
지에서 보았던 장이머우 감독의 야외오페라 장한가와 함께 떠올랐다. 그러나 좀
더 자세히 들여 다 보니 두 그루가 아니다. 노거수 한 그루의 몸통 가운데가 썩
어 들어가 둘로 나뉘게 되었고, 벌어진 각각의 나무껍질이 안으로 오므라들면서
두 그루처럼 되었다. 연리목이 아니더라도 430살 먹은 이 푸조나무는 충분히 존
경받아야할 연륜과 모양을 갖추고 있다. 아래쪽 두 갈래의 몸통이 위에서 하나
가 되고, 높은 하늘 위에 우산살처럼 퍼진 가지와 이파리는 '키다리아저씨'나 죽
마 탄 광대가 양산이라도 편 것 같은 모양이다. 부정 탄다고 상여는 물론 상주도
얼씬 못하게 했고, 2003년 태풍 매미 때는 스님을 불러 부러져 떨어진 가지들을
위해 제를 올려줄 정도였다. 430년 동안 마을을 지켜 준 '키다리아저씨' 같은 당
산나무다. 많이 쇠약해진 모습이 주위를 안타깝게 하고 있다. 부산외곽순환도
로의 공사현장을 지나 정골(正谷)로 불리는 깊은 골짜기 끝까지 올라가니, 커다란
저수지 제방이 앞을 가로 막는다. 1946년에 대저, 가락, 명지의 상수도원을 구했
던 시례저수지로, 예안천의 발원지이기도 하다.

　대동로로 돌아와 서쪽으로 성(城)고개를 넘으면 주동리(酒同里)다. 신축의 성안마을회관에 들렀다가 운동장 공사 중인 대중초등학교를 찾는다. 성고개 안에 있다 해서 성안마을이라 했다. 대중초등학교의 이름에 대한 유래로 알려진 것은 없으나, 행정구역명인 주동리의 술 주(酒)를 피하느라 그렇게 된 것 같다. '주(酒)' 대신 '대(大)'를 부쳐보니, 초정리의 대동초등학교와 겹친다. 그래서 이웃 주중리의 '주' 대신 '대'를 부쳤던 모양이다. 1946년 10월 대중공립학교로 개교하였는데, 지금은 87명(남 69)명의 학생들이 예붕해 교장 이하 19명의 교직원들에게 배우고 있다. 지난해엔 1986년 월드컵 아르헨티나 전에서 대포알 슛으로 한국의 월드컵 첫 골을 기록했던 박창선 감독을 초빙해 축구부를 창단했다고 한다.

학교 건너의 대동농협 대중지소를 지나, 주중천의 주중교(2001.8) 위에서 신어산 쪽을 바라본다. 가을걷이가 끝난 들판 위로 주동, 주중, 원동 마을이 부채꼴 같은 골짜기 안에 아늑하게 자리하고 있다. 중앙에 거대한 양송이처럼 보이는 팽나무를 목표로 주중천 오른쪽 길을 따라 주동마을회관으로 간다. 주부동의 동쪽이라 주동리라 했다는데, 주부는 황금술통 모양의 명당이라 술 주(酒)에 관청 부(府)를 썼다고도 하고, 주부(主簿) 벼슬을 했던 남명 조식선생이 살았기 때문이라고도 한다. 주중천 건너 대동로269번길을 거슬러 올라 이제 막 준공된 주중마을회관을 지난다. 주부동의 중간마을로 선유동(仙遊洞)으로도 불렸단다. 한참동안 집들 사이도 지나고, 레미콘공장도 지나고, 부산외곽순환도로 공사 중의 교각 아래도 지난다. 원동마을회관에서 다시 경사 길을 꼬불꼬불 오르니, 작은 계곡 건너에 산해정(山海亭)이 붉게 읽은 감나무 사이로 보인다.

낙동강 동쪽에 퇴계 이황선생이 있다면, 서쪽에는 남명 조식선생이 있다고 했다. 조선 중종 때 남명선생이 30년 동안 후학을 가르치던 곳이다. 경상남도문화재자료 제125호로 조선 선조 21년(1588)에 착공했으나, 왜란으로 중지되었다가, 광해군 원년(1609년)에 안희·허경윤이 준공하여 신산서원(新山書院)이란 편액을 달았다. 순조 23년(1823)에 중건되었으나, 대원군의 서원철폐령으로 철거되었다. 광복 후에 중수한 지금 건물은 팔작지붕의 목조건물로 정면 5칸, 측면 2칸의 강학공간이 있고, 그 뒤에 숭덕사(崇德祠)가 있으나, 선생의 위패를 모시지는 않는다. 산해정을 나오면서 지나쳐선 안 될 것이 있다. 산해정 맞은편에 있는 지중해풍 건물의 혜향선원에 들려 볼 일이다. 선원의 잔디마당에는 보호수로 지정된 300살 넘은 모과나무가 있다. 이렇게 오래된 모과나무는 처음 본다. 그로테스크하게 이리저리 뭉치고 뒤틀린 연륜의 몸뚱아리가 어떤 섬찍한 괴담이라도 서려 있는 듯하다.

배가 가득했다는 선만(船滿)고개를 넘어 수안리로 나온다. 김해의 동쪽 끝이 되는 서낙동강의 강변마을이다. 물이 많다고 고려·조선시대에는 수다(水多)부곡이었고, '물안'마을이라 수안(水安)이 되었단다. 정자나무와 어울린 마을회관이 대동

■ 수안마을에서 내려다 본
서낙동강

로의 먼지를 뒤집어쓰고 있다. 시내 불암동과 경계가 되는 선암(仙巖)마을은 동쪽
의 신선바위에서 비롯된 이름인데, 도로건설로 깨져 나간 지 오래고, 지금은 장
어골목의 마을회관만 말쑥해졌다. 꼬박 2년을 걸었던 김해순례의 발걸음을 석
양 속의 서낙동강에서 접기로 한다. 결국 마지막에 마지막까지 헐떡이는 김해순
례가 되었다. 이제는 좀 그만 쫓기고, 사람다운(?) 일상으로 돌아갈 수 있다는 희
망에 콧노래를 부르며 집으로 향한다.

찾아보기

새로 쓰는 김해지리지 ― 김해학 길 위에 서다

새
로
쓰
는
김
해
지
리
지
ㅣ
김
해
학
길
위
에
서
다

무섭마을 노거수

김해문화의전당

구산동 거대 지석묘

구산동 마애불

한때는 부산까지 농산물을 배로 실어나르던 범동포엔 갈대숲만 무성하다

약사암에서 내려다 본 율하마을

정자나무공원

장유계곡

냉정IC

농소교회

신답왜성 소나무

양동산성

죽순농원

고령마을

클레이아크

김해분청도자관

내룡마을

김극검의 묘

신천리 이팝나무

망월석탑

명동정수장

낙원공원묘원

화포천 습지생태공원

안하천 왕버들

나밭고개 생림동천비

마현산성(생림들 방면)

낙동철교

정비된 대포천

광재마을 은행당산목

용당나루(김해 → 양산)

월당나루터와 양산천교

시례마을 당산 푸조나무

대동화명대교

서낙동강기의 가락고도비